V&R

Ralf Zwiebel / Gerald Weischede

Buddha und Freud – Präsenz und Einsicht

Über buddhistisches und psychoanalytisches Denken

Vandenhoeck & Ruprecht

Bibliografische Information der Deutschen Nationalbibliothek

Die Deutsche Nationalbibliothek verzeichnet diese Publikation in der Deutschen Nationalbibliografie; detaillierte bibliografische Daten sind im Internet über http://dnb.d-nb.de abrufbar.

ISBN 978-3-525-40250-4

Weitere Ausgaben und Online-Angebote sind erhältlich unter: www.v-r.de

Umschlagabbildung: Els Jooren/shutterstock.com

Satz: SchwabScantechnik, Göttingen
Druck und Bindung: ⊕ Hubert & Co., Göttingen

Gedruckt auf alterungsbeständigem Papier.

Inhalt

Einführendes 9

1. Das Sagbare und das Unsagbare 10
   Neurose und Erleuchtung 10
   Die Entstehung und Entwicklung eines »Übersetzungsraumes« 13
   Das Sagbare und das Unsagbare 14
   Der Aufbau des Buches 17

Grundlegendes 19

2. Lebens-, Alltags- und Arbeitsmodelle 20
   Zum Begriff des Arbeitsmodells 20
   Zum Begriff des Lebens- und Alltagsmodells 24
   Ein wissenschaftliches Arbeitsmodell 27
   Ein erstes Resümee 29
   Das Arbeitsmodell der Autoren 31
   Das Arbeitsmodell »Gleitsichtbrille« 33
   Ein erster Vergleich 36

3. Unser buddhistisches Arbeitsmodell 39
   Viele Fragen oder: Eine fragende Grundhaltung 39
   Arbeitsmodelle im Buddhismus 44
   Die »Vier Edlen Wahrheiten« – ein Überblick 45
   Das menschliche Leiden 47
   Die Ursachen menschlichen Leidens 51
   Anhaften und Loslassen 52
   Das Ich-Selbst als Problem 57
   Das Ich-Selbst und die Fünf Skandhas 59
   Der Geist, der schweigt 63
   Der getäuschte Geist 65

Das Beenden menschlichen Leidens ... 67
Der Praxisweg zur Aufhebung des Leidens ... 71
Über die Achtsamkeit und die Meditation ... 74
Die »Vier Edlen Wahrheiten«: Eine Vertiefung ... 78
Die »Vier« aus psychoanalytischer Sicht ... 86
Sesshin als Praxismodell ... 88

4. Unser psychoanalytisches Modell nach Freud ... 93
Die Neurose ... 94
Das Bewusste und das Unbewusste ... 97
Der Traum ... 104
Die Triebtheorie ... 108
Die Übertragung ... 111
Der Narzissmus ... 112
Der Widerstand ... 114
Psychoanalyse als Methode ... 115
Die Triebtheorie (Trieblehre) – Vertiefung ... 118
Arbeitsmodelle in der Psychoanalyse ... 120
Lebens- oder Alltagsmodelle in der Psychoanalyse ... 122
Das Unbehagen in der Kultur ... 124
Der Konflikt zwischen Individuum und Kultur ... 130
Abschließende Bemerkungen ... 135

5. Was können Psychoanalyse und Buddhismus voneinander lernen? ... 139
Grundannahmen des Buddhismus zusammengefasst ... 139
Grundannahmen der Psychoanalyse zusammengefasst ... 144
Ein Vergleich der beiden Arbeitsmodelle ... 148
Was kann die Psychoanalyse vom Buddhismus lernen? ... 153
»Großes Selbst« oder »Anfänger-Geist«? ... 162
Was kann der Buddhismus von der Psychoanalyse lernen? ... 167
Zur Psychodynamik der Meditation ... 168

Vertiefendes ... 187

6. Traum und Trauma ... 188
Zum Begriff des Traums und des Traumas ... 188
Ein erzählter Traum ... 191
Der Tagesrest ... 194
Die interkontextuelle Betrachtung ... 197
Einige Hinweise zum biografischen Hintergrund ... 200

Ein entwicklungspsychologischer Kontext 201
Der Traum als »Selbsttraum« 205
Eine kurze Zusammenfassung 208
Traum und Trauma im Kontext unserer Arbeit 209

7. Zur analytischen Beziehung – aus der Sicht des Analytikers 219
Kurze Einleitung 219
Ein fiktives klinisches Beispiel 220
Wie entwickelt der Analytiker seine Position
in der analytischen Beziehung? 223
Das eigene Arbeitsmodell 228
Das »getäuschte Bewusstsein« als Ausdruck seelischer Problematik ... 230
Über die analytische Methode 232
Die Verbindung zum buddhistischen Denken 235

8. Shunryu Suzukis Zen 237
Teisho über den »Anfänger-Geist« 237
Teisho über die Vergänglichkeit 242
Teisho über das Unbewusste 253

Zusammenfassendes 261

Literatur 271

Einführendes

1. Das Sagbare und das Unsagbare

Neurose und Erleuchtung

Die Verständigung von Menschen miteinander im Alltag, in Politik, Wissenschaft, Philosophie, Religion und Kultur unterliegt grundlegend der Dynamik von Gelingen und Scheitern. Eine große kulturelle Leistung besteht in der Bemühung, durch einen echten Dialog diesen der Verständigung inhärenten Schwierigkeiten immer wieder zu begegnen und zu versuchen, sie zu überwinden.[1] Wenn man phantasiert, Buddha – als Gründer einer der großen Weltreligionen – und Freud – als Gründer einer »Tiefenpsychologie«, die das 20. Jahrhundert entscheidend prägen sollte – würden sich in einem fiktiven Himmel begegnen und über ihre Theorien und die von ihnen beschriebene Praxis miteinander ins Gespräch zu kommen versuchen, dann wäre eines unvermeidlich: Sie würden einen Übersetzer brauchen, der nicht nur ihre wirkliche, fremde Sprache, sondern auch die unterschiedlichen Begriffe und Grundannahmen, die sie über die Welt, das Leben und das Leiden der Menschen entwickelt haben, für sie verstehbar machen würde. In welchem Umfang dies gelingen oder scheitern würde, lässt sich natürlich nicht generell beantworten; die bisherigen Versuche der Nachfolger und Schüler von Buddha und Freud in diesem Übersetzungsversuch sind allerdings nur begrenzt ermutigend. Dennoch legen wir hiermit erneut einen Text vor, der genau diesen Versuch unternimmt.

Der Ausgangspunkt ist unser Buch »Neurose und Erleuchtung«, das wir als einen Dialog zwischen einem Zen-Lehrer und einem Psychoanalytiker verstehen und in dem einige wesentliche Gemeinsamkeiten und Unterschiede zwischen diesen beiden Disziplinen oder auch »Wegen«, also zwischen Buddhismus und Psychoanalyse diskutiert werden (Weischede u. Zwiebel, 2009). Buddhismus und Psychoanalyse kann man in einem weiten Sinne als »therapeutische Disziplinen« oder auch »therapeutische Systeme« verstehen, deren zentraler Ausgangspunkt

1 Siehe dazu Martin Seels Aufsatz über »Paradoxien der Verständigung« (Seel, 2014, S. 106 ff.).

das menschliche Leiden darstellt. Buddhismus – aus einem religiös-psychologischen Kontext – und Psychoanalyse – aus einem medizinisch-wissenschaftlich-hermeneutischen Kontext verstanden – haben eine differenzierte Theorie und Praxis entwickelt, wobei vor allem die Betonung der Praxis eine wichtige verbindende Gemeinsamkeit darstellt. Das Fazit unserer Überlegungen bestand u. a. darin, dass wir Buddhismus als einen Übungsweg mit dem Schwerpunkt einer »Kultur der Präsenz« (vor allem das »absichtslose« Sitzen in Versunkenheit: Zazen und die Praxis der Achtsamkeit mit der Entwicklung von Wachheit, Offenheit und Präsenz), die Psychoanalyse als eine Behandlungsform mit dem Schwerpunkt einer »Kultur der Reflexion« (vor allem die Praxis des selbstreflexiv-assoziativen Denkens mit dem Ziel von Einsicht) verstanden. Implizit war die Annahme, dass es einen gemeinsamen Bereich gibt, eine Art Überschneidung, in dem sowohl Präsenz als auch Reflexion in einem komplexen Wechselverhältnis stehen und sich gegenseitig bedingen: Präsenz wäre danach eine Voraussetzung für die analytische Reflexion, und umgekehrt kann Reflexion die Kultivierung von Präsenz erleichtern oder sogar ermöglichen. Allerdings bleibt die offene Frage, wie man sich diese gegenseitige »Bedingtheit« überhaupt vorstellen kann – vielleicht am ehesten als eine Form von Komplementarität[2].

Gleichzeitig wurde uns im Laufe dieser Arbeit aber deutlicher, dass die im Titel des Buches formulierten Bezeichnungen »Neurose« und »Erleuchtung« nur begrenzt aufeinander zu beziehen sind: Die Neurose steht als Begriff für die seelischen Störungen, die einen Fokus von Psychotherapie und Psychoanalyse darstellen, während Erleuchtung einen Bewusstseinszustand meint, der das wirkliche Angekommensein im Alltag als Aufhebung aller Dualitäten meint. Dies hat in der begrifflichen Logik der Neurose keinen Platz.

Dies spiegelt sich auch in der Tatsache, dass für Buddhisten oder buddhistisch Praktizierende bislang die Psychoanalyse in der Regel auf wenig Interesse stößt, aber auch die meisten Psychoanalytiker eine ausgesprochen skeptische Einstellung gegenüber dem Buddhismus oder den östlichen Religionen behalten. Allerdings lässt sich feststellen, dass manche Psychotherapeuten anderer Richtungen eine besondere Affinität zum Buddhismus und den buddhistischen Praktiken entwickeln. Man könnte dennoch daraus schließen, dass ein Dialog zwischen Buddhismus und Psychoanalyse eine Wunschvorstellung oder eine Illusion ist, selbst wenn es in den letzten Jahren gerade von psychoanalytischer Seite Annäherungen oder zumindest Auseinandersetzungen geben mag (bei-

2 Wir werden später noch genauer auf diesen Begriff eingehen. Im Wesentlichen verstehen wir Komplementarität als eine Beschreibung von »Widersprüchlich-Zusammengehörigem« (Scharff, 2010).

spielsweise Magid, 2002; Cooper, 2010; Falkenström, 2003; Leky, 2012). Immer wieder taucht also die Frage auf, ob Buddhisten und Psychoanalytiker in einer Erfahrungs- und Begriffswelt leben, die weitgehend unvereinbar bleibt: Die jeweils andere Disziplin oder Praxis bleibt im Grunde eine fremde Welt und alle Übersetzungsversuche scheitern früher oder später, zumal es in der Tat nicht so oft vorkommt, dass Menschen tiefer gehende Erfahrungen in *beiden* Bereichen haben. Dies gilt tendenziell auch für uns Autoren: Einer von uns (G. W.) praktiziert seit über dreißig Jahren auf dem buddhistischen Weg und hat sich diesem ganz verschrieben, während seine ursprünglich psychotherapeutische Praxis in diesen Jahren weitgehend an den Rand gedrängt wurde, während der andere (R. Z.) vierzig Jahre lang intensiv Psychoanalyse praktizierte und lehrte – sich also ganz der Psychoanalyse verschrieben hat – und seit zwanzig Jahren aber auch eine (allerdings nur begrenzte) meditative Praxis ausübte und ausübt.

Die zentrale Frage blieb auch nach unserem Buch relativ offen: Inwieweit ist das buddhistische Denken und das psychoanalytische Denken miteinander vereinbar, kann es einen fruchtbaren Austausch zwischen diesen beiden Ansätzen geben? Sind die jeweiligen Kontexte so unterschiedlich, dass eine Verständigung oder ein gelingender Dialog sich letztlich als illusionär erweist? Das berühmte, viel gelesene Buch von Fromm, Suzuki und de Martino (1972) über Zen-Buddhismus und Psychoanalyse enthält beispielsweise kaum dialogische Momente, sondern ist eine Aneinanderreihung von Standpunkten der jeweiligen Autoren. Dennoch betrachten auch wir dieses Buch als ein Standardwerk in dem Dialog zwischen Buddhismus und Psychoanalyse.

Wir greifen also dieses grundlegende Problem der Verständigung und diese letztlich offenen Fragen hier mit dem vorliegenden Buch erneut auf und machen damit gleichzeitig den Versuch, den interessierten Leser (Buddhisten, Psychotherapeuten, Psychoanalytiker, Psychologen, Philosophen, Mediziner, interessierte Laien) an unseren Fragen, Erfahrungen und Überlegungen teilhaben zu lassen, damit sie sich ein eigenes Bild von beiden Bereichen und ihrer Beziehung zueinander machen können. Dabei ist eine der wesentlichen Grundannahmen, dass es *den* Buddhismus und *die* Psychoanalyse nicht gibt, sondern dass es verschiedene Richtungen gibt, die sich durch historische, kulturelle und vor allem auch persönliche Einflüsse entwickelt haben. Buddhismus und Psychoanalyse realisieren sich letztlich in dem Denken und Handeln von konkreten Personen und existieren nicht in einem abstrakten Raum. Sie sind aber durch ein Element zutiefst verbunden, nämlich durch das Studium der menschlichen Grundsituation – wie der Mensch in der Welt existiert –, das gleichzeitig eine Praxis der Veränderung darstellt. Freud sprach von der psychoanalytischen Methode als »Forschung und Heilung«, und dies könnte man auch für den buddhistischen Weg postulieren, selbst wenn die Wege der Praxis so unterschiedlich erscheinen mögen (Freud, 1926b).

Die Entstehung und Entwicklung eines »Übersetzungsraumes«

Wir möchten den Leser an einem Prozess teilnehmen lassen, den wir als Entwicklung oder Entstehung eines »Übersetzungsraumes« verstehen. Dies ist ein symbolisch gedachter Raum in einer Beziehung (zwischen Menschen im Alltag, Autoren und Lesern, Kunstwerk und Künstlern, unter Wissenschaftlern), der entstehen kann, wenn zwei oder mehr Menschen real existierende Phänomene der Welt (in unserem Fall etwa Bewusstsein, Leiden, Selbst, Täuschung, Lebensweg, Heil und Heilung etc.) in ihrer eigenen Sprache ausdrücken und den Versuch machen, die ihnen – jedenfalls teilweise – fremde andere Sprache, die jeweils fremden Begriffe des Gegenübers zu verstehen und in ihre eigene Sprache zu übersetzen, bzw. den Versuch machen, eine gemeinsame Sprache zu entwickeln. Der Philosoph Richard Rorty spricht in diesem Zusammenhang grundsätzlich von einem »Vokabular« (Rorty, 2012): Menschen sprechen unterschiedliche »Vokabulare«, aber es ist manchmal möglich, die Fremdheit durch eine gemeinsame Übersetzungsarbeit zu verringern. »Was meinen Sie genau, wenn Sie vom Bewusstsein sprechen?« wäre so eine Frage. Wir wollen dabei keineswegs unsere schon erwähnte Skepsis verleugnen: Missverstehen im menschlichen Bereich ist vielleicht häufiger als Verstehen, die Übersetzungsarbeit scheitert doch in manchmal bedrückender Weise allzu häufig. Dies ist sowohl eine vielen Menschen vertraute Alltagserfahrung als auch eine Erfahrung in Wissenschaft, Philosophie, Medizin, Psychotherapie etc. Das vorliegende Buch verstehen wir in genau dieser Art und Weise: Es schildert die Entwicklung und Entstehung dieses »Übersetzungsraumes« in Bezug auf die Thematik Buddhismus und Psychoanalyse, ohne dabei aber die Grenzen zwischen diesen Bereichen zu verwischen. Gleichzeitig verstehen wir jedoch den Text ebenfalls als einen Versuch, mit dem jeweiligen Leser diese Art »Übersetzungsraum« im Akt seines Lesens zu entwickeln und zu fördern. Daher versuchen wir, so elementar wie möglich zu beginnen und uns immer wieder zu fragen, ob der »Übersetzungsraum« noch potenziell gegeben ist oder bereits kollabiert ist. Auch dies stößt auf unvermeidbare Grenzen, die wohl dem Schreiben innewohnen.

Das Sagbare und das Unsagbare[3]

Nähern wir uns hier dem »Übersetzungsraum« mit einer persönlichen Vorbemerkung, die in die Thematik von Buddhismus und Psychoanalyse einführen kann: Wenn einer von uns in seinem Arbeitszimmer sitzt und sich seine den ganzen Raum ausfüllende Bibliothek anschaut, dann ist eine gewisse Zweiteilung zu erkennen: auf der einen Seite die vielen Regale mit psychoanalytischer Literatur, angefangen natürlich mit den Gesammelten Werken von Sigmund Freud; auf der anderen Seite viele Regale mit buddhistischer und vor allem zenbuddhistischer Literatur. Dies spiegelt sicherlich vor allem das doppelte Interesse, das auch der folgende Text zum Ausdruck bringt. Aber es wird gleich zu Beginn auch ein wesentliches Problem zwischen dem Denkbaren und Nicht-Denkbaren, dem Sagbaren und dem Unsagbaren angesprochen: Denn nicht alles ist sagbar, aber nur über das Sagbare lässt sich denken und schreiben. Und das Denken und Sprechen löst manchmal den Wunsch zum Schreiben aus, wie man an diesen unendlichen Büchern und Bibliotheken erkennen kann. Aber wie kann man bei einem solchen Thema – die Beziehung von Buddhismus und Psychoanalyse oder genauer: ein Vergleich zwischen dem buddhistischen und psychoanalytischen Denken – zu einer Sprache finden, die dem Thema einigermaßen gerecht wird? Gerade diese Frage drängt sich bei diesem Thema aus verschiedenen Gründen fast zwingend auf.

Es sei nur daran erinnert, dass der historische Buddha wohl niemals eine Zeile selbst geschrieben hat. Nachdem er sich entschlossen hatte, über seine erleuchtende Erkenntnis nicht zu schweigen – das war seine ursprüngliche Absicht –, sondern sie anderen Menschen mitzuteilen, zog er viele Jahre durch das Land in Nordindien und sprach über seine Lehre, die dann von Mund zu Mund weitergegeben wurde und erst viele Jahre nach seinem Tod aufgeschrieben wurde – man schätzt heute, dass dies etwa 150 Jahre nach seinem Tod geschah. Daher kann man heute nicht absolut sicher sein, was der Buddha als Gründungsfigur über seine Lehre »wirklich« gesagt hat. Freud als Begründer der Psychoanalyse, fast 2500 Jahre nach der Zeit des Buddha, war dagegen ein »Vielschreiber«. Er hat ein umfangreiches Werk hinterlassen, das in den Gesammelten Werken insgesamt 17 Bände umfasst und das nicht nur von Psychoanalytikern, sondern auch von Philosophen, Soziologen, Psychologen, Politologen, Kunstwissenschaftlern, Filmwissenschaftlern, interessierten Laien etc. gelesen wurde und gelesen wird. Die umfangreiche psychoanalytische Literatur in der Nach-

3 Auch diese Beschreibung verstehen wir weniger dualistisch als komplementär (siehe auch Seel, 2014).

folge von Freud ist also weniger erstaunlich als die umfängliche buddhistische Literatur, die ebenfalls kaum noch zu übersehen ist, und das Erstaunen wird größer, wenn man die Rolle der Sprache noch ein wenig genauer betrachtet: Die analytische Situation wird oft als »talking cure« beschrieben, und Freud sagte einmal, dass in der analytischen Kur nichts anderes vor sich gehe als der Austausch von Worten (Freud, 1916/1917), während im Buddhismus und insbesondere im Zen-Buddhismus[4], auf den wir uns hier hauptsächlich beziehen werden, eine skeptische Einstellung der Sprache gegenüber besteht. Die Gründerfigur des Zen in China (etwa um 500 n. Chr.), Bodhidharma, sagt in einem berühmten Koan (ein Text mit grundlegenden Fragen, die mit dem »normalen Alltagsbewusstsein« nicht zu lösen sind und den Leser auffordern, »andere Zugänge« zu suchen) zum chinesischen Kaiser Wu, als der ihn nach der höchsten Bedeutung der heiligen Wahrheiten oder Schriften des Buddhismus fragt: Leerheit, es gibt nichts Heiliges. Und als der Kaiser ihn fragt, wer das gerade gesagt habe, antwortet Bodhidharma: »Ich weiß nicht.« Er will damit offenbar ausdrücken, dass die Essenz der Lehre, aber auch seine eigene Identität nicht mit Worten, nicht in der Sprache auszudrücken ist. Anschließend soll Bodhidharma der Legende nach neun Jahre ununterbrochen vor einer Mauer schweigend in der Meditation verbracht haben. Hier werden also das Wort, das Sprechen und die Schrift als problematisch angesehen und das Schweigen als besonders bedeutsam herausgestellt, was sich auch in der Legende des Mahakasyapa, des ersten Patriarchen des Zen ausdrückt, als er seine Erkenntnis dem Buddha nur durch sein Lächeln zu erkennen gegeben haben soll:

»Damals soll der Buddha, als eine große Schar von Jüngern sich um ihn versammelt hatte, um seine Darlegung des Dharma (etwa die Lehre) zu hören, nur schweigend eine Blüte in die Höhe gehalten haben. Einzig sein Schüler Kāshyapa begriff und lächelte – angesichts der Geste seines Meisters war er urplötzlich zur erleuchteten Sicht durchgebrochen und hatte damit die Essenz der Buddha-Lehre erfasst […] Damit hatte die erste Übertragung der ›wortlosen Lehre‹ des Zen von Herz-Geist zu Herz-Geist stattgefunden« (Lexikon der Östlichen Weisheitslehren, 1994, S. 470 f.).

Die wortlose Lehre des Buddhismus und dann eine Unmenge von Büchern und Schriften! Die Bedeutung des Sprechens und Schreibens in der Psychoanalyse und die Skepsis ihr gegenüber im Zen – dies macht eine besondere Herausforderung der ganzen Thematik von Psychoanalyse und Buddhismus

4 Der Zen-Buddhismus ist eine Richtung im Buddhismus, die sich insbesondere in China und Japan auf eine besondere Weise entwickelt hat. Im Zentrum steht die meditative Versenkung, in der alle dualistischen Unterscheidungen aufgehoben sind (Näheres bei Weischede u. Zwiebel, 2009).

aus. Auch moderne Zen-Meister wie Shunryu Suzuki haben nicht geschrieben, sondern zu ihren Schülern gesprochen. Suzukis berühmte Buch »Zen mind, Beginners mind« (1975), »Zen-Geist – Anfänger-Geist« (1990, deutsche Übers.), ist eine Zusammenstellung seiner Ansprachen, die seine Schüler gesammelt und veröffentlicht haben. Diese Gegenüberstellung von Sprechen und Schweigen drückt daher ein grundlegendes Spannungsfeld aus, das allerdings sowohl in der Psychoanalyse als auch im Buddhismus und speziell im Zen-Buddhismus eine zentrale Rolle spielt – trotz der vielen, nicht mehr zu überschauenden Texte, die aus beiden Bereichen hervorgegangen sind: Geht es also vielleicht in beiden Bereichen um das Unaussprechliche, Unbekannte, Unbestimmte, das immer wieder sprachlich umkreist wird, aber eben niemals ganz mit Worten direkt zu erfassen ist?

Eindrücklich hat dies der deutsche Philosoph Thomas Metzinger für das bewusste Erleben beschrieben: »[…] dass es unendlich viele Dinge im Leben gibt, die man nur ergründen kann, indem man sich dem Erleben selbst ausliefert, dass es eine Tiefendimension in der reinen Wahrnehmung gibt, die sich weder durch Denken noch durch Sprache erfassen und durchdringen oder vollständig erobern lässt« (Metzinger, 2009, S. 81).

Als ein konkretes Beispiel dafür könnte man an das Träumen erinnern: Der geträumte, nächtliche Traum mit seinen manchmal intensiven, verwirrenden Bildern und Gefühlen ist am Morgen nach dem Aufwachen nur begrenzt und oft nur mit Mühe in Sprache oder einen Text überführbar. Der erlebte und geträumte Traum ist also im Grunde nicht wirklich »greifbar«. und der erinnerte und erzählte Traum immer ein Fragment. Wir werden später auf diese Kluft zwischen der »lebendigen Wirklichkeit« (dem Erleben des gegenwärtigen Momentes) und ihrer sprachlichen Reproduktion mehrfach zurückkommen.

Aber auch die Psychoanalyse kennt die Skepsis gegenüber dem Wort. Man spricht vom Unbewussten (auch als dem Noch-nicht-Gedachten oder Nicht-mehr-Gedachten oder Nicht-mehr-Denkbaren), im Zen dagegen von der »wahren Natur« oder dem »ursprünglichen Selbst« jenseits der Worte. Dieses Spannungsfeld drückt sich auch in der grundlegenden Methodik beider Disziplinen aus: das stille Sitzen in der Meditation und das analytische Gespräch, in dem das Unaussprechliche als das bislang Verdrängte oder noch nie Formulierte doch einen sprachlichen Ausdruck finden kann.

Zum anderen berührt diese Frage der Sprache eine weitere Punkt, die sowohl im buddhistischen als auch im psychoanalytischen Denken einen zentralen Stellenwert einnimmt: Das Sprechen und Schreiben stellt ja auch einen Versuch dar, etwas aus dem Strom des Erlebten festzuhalten und zu fixieren, also einen Versuch, der Unbeständigkeit, Flüchtigkeit und Vergänglichkeit des Daseins, dem ständigen Wandel etwas Dauerhaftes entgegenzusetzen. Hier scheint eine wichtige Differenz auf, die auf unterschiedliche Arten des Sprechens und Schreibens verweist. Es gibt ein Sprechen und Schreiben, das zum Verschwinden des Unaussprechlichen und Unbekannten führt und die Illusion des Dauerhaften stärkt (man könnte auch sagen: Sprechen und Schreiben als Akt der Verdrängung oder Verleugnung des ständigen Wandels), und ein Sprechen und Schreiben, das das Unaussprechliche und Vergängliche spüren lässt oder sogar darauf verweist, ohne dass diese Grundtatsachen des Lebens jemals voll auf den Begriff zu bringen sind. Wenn wir hier also über die Beziehung von Buddhismus und Psychoanalyse nachdenken und diskutieren (um einen »Übersetzungsraum« zu schaffen), stehen wir in diesem Spannungsfeld zwischen dem Unsagbaren und Sagbaren, aber auch in der Auseinandersetzung mit dem Vergänglichen.

Wie rechtfertigen wir diese scheinbar paradoxe Situation, nämlich einen weiteren umfangreichen Text vorzulegen über zwei Bereiche, die ja gerade dem Denken, Sprechen und Schreiben auch mit Skepsis begegnen? Wir fragen uns also immer wieder, wie wir auf eine Weise sprechen und schreiben können, in der wir einen Kontakt zum Unsagbaren, zum Unbekannten und zur Unbeständigkeit bekommen und beibehalten und diesen Bereich nicht durch die Art unseres Schreibens zum Verschwinden bringen. Daher erscheint es als kein leichtes Unterfangen, diese ausgesprochen umfangreiche und komplexe Thematik der Beziehung von Buddhismus und Psychoanalyse nachvollziehbar oder noch besser: nacherlebbar darzustellen.

Der Aufbau des Buches

Wir gehen davon aus, dass Menschen über sich und die Welt Annahmen, Ansichten und Absichten entwickeln, die ihre Wahrnehmungen und ihr Handeln wesentlich steuern. Diese grundlegenden Annahmen und Absichten könnte man auch als »Modelle« von Selbst und Welt bezeichnen, die im Gegensatz zu differenzierteren Theorien oft auch nur implizit sind. Im Folgenden werden wir von Lebens-, Alltags- und Arbeitsmodellen sprechen und diese Überlegung auf die buddhistischen und psychoanalytischen Ansätze übertragen. Daher sprechen wir von einem buddhistischen und einem psychoanalytischen Arbeitsmodell, das wir in diesem Buch als unseren persönlichen Aneignungsprozess von öffentlichen, publizierten Theorien darstellen wollen, beispielsweise das psychoanalytische Arbeitsmodell am Beispiel der Auseinandersetzung mit zentralen Arbeiten von Sigmund Freud. Es sei aber von vornherein betont, dass es unser primäres Anliegen ist, die Übungswege des Zen und der Psychoanalyse in ihrer

Konkretheit darzustellen und nicht die vielen gleichsam unterirdischen und fast unendlichen Verbindungsfäden zwischen östlichem und westlichem Denken aufzuzeigen.

Nach diesen Ausführungen wollen wir eine erste Bilanz ziehen und vor allem fragen, was der Psychoanalytiker vom Buddhisten und was der Buddhist vom Psychoanalytiker lernen kann. Dabei wird es insbesondere auch darum gehen, am Beispiel ganz zentraler Begriffe wie dem »Selbst« oder dem »Bewusstsein« Gemeinsamkeiten und Unterschiede aufzuzeigen. Um hier ein Ergebnis vorwegzunehmen: Die psychoanalytische Haltung enthält unserer Ansicht nach ein zentrales meditatives Element, das sich sehr viel präziser erfassen lässt als Freuds Beschreibung der gleichschwebenden Aufmerksamkeit. Die Betrachtung der meditativen Praxis unter psychodynamischen Aspekten erweist sich als ebenso fruchtbar, lassen sich doch viele auf Konflikten beruhende Widerstände und Abwehraspekte erkennen, die einen wirksamen meditativen Übungsweg erschweren.

Im zweiten Teil des Buches, den wir »Vertiefungen« nennen, werden wir sowohl die »Weite« als auch die »Tiefe« der Thematik deutlich machen. Vor allem wollen wir auf eine weitere tiefe Verbindung zwischen Buddhismus und Psychoanalyse hinweisen, die aus unserer Sicht darin besteht, sich immer wieder vom Allgemeinen und Abstrakten dem unmittelbar Konkreten zuzuwenden. Das Leben findet immer im konkret Gewöhnlichen statt – bei alltäglichen Handlungen, in der Arbeit, in der Auseinandersetzung mit dem eigenen Erleben wie in den Träumen, in der psychoanalytischen Sitzung oder auf dem Sitzkissen in der Meditation. Dieser zweite Teil des Buches ist vor allem für die Leser gedacht, die sich in die Thematik von Buddhismus und Psychoanalyse weiter vertiefen wollen.

Am Ende werden wir unsere Überlegungen noch einmal zusammenfassen und uns erneut kritisch fragen, ob wir tatsächlich den intendierten »Übersetzungsraum« entwickeln konnten. Letztlich wird aber diese Frage nur der Leser entscheiden können.

Grundlegendes

2. Lebens-, Alltags- und Arbeitsmodelle

Zum Begriff des Arbeitsmodells

In der Einleitung haben wir das Ziel unserer Arbeit vorgestellt: Wir möchten zeigen, dass Buddhismus (hier mit der besonderen Betonung des Zen-Buddhismus) und Psychoanalyse bei aller Unterschiedlichkeit ihrer Methodik und ihrer Konzeptualisierungen auf einer tiefen Ebene zusammenhängen: nämlich durch das Erforschen und Beschreiben der menschlichen Grundsituation, einschließlich dem Wunsch nach Veränderung einer als unbefriedigend erlebten Lebenserfahrung und Lebensweise. Allerdings wollen wir genauer besprechen, dass es eine komplexe Wechselbeziehung zwischen der unterschiedlichen Praxis und den daraus abgeleiteten Begriffen gibt – oder wie es Michael Hampe in seinem bemerkenswerten Buch »Die Lehren der Philosophie« (2014, S. 234) ausführt: »Unterschiede in der Lebenserfahrung führen zu Differenzen in den Begrifflichkeiten, und differenzierende Begrifflichkeiten führen zu Unterschieden in den Lebensweisen.«

Wann sucht jemand eine Psychotherapie auf oder begibt sich in Psychoanalyse und wann beginnt jemand zu meditieren und schließt sich einem Zen-Meister an? Wenn die Erfahrungen in der Sprache der Psychoanalyse formuliert werden, könnte daraus die Motivation erwachsen, sich in Psychoanalyse zu begeben: »Meine Probleme scheinen etwas mit meinen Kindheitserfahrungen zu tun zu haben.« Wenn die Erfahrungen in der Sprache des Buddhismus formuliert werden, entsteht der Wunsch, eine buddhistische Praxis zu beginnen: »Meine leidvollen Erfahrungen haben etwas mit der im Buddhismus beschriebenen leidvollen Grundverfassung des Menschen zu tun, für die es eine heilende Praxis gibt.« Es ist zu erwarten, dass die psychoanalytischen und meditativen Erfahrungen dann die Begrifflichkeit unterstützen und die gewonnenen Einsichten in dieser Sprache, in diesem Vokabular ausgedrückt werden. Diese aus der Lebenserfahrung abgeleitete Begrifflichkeit wollen wir im Folgenden als Lebens-, Alltags- und Arbeitsmodelle bezeichnen.

Wir nehmen an, dass alle Menschen eine komplexe Mischung aus diesen Modellen entwickeln, die Folge ihrer ganz einmaligen und spezifischen Lebenserfahrung ist und die ihr Sprechen und Handeln entscheidend bestimmt. Wir sprechen hier ausdrücklich nicht von Theorien, weil wir uns dem Gedankengang von Hampe (2014, S. 186) anschließen, der schreibt: »Beobachtbare Tatsachen und Wahrheiten existieren in vielen symbolischen Kontexten, von denen wiederum viele nichts mit Erklärungen und theoretischen Schlussfolgerungen zu haben. Ich gehe dabei von einem *starken Theoriebegriff* aus, wonach nur dort eine Theorie vorliegt, wo auch eine inferentielle Struktur explizit ist, *die mit der Absicht erzeugt wurde, etwas zu erklären.*«

Im Folgenden weist Hampe auf den wichtigen Unterschied zwischen erklärenden Wissenschaften und dem gewöhnlichen Leben hin, wenn er etwa sagt, dass die Suche nach Wahrheit und das Bemühen, Täuschungen zu entgehen, kein Privileg der Wissenschaft sei, sondern auch eine Praxis des gewöhnlichen Lebens (als Beispiel erwähnt er den Gerichtsprozess). Da die analytische und meditative Praxis nicht primär theoriegeleitet sind, sondern tief im Gewöhnlichen verankert sind, sprechen wir von »Modellen«, die für die Wahrnehmung, das Denken, Sprechen und Handeln von Menschen motivierend sind.

Was bedeutet der Begriff des Arbeitsmodells? Wir übernehmen dabei einen Ansatz, den David Tuckett in die psychoanalytische Diskussion eingeführt hat, und zwar basierend auf einer einflussreichen Arbeit des bedeutenden britischen Psychoanalytikers Joseph Sandler (1983). Der Grundgedanke ist, dass jeder Psychoanalytiker eine Art »private Theorie« entwickelt, nach der er mit seinen psychoanalytischen Patienten arbeitet. Diese kann man sich als eine Legierung aus der gleichsam offiziellen Theorie (den Schriften der einflussreichen Analytiker wie etwa Freud, Klein, Bion) und einem persönlichen Aneignungsprozess durch den einzelnen, individuellen Psychoanalytiker vorstellen. Dieses Arbeitsmodell ist ganz wesentlich für die klinische Arbeit, weil es den zentralen Unterschied zwischen einem analytischen und einem privaten Gespräch im Alltag ausmacht: Zum analytischen Arbeitsmodell gehören also bestimmte explizite und auch implizite Grundannahmen über die Natur der seelischen Problematik des Patienten, über die Differenz von seelischer Gesundheit und Krankheit, über Veränderungs- oder Heilungsprozesse, über die Natur der analytischen Beziehung und Annahmen über die Natur des Unbewussten (Tuckett et al., 2008).

Als eine wesentliche Differenz zwischen dem Analysanden und dem Analytiker kann angenommen werden, dass der Analysand oder Patient über diese Dinge mehr oder weniger laienhafte Annahmen und Meinungen hat, die man aber in der Regel als ein Alltagsmodell verstehen kann, also Meinungen und Annahmen verbunden mit Absichten, die sich auf zentrale Lebensfragen beziehen: Glück und Unglück, Beziehungen, Lebensziele, Lebenssinn, aber auch spezifische wie die Annahme, was in einer Psychotherapie zu erwarten ist, welche Bedeutung die eigenen Träume haben, welche Rolle Kindheit und Familie für die gegenwärtige Lebenssituation spielen etc. Diese Alltagsmodelle könnte man auch als Laienmodelle bezeichnen, weil der durchschnittliche Therapiepatient, aber auch der durchschnittliche Leser eben keine direkte Erfahrung mit Psychoanalyse oder Meditation hat, sondern seine mehr oder weniger vagen Annahmen und Meinungen aus seiner alltäglichen Lebenserfahrung, aber auch aus Erzählungen, Büchern und Medien entnommen hat.

Bezogen auf den Dialog mit unseren Lesern könnte man auch Folgendes sagen: Der durchschnittliche Leser hat ein Alltagsmodell von Buddhismus und Psychoanalyse, das entweder eher vage, undifferenziert und verfälscht oder aber eher präzise, differenziert und zutreffend sein kann. Als Autoren konfrontieren wir den Leser mit unserem Arbeitsmodell, das eben eine Legierung zwischen unseren persönlichen Erfahrungen mit der Psychoanalyse und der Meditation, dem Studium der Literatur und einem Aneignungsprozess darstellt, das weniger nach absoluter Wahrheit als nach Kohärenz, Evidenz und Wirksamkeit zu bestimmen wäre. Die Einführung dieses Konzeptes des Arbeitsmodells und des Alltagsmodells bedeutet vor allem, dass ein relativer Gesichtspunkt eingeführt wird. Es wird nicht bestritten, dass Psychoanalyse, Psychoanalytiker, psychoanalytische Behandlungen, Buddhismus, Meditierende, buddhistische Gemeinschaften existieren (in der Welt vorkommen). Es wird damit aber angenommen, dass wir über ihre Existenz nur über das Bewusstsein der Menschen, über die Repräsentanz dieser Phänomene im Bewusstsein einzelner Menschen etwas erfahren können: Diese Repräsentanz im Bewusstsein einzelner Menschen nennen wir hier Arbeitsmodelle und Alltagsmodelle. »Relativ« bedeutet dann, dass jeder einzelne Mensch erkennt, dass er sich selbst ein eigenes, individuelles Bild (z. B. über Psychoanalyse oder Buddhismus) angeeignet hat, das auch Ausdruck seiner einzigartigen Person ist. Diese Sichtweise ermöglicht überhaupt erst eine Art Diskussion oder Dialog, weil anerkannt wird, dass jeder Mensch mit einer Art Brille das eigene Selbst, die Welt und ihre Phänomene betrachtet.

Wie lassen sich Alltags- und Arbeitsmodelle genauer unterscheiden? In diesem Buch werden wir von Arbeitsmodellen sprechen, wenn es sich um Grundannahmen, Zielvorstellungen, Praxisanleitungen etc. von Professionellen oder anderen Experten handelt. In einem weiten Sinne kann man Experten als Personen ansehen, die sich mit einem bestimmten Gebiet der Wissenschaft, des Handwerks, der Politik, der Religion, der Kunst, der Heilkunst, der Rechtsprechung befassen. Professionelle üben Berufe aus, in denen sich z. B.

Ärzte, Lehrer, Sozialarbeiter, Therapeuten, Seelsorger, Psychoanalytiker mit einer wissenschaftlich orientierten Methode um einzelne Menschen kümmern. Oder anders formuliert: »So bieten Professionelle auf Basis eines akademischen Sonderwissensbestandes Expertenlösungen für individuelle lebensweltliche Probleme, wie es z. B. Pfarrer, Ärzte und Juristen tun« (Thom u. Ochs, 2013, S. 381).

Alltagsmodelle sind zum einen entsprechende Grundannahmen von Laien über diese Fachrichtungen und Professionen, zum anderen aber auch daraus teilweise entwickelte Modelle der Bewältigung des konkreten Alltags, der daraus abgeleiteten konkreten Lebenspraxis, wie man also seinen Tag von morgens bis abends auch außerhalb der beruflichen oder sonstigen Tätigkeit verbringt. Auch hier scheint es etwas zu geben wie öffentliche oder offizielle Alltagsmodelle (von der jeweiligen Kultur anerkannt) und private Alltagsmodelle: Erstere sind kulturell vermittelte Normen und Erwartungen, wie Menschen ihr Leben und insbesondere auch ihren Alltag zu gestalten haben, letztere solche, die Menschen in ihrer konkreten Lebenspraxis real verwirklichen: Denn es gibt keine allgemein akzeptierte Auffassung darüber, wie man morgens aufsteht, seine Toilette macht, das Frühstück absolviert, zur Arbeit fährt, mit seinen Freunden telefoniert, Einladungen ausspricht, sich mit seinen Nachbarn unterhält, den Feierabend verbringt oder Freizeit und Urlaub gestaltet. Jeder Mensch muss also auf gewisse Weise lernen, seinen Alltag selbst zu gestalten, auch wenn bestimmte kulturelle Einflüsse und Erwartungen von früher Kindheit bei diesen Entscheidungen eine Rolle spielen.

Die Bedeutung der Beschreibung von Alltags- und Arbeitsmodellen für die Thematik von Buddhismus und Psychoanalyse liegt darin, dass es unvermeidlich einen Dissens gibt zwischen den Alltagsmodellen der Praktizierenden (der Meditationsschüler und der Analysanden) und den Arbeitsmodellen der »Experten« oder Professionellen (des Zen-Meisters und des Analytikers). Die Annahmen und Erwartungen werden nicht selten enttäuscht, wobei allerdings – wie wir noch zeigen wollen – dieser Ent-Täuschungsprozess sowohl für die Praxis der Meditation als auch für die Praxis der Psychoanalyse zentral ist. Diese Unterscheidung zwischen Alltags- und Arbeitsmodellen ist aber auch für einen Dialog zwischen Buddhisten und Psychoanalytikern (Psychotherapeuten) hilfreich, weil Buddhisten oft nur begrenzt korrekte Alltagsmodelle von der Psychoanalyse haben – und dies gilt auch umgekehrt für die Psychoanalytiker mit ihren Alltagsmodellen der Meditation.

Zum Begriff des Lebens- und Alltagsmodells

Diese Alltagsmodelle könnte man dann Lebensmodelle nennen, wenn sie sich auf Grundfragen des Lebens beziehen. In die Lebensmodelle fließen sowohl die Alltagsmodelle als auch die Arbeitsmodelle ein, gehen aber insofern noch darüber hinaus, als sie Grundannahmen (Ansichten, Erwartungen und Handlungsmuster) beinhalten, die sich auf das Leben als Ganzes beziehen. Hier geht es um zentrale, ja existenzielle Fragen, die im Grunde auch die wesentlichen philosophischen Fragen sind. Thomas Nagel hat in seinem kleinen Buch (2008) »Was bedeutet das alles? Eine ganz kurze Einführung in die Philosophie« einige dieser wesentlichen Fragen vorgestellt, die man als solche philosophische Fragen auffassen kann: Woher wissen wir etwas? (Wie kann man überhaupt etwas erkennen? Was ist Wahrheit, Lüge, Illusion?); Wie kann man Fremdpsychisches verstehen? (Was geht in anderen Personen vor? Ist Verständigung zwischen Menschen überhaupt möglich?); das psychophysische Problem (also das Leib-Seele-Problem: Gibt es eine Seele? Wie hängen Körper und Seele zusammen?); die Bedeutung der Wörter (Wie hängen Sprache und Leben oder Wirklichkeit zusammen?); die Frage der Willensfreiheit (Gibt es einen freien Willen oder ist alles vorherbestimmt? Gibt es Verantwortung?); die Frage nach Recht und Unrecht (oder auch: Was ist gut? Was ist böse? im Grunde die ganze Frage nach der Moral); das Problem der Gerechtigkeit (die Frage nach der politischen Dimension des Lebens, die Beziehung von Gleichheit und Ungleichheit, von Reichtum und Armut); die Frage nach dem Tod (die Begrenztheit des Lebens, das Leben nach dem Tod, die Frage der Religion); die Frage nach dem Sinn des Lebens (ob es einen absoluten oder nur einen relativen Sinn gibt).

Mit dem Konzept des Lebensmodells könnte man zu beschreiben versuchen, dass jeder Mensch – unabhängig von seiner Herkunft, seiner Begabung und seiner Intelligenz – ein Lebensmodell entwickelt, das sowohl implizite als auch explizite Vorstellungen, Annahmen, Meinungen und Bewertungen enthält, die sich auf diese von Nagel genannten grundlegenden Fragen beziehen, die man als existenzielle, basale Fragen ansehen kann. Nach unserer Vermutung wirken diese jeweiligen Lebensmodelle im Alltag eher implizit, haben aber eine Wirkung auf die Gestaltung der expliziten Alltagsmodelle. Dies ist ein wesentlicher Schritt von der Verallgemeinerung (»Das Leben ist endlich«) zur individuellen Konkretisierung (»Es könnte sein, dass ich nicht mehr lange lebe«). Dies erscheint uns als die zentrale Unterscheidung zwischen dem Begriff des Lebensmodells und des Alltagsmodells: Ersterer bezieht sich auf Abstrakt-Allgemeines, während Letzterer in konkreten, alltäglichen Lebensereignissen aktualisiert wird. Menschen haben beispielsweise Annahmen und Vorstellungen über Erziehung, die auch Ausdruck ihres Menschenbildes sind (etwa in der schwarzen Pädagogik: »Der Wille der Kinder muss gebrochen werden, damit sie nicht zu Mördern ihrer Eltern werden«). Wie sich dieser Aspekt des Lebensmodells – hier für den Bereich Erziehung – in aktuellen und konkreten Lebensereignissen manifestiert, ist dann als Ausdruck eines Alltagsmodells zu erfassen (»Aus Prinzip werde ich dem Sohn keine Erhöhung des Taschengeldes gewähren«).

Während der Philosoph diese Grundfragen begrifflich präzise zu formulieren und zu systematisieren versucht, aber dabei immer noch eine grundsätzlich fragende Haltung bewahrt, entwickelt der Laie und Alltagsmensch sein Lebensmodell und vor allem sein daraus abgeleitetes Alltagsmodell nicht in diesem wissenschaftlichen und philosophischen Sinne, da er mehr den Pol der Antworten betont, die es ihm gestatten, sein Leben zu gestalten und zu realisieren. Diese Lebens- und Alltagsmodelle sind daher auf der Skala von Gewissheit und Ungewissheit oder Wissen und Nicht-Wissen eher auf dem Pol von Gewissheit und Wissen, weil dies Orientierung und Sicherheit in der Lebenspraxis gewährt. Man könnte auch sagen, dass sie tendenziell einen dogmatischen oder ideologischen Charakter haben. Der Alltagsmensch in seiner konkreten Lebenspraxis hat in der Regel kein Lebens- und Alltagsmodell, das auf einer »forschenden Grundhaltung« beruht, indem er alles hinterfragt und immer wieder die grundsätzlichen Menschheitsfragen aufwirft. Allerdings kann man davon ausgehen, dass diese Modelle heute bei gebildeten Menschen sehr stark von wissenschaftlichen und philosophischen Ergebnissen beeinflusst sind. Die psychoanalytischen Annahmen beispielsweise, die wir gleich noch präzisieren wollen, sind ja vielen Menschen mehr oder weniger genau bekannt und haben manche ihrer Lebens- und Alltagsmodelle mitgeprägt; man denke dabei etwa an die Rolle des Unbewussten oder den Einfluss der Kindheit.

Aus psychoanalytischer Perspektive würde man zu den vorgeschlagenen grundlegenden Fragen, die Thomas Nagel als Philosoph gestellt hat, einige andere grundlegende Themen hinzufügen wollen: die Beziehung zur Kindheit, Elternschaft und Familie, die Rolle der Erziehung, grundlegende Fragen und Vorstellungen über Beziehungen, insbesondere Liebesbeziehungen (einschließlich der Einschätzung von Sexualität), die Beziehungen der Geschlechter untereinander, die Einstellung und Einschätzung zur Arbeit und zu Geld. Diese großen Themen gehören ebenfalls zu den Lebens- und Alltagsmodellen (und zu denen die Psychoanalyse wesentliche Beiträge geliefert hat). Auch hier finden wir den Unterschied zwischen den mehr abstrakten Verallgemeinerungen der Lebensmodelle und den mehr konkreten, individuellen Alltagsmodellen: also wiederum der Unterschied beispielsweise zwischen den allgemeinen Ansichten über die Liebe (die ein höchstes Ziel sein kann) und meinen persönlichen Liebeserfahrungen (die eher von Konflikten und Problemen gekennzeichnet sein mögen). Hier kann es zu enormen Diskrepanzen zwischen den allgemein formulierbaren Lebensmodellen und den ganz spezifischen Alltagsmodellen kommen.

Es ist äußerst kompliziert, die verwobenen Zusammenhänge zwischen den Lebensmodellen, den Alltagsmodellen und den Arbeitsmodellen darzustellen. Wir vermuten, dass die Lebensmodelle bei den meisten Menschen gleichsam die basale Schicht darstellen, oft unbewusst sind und nicht reflektiert werden, sich aber in den Alltagsmodellen und auch in den Arbeitsmodellen der Experten und Professionellen manifestieren. Jeder konkrete Akt des Alltags reflektiert in gewisser Weise auch das Lebensmodell der jeweiligen Person: Ob ich grundsätzlich meinen Nachbarn grüße oder wortlos an ihm vorübergehe, ob ich in der Warteschlange im Supermarkt unruhig werde oder sogar mich vorzudrängeln versuche, die Art und Weise, wie ich morgens aufstehe oder eben nicht – alles dies lässt sich schließlich auch auf mein Lebensmodell zurückführen.

Diese grundlegende Bestimmung der Lebensmodelle könnte auch einen Bezug zum Begriff der »Lebenswelt«, den der deutsche Philosoph Husserl geprägt hat, herstellen. Damit wird die Gesamtheit der theoretischen und geistigen Tätigkeiten subsumiert, bei denen damit gerechnet wird, dass sie von allen Menschen aller Kulturen und Zeiten vollzogen wird. »Historisch spezifische ›Alltagswelten‹ können dann als vielfältige Ausschnitte aus dem Bereich der von der Lebenswelt gebotenen Möglichkeiten analysiert werden« (Gumbrecht, 2004, S. 143).

Als ein Beispiel für diese gleichsam anthropologisch zu verstehende »Lebenswelt« nennt Gumbrecht die jenseits der Kulturen allgemeine Fähigkeit des Menschen, die Grenze der eigenen »Lebenswelt« zu überwinden: also Vorstellungen von Allwissenheit, Ewigkeit, Allgegenwart oder Allmacht, die üblicherweise Göttern oder übermenschlichen Wesen zugeschrieben werden. Alltagswelten wären dann die kulturspezifischen Ausformungen dieser universalen »Lebenswelten«. Gumbrecht erwähnt in seinem bemerkenswerten Buch »Diesseits der Hermeneutik« (2004) aber auch einen anderen Begriff, den man mit der Beschreibung der Lebensmodelle in Verbindung bringen könnte, die »Weltaneignung«. Es sei hier nur auf die Formen dieser Weltaneignung verwiesen, die Gumbrecht (S. 106 ff.) etwas genauer beschreibt: das Verzehren der Dinge dieser Welt, das Eindringen in Dinge und Körper, die mystische Aneignung und die interpretative bzw. geistige Aneignung der Welt. Erwähnt sei hier auch der Satz aus der Bibel: Macht euch die Welt untertan, eignet sie euch an! Hier geht die Ausrichtung der menschlichen Bewegung zur Aneignung über Veränderung. Eine andere mögliche Ausrichtung wäre die Aneignung über Teil-Habe oder Mit-Sein.

Ein wissenschaftliches Arbeitsmodell

Als Psychoanalytiker, Therapeuten und Zen-Lehrer sind wir keine Philosophen, Theologen, Wissenschaftler, Literaten oder Künstler. Wie schon eben angedeutet, gehen wir davon aus, dass auch diese Personen Arbeitsmodelle in einem weiteren Sinne entwickeln. Man könnte danach also von philosophischen, wissenschaftlichen, künstlerischen, politischen, religiösen Arbeitsmodellen sprechen. Wie könnte beispielsweise ein wissenschaftliches Arbeitsmodell beschrieben werden? Als Ausgangspunkt wird immer ein Problem oder eine ungeklärte Frage stehen, die sich auf die existierende Welt und die Erscheinung der Dinge beziehen: Wie entstehen Tag und Nacht, warum gibt es Ebbe und Flut, was löst Kriege aus, warum gibt es Armut und Reichtum, was löst Depressionen oder andere seelische Störungen aus? Am Anfang stehen also ungeklärte Probleme und die Frage nach einer Erklärung und womöglich nach einer Überwindung des Problems. In gewisser Weise gehört aber zu diesem Problem ja schon der Fragende: Man könnte also von einer »forschenden Grundhaltung« (Leuzinger-Bohleber, 2005) sprechen, die überhaupt erst auf das Problem aufmerksam macht.

In diesem Sinne könnte man auch davon sprechen, dass Kinder schon naive Wissenschaftler sind, indem sie sich über bestimmte Dinge wundern und diese fragende und auch staunende oder forschende Haltung einnehmen: Warum ist das so? Woher kommt das? Von besonderem Interesse sind bei ihnen die Fragen nach der eigenen Körperlichkeit, der Geburt, ihren Geschwistern oder der Beziehung der Eltern.

Wissenschaft entwickelt sich aber erst dann, wenn eine Methodik entwickelt wird, die dem Problem oder der Fragestellung angemessen ist, d. h. erwarten lässt, dass die entsprechenden Fragen auch eine Erklärung oder Antwort finden. Es wird also eine Methodik entwickelt, über die sich die Gemeinschaft der Wissenschaftler im Prinzip einigen muss, weil sonst keine vergleichbaren Ergebnisse gefunden werden können. Bei der Entwicklung von Methoden spielen natürlich auch implizite Grundannahmen eine Rolle, die darin bestehen, dass man bestimmte Annahmen über die Lösung hat und davon ausgeht, dass die Methodik geeignet ist, die offene Frage zu lösen oder zu erklären. Wenn man beispielsweise mit modernen bildgebenden Verfahren das Gehirn von psychotischen Menschen untersucht, besteht die mehr oder weniger implizite Annahme, dass die Psychose eine Form von Gehirnerkrankung ist. Abweichungen, die bei diesen Untersuchungen gefunden werden, werden dann auch in diesem entsprechenden Sinne interpretiert. Neben der Problemstellung und der methodischen Ausrichtung gibt es dann als dritten grundlegenden Schritt die Interpretation der Ergebnisse: Die gefundenen Daten sprechen ja in der Regel nicht für sich, sondern müssen übersetzt und interpretiert werden. Auf diese Weise entwickelt sich Wissenschaft weiter, entstehen Modelle und Theorien, die wieder überprüft werden. In allen drei Schritten – Problem, Methodik, Interpretation – spielen aber latente Grundannahmen des Forschers eine Rolle. Insofern könnte man hier also von einem »wissenschaftlichen Arbeitsmodell« sprechen, das aus öffentlichen und privaten Komponenten besteht.

Wahrscheinlich besteht ein wichtiger Unterschied zwischen einem »professionellen Arbeitsmodell« im engeren Sinn und einem »wissenschaftlichen Arbeitsmodell« darin, dass es beim »professionellen Arbeitsmodell« immer um den Einzelnen geht, um eine einzigartige, konkrete Lebenssituation (z. B. ein kranker Patient, ein besonders schwieriger Schüler, ein Glaubender in einer Glaubenskrise). Für die Psychoanalyse und die Psychotherapie kann man demnach davon ausgehen: Wissenschaftlich ist dies insofern, als eine Problemstellung vorhanden ist (das seelische Leiden des Patienten), eine Methode zur Anwendung kommt (die sich an das Problem allerdings anzupassen hat) und eine mögliche Lösung sich ergibt (die sich als Heilung oder Veränderung zeigt, aber auch entsprechend interpretiert werden muss). Das »wissenschaftliche Arbeitsmodell« versucht, vom Konkreten zum Allgemeinen zu gehen: aus dem Einzelbefund etwas Generelles, eine wissenschaftliche Theorie, ein Modell zu entwickeln, also einen Abstraktionsprozess vorzunehmen. Der Psychoanalytiker, der eine bestimmte Gruppe von Patienten untersucht und behandelt hat, kann dann ebenfalls über die professionelle Einstellung hinausgehend eine »wissenschaftliche« Haltung entwickeln, indem er seine konkreten Befunde zusammenträgt, um daraus bestimmte allgemeine Schlussfolgerungen zu ziehen, also eine Generalisierung vorzunehmen. Freud ist auf diese Weise vorgegangen und hat daher immer daran festgehalten, dass die Psychoanalyse auch eine Wissenschaft sei, wenn auch eine Wissenschaft des Unbewussten oder der unbewussten seelischen Wirklichkeit des Menschen.

Aus der Sicht des Buddhismus ist das Anfangsproblem, so wie in der Psychoanalyse ja auch, das Leiden und ein Interesse an der Beendigung des Leidens. Aus wissenschaftlicher Sicht ist das Untersuchungsobjekt in beiden Ansätzen nicht eines, das sich »außerhalb« befindet, sondern die leidende und fragende Person ist selbst das Objekt der (wissenschaftlichen) Untersuchung. Das Interessante nun ist die Frage, ob wir wissenschaftliche Methoden auf uns selbst anwenden können. Freud hat diese Frage bejaht, aus der Sicht des Buddhismus deuten Ansätze wie »Labor auf dem Sitzkissen« wohl in eine ähnliche Richtung. Wie gehen wir als »Wissenschaftler« in diesem erweiterten Verständnis mit »uns selbst« um, wenn wir also selbst das Untersuchungsobjekt sind?

Ein erstes Resümee

Fassen wir unsere bisherigen Überlegungen zusammen:

1. Wir verstehen den Menschen als modellbildendes Wesen. Modelle entstehen aus Wahrnehmungen und Interpretationen, die zu grundlegenden Annahmen, Meinungen, Absichten, Erwartungen und Handlungsmustern führen. Der Mensch entwickelt ein Modell seines Selbst und seiner Welt. Dieses beruht auf Wahrnehmungen der äußeren und inneren Welt, die sich immer mehr strukturieren und die durch Unterscheiden, Vergleichen und Bewerten zustande kommen. Diese Modelle (wir haben hier nicht zwischen Modellen, Konzepten, Theorien genauer differenziert) manifestieren sich in den im Bewusstsein auftauchenden Bildern, Vorstellungen, Phantasien, Gedanken, Begriffen und haben fast immer eine gewisse emotionale »Ladung«. Man könnte auch sagen: Die Bilder, Gedanken, Vorstellungen und Erinnerungen sind durch die »Filter« einer Art Gleitsichtbrille (als Metapher unseres Geistes) geformt, ohne dass uns dies in der Regel voll bewusst ist. Es handelt sich um Konstruktionen, was aber nicht bedeutet, dass die reale Welt einschließlich der eigenen Person eine reine Konstruktion ist. Die Sprache ist die ausgefeilte Form dieser Modellbildung und gleichzeitig eine Art simulierte Form der Handlung, die letztlich immer von den Modellen beeinflusst ist.
2. In einem anthropologischen Verständnis ist der Mensch von seiner Natur aus Forscher, Wissenschaftlicher, Philosoph, Politiker, Therapeut – in einem sehr weiten Sinne verstanden. Und zwar in dem Verständnis, dass er auf Probleme stößt, sich von diesen ein Bild zu machen versucht, eine Art Methodik entwickelt, diese Probleme und Fragen zu erforschen und zu klären, und schließlich die dabei auftretenden Befunde interpretiert und zu deuten versucht. Alle diese Schritte sind nur mit »Modellbildungen« möglich: ein Modell des Problems, ein Modell der Methodik, ein Modell der Erklärung und Deutung. Die verschiedenen Disziplinen (Theologie, Philosophie, Naturwissenschaft, Psychologie, Soziologie, Politikwissenschaft, Pädagogik) unterscheiden sich durch ihre Modellbildungen in diesen drei Bereichen, vor allem natürlich in Bezug auf ihre Thematik oder ihre Bereiche (Körper, Seele, Gesellschaft), ihre Differenziertheit und den Grad ihrer Entwicklung. Auch im alltäglichen Leben entwickeln die Menschen über alle diese Phänomene und Fragen Modelle, die teilweise von der Naturwissenschaft, Philosophie, Theologie, Psychologie und Soziologie beeinflusst sind, aber meistenteils relativ naive Modelle bleiben: Wie schon erwähnt, wollen wir hier von Alltagsmodellen

sprechen. Viele moderne Menschen entwickeln heute allerdings Alltagsmodelle, die stark von der Wissenschaft beeinflusst sind.

3. In einem noch sehr allgemeinen Sinne unterscheiden wir explizite und implizite Modelle: Die expliziten Modelle tauchen im Bewusstsein auf und können mit anderen Menschen kommuniziert werden. Sprechen, Schreiben, Forschen sind Tätigkeiten, in denen der Mensch sich über seine expliziten Modelle über das Selbst und die Welt verständigt. Implizite Modelle sind solche, die dem Bewusstsein nur schwer zugänglich sind. Die Modelle kann man auch nach ihrer Wirksamkeit unterscheiden. Man könnte dann von funktionalen und dysfunktionalen Modellen sprechen. Dies bezieht sich auf zwei wesentliche Aufgaben der Modellfunktion: das Leben und Überleben zu sichern und ein zufriedenes oder sogar glückliches Leben zu realisieren. Da wir gleichzeitig davon ausgehen, dass die Modelle immer suboptimal sind – auch weil sie der sich ständig wandelnden Welt angepasst werden müssen und nie die ganze Wirklichkeit zu erfassen vermögen –, betrachten wir die Modelle als wandelbar und in ständiger Entwicklung. Gerade dies scheint ein Kennzeichen von funktionalen Modellen zu sein. Dysfunktionale Modelle dagegen erscheinen oft starr und unflexibel. Sie können aber einen starken Anreiz darstellen, Veränderungen in die Wege zu leiten. Ein Beispiel wäre etwa die Frage, ob das klassische Modell der Psychoanalyse von Freud in der heutigen, so veränderten Welt noch angemessen ist oder ob das östliche Modell des Buddhismus (in seinen verschiedenen Variationen) für die westliche Welt überhaupt annehmbar und praktizierbar ist.
4. Gegenwärtig erscheint es uns sinnvoll, zwischen verschiedenen Ebenen der Modellbildung zu unterscheiden: Auf einer sehr basalen Ebene könnte man von Lebensmodellen sprechen. Diese sind Grundannahmen über das Leben selbst und entwickeln sich im Laufe des Lebens durch die Lebenserfahrung und soziokulturelle Einflüsse. Als ein Beispiel könnte man die Modellbildung des »Menschenbildes« heranziehen: Dies sind Grundannahmen, die sich auf existenzielle Erlebensweisen des Menschen in der Welt beziehen. Der berühmte Zen-Meister Hisamatsu hat beispielsweise in einem Aufsatz (1973) vier verschiedene Menschenbilder beschrieben und unterschieden. Er nennt sie das humanistische, das nihilistische, das theistische Menschenbild und das Menschenbild des Selbsterwachens. In dem humanistischen Menschenbild erlebt sich der Mensch als positiv und negativ, als krank und gesund, als böse und gut im Sinne eines ständigen Oszillierens, allerdings mit einer grundlegenden Tendenz zum Positiven, zur Gesundheit, zum Guten. »Auf diese Weise wechseln Gesundheit und Krankheit ohne Ende miteinander ab. So zu existieren und doch die absolute Gesundheit zu erhoffen, das ist

die Wirklichkeit der menschlichen Existenz und die Weise unseres Lebens« (S. 128 f.). In dem nihilistischen Menschenbild dominiert die Überwältigung durch den Tod und die endgültige Verneinung des Lebens: Der Sinn des Lebens wird radikal infrage gestellt. Dieses Erleben des Todes und der Vergänglichkeit führt zu einer Lähmung des Lebens bereits vor dem eigentlichen Tod. In dem theistischen Menschenbild wird die Negation des Todes überwunden. Dies geschieht in dem Glauben an einen Gott, an die Unendlichkeit des Lebens, in dem Glauben an die Liebe Gottes. Hier ist jedoch der Preis eine Unterordnung an Gott als Anderen. »Das Leben wird von Gott gegeben, der Mensch kann unmöglich Gott werden [...] Deshalb wird im Theismus, wie Schleiermacher und andere gesagt haben, die schlechthinnige Abhängigkeit als das Wesen der Religion verstanden« (S. 133). Die vierte Seinsweise, die Hisamatsu reklamiert, ist die des Selbsterwachens. Man spricht auch von einem Selbsterwachen zur wahren Natur oder zum wahren Menschen. Dies ist eine zentrale Vorstellung des Zen-Buddhismus. An diesem Beispiel kann man erkennen, dass die Lebensmodelle (oder hier das Welt- und Menschenbild) explizite und implizite Aspekte haben kann: Viele Menschen reflektieren diese möglichen Menschenbilder nicht, obwohl ihr Erleben und Handeln davon geprägt ist.
5. Darauf aufbauend könnte man von Alltagsmodellen sprechen, die sich auf die konkretere Lebenspraxis beziehen, auf die Bewältigung des konkreten Alltags. Auch diese Alltagsmodelle entwickeln sich im Lebenslauf unter dem Einfluss der Lebenserfahrungen und der soziokulturellen Einflüsse. Die sozialen Regeln des Miteinanders beruhen im Wesentlichen auf diesen Alltagsmodellen. Sie sind kulturell oft sehr unterschiedlich (man denke an die Praktiken des Essens, der Reinlichkeit, der Beziehungsgestaltung u. v. a.).
6. Davon sind wiederum sogenannte Arbeitsmodelle abzugrenzen, die sich auf Bereiche jenseits des Alltags beziehen und die mit bestimmten Tätigkeiten und Aufgaben der Menschen zu tun haben: Wir haben kurz wissenschaftliche, künstlerische, religiöse, philosophische und schließlich professionelle Arbeitsmodelle im engeren Sinn abzugrenzen versucht.

Das Arbeitsmodell der Autoren

Dieser lange Exkurs sollte noch einmal verdeutlichen, dass die Annahme von Alltags- und Arbeitsmodellen auch für das hier vorgetragene Thema der Beziehung von Buddhismus und Psychoanalyse wesentlich ist, weil dies überhaupt die Möglichkeit eines intensiveren Dialogs und Austauschs eröffnet. Das

Bewusstsein für die Existenz eines Arbeitsmodells hält auch immer eine fragende Haltung offen, ein wirksames Mittel gegen Formen des Dogmatismus.

Um diese recht abstrakten Ausführungen zu konkretisieren, geben wir ein Beispiel für das Arbeitsmodell, das uns als Autoren dieses Buches bestimmt hat. Wenn man einen Text in Form eines Aufsatzes oder Buches schreibt, sind eine Reihe von Vorbedingungen erforderlich: die Wünsche, etwas zu verstehen und mitzuteilen, das eigene Denken zu präzisieren, sich über die Begriffe, über die Fragestellungen und methodischen Probleme klar zu werden etc. Für den literarischen Bereich hat Peter von Matt den Begriff der »Opusphantasie« geprägt, ein Begriff, der die Dreiheit von Autor, Leser und Thematik zu fassen versucht und vor allem beschreibt, dass der Autor in einem inneren Dialog mit dem potenziellen Leser steht (Matt, 1979). Hier wollen wir vorschlagen, von einem Arbeitsmodell des Schreibens auszugehen, das für die Motivation und das Schreiben dieser Arbeit selbst leitend und wesentlich ist. Ohne ein solches Arbeitsmodell und eine Opusphantasie entsteht kein lesbares Buch.

Als wir den Text »Neurose und Erleuchtung« schrieben, haben wir eher intuitiv ein Arbeitsmodell für den Text entwickelt, das wir an einer Stelle des Buches zu formulieren versuchten. Es ging ja in dem Text vor allem um den Versuch, eine Art »Zwischenbereich« von Zen und Psychoanalyse zu erforschen (das war unsere Fragestellung): »Wir stellen eine bestimmte Thematik oder Problematik in die Mitte zwischen zwei sich gegenüberliegenden Spiegeln: Dabei ist der eine Spiegel der Kontext des Zen, der andere Spiegel der Kontext der Psychoanalyse. […] Wir versuchen auf diese Weise eine Art bifokale Betrachtungsweise, in der wir unsere jeweilige ›Nahsicht‹ (als Zen-Lehrer die Zen-Perspektive, als Psychoanalytiker die psychoanalytische Perspektive) durch die entsprechende ›Fernsicht‹ vertiefen« (Weischede u. Zwiebel, 2009, S. 41 f.).

Mit »Fernsicht« war gemeint, Zen aus der psychoanalytischen Perspektive und die Psychoanalyse aus der Zen-Perspektive zu betrachten. Als »Spiegel des Zen« verstanden wir dabei die Doktrin des Nicht-Selbst und als »Spiegel der Psychoanalyse« die metapsychologische Betrachtung. Die Lehre des Nicht-Selbst meint, dass das Selbst sprachlich-begrifflich nicht zu erfassen ist; Metapsychologie ist ein psychoanalytischer Begriff, der das Erleben und Verhalten in einer Begrifflichkeit zu fassen versucht, die jenseits des Erlebbaren ist. Der eigentliche Gegenstand unserer vergleichenden Untersuchung bezog sich aber auf die grundlegende Praxis von Zen und Psychoanalyse; d. h., wir gingen nicht von der Theorie oder den Grundannahmen aus, sondern von der unmittelbaren Praxis, also der Meditation und der analytischen Situation. Dieses Bild des Spiegels und die damit verbundene bifokale Betrachtung waren als Leitfaden und als Dialoggrundlage und für das Schreiben des Textes hilfreich und ermöglichten eine erste Durchdringung dieses »Zwischenbereiches« – das, was wir jetzt »Übersetzungsraum« nennen – von Zen und Psychoanalyse.

Das Bild des Spiegels war und ist natürlich sehr verlockend, weil dies im Zen, aber auch in der westlichen Philosophie, gern als Metapher für das Bewusstsein (oder auch den Geist) verwendet wird, ein Thema, das auch in unserer Arbeit einen größeren Raum einnahm[5]. Auch in der Psychoanalyse wurde durch Freud das Bild des Spiegels gern benutzt, wenn er etwa davon sprach, dass sich der Analytiker in der Sitzung wie ein Spiegel verhalten solle, also nur das aufnehme oder wiedergebe, was er wahrnehme (Freud, 1912b, S. 384). Allerdings lässt sich gleichzeitig feststellen, dass dieses Bild wie alle Bilder oder Metaphern nicht ganz treffend ist, weil in ihm ja impliziert ist, dass ein Gegenstand oder eine Thematik (beispielsweise das Bewusstsein, das Selbst oder das Leiden) gleichsam rein und ohne Eigenanteil reflektiert wird, also nur wiedergibt, was wahrgenommen wird. Wenn man das Bild des Spiegels im Sinne der reflektierenden Wahrnehmung nicht ganz aufgeben möchte, so müsste man sich das Bild oder das Arbeitsmodell etwas komplexer vorstellen: Vor den beiden Spiegeln müsste man sich verschiedene Filter vorstellen, die die Wahrnehmung nicht nur selektieren, sondern sie überhaupt gestalten oder strukturieren. In diesem Modell gäbe es also keine reine Wahrnehmung, sondern die bifokale Wahrnehmung ist selbst durch die entsprechenden Filter geprägt und konstruiert.

Das Arbeitsmodell »Gleitsichtbrille«

An dieser Stelle formulieren wir einige der grundlegenden Prämissen dieses vorliegenden Textes im Sinne unseres Arbeitsmodells:

- Wir wollen die Selbst- und Weltwahrnehmung des Menschen aus psychoanalytischer und buddhistischer – und vor allem zenbuddhistischer Sicht – diskutieren mit besonderer Berücksichtigung des angesprochenen »Übersetzungsraumes«. Wie schon angedeutet, verstehen wir diesen als einen Raum, in dem Phänomene sowohl aus der Sicht des Buddhismus als auch

5 In der Geschichte des Zen gibt es die berühmte Geschichte des 6. Patriarchen Hui-Neng, in der der Geist als Spiegel eine zentrale Rolle spielt. Ein Schüler des 5. Patriarchen schrieb ein Gedicht, in dem er sich heimlich um die Nachfolge bewarb: »Der Körper ist der Bodhi-Baum/der Geist wie ein großer aufgestellter Spiegel/achte darauf, ihn allezeit zu säubern/und lass nicht zu, dass sich Staub auf ihn legt.« Hui-Neng setzte dagegen das folgende Gedicht: »Noch niemals gab es einen Bodhi-Baum/noch einen großen aufgestellten Spiegel/im Grunde existiert nicht ein einziges Ding/worauf also soll der Staub dann fallen?« (zit. nach Watts, 1961, S. 118 ff.).

aus der Sicht der Psychoanalyse beschrieben und sprachlich auf den Begriff gebracht werden, die für beide Bereiche eine große Bedeutung haben.

- Das Arbeitsmodell für diesen Text haben wir in folgender Metapher modifiziert: Wir stellen uns die Selbst- und Weltwahrnehmung des Menschen wie den Blick durch eine bifokale Gleitsichtbrille vor. Mit der »Fernsicht« schaut der Mensch auf die Welt der Objekte und Dinge (gleichsam zentrifugal nach »draußen«), mit der »Nahsicht« auf sich selbst (zentripetal nach »innen«). Diese Sicht wird durch die Genauigkeit oder Ungenauigkeit (die Schärfe) der Gläser entscheidend bestimmt.
- Diese Gläser haben aber auch noch eingebaute und erworbene Filter, sodass die Selbst- und Weltwahrnehmung immer auch bestimmte Wahrnehmungen auswählt und damit andere ausblendet (das Phänomen der Täuschung). In Wirklichkeit gehen wir davon aus, dass der Wahrnehmungsprozess ein hochkomplexer, vor allem von Gedächtnisinhalten gestalteter, überwiegend unbewusster Prozess ist, an dessen Ende ein relativ selektives Bild oder eine selektive Wahrnehmung oder Vorstellung steht, die grundsätzlich lückenhaft und unvollständig ist. Die Filter stellen also auch die bislang erworbene Lebenserfahrung, das bislang erworbene und sich ständig verändernde Wissen, auch im Sinne der Lebens-, Alltags- und Arbeitsmodelle, dar.
- Weiterhin sind die Gläser immer auch spezifisch gefärbt, dies ist als Ausdruck der Affektivität zu verstehen. Die affektive Verfasstheit des Betrachters (z. B. in Form der Stimmung) prägt damit ganz entscheidend die Wahrnehmung (die dunkle Färbung der Traurigkeit lässt die Selbst- und Weltwahrnehmung in einem ganz anderen Licht erscheinen als die helle Färbung der Heiterkeit). Die Gestimmtheit im Sinne der »Färbung« der Gläser entscheidet mit darüber, wie etwas wahrgenommen, bewertet, erinnert wird. Hierbei spielen vor allem die Wünsche eine wesentliche Rolle. Rolf Elberfeld (2004) hat beispielsweise beschrieben, wie die griechischen Philosophen einen staunenden Blick auf die Welt (als Ursprung philosophischen Fragens), die Buddhisten dagegen einen traurigen Blick auf die Welt wegen des ständigen Wandels und der Unbeständigkeit geworfen haben.
- Es sind verschiedene grundlegende Muster dieser Selbst- und Weltwahrnehmungen anhand dieser Metapher beschreibbar: ein Betrachter, der sich seiner Brille überhaupt nicht bewusst ist (eine Form von naivem Realismus); ein Mitbedenken der eigenen Brille mit und ohne Selbstreflexion (eine Form von Relativismus oder auch Pluralismus); ein Versuch, die Brille überhaupt abzusetzen (eine Form des »Anfänger-Geistes« im Zen-Buddhismus). Mit naivem Realismus ist gemeint, dass man seine Selbst- und Weltsicht für gegeben hält: Die Dinge sind so, wie man sie wahrnimmt – ein hässlicher

Mensch, eine wunderbare Landschaft, ein tolles Buch etc. Die Selbst- und Weltsicht wird hier im Wesentlichen durch implizite Alltagsmodelle geprägt. Wenn beispielsweise ein Patient sich in Psychotherapie begibt, wird seine Erwartung durch implizite Alltagsmodelle über Psychotherapie gestaltet, etwa dass die Aufgabe der Psychotherapie in der Beseitigung seiner Symptome besteht. Die relative Sicht bedeutet, dass man sich der Perspektivität seines Erlebens und seiner Wahrnehmungen bewusst ist: Andere Menschen scheinen die gleiche Situation unterschiedlich wahrzunehmen, sie haben offenbar einen anderen Blick auf das, was wir gerne die Wirklichkeit nennen. Diese relative Sicht erwartet man von funktionierenden Arbeitsmodellen: Der Therapeut hat beispielsweise bestimmte Ansichten, Meinungen und Absichten bezüglich der seelischen Problematik seines Patienten und ihrer Behandlung, die teilweise erheblich von dem Alltagsmodell des Patienten abweichen können. Er weiß aber gleichzeitig, dass es auch andere Arbeitsmodelle gibt. Der Therapeut ist sich also seiner »Brille« in gewissen Teilen bewusst. Im Begriff des »Anfänger-Geistes« ist ein Bewusstseinsmodus angesprochen, in dem man sich grundsätzlich der »Brille« mit ihren Filtern bewusst ist und gleichsam einen Versuch macht, diese »Brille« in gewisser Weise abzusetzen, also die ganzen Vorannahmen, Absichten und auch Vorurteile zu suspendieren, zu vergessen. Das Absetzen der »Brille« ist der »Anfänger-Geist« – dies wird später hoffentlich sehr viel deutlicher werden.

– Aus dieser Sicht könnte man sagen, dass die Psychoanalyse in ihrer Praxis den Versuch macht, dem Patienten seine spezifische Form der »Gleitsichtbrille« einschließlich seiner »Nahsicht« bewusster zu machen (das Einüben in eine Form von selbstreflexivem Relativismus/Pluralismus), während Zen ein Übungsweg darstellt, der den Übenden ermutigt, seine »Brille« überhaupt abzusetzen (die Entwicklung des »Anfänger-Geistes«). Für den Therapiepatienten wird beispielsweise dann erkennbar, dass er seine realen, gegenwärtigen Beziehungen (einschließlich der damit verbundenen Schwierigkeiten) aus der Sicht seiner Vergangenheit und früherer Erfahrungen sieht und erlebt – und auf diese Weise auch bestimmte Probleme und Schwierigkeiten entstehen. Man kann sich leicht vorstellen, welche Erleichterung es sein kann, wenn es ihm gelingt, in einer schwierigen Konfliktsituation den Standpunkt oder die Perspektive des Gegenübers einzunehmen und wirklich zu begreifen, dass er die gleiche Situation aufgrund anderer, vergangener Annahmen unterschiedlich erlebt. Die Psychotherapie und Psychoanalyse kann man unter dieser Prämisse ebenfalls als einen Versuch verstehen, einen »Übersetzungsraum« zu schaffen, in dem sich die beiden hier Beteiligten über ihre jeweiligen »Brillen« (oder ihre unterschiedlichen Vokabulare) verständigen können.

- Als ein Beispiel für den angesprochenen »Übersetzungsraum«, in dem sich Buddhismus und Psychoanalyse treffen, könnte man vielleicht sagen, dass auch in der psychoanalytischen Praxis die »Brille« passager abgesetzt werden muss (um dem Patienten ohne »Erinnerung, Wünschen und Verstehen« zu begegnen, wie dies Bion formuliert hat) und dass im Zen die »Brille« immer wieder aufgesetzt wird und auch werden muss (um das alltägliche Leben jenseits eines Höhlendaseins zu verwirklichen). Eine Zen-Geschichte aus dem alten China, auf die wir später noch einmal genauer eingehen werden, in der der Bodhisattva Manjushri seine Last abwirft (als Ausdruck seiner Erleuchtung), aber dann auch wieder aufnimmt und sich auf den Weg in die Stadt macht, könnte in diesem Sinne verstanden werden: das Loslassen aller bisherigen Ansichten, Absichten und Meinungen, die man aber nicht loswird, sondern für sein Alltagsleben als lebensnotwendig, wenn auch als relativ, erkennt und daher wieder aufnimmt, wenn man sich der Stadt (also dem Alltagsleben) annähert.
- Was im Folgenden also dargestellt wird, ist eine Untersuchung der bifokalen »Gleitsichtbrille« der Autoren, in der wir unsere Arbeitsmodelle über den Buddhismus und die Psychoanalyse darstellen, miteinander vergleichen und Unterschiede und Gemeinsamkeiten herauszuarbeiten versuchen.

Ein erster Vergleich

Zwei getrennte Bereiche (vielleicht könnte man auch mit Rorty sagen: zwei getrennte Vokabulare) und einen »Übersetzungsbereich« der Durchdringung und Überschneidung: Dies war das bisherige Arbeitsmodell für das Buch »Neurose und Erleuchtung« und ist auch weiterhin das grundlegende Arbeitsmodell, das wir für die folgenden Überlegungen mit der Metapher der »Gleitsichtbrille« verfeinern wollen. Dabei ist zu fragen, wie man sich diesen »Übersetzungsbereich« vorstellen kann und ob dies überhaupt ein sinnvolles Modell ist. Hier sei auf zwei Beispiele verwiesen, die den Begriff des »Übersetzungsbereichs« in einem ersten Schritt etwas verdeutlichen mögen. In dem ersten Buch haben wir die Praxis des Zen aus der »Nahsicht« beschrieben und diese aus der »Fernsicht« der Psychoanalyse kommentiert. Dabei wird deutlich, dass sowohl im Zen als auch in der Psychoanalyse Begriffe und Beschreibungen auftauchen, die für beide Disziplinen Gültigkeit und Bedeutung haben: etwa kontinuierliche Übung, Aufmerksamkeit und Achtsamkeit, Studium des Selbst, Ernsthaftigkeit und Wahrhaftigkeit, Rahmen und Setting, Frustrationstoleranz, Akzeptanz von Unlust, Widerstand, Konflikthaftigkeit etc. Alle diese Phänomene lassen sich im Zen und in der Psychoanalyse selbstverständlich nur kontextabhängig beschreiben – der Widerstand des Analysanden manifestiert sich auf eine andere Weise als der Widerstand des Meditierenden –, die Begriffe haben aber sowohl für die Zen-Praxis als auch die psychoanalytische Praxis eine grundlegende Bedeutung (siehe auch Weischede u. Zwiebel, 2009). Als ein konkretes Beispiel erwähnen wir die »gleichschwebende Aufmerksamkeit«, die Freud (1923a, S. 215) für die Haltung und sein »abwartendes Zuhören« beschrieben hat: »Die Erfahrung zeigte bald, daß der analysierende Arzt sich dabei am zweckmäßigsten verhalte, wenn er sich selbst bei gleichschwebender Aufmerksamkeit seiner eigenen unbewußten Geistestätigkeit überlassen, Nachdenken und Bildung bewußter Erwartungen möglichst vermeide, nichts von dem Gehörten sich besonders im Gedächtnis fixieren wolle.«

Man vergleiche diese Bemerkungen mit der Lehre von Hui-Neng, dem sechsten chinesischen Patriarchen des Zen-Buddhismus, in dem es in der berühmten Passage um die Reinigung des Spiegels als Metapher des Bewusstseins geht, die Alan Watts (2002, S. 120) folgendermaßen kommentiert: »Hui-Nengs Lehre lautet, dass man, anstatt des Versuchs, ihn zu reinigen oder zu leeren, den Geist einfach ungestört lassen soll, denn der Geist ist nichts Ergreifbares. Den Geist ungestört zu lassen, bedeutet auch, die Reihenfolge von Gedanken und Eindrücken (nien) ungestört zu lassen, die ›innerhalb‹ des Geistes kommen und gehen, sie weder zu unterdrücken, noch festzuhalten, noch störend auf sie einzuwirken.«

Diese Worte könnten auch auf die Einstellung des Analysanden und des Analytikers zutreffen: Dies wäre also ein erstes eindrückliches Beispiel für den von uns zu erforschenden »Übersetzungsraum«, wobei die entscheidende Frage darin besteht, ob diese beiden Beschreibungen, die so ähnlich wirken, auch wirklich vergleichbare Phänomene meinen. Sowohl im Buddhismus als auch in der Psychoanalyse spielen aber in jedem Fall Bewusstseinsphänomene wie Aufmerksamkeit, Achtsamkeit, Beobachtung und Einstellung zum eigenen Denken eine zentrale Rolle, auch wenn sie in einem anderen Kontext und in einer anderen Situation beschrieben und studiert werden.

Eine andere Bemerkung sei noch erwähnt, die implizit auf die Notwendigkeit verweist, den von uns angesprochenen »Übersetzungsraum« und seine Begrenzungen genauer zu erforschen. In einem Interview mit dem Philosophen Peter Bieri (2013, S. 27), in dem es um das Thema Freiheit geht, sagt er zur Wirkung der Meditation: »Die Meditationspraxis ist derjenige Teil des Buddhismus, den ich am überzeugendsten finde. Denn sie nimmt den Gedanken auf, den ich vorhin gegen die Metaphysik des Karma gewendet habe: Wir können nach innen wacher werden, den Radius der Selbsterkenntnis durch Meditation oder einfach durch Achtsamkeit vergrößern und uns dadurch als freier erleben. Allerdings geht es nicht allein durch Meditation. Es gibt unbewusste Gedanken, Wünsche und Emotionen, die man nicht einfach durch Konzentration nach innen ans Licht holen kann. Manchmal müssen wir unser Tun betrachten und seine verborgene Logik entdecken. Wir müssen uns wie von außen gegenübertreten, und manchmal brauchen wir dazu den Blick der Anderen. […] Wir können uns verändern, indem wir uns besser zu verstehen versuchen, also durch Selbsterkenntnis […] Es ist ein komplizierter, umwegiger Prozess, bei dem Meditation hilft, zu dem aber auch […] Formen des Verstehen gehören, die Kommunikation mit Anderen verlangen.«

Nach Bieris Vorstellung sind also Meditation und die Kommunikation mit anderen (z. B. das psychoanalytische Gespräch) gemeinsam für ein vertieftes Verständnis des eigenen Ich-Selbst erforderlich. In »Neurose und Erleuchtung« haben wir diese beiden Bereiche der Selbsterforschung und -erkenntnis als den »analytischen Weg« und den »meditativen Weg« bezeichnet. Der »Übersetzungsraum« wäre beispielsweise dann eröffnet, wenn man von der analytischen Situation als einer »Meditation zu zweit« spricht und wenn man das Gespräch mit dem Zen-Meister im Dokusan (das Zweiergespräch zwischen Meister und Schüler) als Austausch mit einem anderen über die auftretenden Erfahrungen und insbesondere Hindernisse der meditativen Erfahrung versteht und als Begleitung auf dem Weg der immer wieder stattfindenden Korrektur, Überprüfung und (Neu-)Ausrichtung der jeweiligen Praxis.

3. Unser buddhistisches Arbeitsmodell

Viele Fragen oder: Eine fragende Grundhaltung

Warum sprechen wir in diesem Kapitel über unser buddhistisches Arbeitsmodell? Zum einen, weil buddhistische Lehrer und ihre Schüler unterschiedliche, persönlich gefärbte Arbeitsmodelle (und Alltagsmodelle) entwickeln, auch wenn man auf den ersten Blick zögern mag, etwa beim Zen-Buddhismus von einem Arbeitsmodell zu sprechen.

Zum anderen gilt generell, was Luis Gomez (2013, S. 33) so ausdrückt: »Der Buddhismus ist nicht eine einzige Tradition, sondern besteht aus vielen Traditionen. Es gibt verschiedene Möglichkeiten, die Begriffe und die Lehrmeinungen auszulegen. Aber man geht immer wieder zu einer Quelle zurück. Doch in 100 Jahren werden einige Quellen ganz verschwunden sein, anderen wird man eine größere Bedeutung beimessen. […] Eine Tradition ist dynamisch und entwickelt sich dialektisch. […] Jeder muss selbst entscheiden, was diese Essenz [des Buddhismus] ist. Wir müssen unsere eigenen Ideen darüber entwickeln, was an einer Tradition wichtig ist, ohne uns aber an diese Ideen zu klammern. Also ein steter Prozess der Selbstreflexion. Aber das heißt nicht, ›alles ist möglich‹. Es heißt vielmehr, dass es viele Formen des Buddhismus geben wird, und sie werden alle offen sein für Kritik und Veränderung.«

Diese Betonung eines pluralistischen Verständnisses begründet die Bezeichnung »unser«: Wir beschreiben also im Folgenden unseren persönlichen Aneignungsprozess des Buddhismus, der eine Reaktion auf die Lebenserfahrung in diesem buddhistischen Kontext (einschließlich der meditativen Erfahrung) ist. Und wir weisen hier bereits darauf hin, dass diese eben zitierte Auffassung auch für die Psychoanalyse zutreffend erscheint.

Wir wollen dieses Kapitel mit einem aus westlicher Sicht etwas ungewöhnlichen Einstieg beginnen, der aus östlicher Sicht aber ein sehr traditioneller ist: mit der Vorstellung zweier kurzer »Geschichten«, sogenannter – schon in der Einführung erwähnter – Koans, die etwas Paradoxes, etwas, das außerhalb des logischen Denkens oder begrifflichen Verstehens liegt, darlegen. Koans werden traditionell als Schulungsmittel im Zen-Buddhismus genutzt und bilden neben dem Stillen Sitzen und der Achtsamkeitspraxis einen der drei Pfeiler in der Tradition des Zen[6]. Von diesen Koans gibt es mehrere Sammlungen, eine davon ist das Shoyoroku, das »Buch der Heiteren Gelassenheit« mit einhundert dieser Koans (Book of Serenity, 1988). Diese Sammlung ist in sich methodisch aufgebaut, wobei in den beiden ersten »Geschichten« die thematische Grundlage für das ganze Buch gelegt wird. Die beiden Texte behandeln wichtige Themen, die wir dem Leser in Form von Fragen vorstellen wollen. Diese Koan-Sammlung wurde vor mehr als 1.000 Jahren zusammengestellt, hat aber an ihrer Bedeutsamkeit nichts eingebüßt, ganz im Gegenteil, die angesprochenen Themen sind höchst aktuell. Sie haben unsere gemeinsame Arbeit an diesem Buch als eine Art »Hintergrund« immer begleitet.

Koan

»Eines Tages stieg der von der Welt Verehrte auf seinen Thron. Manjushri machte einen Schlag mit dem Hammer und sagte: ›Beachtet den Dharma des Dharmakönigs genau; der Dharma des Dharmakönigs ist so.‹ Der von der Welt Verehrte verließ darauf seinen Sitz.«[7]

Vers

»Die einzigartige Brise der Wirklichkeit – seht ihr? Unaufhörlich lässt die Schöpfung ihren Webstuhl und ihr Schiffchen laufen. Sie webt den uralten Brokat, nimmt die Formen des Frühlings in sich auf. Aber gegen das Leck von Manjushri lässt sich nichts tun« (Book of Serenity, 1988, S. 3 f.; eigene Übers.).

6 Im Folgenden sprechen wir kurzgefasst von Zen. Manchmal macht man eine Unterscheidung zwischen Zen und Zen-Buddhismus, wobei man mit Zen-Buddhismus eine im weiten Sinne religiöse Praxis beschreibt und mit Zen eine grundlegende, nonduale Einstellung der Wirklichkeit gegenüber. Dies kommt in einer Bemerkung von Philip Kapleau (1997, S. 28 f.) zum Ausdruck: »Zen ist dreierlei. Äußerlich und objektiv betrachtet, ist Zen zuerst einmal eine bestimmte Schule des Buddhismus. Als solches besitzt es seine eigene Geschichte und institutionalisierte Form. Auf einer tieferen Ebene ist Zen, zweitens, das Herz und die Essenz des Buddhismus. Ohne eigene Schriften oder Lehren zu bemühen, deutet es direkt auf die endgültige Quelle aller buddhistischen Lehren, nämlich die Erleuchtungserfahrung des Buddha selbst. [...] Wenn wir noch tiefer blicken, überschreitet Zen sogar den spezifischen Buddhismus und ist nicht mehr nur eine bestimmte Religion, sondern Religion an sich in ihrer universellsten Absicht. Mit anderen Worten, Zen ist Leben in Wahrheit, authentisches Sein, in dem das Selbst seine Entfremdung sich selbst und allem anderen gegenüber überwunden hat. Wenn Zen auf diese Weise verwirklicht wird, bleibt nichts mehr, was man Zen nennen könnte.«

7 Dharma: 1. Die Lehre des Buddhismus. 2. Die Abfolge von Erscheinungen, die immer einzigartig sind. Daher kann man es auch die Lehre über die Gesamtheit aller Phänomene bezeichnen.

In der hier vorgestellten Szene gibt es zwei Protagonisten: Buddha und Manjushri. Buddha meint wörtlich »der Erwachte«. Hier wird er dargestellt als Shakyamuni Buddha, als der historische Buddha. Manjushri repräsentiert die Weisheit und wird ikonografisch dargestellt mit Schwert und Buch; er zerteilt das Dunkel der Unwissenheit. In dieser Geschichte stellt Manjushri dem Leser den Buddha vor, der sich in tiefer Meditation befindet und schweigt. Ohne große Vorankündigung werden wir mit mehreren menschlichen Dilemmata konfrontiert:

Schweigen und Sprechen: Wann ist es sinnvoll, zu sprechen? Wann ist es sinnvoll, zu schweigen? Was bedeutet es, zu schweigen? Ist Schweigen mehr als Nicht-Sprechen? Was bedeutet es, wenn der Geist wirklich schweigt? Ist das überhaupt möglich?

Alltag und Rückzug: Wann ist es sinnvoll, sich aus dem Alltag zurückzuziehen? Was ist ein Rückzugsort?

Bewegung und Stille: Was meint Bewegung im Alltag? Was bedeutet es, stilles Zazen zu praktizieren? Was meint in diesem Rahmen Bewegungslosigkeit?

Wer sind Buddha und Manjushri? Was ist eine »verwirklichte Person«? Was ist eine »alltägliche Person«, die sich ganz auf den Alltag einlässt, in dem es unmöglich ist, sich nicht zu verstricken und nicht »auszulaufen«, keine Energie zu verlieren? Wieso ist die Lehre (Dharma) des Buddha auch eine Lehre der Gesamtheit aller Phänomene?

Was ist Soheit? Was ist die Soheit der Dinge, was ist die Soheit eines jeden Augenblicks? Was bedeutet es in diesem Rahmen, anzusammeln und loszulassen?

Was ist Wirklichkeit? Wer stellt sie her und wer nimmt sie wahr? Was hat der menschliche Geist damit zu tun?

Was ist die Schöpfung? Grenzt es nicht an ein Wunder, dass es überhaupt etwas gibt?

Schon hier wird deutlich, in was für einem großen und weiten Themenspektrum sich die buddhistische Philosophie bewegt. Der Buddhismus belässt es aber nicht bei der Benennung der Themen, sondern bietet einen »Weg« an, im konkreten praktischen Leben eine Antwort zu finden und diese Antwort zu »verwirklichen«. Dies wird im nächsten Koan sehr deutlich, über den wir schon im ersten Kapitel berichtet haben.

Koan

»Herrscher Wu von Liang fragte den Großen Lehrer Bodhidharma:
›Was ist die höchste Bedeutung der heiligen Wahrheiten?‹
Bodhidharma sagte: ›Leer – es gibt nichts Heiliges.‹
Der Herrscher sagte: ›Wer bist du, der mir gegenübertritt?‹

Bodhidharma sagte: ›Weiß nicht.‹
Der Herrscher verstand nicht. Bodhidharma überquerte anschließend den Yangtse-Fluss, kam nach Shaolin und wandte sich für neun Jahre einer Wand zu.«

Vers
»Leer – nichts Heiliges:
Die Annäherung ist weit entfernt.
Sein Ziel erreichend schwingt er die Axt, ohne die Nase zu verletzen;
Scheiternd lässt er den Krug fallen, ohne zurückzublicken.
Still und schweigend, gelassen saß er in Shaolin:
In der Stille brachte er vollständig die wahre Notwendigkeit hervor.
Der klare Herbstmond dreht seine frostige Scheibe;
Dünn die Milchstraße, der Wagen hängt seine Deichsel in die Nacht hinunter.
In ununterbrochener Folge sind den Nachfolgern Robe und Schale übergeben worden;
Daraus haben Menschen und Gottheiten Medizin und Krankheit geschaffen.«
(Book of Serenity, 1988, S. 6 u. 8; eigene Übers.)

Auch in dieser Szene gibt es ebenfalls zwei Protagonisten, den chinesischen Herrscher Wu und Bodhidharma. Vorweg sollte man wissen, dass Herrscher Wu ein großer Unterstützer des Buddhismus in China war und dafür gesorgt hat, dass dieser zur Staatsreligion wurde. Darüber hinaus hat er sehr aktiv den Bau vieler Tempel und Klöster unterstützt. Bodhidharma hat der Legende nach den Buddhismus von Indien nach China gebracht.

Die im ersten Fall angesprochenen Themen werden hier noch erweitert:

Was ist Wahrheit und was ist die Bedeutung höchster heiliger Wahrheiten? Welche Wahrheiten sind in alltäglichen Taten zu finden? Mit welchen Grundannahmen geht der Mensch durchs Leben?

Was ist Leerheit? Wie sicher kann man sich eigentlich sein, dass die Dinge »so« sind, wie sie erscheinen? Sind sie nicht vielmehr »Erscheinungen« im menschlichen Geist?

Was ist das Selbst? Wie sicher kann man sich eigentlich sein, dass es so etwas wie ein »Selbst« oder eine »Person« gibt?

Was bedeutet Nicht-Wissen? Was bedeutet es, etwas zu »wissen«? Wer ist die oder der »Wissende«? Wann ist »Nicht Wissen« der Wirklichkeit näher?

Was bedeutet Gelingen, was bedeutet Scheitern? Woher kommen die entsprechenden Maßstäbe und welche Funktionen haben sie?

Was bedeutet es, Zazen oder Meditation zu praktizieren? Ist es notwendig, sich dieser Praxis für eine längere Zeit zu widmen, eventuell sogar in einem klösterlichen Rahmen? Was für ein »Rückzug« ist das?

Was ist der richtige Ansatzpunkt, der richtige Hebel für grundlegende Veränderungen? Wie lange braucht es, bis etwas »reif« ist, wie viel Zeit braucht es, etwas »auszubrüten«? Was bedeutet es, Geduld zu haben?

Welche »Medizin« bietet der Buddhismus für welche »Krankheiten« an? Woran ist der Mensch aus buddhistischer Sicht »erkrankt«? Wie kann das erforscht und erkannt werden? Welches ist die »richtige« Medizin, um eine solche »Krankheit« zu kurieren?

Was ist ein Schüler-Lehrer-Beziehung? Was bedeutet es, wenn ein Schüler einen Lehrer hat, und was bedeutet es, wenn ein Lehrer einen Schüler hat? Wie wichtig ist es, einen wegbegleitenden Lehrer zu haben? Welche Eigenschaften hat Bodhidharma als wegbegleitender Lehrer hier für den Herrscher Wu, aber auch für alle Praktizierenden?

Was sind die treibenden Kräfte menschlichen Handelns? Was sind die Motivationen, Absichten und Ziele menschlichen Handelns? Warum handelt der Mensch überhaupt?

Wie wird die buddhistische Philosophie und Praxis in eine neue Kultur gebracht? Bringt diese Praxis etwas grundlegend »Menschliches« hervor, eine grundlegende oder fundamentale Natur oder Wahrheit, und ist sie dadurch von der jeweiligen Kultur unabhängig?

Hier wird ein großer Bogen geschlagen vom Sprechen und Schweigen zu Wirklichkeit und Schöpfung, von der Wahrheit zu Nicht-Wissen bis hin zu den treibenden Kräften menschlichen Handelns. In diesen Koans werden »Räume« menschlicher Existenz eröffnet, die bei einer ersten Betrachtungsweise abschreckend und als nicht zu bewältigen erscheinen. Bei genauer Betrachtung jedoch wird hier schon angedeutet, dass man dies auch als »Arbeitsfelder« betrachten kann, Felder, die jeder, der an solchen Fragen interessiert ist, bearbeiten kann. Einige dieser Fragen mögen auf dem Hintergrund der beschriebenen Koans auch überraschen. Sie werden aber verständlicher, wenn man sich den »Umgang« mit diesen Koans verdeutlicht: Diese Texte, die ja keine wissenschaftlichen, diskursiven Traktate sind, sondern eher poetisch-assoziative Texte, nimmt der Praktizierende in seine meditative und alltägliche Praxis, indem er seine konkreten Erfahrungen der Lebensereignisse auf dem Hintergrund dieser Texte »untersucht«. Wir werden später noch genauer überlegen, ob es auch hier eine gewisse Ähnlichkeit zum Umgang mit den Träumen gibt, die ja auch oft unverständlich erscheinen, aber durch eine assoziative Beschäftigung, die die konkrete Alltagspraxis einbezieht, langsam eine Bedeutung gewinnen.

Arbeitsmodelle im Buddhismus

Wie wir im zweiten Kapitel beschrieben haben, verstehen wir unter Modellen Vorstellungen, Annahmen, Überzeugungen und Meinungen, entstanden durch die Erfahrungen des Menschen, aus denen dann im Laufe der Zeit Modelle zu verschiedenen Lebenssituationen gebildet werden: Lebens-, Alltags- und Arbeitsmodelle. Aus der Sicht der Zen-Praxis könnten wir all dies zusammenfassen in den Fragen: Wer bin Ich? Und: Was ist die Welt?

Der Gedanke, dass es im Zen so etwas wie (Arbeits-)Modelle gibt, erscheint auf den ersten Blick ein wenig ungewöhnlich. Haben wir doch von Zen das Bild von Direktheit, Spontaneität, Im-Augenblick-Sein, Hier und Jetzt, Befreiung, Erleuchtung. Wir identifizieren Zen in der Regel mit dem Loslassen von allen Ideen, Konzepten und Modellen. Der glückliche, zur Ruhe gekommene Geist, der alle Konzepte aufgegeben hat, sieht die Welt »endlich« so, wie sie »ist«: Es ist ein unverstellter Zugang, die Erfahrungen sind »direkt« und nicht überschattet von Vorstellungen, Meinungen und Ängsten. Auch unser Arbeitsmodell für dieses Buch enthält ja die Vorstellung, dass es im Zen um das »Absetzen« der »Gleitsichtbrille« geht, das, was man als »Anfänger-Geist« bezeichnen kann.

Natürlich taucht hier sofort die Frage auf: Ist das denn überhaupt möglich? Ist Schopenhauers Aussage »Die Welt ist meine Vorstellung« überhaupt aufzuheben, gibt es einen Ausweg aus dieser geschlossenen Welt? Für Schopenhauer gibt es außer der Welt als Vorstellung noch den Willen als Bezeichnung für die Selbsterfahrung des eigenen Leibes. Der Körper wird als Vorstellung *und* direkt erlebt. »Die Selbsterfahrung des eigenen Leibes ist der einzige Punkt, wo ich erfahren kann, was die Welt ist, außer dass sie meine Vorstellung ist« (Safranski, 2010, S. 317).

Hier wird deutlich, dass es auch in der westlichen Welt Einsichten gibt, auf denen speziell Zen ebenfalls aufbaut. Wir werden noch sehen, dass Zen den Körper (besser: die Leiberfahrung) zentral in den Mittelpunkt seiner Untersuchungen stellt. Direkte oder unverstellte Erfahrungen sind körperliche Erfahrungen, die »direkt« genannt werden, weil die Sinneserfahrungen mit wenig oder gar keiner geistigen Vermittlung erlebt werden. Sie werden innerlich nicht benannt, beschrieben oder interpretiert (und nicht einmal erlebt, denn das würde einen Erlebenden, z. B. einen Beobachter, voraussetzen), sondern direkt gelebt, d. h., es ist direkte Erfahrung, bevor Modelle über sie entstehen.

Bevor wir diese grundlegenden Fragen spezifischer für das Zen klären wollen, wenden wir uns im Folgenden der Frage zu, ob man ähnlich wie in der Psychoanalyse so etwas wie einen »common ground« des Buddhismus postulieren kann, also einige zentrale Grundannahmen im Sinne der beschriebenen Arbeitsmodelle, die das buddhistische Wahrnehmen, Denken und Handeln grundsätzlich bestimmen. Hier eröffnet sich also ein Spannungsfeld zwischen der angesprochenen Pluralität (die Entwicklung verschiedener Traditionen und Schulen im Buddhismus wie dem Theravada, dem tibetischen Buddhismus und dem Zen-Buddhismus) und einigen zentralen Grundannahmen über den Menschen und die Welt, die alle verschiedenen buddhistischen Traditionen auch verbindet. Hier möchten wir dieses grundlegende Arbeitsmodell – das möglicherweise im Zen eine Relativierung erfährt – anhand der sogenannten »Vier Edlen Wahrheiten« genauer beschreiben. Wir sind der Überzeugung, dass diese als Arbeitsmodell zu verstehende Konzeptualisierung einen verständlichen und nachvollziehbaren Zugang zum buddhistischen Denken und Handeln ermöglicht. Die Grundlagen dieses Zugangs sind folgende Arbeitsmodelle:

- das Arbeitsmodell des Arztes oder Wissenschaftlers,
- das Arbeitsmodell des genauen Studierens und Analysierens der Welt,
- das Arbeitsmodell des Notwendigen Entschlusses,
- das Arbeitsmodell der Achtsamkeit und der Meditation.

Die »Vier Edlen Wahrheiten« – ein Überblick

Die »Vier Edlen Wahrheiten« werden traditionell als *die* Grundlage der buddhistischen Lehre betrachtet. Aus der Sicht der dargestellten Überlegungen zu den Arbeitsmodellen könnte man diese »Vier Edlen Wahrheiten« in der Tat als die zentrale buddhistische Grundannahme bezeichnen. Ihre Darstellung erscheint immer etwas trocken, erweist sich aber bei genauer Untersuchung als ein grundlegender Ansatz, menschliche Verhaltensweisen, vielleicht sogar das menschliche Dasein in seiner weitesten Form, zu untersuchen. Die Art und Weise der »Untersuchung« basiert auf zwei Pfeilern: Erkenntnis/Sichtweise/Einsicht und Erfahrung. Im Rahmen der Lehre der »Vier Edlen Wahrheiten« durch den Buddha weist er in der letzten der Wahrheiten einen *Weg* auf, der eine ganz praktische Lebensanleitung darstellt (genauere Ausführungen siehe weiter unten). Worauf wir an dieser Stelle besonders hinweisen wollen, ist der Stellenwert, den der Buddha dem menschlichen Intellekt zuweist: Aus seiner Sicht beginnt Veränderung mit geistiger Erkenntnis. Wenn man etwas verändern will – und hier geht es um die Veränderung der Bedingungen, die menschliches Leiden verursachen –, bedarf es dazu einer genauen Analyse dessen, was an Bedingungen vorgefunden wird. Die Darstellung der »Vier Edlen Wahrheiten« ist somit eine intellektuelle Herangehensweise, grundlegende menschliche Strukturen klar zu erkennen. Es ist diese Fähigkeit des Geistes, immer wieder sehr klare Analysen herzustellen, auf die der Buddha deutlich hinweist. Genau dies ist gemeint mit Vollkommener Sichtweise oder auch Vollkommener Einsicht. Wir wollen hier betonen, dass diese Einsichten das Ergebnis jahrelanger (Selbst-)Erfahrung darstellen und somit keine »Philosophie« sind, sondern eine »Einsichtspraxis«. Damit ist auch der Titel unseres Buches berührt: Präsenz und Einsicht bedeuten eben keine dichotome Aufteilung, sondern sind nach unserer Auffassung in einer komplementären Beziehung zu verstehen.

Zunächst der traditionelle Überblick:

1. Die Wahrheit vom Leiden: Alles Dasein ist unbefriedigend und dem Leiden unterworfen.
2. Die Wahrheit von der Entstehung des Leidens: Alles Leiden ist durch das Begehren bedingt.
3. Die Wahrheit von der Aufhebung des Leidens: Die Erlöschung des Begehrens führt zur Erlöschung des Leidens.
4. Die Wahrheit vom Weg zur Aufhebung des Leidens: Der Achtfache Pfad ist das Mittel zur Erreichung der Leidenserlöschung.

(I) »Was aber, ihr Mönche, ist die edle Wahrheit vom Leiden? Geburt ist Leiden, Altern ist Leiden, Krankheit ist Leiden, Sterben ist Leiden, Kummer, Jammer, Schmerz, Trübsal und Verzweiflung sind Leiden; das Nichterlangen dessen, was man begehrt, ist Leiden; kurz gesagt: die 5 mit Anhaften verbundenen Gruppen des Daseins (5 Skandhas) sind Leiden.«

(II) »Was aber, ihr Mönche, ist die edle Wahrheit von der Leidensentstehung? Es ist jenes Wiederdasein erzeugende, von Lust und Gier begleitete, bald hier, bald dort sich ergötzende Begehren, nämlich das Sinnliche Begehren, das Daseinsbegehren, das Selbstvernichtungsbegehren.«

(III) »Was aber, ihr Mönche, ist die edle Wahrheit von der Leidenserlöschung? Es ist eben dieses Begehren restloses Erlöschen, Aufgeben, Loslassen, Befreiung und Lösung davon.«

(IV) »Was aber, ihr Mönche, ist die edle Wahrheit von dem zur Leidenserlösung führenden edlen Pfade? Es ist jener edle Achtfache Pfad, nämlich: 1. Rechte Erkenntnis, 2. Rechte Gesinnung, 3. Rechte Rede, 4. Rechte Tat, 5. Rechter Lebenserwerb, 6. Rechte Anstrengung, 7. Rechte Achtsamkeit, 8. Rechte Sammlung« (Nyanatiloka, 1999, S. 186 f.).

Wir sind krank. Dies ist in Kürze zusammengefasst, was der Buddha nach langem Studium erkannt hat. Wie ein Arzt hatte er nach gründlicher Selbstuntersuchung festgestellt, dass der menschliche Geist erkrankt ist. Dies mag für den Leser erst einmal überraschend klingen, ergibt aber im Rahmen der Selbsterforschung, wie sie der Buddha vorgeschlagen hat, durchaus Sinn, steht im Mittelpunkt *dieser* Erforschung doch der menschliche Geist. Wie ein Arzt hat der Buddha, nachdem er die Krankheit diagnostiziert hatte, ihre Symptome beschrieben und einen Heilungsplan entworfen. Wir können somit die »Vier Edlen Wahrheiten« beschreiben als vier Schritte zur Behandlung dieser Krankheit: 1. Schritt: Was genau ist die Krankheit?, 2. Schritt: Wie entsteht sie?, 3. Schritt: Gibt es eine Medizin, die Krankheit zu heilen, bzw. gibt es einen Heilungsweg?, 4. Schritt: Die Bereitstellung einer Medizin.

»Wie eine Krankheit hat man die Leidenswahrheit zu betrachten, wie die Ursache der Krankheit die Wahrheit von der Leidensentstehung, wie die Heilung der Krankheit von der Leidenserlösung, wie die Arznei die Wahrheit vom Pfade« (Nyanatiloka, 1999, S. 189).

In diesem Zusammenhang sei daran erinnert, dass im psychoanalytischen Denken die Polarität Gesundheit und Krankheit eine gewisse Rolle spielt – auch wenn man die Übergänge zwischen seelischer Gesundheit und neurotischer Verfassung als fließend ansieht. In dem hier vorgestellten Rahmen wird die existenzielle Grundsituation des Menschen als krankhaft angesehen, allerdings mit der Möglichkeit, eine Heilung zu erreichen. Die Verwendung des Begriffes »Krankheit« zeigt, wie wichtig die Entwicklung eines »Übersetzungsraumes« ist, von dem wir im ersten Kapitel gesprochen haben. Michael Hampe (2014, S. 238) spricht im Übrigen von »semantischen Landschaften«, durch die man sich wie ein Reisender bewegen kann: Ein Begriff wie Krankheit gewinnt je nach semantischer Landschaft (ein bestimmter Sprachgebrauch in unterschiedlichen Lebens- oder Forschungskontexten) eine ganz unterschiedliche Gewichtung und Bedeutung: Medizinischer, psychoanalytischer und buddhistischer Kontext geben jeweils andere Beschreibungs- und Handlungsmuster vor. Ein Unterschied ist deutlich: Nach medizinischer Auffassung gibt es Gesunde und Kranke und Kranke leiden an ihrer Krankheit. Nach psychoanalytischer Auffassung gibt es eine so klare Unterscheidung zwischen Gesunden und Kranken nicht: Auch die Gesunden können leiden, wie es Freud (1895, S. 311 ff.) beispielsweise in seiner Unterscheidung von hysterischem Elend und alltäglichem Unglück beschrieben hat. Der buddhistischen Auffassung nach leidet der Mensch grundsätzlich an seinem Geist.

Das menschliche Leiden

Das Krankheitssymptom dieser vom Buddha attestierten »Geisteskrankheit« ist das Leiden. Dies mag auf den ersten Blick wiederum überraschend erscheinen, wird doch das menschliche Leben in der Regel als eines gesehen und erlebt, das eine Mischung aus Angenehmem und Unangenehmem ist, das Glück und

Unglück hervorbringt und zwischen Leiden und Leidfreiheit oszilliert; eine kontinuierliche Unstetigkeit von Auf und Ab und Hin und Her.

Die Menschen sind auf der Suche nach Glück, das ist auch für den Buddha die Ausgangslage seiner Überlegungen und Untersuchungen. Seine Arbeitsthese könnte man vielleicht so zusammenfassen: Verhindere und beende Leiden, und das Glück wird sich einstellen. Daher beschäftigen sich alle seine weiteren Untersuchungen über das menschlichen Leiden mit den Fragen: Welchen Anteil haben wir selbst an unserem Leiden? Welche menschlichen Aktivitäten führen zum Leiden? Ist es möglich, dieses Leiden zu beenden? Ist es denkbar, dass die Menschen immer wieder grundlegenden Täuschungen unterliegen, die dann zum Leiden führen?

Im Folgenden werden wir die Leidenssymptome etwas genauer aufschlüsseln. Interessant dabei ist, dass der Mensch ein Leben vorfindet, dieses Vorgefundene aber oft nicht wirklich annimmt. Und ist dieses Vorgefundene, beschreibbar als die Lebensspanne zwischen Geburt und Tod, nicht schon schwer genug zu akzeptieren, fügt der Mensch diesen Schwierigkeiten noch viele weitere hinzu. Es ist genau diese Mischung aus Vorgefundenem und dem Hinzugefügten – durch menschliche Aktivitäten –, die den Buddha besonders interessierte.

Mit der Geburt beginnt ein Lebensprozess, der durchzogen ist von einem Auf und Ab zwischen Angenehmem und Unangenehmem, von Gesundheit und Krankheit, von körperlichem Aufblühen und körperlichem Abbau. Der Mensch erlebt einen Prozess, der durchzogen ist von Momenten des Glücks und des Unglücklichseins, von Zeiten der Angst und der Angstfreiheit, von Phasen des Wohlbefindens und des Unbehagens. Oft ist er vereint mit Personen, die er nicht liebt, und genauso oft ist er getrennt von dem, was er liebt. Er hat Wünsche, manche erfüllen sich und manche erfüllen sich nicht, er begehrt Dinge und Personen und oft genug erlangt er sie nicht.

Als *körperliches Leiden* erlebt der Mensch Krankheiten, körperlichen Schmerz, Altern und den Tod. Das Leben erscheint als eines, dessen »Ziel« der Tod ist und dem der Mensch in der Regel mit Angst gegenübertritt. Angst ist ein Leiden, das das Leben fast kontinuierlich durchzieht. Körperliche Krankheiten sind z. B. Fieber, Knochenbrüche, Infekte, Herzkrankheiten oder Krebs. Sie werden behandelt mit Gips, Chemie und Bestrahlung.

Als *geistiges oder seelisches Leiden* erlebt der Mensch die Diskrepanz zwischen seinen Illusionen und der Wirklichkeit, er leidet an der Unvereinbarkeit seiner Hoffnungen und Wünsche mit der Wirklichkeit. Sind diese Diskrepanzen nicht mehr zu überbrücken – werden die Ent-Täuschungen offenbar –, entstehen Neurosen, Psychosen und andere außergewöhnliche Geisteszustände. Sie drücken ein tief empfundenes Mangelgefühl aus und sind von massiven

Täuschungen und Selbsttäuschungen geprägt. Sie werden behandelt mit Psychotherapie, Psychoanalyse, Verhaltenstherapie und Medikamenten.

Leiden wird aber auch hervorgerufen durch *Fragen nach dem Sinn des Lebens und der eigenen Existenz, die dann leidvoll werden, wenn sich kein Sinn finden lässt* und Gefühle der Leere und Sinnlosigkeit auftauchen. Freud hat Personen, die Fragen nach dem Sinn des Lebens umtreiben, als neurotisch angesehen – weil sich nach seiner Auffassung bei gelingender Liebes- und Arbeitsfähigkeit die Frage nach dem Lebenssinn wenig stellt.

Im Folgenden erwähnen wir einige weitere Krankheitssymptome, die sowohl Leiden zur Ursache habe als auch zu Leiden führen. Sie werden in der Regel als Aspekte des Lebens betrachtet, die sozusagen *mit* dem Leben kommen. Es sind allgemeine Symptome von Verstimmtheit, die kommen und gehen und in der Regel nicht weiter beachtet werden. Aus buddhistischer Sicht gelten sie aber als weitere mögliche Ursachen menschlichen Leidens. Es sind Symptome wie:

- Unruhe (Getriebensein ohne eindeutige Ursache),
- Unzufriedenheit (allgemeine Unzufriedenheit ohne eindeutige Ursache),
- zu viel oder zu wenig Disziplin (zu viel: zwangsneurotisch, zu wenig: impulsiv),
- Gier (Anhaften am Angenehmen, Abwehr des Unangenehmen),
- schlechte Gedanken (auch Gedanken sind »Taten«; es ist nicht »egal«, was gedacht wird, es hat immer entsprechende Auswirkungen),
- zersetzender Zweifel.

Leiden ist universal, so scheint es, im menschlichen Leben überall vorfindbar und ob seiner Universalität oft verdrängt, weil die Suche nach Befriedigung so sehr im Vordergrund steht. Bei dieser Aussage wird sich natürlich Widerspruch regen, denn es geht ja im Leben viel darum, Leiden zu vermeiden oder Leiden zu verringern, um möglichst viel leidensfreie Zeit zu erleben. Das Leben erscheint wie ein fortgesetzter Prozess, den Bereich des menschlichen Leidens möglichst »klein« zu halten. Darauf wird viel Zeit verwendet, doch wirklich »untersucht« wird das Leiden seltener, denn in der Regel reflektieren die Menschen die genauen Ursachen ihres alltäglichen Leidens nicht, sondern versuchen die Symptome zu verleugnen oder zu verdrängen. Auch treffen sie keine Unterscheidung zwischen dem aufhebbaren und dem nicht aufhebbaren Leiden.

Hier genau setzte der Buddha an und stellte sich die Frage: Welches von dem vorgefundenen Leiden ist aufhebbar, welches Leiden ist beendbar und welches nicht? Und wenn es aufhebbares und nicht aufhebbares Leiden gibt, wie gehen die Menschen dann mit dieser Erkenntnis um? Es sei hier nur am Rande erwähnt, dass dies natürlich Überlegungen sind, die auch dem Psychoanalytiker nicht fremd sind: In der immer wieder und auch eben erwähnten Bemerkung unterscheidet Freud das neurotische oder hysterische Elend und das alltägliche, gleichsam unvermeidliche oder auch normale Unglück (Freud, 1895). Der englische Psychoanalytiker Money-Kyrle (1971) sprach von den »facts of life«, mit denen jeder Mensch konfrontiert sei: die Anerkennung der »Brust« als einem guten Objekt, die Anerkennung des elterlichen Koitus als einen kreativen Akt und die Anerkennung der Unvermeidlichkeit des Todes. Alle diese genannten Lebenstatsachen sind unvermeidlich mit Leiden und Unlust verbunden, die sich aus der Abwesenheit des guten Objektes, dem Ausgeschlossensein aus der elterlichen Intimität und der Begrenztheit des eigenen Lebens ergeben. Allerdings beziehen sich die beiden erstgenannten Tatsachen auf einen entwicklungspsychologischen Aspekt (der im Buddhismus nicht auftaucht) und eine spezifische psychoanalytische Nomenklatur oder ein »Vokabular«, wie wir es mit Rorty genannt haben.

Aus der Sicht des Buddha haben wir es mit zwei Formen des Leidens zu tun: mit dem körperliche und dem geistigen Leiden. Das körperliche Leiden ist sozusagen eingerahmt zwischen Geburt und Tod, ein Prozess des Entfaltens, Erblühens, Auflösens und Beendens. Begleitet werden diese Prozesse nun vom Geist des Menschen in Form von Beobachtung, emotionalen Reaktionen, Bewertungen und Entscheidungen, einzugreifen oder auch nicht. Und genau diese »geistigen Begleitungsprozesse« hat sich der Buddha genau angeschaut. Wir können seine Arbeitsthese nun etwas genauer formulieren: Körperliches Leiden hat etwas Universales, die dieses Leiden begleitenden geistigen Prozesse aber nicht. Sie erscheinen zwar als »natürliche« Prozesse, sind aber in der Regel erlernt oder laufen nach eingeübten Mustern ab. Hier genau setzte der Buddha mit seinen »Untersuchungen« an. Dazu musste er nicht weit gehen, er konnte direkt mit dem menschlichen Alltag beginnen.

Es fällt allerdings auf, dass bestimmte Leidensformen des Menschen nicht explizit genannt werden: Leiden, die durch äußere Ereignisse wie Unfälle, Naturkatastrophen, gesellschaftliche Stigmatisierung und Traumatisierungen den Menschen in der Regel ohne seine aktive Beteiligung treffen können und in der Folge zu seelischem oder körperlichem Leiden führen. Wir werden später noch weiter ausführen, dass der Mensch nach Freuds Auffassung bedroht wird von der Natur, seinem eigenen Körper und sozialen Beziehungen. Am ehesten ließe sich hier eine Synthese in den Auffassungen finden, wenn man wie eben angedeutet zwischen dem »Vorgefundenen« – in gewisser Weise könnte man auch von dem Unverfügbaren sprechen – und dem »Erschaffenen« zu unterscheiden versucht: Das »Vorgefundene« ist das Unveränderliche der Geburt, der Familie und Herkunft, sein Geschlecht und die körperliche Ausstattung, die Begabungen, die historischen Lebensereignisse wie Krieg, Wohlstand, Revolution, Armut oder Reichtum, die Sprachengemeinschaft, in die der Mensch hineingeboren wird. Das »Erschaffene« ist dann all das, worauf der Einzelne einen Einfluss ausüben kann, natürlich auch in begrenztem Umfang auf das »Vorgefundene«.

An dieser Stelle gibt es eine große Nähe zwischen dem buddhistischen und dem psychoanalytischen Arbeitsmodell, formulierbar in der Frage, ob der Mensch in der Lage ist, zwischen dem »Vorgefundenen« und dem »Erschaffenen« zu unterscheiden, das »Vorgefundene« zu akzeptieren und das »Erschaffene« zu erkennen und zu beeinflussen. Es ist dies eine Leistung, die oft verkannt wird, allerdings auch schwer zu beschreiben und wohl noch schwerer zu erwerben ist. Es sei hier nur am Rande erwähnt, wie viele zentrale menschliche Fragen mit dieser so wesentlichen Unterscheidung zusammenhängen, z. B. die nach der Verantwortung, die man wiederum sehr allgemein-begrifflich (und sich dann als Manifestation eines »Lebensmodells« erweisend – etwa in dem Bild des grundlegend sündigen Menschen im Christentum) oder aber aus konkret-alltäglicher Sicht diskutieren kann (wenn es beispielsweise um die Verantwortung der Eltern für ein wirkliches Kind oder des Psychoanalytikers für einen wirklichen Patienten geht). Wenn hier aus buddhistischer Sicht von »Krankheit« die Rede ist, dann ist dies wohl in einem metaphorischen Sinne zu verstehen und bezieht sich genau auf diese Schwierigkeit des Menschen, einen lebensfördernden, differenzierenden Umgang mit dem »Vorgefundenen« und dem »Erschaffenen« zu entwickeln.

Die Ursachen menschlichen Leidens

Der Buddha begann mit dem Studium eines Vorgangs, der so in den Alltag integriert ist, so Teil jeden menschlichen Verhaltens ist, ein so scheinbar »natürliches« menschliches Verhalten, das es als Problem erst einmal überhaupt nicht erkannt worden ist: das Sammeln und Loslassen. »Beim Sammeln und beim Loslassen ist die Stange an seiner Seite; fähig zu töten und in der Lage, Leben zu schenken, liegt das Gleichgewicht in seiner Hand. Leidenschaften, Dämonen, Außenseiter – alle vertrauen auf seine Führung: die Erde, Berge und Flüsse werden alle zu Spielzeug. Aber sagt mir, welche Sphäre ist das?« (Book of Serenity, 1988, Koan 10; eigene Übers.).

In unserem Zusammenhang ließe sich Folgendes dazu sagen: Der Mensch sammelt, als Kleinkind Atem, Nahrung, Wärme, Geborgenheit, als Erwachsener Nahrung, Häuser, Autos, Geld. Der Mensch tritt in Kontakt mit der Welt über das »Nehmen«, das Einverleiben, das Sammeln. Für das Kind bedeutet das Einverleiben einen Prozess, der das Überleben sichert. Den Prozess des Loslassens beginnt das Kleinkind mit dem Ausscheiden der verdauten Nahrung und seiner Kontrolle. Das Loslassen scheint dem Erwachsenen schwerer zu fallen als das Sammeln. Hier genau nun liegt das Problem aus der Sicht des Buddha: Das Habenwollen scheint ein Eigenleben zu beginnen, welches darin kulminiert, dass der Mensch anzuhaften beginnt.

Auch hier lässt sich wieder ein Bezug zu den psychoanalytischen Arbeitsmodellen herstellen. Erneut aus entwicklungspsychologischer Sicht spielen psychische Prozesse der Einverleibung und Externalisierung von Anbeginn des Lebens eine wesentliche Rolle und sie werden als zentral für die Entstehung psychischen Lebens angesehen. Im Prinzip und vielleicht ein wenig sehr vereinfacht ist damit gemeint, dass das kleine Kind gute und positive Erfahrungen in sich aufnimmt, verinnerlicht, wie man auch sagen kann, während es unlustvolle, negative Erfahrung loswerden will, sozusagen in die Außenwelt projiziert. »Verinnerlichung« und »Externalisierung« sind die beiden allgemeinen Begriffe, die diese Vorgänge zu beschreiben versuchen und die man für die Entwicklung der Persönlichkeit, der Entwicklung des Ich-Selbst[8] als ganz wesentlich ansieht. Diese frühen Formen des Umgangs mit emotionalen Erfahrungen sind sehr körperbezogen und fokussieren vor allem auf die Beziehung zwischen Kind und Eltern, insbesondere auch auf die Nahrungsaufnahme und die Ausscheidung. Ein relativ vertrautes psychoanalytisches Vokabular ist hier die Dynamik von Festhalten und Loslassen – noch spezifischer spricht man von Introjektion und Projektion. Wenn also aus buddhistischer Sicht von Sammeln, Anhaften und Loslassen gesprochen wird, dann hat dies auch in der psychoanalytischen Terminologie eine Entsprechung, wobei zu fragen ist, ob es sich um Vorstellungen in einem vergleichbaren Kontext handelt. Hier ist immer wieder die grundsätzliche Frage berührt, ob es sich beim Buddhismus um eine Psychologie, wie es die Psychoanalyse eine ist, handelt. Wir werden diese Frage im Auge behalten und vor allem immer wieder fragen, ob diese generellen Fragen für die buddhistische Praxis wesentlich sind oder ob es sich eher um akademische Fragen handelt.

Anhaften und Loslassen

Was nun bedeutet Anhaftung aus buddhistischer Sicht? Auf grundlegender Ebene meint Anhaftung das Nicht-Annehmen von Veränderung und Bewegung. Anhaftung kann immer dann entstehen, wenn ein Kontakt befriedigend war,

8 Zum Begriff des »Ich-Selbst« siehe S. 57 ff. und Kapitel 5.

wenn ein Bedürfnis befriedigt worden ist. An dieser Stelle kann der Wunsch entstehen, diese Befriedigung immer wieder »haben« zu wollen. Hier auch beginnt der Prozess, den man als das Vorziehen des Angenehmen und das Ablehnen des Unangenehmen bezeichnen kann, ein Prozess, die Welt aufzuteilen in Angenehmes und Unangenehmes. Dieser Verlauf basiert auf dem Lust-Unlust-Prinzip und ist im Rahmen der kindlichen Entwicklung ein normaler physiologischer oder normaler psychologischer Vorgang, der seine Berechtigung hat. Auf der Ebene des Erwachsenen hat dieses Prinzip aber nur noch eine eingeschränkte Berechtigung, denn es führt dazu, dass man Unangenehmes zu vermeiden sucht und das Angenehme diesem vorzieht. Auf den ersten Blick erscheint dies wie eine »natürliche und normale« Reaktion: Es soll uns doch gut gehen, wir wollen so wenig wie möglich leiden. Das Problem ist allerdings, dass dabei versucht wird, den »natürlichen« Prozess der Veränderung zu vermeiden. Der Schwerpunkt der Anstrengung wird auf das Angenehme gelegt, das Unangenehme wird in den Hintergrund gestellt. Dieses Festhalten am Angenehmen oder das Festhalten überhaupt kann dann als Anhaftung bezeichnet werden, wenn es über ein »bestimmtes Maß« hinausgeht. Was ist damit gemeint? Im Prozess des »Sammelns und Loslassens« ist, wie oben beschrieben, ein »Nehmen« absolut notwendig. Die Frage ist nur, wann ist der »richtige« Zeitpunkt, wieder loszulassen? Wann ist etwas beendet, wann ist eine Tat, eine Bewegung beendet, abgeschlossen, vollendet, sodass sie losgelassen werden kann?

Loslassen wäre demnach die Einwilligung in die Erkenntnis und Erfahrung, dass unser Leben, so wie alles andere auch, ein Prozess von Bewegung und dies Ausdruck der grundlegenden Tatsache der Vergänglichkeit ist. Leben ist Bewegung und damit Veränderung. Jeder Versuch, diesen Fluss zu verlangsamen, umzuleiten, anzuhalten oder zu negieren, muss unweigerlich zu Leiden führen, da solche Handlungen auf »(Selbst-)Täuschungen« beruhen, die mit Illusionen von Dauer, Festigkeit, Konstanz etc. verbunden sind und immer wieder zu »Ent-Täuschungen« führen, die mit Angst, Scham und Schuldgefühlen verbunden sind. Anhalten und Anhaften ist somit der immer wiederholte Versuch, Festigkeit und damit »Sicherheit« in den Alltag zu bringen. Es ist dies die Illusion, das Leben kontrollieren zu können, denn früher oder später zwingt es den Menschen dann doch, loszulassen, spätestens dann, wenn er sich in seinen Sterbensprozess begibt. Und selbst dort versucht er oft, sich gegen das Unvermeidliche, sprich den andauernden Prozess der Veränderung, zu stemmen. In Kapitel 8 befassen wir uns noch genauer mit dem Thema der Vergänglichkeit, ein Thema, das im buddhistischen Denken und in der buddhistischen Praxis einen zentralen Stellenwert einnimmt.

Es ist schon erstaunlich, dass der Buddha aus all den vorzufindenden Formen des Leidens zunächst einmal eine einzige herausgenommen hat, die Anhaftung, die in ihrer übertriebenen oder »krankhaften« Form zur Gier wird. Warum hat er nicht die menschliche Angst oder den Schmerz in den Mittelpunkt seiner Untersuchungen gestellt? Die Antwort auf diese Frage ist scheinbar so einfach, dass sie schon fast trivial klingt, aber gleichzeitig weist sie direkt auf die auftauchenden Schwierigkeiten hin: Die Anhaftung ist das Gegenteil des Loslassens, Anhaftung ist wie oben beschrieben das Nicht-Einwilligen in die grundlegende Tatsache, dass alles im Wandel und vergänglich ist. Und Loslassen ist, auch wenn es auf den ersten Blick nicht so scheint, sehr schwierig. Man könnte die Aussage des Buddha eben auch umkehren: Ein Grund für menschliches Leiden ist die generelle Unfähigkeit des Menschen, loslassen zu können. Festhalten ist das zentrale Mittel, die Angst zu bewältigen und aus diesem Grund ist das Loslassen so enorm schwierig.

Loslassen auf der körperlichen Ebene meint, die Hand zu öffnen und ein Objekt oder einen Gegenstand loszulassen, etwas wird abgelegt oder fallen gelassen. Dies meint auf dieser Ebene, dass dieses »Ding« nicht mehr gebraucht wird. Die Aktivität in Bezug auf den Gegenstand wird beendet. Was bedeutet dies nun auf der geistigen Ebene? Körperlich hat der Mensch losgelassen, hat er es auch auf geistiger Ebene getan? Erweitern wir den Prozess des Loslassens hin zu einer Aktivität, so bedeutet loslassen hier, dass die jeweilige Aktivität beendet ist, sie kann losgelassen werden. Ist sie damit auch geistig beendet? Ist die Handlung auf geistiger Ebene wirklich abgeschlossen und beendet, ist sie »rund« und vielleicht sogar vervollständigt? Sehr oft eben nicht, denn in der Regel begleitet den Menschen eine Unzahl an Aktivitäten, die nur unvollständig beendet oder auch nie abgeschlossen wurden. Sicher, es gibt immer wieder Situationen, die nicht beendet werden können und daher offen bleiben müssen. In der Regel aber ist es möglich und eben auch wünschenswert, abzuschließen. Und wenn es dann nicht getan wird, werden diese unvollständigen Situationen in Form von Erinnerungen, schlechtem Gewissen oder Vorwürfen (»hätte ich doch«) durch das Leben mitgezogen, wie ein Bündel, das täglich ein wenig größer wird und zunehmend mehr und mehr Energie absorbiert.

Warum ist dies so? Die Beantwortung der Frage wird vielleicht einfacher, wenn wir sie so stellen: Was wäre, wenn der Mensch jede Aktivität so gut, wie es ihm jeweils möglich ist, ganz beenden würde? Dann wäre ein wirklicher »Neuanfang« möglich. Wenn jede Aktivität abgeschlossen ist, kann sich der Mensch ganz der nächsten »neuen« Situation ohne einen belastenden Gedanken oder ein belastendes Gefühl an das Vergangene widmen. Warum fällt das so schwer? Wirkliches »Abschließen« und »Beenden« bedeutet die tiefe Realisierung und Einwilligung in die Wirklichkeit: Nirgendwo gibt es etwas Festes, nirgendwo gibt es etwas, dass der Veränderung nicht unterworfen ist.

Hier treffen sich zwei gegensätzliche Bestrebungen: Der Wunsch nach Sicherheit und Stabilität, Zuverlässigkeit, Dauer, Berechenbarkeit – und die *gleichzeitige* Erfahrung, dass nichts stabil ist, dass nichts sicher ist: mit einem Wort, dass alles Prozess und somit immer Wandel und Veränderung ist. Der Mensch macht *beide* Erfahrungen und entscheidet sich in der Regel gegen das Ungewisse und Ungesicherte und gibt sich somit der Illusion hin, dass es im Leben doch so etwas wie Stabilität und Sicherheit gibt. Er schafft sich somit die Illusion von Unveränderlichkeit und Stabilität durch Anhalten, Nicht-Loslassen und somit Anhaftung – inmitten der gleichzeitigen Erfahrung von andauernder Veränderung. Die eigentliche Quelle des Widerstandes gegen die »Verbindung mit dem Wandel« als Ausdruck der Akzeptanz der grundlegenden Tatsache der Vergänglichkeit ist die Angst (in Form von Vernichtungsangst, Trennungsangst, Kastrationsangst, Angst vor Liebesverlust, um hier die psychoanalytische Nomenklatur zu bemühen), die aus der psychoanalytischen Perspektive eine grundlegende Trennungsangst ist. Auch die Angst vor der völligen Ungewissheit in der Unbeständigkeit des Lebensflusses, die den Menschen dazu verführt, festzuhalten und anzuhaften, könnte letztlich als eine Trennungsangst aufgefasst werden: Die »Katastrophen« der Zukunft beziehen sich ja gerade auf die Ereignisse, die mit Verlusten verknüpft sind (im schlimmsten Fall des eigenen Lebens). Es ist der Versuch, Bewegung und Veränderung als die »natürlichen« Grundlagen des Lebens und des Universums anzuhalten, wenn sie angenehm sind, und abzulehnen oder zu verleugnen, wenn sie unangenehm sind. Beides, sowohl das Angenehme als auch das Unangenehme, unterliegt der »gleichen« Veränderung, nur werden sie vom Menschen unterschiedlich behandelt: Bewegung und Veränderung werden im Angenehmen dann als unangenehm erlebt, wenn sich das Angenehme in seiner Vergänglichkeit zeigt, und führen daher oft zum Festhalten und Anhaften am Angenehmen. Im Unangenehmen dagegen können Veränderungen als angenehm erlebt werden, da das Unangenehme zu einem baldigen Ende kommen könnte. Es ist dies eine Ambivalenz oder gar eine konträre Haltung des Menschen zur Veränderung, die einerseits gesucht und lustvoll erlebt, andererseits gefürchtet und gemieden wird, weil sie mit Unlust verbunden ist.

Das »Festhalten« auf dieser elementaren Ebene ist auf der mentalen, geistigen Ebene als Erinnern bzw. als Funktion des *Gedächtnisses* zu verstehen. Dies ist ein unbewusster, habitueller Vorgang, der von Beginn an des Lebens existiert: Die Erfahrungen werden gespeichert (inkorporiert), zuerst die nonverbalen, später auch die verbalen (siehe die Unterscheidung zwischen dem prozeduralen und autobiografischen Gedächtnis). Erinnern ist eine lebenswichtige Funktion, wie man bei geistigen Abbauprozessen sehen kann: Ohne Erinnern gibt es keine

Identität, kein Ich-Selbst, ist aber auch keine Antizipation und Planung möglich. Es geht dann also wohl eher darum, wie der Mensch mit seinem Gedächtnis umgeht: anhaftend oder loslassend? Wobei aber auch zu fragen ist, welchen Einfluss der Mensch darauf hat: Wenn jemand nachtragend ist, einem anderen ewig etwas vorwirft (oder sich selbst), dann haftet er sicherlich an, aber welchen bewussten Einfluss hat er darauf, dies zu ändern? All dies zusammenfassend könnte man sagen: Die Gedächtnisfunktion gehört zum »Vorgefundenen«, aber der Umgang damit gehört zum »Erschaffenen«. Es bleibt aber eine offene Frage, welchen direkten Einfluss der Mensch auf diesen Umgang hat; die Erfahrung zeigt, wie schwer diese eingefahrenen Muster des Anhaftens und Loslassens aufzubrechen sind. Es sollte auch erwähnt werden, dass das Loslassen per se nicht die Überwindung des Leidens impliziert: Denn es gibt offenbar auch ein übertriebenes Loslassen, eine Art mentaler »Durchfall«, bei dem Erfahrungen von Lebensereignissen überhaupt nicht gehalten werden können – also ein Mangel an Festhalten vorliegt. Auch dies unterstreicht noch einmal die ambivalente Funktion des Erinnerns und Gedächtnisses.

Der Mensch versucht, in das grundsätzliche Prinzip von Bewegung und Veränderung einzugreifen, was aber nur äußerst begrenzt möglich ist, sodass die Folgen der Anhaftung und des daraus resultierenden Leidens einen hohen Preis darstellen. Das ist der tiefere Grund, warum der Buddha die Anhaftung und die daraus entstehende Gier als einen der wichtigen Gründe des menschlichen Leidens erkannt hat. Dazu ein Koan:

> Ruiyan fragte Yantou: »Was ist das grundlegende beständige Prinzip?«
> Yantou sagte: »Bewegung.«
> Ruiyan sagte: »Wenn da Bewegung ist, was dann?«
> Yantou sagte: »Du siehst das grundlegende beständige Prinzip nicht.«

In der Einführung zu diesem Koan heißt es dazu: »Selbst wenn du es ›so‹ nennst, hat es sich bereits verändert. Wo das Wissen nicht hinreicht, vermeide, darüber zu sprechen« (Book of Serenity, 1988, S. 316 Koan 75; eigene Übers.). Bewegung und somit Veränderung sind nicht aufhebbare Prinzipien. Jeder Versuch, hier einzugreifen, führt also unweigerlich zu Leiden. Dies ist eine zentrale Grundannahme im Buddhismus, die hier in der zweiten Edlen Wahrheit formuliert ist und die man als einen »common ground« aller buddhistischen Richtungen und Traditionen ansehen kann.

Aus der Sicht der Psychoanalyse wird das Thema des Anhaftens ebenfalls intensiv behandelt – Freud sprach z. B. von der »Klebrigkeit« der Libido, also dem Versuch, lustvolle Erfahrungen an einem bestimmten Objekt festzuhalten und immer zu wiederholen. Auch der Begriff der Fixierung gehört dazu; bei der Beschreibung des psychoanalytischen Arbeitsmodells werden wir darauf zurückkommen. Unter einer Fixierung versteht man das Anhaften und Festhalten an einer bestimmten Wunschdynamik, die auf positive oder negative, vergangene, meist in der Kindheit liegende Erfahrungen zurückgeht. Aber was bedeutet hier »festhalten« und »wiederholen«? Es bedeutet, dass positive Erfahrungen in der Kindheit verinnerlicht werden, zum Ich-Selbst der Person werden und den Blick auf die Welt und das ständig Befriedigung suchende Verhalten entscheidend mitbestimmen. Hier ist das »Anhaften« aus entwicklungspsychologischer Sicht also wesentlich und zentral. Anhaften – oder Verinnerlichung, Introjektion, Identifizierung – wäre aus dieser Sicht also nicht grundsätzlich Leid erzeugend, es sei denn, man lehnt die Entwicklung eines funktionellen Ich-Selbst grundsätzlich ab, was ja kaum haltbar ist. Erst die Fixierung – also ein überstarkes Anhaften an einer wesentlichen Befriedigungsform – wird als Leid produzierend aufgefasst. Die Menschen unterscheiden sich im Übrigen sehr in Bezug auf diese »Klebrigkeit« oder Fixiertheit der Libido bzw. ihrer Wünsche: Wahrscheinlich gibt es so etwas wie einen konstitutionellen Faktor (wie z. B. auch bestimmte Menschen an traumatischen Erfahrungen mehr haften als andere, was man als Beleg dafür ansehen kann). Auch der Zusammenhang mit der Wiederholung und dem Wiederholungszwang müsste hier bedacht werden: Wiederholung ist auch eine Form von Anhaftung, da man versucht, positive (und manchmal paradoxerweise auch negative) Erfahrungen zu wiederholen; auch dies ist nicht per se problematisch. Problematisch ist der Wiederholungszwang, der teilweise als ein Anhaften an negativen Erfahrungen zu verstehen ist, wenn auch im Sinne einer versuchten Vermeidung von Leiden. Auch werden wir im Kapitel über unser psychoanalytisches Arbeitsmodell auf den Faktor zu sprechen kommen, der bei den meisten Menschen die stärkste »Anhaftung« bewirkt, nämlich die sexuelle Lust, womit auch die größten menschlichen Leidenszustände verbunden sind.

Das Ich-Selbst als Problem

Bewegung und Veränderung als nicht aufhebbare Prinzipien schließen alle Phänomene ein. Im Rahmen seiner Untersuchungen hat der Buddha festgestellt, dass der Mensch in der Regel die Welt da »draußen« untersucht als eine Welt, die scheinbar von ihm getrennt ist. Nicht nur erscheint die Welt als von ihm getrennt, darüber hinaus erschafft er ein Selbst, welches von dieser Welt als getrennt erlebt und das in der Regel als etwas Festes und Unveränderliches angesehen wird. Zwar erlebt er auch hier Veränderungen, aber ein fester Kern wird als unveränderlich angesehen, genannt wird er Selbst, Ich, Identität, Charakter und Charaktereigenschaften – wir sprechen in dieser Arbeit durchgehend vom »Ich-Selbst«, einem Begriff, den auch der deutsche Philosoph Gernot Böhme verwendet und genauer beschreibt (Böhme, 2012). Hier wird der Zusammenhang mit der Thematik der zweiten Edlen Wahrheit, nämlich der zentralen Dynamik von Festhalten und Loslassen sehr deutlich: Das Festhalten an einer fälschlichen Selbstvorstellung muss als ein zentraler Leidensaspekt angesehen werden.

Wir halten es hier für sinnvoll, einige Aspekte dieses Ich-Selbst anzuführen, um deutlich zu machen, wie es zu dieser Form von Selbstwahrnehmung und Selbstvorstellung kommen kann. Das sogenannte Ich-Selbst kann erst einmal nichts anderes sein als das jetzt gelebte Selbst, jetzt in diesem Augenblick. Der Mensch erfährt sich als eine Person, die sich als Ganzes erlebt, als zusammenhängend, fühlend und denkend. Diese Ganzheit, die dann Selbst genannt wird, entsteht durch ein komplexes Zusammenspiel folgender Komponenten: durch die Sinne des Hörens, Sehens, Riechens, Schmeckens, Tastens und Denkens. Es entsteht durch räumliche Erfahrung. Hierbei gibt es die »äußere Welt« und die »innere Welt«, die geprägt ist durch Innenhaftigkeit und Innerlichkeit. Hier entsteht so etwas wie ein »Ort« oder »mein Ort«, der die Erfahrung als handelndes Wesen mit Absichten, einem Willen und entsprechenden Taten zum Ausdruck bringt. Ein weiterer wichtiger Aspekt ist der des narrativen Selbst, nicht wichtig genug einzuschätzen, wird das Selbst doch zum großen Teil selbsterzählend bestätigt und sogar erst hergestellt: Bilder als Erinnerungen, die selbsterzählend evoziert werden; Vorstellungen von dem, wer wir sind, und Visionen von dem, wer wir sein wollen oder sein sollten und wer wir waren: Alles ist also immer durchdrungen von Erinnerungen und Erfahrungen aus der Vergangenheit.

Francisco Varela hat in dem Film »Monte Grande« (Reichle, 2006) diesen Prozess so beschrieben: Die Aufgabe des menschlichen Gehirns ist es nicht, Informationen zu sammeln, sondern in jedem Augenblick den Eindruck von Einheit herzustellen. Dieses Ich-Selbst hat etwas sehr Überzeugendes, wird es doch erlebt als handelnder Agent, als Selbst, das eine Einheit von Erfahrung schafft, eine Kontinuität von Erfahrungen herstellt und als »Fahrzeug« für die Sammlung all unserer Erfahrungen dient. Diese Erfahrungen selbst werden editiert und geformt durch diese Struktur, die wir hier Ich-Selbst nennen. All dies ist so überzeugend, dass es dem Menschen in der Regel sehr schwer fällt, hier eine mögliche Ursache für sein Leiden zu erkennen, da es doch unverkennbar eine lebenswichtige und -erhaltende Funktion ausübt. Hier mag festgehalten werden, dass eine Begriffsbestimmung des Ich-Selbst recht schwierig ist: Unsere mehr als vorläufige Beschreibung hat jedoch zwei Aspekte deutlich gemacht. Aus einer Innenperspektive (die Erste-Person-Perspektive) wird das

Ich-Selbst als eine Erfahrung (im Sinne der Selbsterfahrung) zu beschreiben sein. Aus einer Außenperspektive (die Dritte-Person-Perspektive) kann man das Ich-Selbst als eine Struktur beschreiben, die eine notwendige Voraussetzung für das Funktionieren und Überleben der Person darstellt. Eine ähnliche Beschreibung findet sich in der wichtigen Arbeit von Falkenström (2003, S. 1551 ff.).

Das Ich-Selbst und die Fünf Skandhas

Möglich macht dieses Ich-Selbst ein Prozess, der im buddhistischen Arbeitsmodell beschrieben wird als die Fünf Skandhas (Form, Gefühl, Wahrnehmung, Impulse/Wille und Bewusstsein), eine Gruppe von Entwicklungsschritten, die vom ersten Kontakt bis hin zum Bewusstsein führen. Da es ein Prozess ist, den der Mensch mit *jedem* bewussten Kontakt durchläuft, hat er etwas Universales und steht somit sehr zentral in der buddhistischen Theorie und Praxis.

Ausführlich haben wir diese Prozesse in unserem Buch beschrieben (Weischede u. Zwiebel, 2009, Kapitel 3.2: Über das »Selbst«) und zusammenfassend (S. 87 f.) gesagt: »Nun hatten wir weiter oben die Aussage gemacht, dass die Skandhas unser ›Selbst‹ konstituieren. Was ist damit gemeint? In diesem Prozess vom ersten Kontakt bis hin zur Bewusstwerdung entsteht ein ›Gefühl‹ oder besser der Eindruck einer Person, die handelt, einer Person, die sich selber bewusst wird, einer Person, die fühlt und assoziiert, von einer Person, die eine Vergangenheit hat. Hier entsteht der Eindruck eines Handelnden, der etwas ›ist‹ und der ein Selbst ›hat‹. Für einen kurzen Augenblick hat dieser Eindruck schon seine Berechtigung, denn nur ein Subjekt im Sinne ›fester Strukturen‹ kann handeln. Für einen Augenblick haben wir den Eindruck von fester, strukturierter Wirklichkeit, aber schon im nächsten Augenblick befinden wir uns in einer neuen Situation mit neuen Assoziationen, Gefühlen und Impulsen, die in sich unstet und in permanenter Veränderung sind. Schon sind wir nicht mehr die gleiche Person wie kurz zuvor. Das, was wir als ›festes Selbst‹ erleben, ist die Aneinanderreihung von Augenblicken, die kontinuierlicher Veränderung unterworfen sind. Jeder dieser Augenblicke hat dabei einen Anfang und ein Ende, immer wieder beginnen wir etwas und schließen es ab. Aber sofort entsteht der nächste Augenblick, der dann wiederum abgeschlossen wird. Und so reiht sich ein Augenblick an den nächsten. Wir könnten fast sagen, jedes Skandha ist wie eine Wolke. Zwar hat die Wolke eine Kontur, aber sie ist nicht zu ›fassen‹. All dies lässt den Eindruck eines handelnden ›Selbst‹ entstehen, dessen Aufgabe es ist, uns abzugrenzen und zu trennen; aber es stellt auch Verbundenheit her und sorgt für Kontinuität durch Sprache und Denken. In der Regel sind wir uns dieses nicht greifbaren Charakters der Skandhas nicht bewusst und nehmen sie für wahr. Und weil wir sie für ›wirklich‹ halten, schaffen wir auch hier Leiden. [...] Zusammenfassend können wir sagen, dass das, was in dem gesamten Prozess vom ersten bis fünften Skandha entsteht und hergestellt wird, im besten Falle ein Bild von Kontakt und ein Bild vom ›Selbst‹ ist. Wir stellen immer wieder neu her, wir konstruieren eine von uns immer wieder aufs Neue hergestellte Welt, ›unsere Welt‹ eben. Es sei denn, wir schaffen es, durch kontinuierliche Praxis, durch Training und Achtsamkeit, für kürzere oder längere Augenblicke im ersten Skandha zu verweilen, im allerersten Kontakt mit der Welt.

Wir wollen hier betonen, dass mit ›Selbst‹ in diesem Rahmen das narrative Selbst, das erzählende Selbst, gemeint ist. Dieses Selbst entwickelt die persönliche Geschichte und geht in der Regel von der Täuschung aus, dass die Welt von Dauer ist. Ein solches Selbst aber ist nicht-beständig, nicht-wesenhaft, es ist leer und es ist leidvoll.«

Ein »festes Selbst« oder einen ewigen Kern der Persönlichkeit habe er nicht gefunden, so der Buddha, und nannte dies das Anatmanveda (die Nicht-Atman-Lehre). Er stellt damit die Lehren der Upanishaden und des Advaita-Vedanta[9] infrage, nach denen es eine Weltenseele, Brahman, und ein individuelles Selbst, Atman, gibt bzw. die Identität von Atman und Brahman als dem wahren unveränderlichen Selbst des Menschen.

Mit dieser Beschreibung der Fünf Skandhas liegt ein für den Buddhismus spezifisches Vokabular vor, das dem Psychoanalytiker unbekannt und fremd ist. Für ein generelles Verständnis der Skandhas müssen wir sie als Prozesse betrachten, die aus direkter meditativer Praxis hervorgegangen sind. Entstanden ist dabei ein Prozess aus fünf Schritten, der durch sehr präzise Beobachtung die Entstehung von Bewusstsein zu beschreiben versucht. Befremdlich wirkt dieses Vorgehen nur aus der Sicht des normalen Alltagsbewusstseins, das eine so genaue Eigenanalyse in der Regel nicht durchführt. Wir verstehen die Fünf Skandhas also als einen Aspekt des buddhistischen Arbeitsmodells, das aus einer engen Wechselbeziehung von meditativer Erfahrung und Unterstützung der meditativen Praxis hervorgeht: Zum einen handelt es sich um begriffliche Reaktionen auf die genauere Untersuchung der Bewusstseinsprozesse in der Meditation, zum anderen dient diese Konzeptualisierung gleichzeitig als Unterstützung der Übung der Meditation. Wenn etwa gesagt wird, dass die Entwicklung des »Anfänger-Geistes« die eines reinen, nichtreaktiven Bewusstseinszustandes ist, dann besteht die Übung darin – wie eben angedeutet – im ersten

9 Upanishaden: Sammlung hinduistischer Schriften; Advaita-Vedanta: hinduistische Lehren über die Erscheinungswelt.

Skandha des Kontaktes zu verbleiben und die üblicherweise ablaufende Kette Kontakt, emotionale Reaktion, Assoziation, Willensbildung und Bewusstsein zu verlangsamen oder gar zu unterbrechen.

An dieser Stelle erscheint es uns sinnvoll, das bisher über die Skandhas Gesagte kurz aus einem etwas anderen Blickwinkel zu betrachten: Bewusstsein ist *eine* Art und Weise, die Welt zu sehen und wahrzunehmen. Darüber hinaus ist Bewusstsein ein Konstrukt, vom Menschen immer wieder hergestellt, und stellt somit auch immer wieder ein bestimmtes Bild von Welt her. Die Fünf Skandhas sind der Versuch, aus der Sicht eines Meditierenden diesen Prozess der Entstehung des Bewusstseins in seinen Einzelheiten, seinen Entstehungsschritten, zu beschreiben. Dieses Auflösen des Bewusstseins in seine einzelnen Teile können wir als eine Art Dekonstruktion des Bewusstseins beschreiben. Darüber hinaus stellt der Meditierende dann fest, dass jedes dieser Skandhas wiederum ein eigener Geisteszustand ist: Das kann man bezüglich der Gefühle sagen, aber auch bezüglich der reinen Wahrnehmung von Signalen aus der Umwelt usw. Geistesaktivitäten lassen sich auf diese Weise in viele Einzelschritte aufteilen und dann gründlich studieren. Die Fünf Skandhas sind so betrachtet ein Untersuchungssystem, mit dem das Bewusstsein, aber auch das Ich-Selbst untersucht werden können.

Da diese Fünf Skandhas einen zentralen Dreh- und Angelpunkt in der buddhistischen Praxis darstellen – vor allem auch in Bezug auf die zweite Edle Wahrheit –, wollen wir auf dieses Arbeitsmodell noch einmal etwas genauer eingehen. Die Skandhas sind so zentral, weil sie *jeden* Wahrnehmungsprozess konstituieren, der menschliches Bewusstsein beinhaltet. Hier wird es vor allem auch darum gehen, wie mit ihnen »gearbeitet« werden kann. Das Ziel eines solchen Weges ist es, den Prozesscharakter der Skandhas aufzuzeigen.

»Das Wort Skandha kommt aus dem Sanskrit und meint wörtlich Gruppe oder Anhäufungen. Im Buddhismus wird von den fünf Skandhas gesprochen, die unsere Persönlichkeit ausmachen oder besser ein Persönlichkeitsprofil darstellen, das folgende Merkmale aufweist: 1. Körperlichkeit oder formhafte materielle Gestalt mit den vier Elementen Festes, Flüssiges, Hitze und Wind. 2. Gefühle, die mit dem ersten Kontakt entstehen, später dann zu Emotionen werden und durch die sechs Sinnesbereiche Sehen, Hören, Riechen, Schmecken, Berühren und Denken stark beeinflusst werden […] 3. Wahrnehmung, entstanden aus den sechs Sinnen und den entsprechenden Sinnesfeldern. 4. Impulse als Form- und Willenskräfte. 5. Bewusstsein als Resultat dieser Prozesse« (Weischede u. Zwiebel, 2009, S. 80).

Wenn man die Skandhas nun als Arbeitsmodelle betrachtet, ist die grundlegende Voraussetzung, dass sie als Prozesse betrachtet werden müssen. Wird dieser Prozesscharakter erkannt, wächst damit auch die Erkenntnis, dass in diesen Prozess eingegriffen werden kann.

Zunächst aber zwei Vorbemerkungen: Die Prozesse der Skandhas laufen in großer Geschwindigkeit ab und sie präsentieren als jeweiliges Resultat ein »überzeugendes« Bild von Wirklichkeit. Ein Eingriff in diese Prozesse ist in einem ersten Schritt die Verlangsamung der Prozesse. Ein zweiter Schritt ermöglicht es dann, an verschiedenen Stellen der Prozesse »anzuhalten«, um so ihren quasi natürlichen Ablauf an *jeder* Stelle unterbrechen, studieren und gegebenenfalls verändern zu können. Vorzugweise sollte nach der Verlangsamung das Unterbrechen direkt im ersten Skandha geschehen, im Skandha der »Form«. Es ist dies der »erste« Kontakt mit einem Objekt, sei es nun über das Auge, das Ohr oder die anderen Sinne. Aus buddhistischer Sicht betrifft dies aber auch den Geist selber: Was geschieht im ersten Kontakt mit unseren Geistesformationen wie Wörtern oder Bildern, wie reagieren wir hier »normalerweise«? Aus Sicht einer Studienpraxis wäre es auch in diesem Fall erstrebenswert, innezuhalten. Es soll natürlich betont werden, dass dieses Verlangsamen und Innehalten ein Postulat ist, das dem Alltagsverständnis, aber auch manchen wissenschaftlichen Überlegungen eher fremd erscheint. Im Grunde könnte man auch sagen, dass es sich um die Möglichkeit handelt, eine Stille und Ruhe im Bewusstsein zuzulassen, die dem Alltagsbewusstsein weitgehend fremd ist: Bekannt ist die sofort einsetzende mentale Aktivität (das »mentale Geplapper«), wenn die Ruhe und Stille der Meditation beginnt.

Die buddhistische Praxis bietet also zwei Wege an, diese Bewusstseinsprozesse zu studieren. Zum einen als Weg der »Zurückverfolgung« des Bewusstseins hin zu seinem Beginn und zum anderen als ein Weg, der das Entstehen von Bewusstsein erst gar nicht zulässt – um hier präzise zu sein, müsste man aber von intentionalem Bewusstsein sprechen. Gernot Böhme spricht in seinem wichtigen Buch über »Bewusstseinsformen« (2013) von Bewusstheit oder auch reinem Bewusstsein, das er von intentionalem Bewusstsein unterscheidet. Wir werden auf diesen bedeutenden Punkt noch zurückkommen. Reines Bewusstsein könnte man als direkte Erfahrung bezeichnen, eine Erfahrung, die die Bildung des intentionalen Bewusstseins (das sich gedanklich auf bestimmte Inhalte richtet) weniger zulässt. Es ist direkte Erfahrung, die weitere Prozesse im Rahmen der Entstehung von Bewusstsein (erst einmal) nicht zulässt, es ist ein Anhalten beim oder im ersten Kontakt. Dies erscheint auf den ersten Blick schwierig bis unmöglich, wird jedoch auf der Basis einer extremen Verlangsamung dieses Prozesses auf dem Sitzkissen möglich – so jedenfalls die Erfahrungsberichte von Meditierenden.

Der Geist, der schweigt

Dieses Verweilen im ersten Skandha können wir als einen »Ort der Stille« bezeichnen, es ist ein Ort, an dem reine »Präsenz« realisierbar und wirksam wird. Ein Ort, der weder als »Vorher« noch »Nachher« beschrieben oder besser erlebt wird, ein Ort, an dem der Geist nicht verweilt im Sinne von Anhaften oder Verstrickung. Ein Ort ohne Aktivitäten im Sinne von Reaktionen, aber auch ein Ort, an dem der Geist sich mit keiner geistigen Aktivität mehr identifiziert, ein Ort des reinen Seins oder reinen Bewusstseins. Die Stille des Geistes bezieht sich hier auf das Beenden der Reaktionen, der Geist wird still. Dies kann auch als das »Schweigen« des Geistes bezeichnet werden. Seine Lebendigkeit und Wachheit wird davon nicht berührt, ganz im Gegenteil: Der Geist erwacht an dieser Stelle hin zum direkten Kontakt, zur direkten Lebendigkeit und Wachheit.

Eine weitere Möglichkeit, diesem »Stillen Geist« einen Weg zu ebnen, ist die Praxis des Atems. Dazu ein Koan:

> »Ein Rajah eines Landes im Osten Indiens lud den siebenundzwanzigsten buddhistischen Patriarchen Prajnatara zu einem Fest ein. Der Rajah fragte ihn: ›Warum liest du die Schriften nicht?‹ Der Patriarch sagte: ›Dieser arme Umherreisende verweilt beim Einatmen nicht in den Bereichen von Körper oder Geist; wenn er ausatmet, verstrickt er sich nicht in unzählige Umstände – solch eine Schrift wiederhole ich ständig, Hunderte, Tausende, Millionen von Schriftrollen‹« (Book of Serenity, 1988, Koan 3; eigene Übers.).

Welcher Geisteszustand verhindert die Verstrickung in die unzähligen Umstände? Ein zur Ruhe gekommener Geist. Wie kann ein zur Ruhe gekommener Geist entwickelt werden, der sich in keiner Weise mehr mit dem Wahrgenommenen identifiziert, ein Geist, der nicht mehr »reagiert«, ein Geist, der schweigt? Die sogenannten »Subtilen Methoden« bieten hier einen traditionellen Übungsweg an:

»Die erste dieser sechs subtilen Methoden besteht darin, immer wieder zehn Atemzüge zu zählen. Dies ist eine traditionelle buddhistische Übung, die besonders empfohlen wird, um die Tendenz des Geistes, abzuschweifen und sich ablenken zu lassen, zu überwinden.

Dieses Abzählen wird schließlich dadurch ersetzt, dass man dem Atem einfach folgt und seine Aufmerksamkeit kontinuierlich darauf gerichtet hält, ohne die relativ grobe Hilfe des Zählens. Beide Methoden sind im heutigen Zen weit verbreitet.

Die dritte der sechs subtilen Methoden wird Anhalten oder Stillstand genannt. Dabei kann man den Atem nicht mehr wahrnehmen, und jede mentale Aktivität hört auf. Das kann man normalerweise nicht erreichen, ohne zuvor die ersten beiden Methoden eingehend geübt zu haben.

Auf diesen Stillstand, der zu einer tiefen Ruhe führt, folgt die vierte Methode, die man Kontemplation nennt. Dabei wird der Geist wieder aktiviert, und man stellt sich die einzelnen Bestandteile des Körpers bildlich vor. Das wird deswegen gemacht, damit man sein Verständnis verinnerlicht, dass der Körper aus Teilen zusammengesetzt ist, die voneinander abhängig sind und der Auflösung unterliegen. Ein weiterer Grund für diese Übung besteht darin, dem verführerischen Rausch, der durch diese Ruhe des Stillstandes entsteht, dadurch entgegenzuwirken, dass man erkennt, dass er vom Körper-Geist abhängig, deswegen von Natur aus vergänglich und damit letztlich nicht verlässlich ist.

Die fünfte subtile Methode, die Rückkehr, zerschneidet auf ähnliche Art die Fesseln, die einen an die vorherige Stufe der Kontemplation binden. Das wird dadurch erreicht, dass man die Aufmerksamkeit vom Gegenstand der Kontemplation weg auf den kontemplierenden Geist selbst richtet. Das ist die schon erwähnte Übung, nach dem Geist zu suchen, und sie ist eine der zentralen Übungen der Zen-Meditation. Den Geist von den Objekten abzuwenden und ihn auf die unbegreifliche Essenz des eigenen Bewusstseins zu richten, dient dazu, ihn von diesem Anklammern zu befreien und zu seiner ursprünglichen Reinheit zurückzubringen.

Bei der darauf folgenden sechsten subtilen Methode, genannt die Reinheit, erfährt der Übende die essenzielle Reinheit und erlangt endlich Spontaneität« (Book of Serenity, 1988, Einleitung; eigene Übers.).

Der zu einer tiefen Ruhe gekommene Geist ist die Basis für etwas, das wir als »direkten Kontakt« bezeichnen können, ein Kontakt, der nicht von Sprache beeinflusst ist und somit auch »vor« jeder Assoziation, vor jeder Willensentscheidung liegt und somit noch nicht bewusst ist. Es ist die Erfahrung eines jeden Meditierenden, der über die Praxis des Stillwerdens seinen Geist soweit beruhigt hat, dass er erkennt, dass *jeder* Kontakt – und das wollen wir hier betonen –, *jeder* Kontakt mit dieser Direktheit beginnt: ein direkter wacher Kontakt mit dem jeweiligen Objekt.

In unserem Buch »Neurose und Erleuchtung« (Weischede u. Zwiebel, 2009, S. 89 f.) sprechen wir, im Sinne einer direkten und unmittelbaren Wahrnehmung, an dieser Stelle von einem Geist, »der aufnehmend und nicht diskursiv ist, ein vorstellungsfreier Geist. Nur ein solcher Geist kann ein Objekt direkt und unmittelbar erfassen. Es ist dies ein ungetäuschter Geist, frei von Vorstellungen, der direkte Wahrnehmung ermöglicht […] und in dem die Objekte genauso existieren, wie sie erscheinen. Es ist kein projiziertes geistiges Bild […] Es ist unmittelbare Wahrnehmung. Diese unmittelbare und direkte Wahrnehmung tritt unmittelbar nach einer direkten Sinneswahrnehmung auf und unmittelbar vor einer Vorstellung (im dritten Skandha). Es ist ein äußerst kurzer Augenblick. Wir erhaschen einen flüchtigen Blick auf das Objekt, noch bevor die Vorstellung darauf reagiert. Es findet also keine konzeptuelle Reaktion auf das Objekt statt. Dies ist direkter Kontakt.«

Man kann hier auch vom »Gültigen Geist« sprechen: »Die Grundlage aber, so Nagarjuna, ist […] ein Beruhigen aller Wahrnehmungen, eine Beruhigung aller geistigen Entfaltung. Mit anderen Worten: Erst kommt die Beruhigung des Geistes, dann das Aufgeben der Konzepte und dann die Erkenntnis im Sinne von ›Erkennen‹, die direkte Erfahrung, wie die Welt wirklich ist […] Diese Wirklichkeit wird nicht durch Denken oder sinnliche Wahrnehmung, sondern durch yogische Wahrnehmung erreicht. Sie ist nur vom Erwachen (bodhi) abhängig. In dem Moment des Erwachens ist auch nicht mehr von pratityasamutpada, sunyata, nirvana und von Philosophie die Rede. In der Erleuchtung nimmt der Geist die Wirklichkeit wahr, mit der er untrennbar verbunden ist« (Kohl, 2005, S. 126).

Der getäuschte Geist

Vielleicht ist dem Leser in diesem Diskurs nicht deutlich geworden, warum diese Überlegungen so überaus wichtig sind – jedenfalls aus buddhistischer Sicht. Wir erinnern daran, dass wir immer noch bei der Besprechung der zweiten Edlen Wahrheit sind: die Entstehung des Leidens durch Anhaften und Anklammern. Das Anhaften an einem als dauerhaft erlebten Ich-Selbst ist hier als zentrale Leidensquelle anzusehen. Aus buddhistischer Sicht haben wir die Entstehung des Ich-Selbst als einen Prozess von fünf Entwicklungsschritten beschrieben, genannt die Fünf Skandhas, in dem von einem ersten Kontakt mit der Welt bis hin zum Bewusstsein das Bild von einer sich selbst bewussten Person entsteht, die den Eindruck eines »festen« Selbst und einer fest strukturierten Wirklichkeit erlebt. Entscheidend ist hier die Erkenntnis, dass es sich dabei um einen Prozess der Wahrnehmung handelt. Dieser Prozesscharakter wird von der erlebenden Person als solcher nicht wahrgenommen, vollzieht er sich doch jeweils in einer großen Geschwindigkeit. Der Philosoph Thomas Metzinger hat ebenfalls beschrieben, dass diese Bildung eines »phänomenalen Selbstmodells«, wie er es nennt, für den Menschen intransparent ist (Metzinger, 2009, S. 21 f.). Darüber hinaus ist der Prozess in seinem »Resultat« sehr überzeugend: Die Welt und das eigene Ich-Selbst erscheinen so überzeugend klar und direkt, dass sie von der Person als »wirklich« erlebt werden, die Welt ist »so«, wie sie durch die

Sinne erlebt wird – in der Beschreibung unseres Modells der »Gleitsichtbrille« sprechen wir von einem naiven Realismus des Menschen. In der Regel wird dieses Resultat nicht hinterfragt. Dies ist das normale oder auch naive »Sein in der Welt«.

Wir haben bereits darauf hingewiesen, dass die buddhistischen Arbeitsmodelle immer im Rahmen meditativer Erfahrungen entstanden sind. So auch die Fünf Skandhas: Aus Selbst-Studium und Selbst-Erfahrung entstanden, wirken sie als Arbeitsmodelle auf jede Situation ein und ermöglichen so einen Praxisweg. Weil aber die aus der »Innenperspektive« der meditativen Erfahrung beschriebene Prozesse der Fünf Skandhas für das Alltagsbewusstsein intransparent sind, entsteht ein Bewusstsein, das man aus der Sicht der meditativen Erfahrung als ein »getäuschtes Bewusstsein« auffassen kann. Dies lässt sich sowohl auf die Wahrnehmung der Welt als auch auf die Wahrnehmung des Ich-Selbst beziehen: Die Dinge »draußen« und das eigene Ich-Selbst werden als fest und dauerhaft erlebt und dabei wird der grundlegende Prozesscharakter der Erfahrung verkannt. Die zentrale Täuschung besteht darin, dass der ständige Wandel als Ausdruck einer grundlegenden Vergänglichkeit nicht erkannt wird. Daher sind für die Diskussion der zweiten Edlen Wahrheit die hier besprochenen Begriffe des Ich-Selbst und des getäuschten Bewusstseins von überragender Bedeutung.

Zusammenfassend schreiben wir in »Neurose und Erleuchtung« (Weischede u. Zwiebel, 2009, S. 85 f.): »Im ersten Skandha findet ein ursprünglicher, primärer Kontakt statt. Durch die (dann einsetzenden Aktivitäten) wird diese primäre Wahrnehmung zu einer persönlich gefärbten, subjektiven Wahrnehmung. Dies ist ein basaler, unvermeidlicher Prozess. Aus neurobiologischer Sicht wird ja sogar postuliert, dass die primäre Wahrnehmung bereits eine zeitversetzte Kopie der Sinneseindrücke ist: Wahrnehmung besteht nur aus Nervenimpulsen – on und off –, die zu einer ›Gestalt‹ verarbeitet werden und einen ersten Eindruck vermitteln; dies nennt man in der Regel ›Präsentationen‹ im Sinne dieser primären, unmittelbaren Wahrnehmung. Die Präsentationen werden dann weiter verarbeitet, durch die entsprechenden Filter der Erinnerungen, Assoziationen, Gefühle etc., und werden dann zu Repräsentationen, zu ›Bildern‹. Aus buddhistischer Sicht führt das Anklammern und Anhaften an die Repräsentationen (z. B. des Selbst) mit der Vorstellung von Dauer, Leidfreiheit und inhärenter Identität gerade zu Leiden.«

Im Zusammenhang mit der Frage nach den Ursachen menschlichen Leidens wird bei der Untersuchung des oben beschriebenen Prozesses deutlich, dass die jeweiligen »subjektiven« Faktoren, die in den Prozess mit einfließen, immer auch eine Quelle von Täuschung sind. Diese subjektiven Reaktionen überlagern und »färben« den ersten sinnlichen Kontakt, und genau hier liegt der Grund für mögliche Täuschungen. Die grundlegende Täuschung besteht also darin, dass das Ich-Selbst und die Welt als dinghaft und dauerhaft erlebt werden, während gleichzeitig (man könnte fast sagen: in Wirklichkeit) alles vergänglich, prozesshaft, verbunden und relational ist.

Das Beenden menschlichen Leidens

Bei der Frage nach der Entstehung menschlichen Leidens ist der Buddha zu folgenden Ursachen gekommen:

1. Der Mensch erlebt körperliches Leiden, er wird geboren, er wird krank, er wird alt und er stirbt. Dies sind Gründe für vielfältiges Leiden. Dieses Leiden ist nicht aufhebbar, es kann nur tief angenommen und akzeptiert werden.
2. Der Mensch erlebt geistiges-emotionales Leiden, dessen Grundlage, so der Buddha, das Begehren ist. Die daraus resultierende Anhaftung entsteht durch das Festhalten am Angenehmen und dem Vermeiden des Unangenehmen und führt oft zur Gier nach »mehr« Angenehmem. Die Grundlage für ein solches Leiden scheint eine allgemeine menschliche Reaktion zu sein: Angenehmes festhalten zu wollen und der daraus resultierende Unwille, loslassen zu müssen. In der Psychoanalyse spricht man von einem basalen Lust-Unlust-Prinzip. Auf subjektiver Ebene ist dies der Versuch, dem grundlegenden Prinzip, dass alles immer in Bewegung ist, einen Widerstand entgegenzusetzen. Der Mensch schafft sich somit die Illusion von Unveränderlichkeit und Stabilität durch Anhalten, Nicht-Loslassen und somit Anhaftung – inmitten der gleichzeitigen Erfahrung von andauernder Veränderung. Aber, so die zentrale Annahme: Leiden, das durch Begehren und die daraus resultierende Anhaftung entsteht, ist beendbar, ist aufhebbar.
3. Daher hängt das geistig-emotionale Leiden mit einem grundsätzlich »getäuschten Bewusstsein« zusammen. Im Rahmen seiner Phänomenologie der Wahrnehmung hat der Buddha die menschlichen Wahrnehmungsprozesse untersucht und ist zu der Erkenntnis gekommen, dass sich der Mensch regelhaft täuscht. Um dies hier noch einmal zu wiederholen: Die grundlegende und erst einmal unvermeidliche Täuschung des Menschen ist die, dass der nicht dinghafte, unbeständige, verbundene, in ständiger Bewegung befindliche Lebensprozess als potenziell dauerhaft und als Struktur wahrgenommen wird. Dabei wird diese »Struktur« (ein Bild der Festigkeit, Dinghaftigkeit) nicht als Hergestelltes, als Konstrukt wahrgenommen.

Hier sind wir an einem entscheidenden Punkt angekommen: In seiner dritten Aussage (die dritte Edle Wahrheit) bezüglich des Leidens macht der Buddha deutlich, dass es zwei Arten menschlichen Leidens gibt, die beendbar sind: Leiden, das durch Begehren – und die daraus resultierende Anhaftung –, und Leiden, das durch Täuschung entsteht. Dies zu erkennen, ist der eine, und dieses Leiden beenden zu wollen, der andere entscheidende Schritt. Es bedarf in der Tat eines *Entschlusses,* dieses Leiden aufheben zu wollen. Bezeichnet hat dies der Buddha, wie zu Beginn des Abschnitts über die Vier Edlen Wahrheiten ausgeführt, als Vollkommene Sichtweise oder auch Vollkommene Einsicht. Mit andern Worten: Wirklich neue Sichtweisen und Einsichten sollten zu »Konsequenzen« führen. Dies ist natürlich eine Herausforderung, der sich jeder Mensch immer wieder stellen muss: Führt tiefe Einsicht zu veränderten Handlungen oder nicht? Bleibt trotz klarer Erkenntnis alles »beim Alten« oder führt die Klarheit des Geistes zu grundlegenden Veränderungen? Hier wird, wie schon weiter oben angedeutet, klar, welch wichtige Rolle der Buddha dem menschlichen Geist zuweist: Der klare Geist vollzieht genaue Analysen *der* Bedingungen, die menschliches Leiden verursachen, und zieht dann – und das ist hier der entscheiden Punkt – daraus handlungsrelevante Konsequenzen.

Eine praktische Frage stellt sich natürlich hier sofort: Welcher Bedingungen bedarf es, einen solchen klaren Geist zu entwickeln? Aus buddhistischer Sicht ist das Meditationskissen eine solche gute Bedingung, aus psychoanalytischer Sicht ist es die analytische Situation zwischen Analysand und Analytiker. Der Vollständigkeit halber sei hier darauf hingewiesen, dass tiefe Einsichten zu handlungsrelevanten Konsequenzen führen können, dass aber tiefe Erfahrungen andererseits auch zu tiefen Einsichten führen können. Wir könnten das als einen sich selbst verstärkenden Prozess bezeichnen, der in seiner Konsequenz zu immer mehr Klarheit und zu einem sichtbar veränderten praktischen Leben führen kann. Auf dieser Grundlage nun bietet der Buddha einen »praktischen Weg« an, diese oben beschriebenen menschlichen Leiden zu beenden: den Achtfachen Pfad. Wir sprachen zu Beginn des Kapitels davon, dass der Buddha das menschliche Leiden wie ein Arzt betrachtet und analysiert hat. Der Achtfache Pfad nun ist sein »Heilungsplan«; beginnend mit der Vollkommenen Einsicht führt er über Vollkommene Handlungen zur Vollkommenen Meditation.

An dieser Stelle ist es vielleicht noch einmal notwendig, Folgendes zu verdeutlichen: Der Mensch erfährt Leiden durch Begehren und Anhaftung, die in ihrer »krankhaften« Form zur Gier wird. Im Rahmen einer Phänomenologie der Wahrnehmung stellt sich hier die Frage, wieso nimmt der Mensch das nicht wahr? Die Entwicklung einer Phänomenologie der Wahrnehmung stellt die Frage nach den tieferen Ursachen menschlichen Leidens, nämlich nach einer möglichen Täuschung im Wahrnehmungsprozess selbst: Die menschlichen Wahrnehmungsprozesse durch die Sinne und den Geist sind in ihrer grundlegenden Struktur (erst einmal) so angelegt, dass sie fast zwangsweise zu einer jeweils getäuschten Wahrnehmung führen, da sie fast immer mit subjektiven »Färbungen« belegt werden. So betrachtet ist die Untersuchung der Wahrnehmungsprozesse sozusagen der nächste Schritt im Rahmen eines gründlichen Selbststudiums. Der Mensch ist in seinen grundlegenden Wahrnehmungsprozessen getäuscht; daher stehen die Fünf Skandhas als Erkenntnis- und Arbeitsmodell so zentral im Mittelpunkt der buddhistischen Praxis.

All dies erkannt zu haben, lässt im Menschen dann (vielleicht) den Entschluss reifen, sein Leiden, entstanden durch Anhaftung und Gier, und sein Leiden, entstanden durch Täuschung, zu beenden. Ein solcher Entschluss wäre dann, und das ist der vom Buddha angebotene Heilungsplan, den Achtfachen Pfad zu betreten, beginnend mit der rechten Einsicht – die natürlich auch eine Erfahrung ist – über die oben beschriebenen menschlichen Strukturen. Dies können wir als die Kernaussage der dritten Edlen Wahrheit betrachten.

Interessant an dieser Stelle ist ja die immer wieder auftauchende Frage nach der Motivation für menschliche Veränderung. Auf der einen Seite gibt es andauernde Erfahrungen, die oft nur zum Teil erkenntnismäßig reflektiert werden. Auf der anderen Seite gibt es Wege der Erkenntnis oder der Einsicht, die in der Regel nur selten zu entsprechenden Taten oder Veränderungen führen. Aber auch die Erkenntnisse haben als Grundlage entsprechende Erfahrungen. Entscheidend ist aus unserer Sicht die Erfahrung des jeweiligen Leidens, als direkte Erfahrung, die dann zum Dreh- und Angelpunkt für den Entschluss wird, dieses Leiden beenden zu wollen. Die Erfahrung des Leidens – und das ist auch etwas, das in der psychoanalytischen Situation passiert – löst eine Motivation aus, sich mit dem Leiden auseinanderzusetzen, es zu erforschen und eben nicht nur loszuwerden, was wohl noch immer die häufigste Reaktion auf das Leiden ist.

Der Mensch macht die Erfahrung der »Veränderbarkeit« des Leidens, also im Grunde die Erfahrung der »Vergänglichkeit«: Die Schmerzen vergehen, der Trennungsschmerz vergeht, die Krankheit wird von Gesundheit abgelöst etc. Diese Erfahrung kann der Ausgangspunkt sein für einen Erkenntnisprozess, das Kommen und Gehen von Leiden zu untersuchen und zu einer Differenzierung zu kommen, die der Buddha ja anbietet: unvermeidliches Leiden versus vermeidliches, beeinflussbares Leiden. Es ist dies das Erfahren des Leidens (des Unbehagens) und die Einsicht, dass dies etwas ist, an dem man als Person einen Anteil hat. Mit dem Bild der Gleitsichtbrille könnte man auch sagen: Ich gewinne die Einsicht, dass ich eine Brille trage, die einen Einfluss auf meine grundlegende Befindlichkeit hat. Die Erfahrung, dass diese Einsicht bereits verändernde Wirkung auf meine Befindlichkeit hat, führt zu einem Entschluss, führt zu einer Motivation, die Gründe für meine jeweilige Befindlichkeit genauer zu untersuchen. Der Entschluss, einen meditativen Weg einzuschlagen, bedeutet ja bereits, einen Schritt der Veränderung vorzunehmen: Zazen als Übung der Absichtslosigkeit bedeutet ja im Grunde, das Festhalten und Anhaften zu studieren und die Dynamik von Festhalten und Loslassen zu verändern. Mit anderen Worten: Die Erfahrung und Einsicht, dass mein Leiden mit mir zu tun hat, und die Erfahrung, dass diese Einsicht verändernde Kraft hat, bereitet die Motivation, den Entschluss vor, mich auf den Achtfachen Pfad zu begeben. Dies können wir als die Kernaussage der dritten Edlen Wahrheit beschreiben: Die Erfahrung und Einsicht, dass Leiden veränderbar ist, führt zum Entschluss, einen entsprechenden Übungsweg einzuschlagen.

Ganz praktisch sähe dies aus der Sicht der Psychoanalyse wie folgt aus: Der Analysepatient kommt zum Analytiker wegen seines Leidens. Fast immer hat er schon einen Punkt erreicht, an dem er erkennt, dass dieses Leiden etwas mit seiner Person, mit seiner Geschichte zu tun hat: Es besteht also die Erfahrung des Leidens und eine erste Einsicht: Dieses hat etwas mit mir zu tun. Nun spricht dieser Patient mit dem Analytiker in den ersten Gesprächskontakten und macht die Erfahrung, dass diese Art des Gespräches eine Wirkung auf ihn hat, eine verändernde Wirkung. Nur dann entsteht eine genuine Motivation, sich auf den analytischen Weg zu begeben. Die Gesprächserfahrung mit dem Analytiker führt zur Einsicht, dass das Leiden veränderbar ist: Dies könnte man die »dritte Edle Wahrheit« der Psychoanalyse nennen.

An dieser Stelle wird wieder einmal deutlich, dass der Buddhismus die Entwicklungspsychologie nicht im Blickfeld hat. Die Fünf Skandhas sind erkenntnismäßig entstanden im Rahmen meditativer Erfahrungen. Die Frage ist hier, ob sie auch eine »Entwicklung« beschreiben. Betrachten wir einen Säugling, so erlebt dieser vor allem Kontakt und Emotion, wenig Assoziation, Wille und Bewusstsein, welches man sich als rudimentär und nicht bewusst vorstellen muss. Bezogen auf unsere Unterscheidung zwischen dem »Vorgefundenen« und »Hergestellten« bedeutet dies: Der Säugling findet Lust und Leiden vor durch den Kontakt mit der Welt und durch seine biologische Ausstattung. Nach und nach »stellt« er dann etwas her, reagiert auf dieses »Vorgefundene«, greift – immer noch weitgehend unbewusst – in dieses »Vorgefundene« ein und stellt damit möglicherweise die Weichen für ein Leiden, an dem er selbst beteiligt ist.

Der Praxisweg zur Aufhebung des Leidens

Der vom Buddha angebotene »Heilungsplan« des Achtfachen Pfades besagt, dass es für jeden, der diesen Pfad beschreitet, eine Richtungsänderung in seinem Leben bedeutet. Denn werden die im Achtfachen Pfad angebotenen Schritte umgesetzt, bedeuten sie in der Tat, dass alle Aspekte des menschlichen Lebens einer genauen Analyse unterzogen werden und dann aufgrund dieser Analyse entsprechend verändert werden. Diese Analyse, als dem ersten Schritt im Achtfachen Pfad, beruht auf dem Prinzip der Erkenntnis und fordert intellektuelle Fähigkeiten, die klares und konsequentes Denken in den Vordergrund stellen. Aus dieser klaren Kenntnis, Vollkommende Sichtweise oder auch Vollkommende Einsicht genannt, erwächst ein Entschluss, dem Leben eine neue Richtung zu geben, ein Entschluss, der dann mit ganzer Hingabe umgesetzt wird. Dies ist der zweite Schritt des Achtfaches Pfades: die Rechte Absicht. Bevor wir nun die nächsten Schritte aufzeigen, hier eine Übersicht des achtfachen Pfades:

I. ERKENNTNISPRINZIP:
1. Rechte Einsicht
2. Rechte Absicht

II. ETHISCHES PRINZIP:
3. Rechte Rede
4. Rechtes Handeln
5. Rechter Broterwerb

III. EINHEITSPRINZIP:
6. Rechte Bemühungen
7. Rechte Achtsamkeit
8. Rechte Meditation

Die drei nächsten Schritte im Rahmen des Achtfachen Pfades sind sehr konkret und beziehen sich auf die Art und Weise, wie der Mensch spricht, handelt und seinen Lebensunterhalt bestreitet. Allen drei liegt das ethische Prinzip zugrunde, kein zusätzliches Leiden in die Welt zu bringen bzw. Leiden zu verringern und Lebewesen nicht zu schädigen.

Rechte oder Vollkommene Rede bedeutet, nicht mehr zu lügen. Der Mensch hört auf, andere zu belügen, aber er hört auch auf, sich selbst zu belügen. Nicht schlecht über andere (üble Nachrede) oder sich selbst zu sprechen, ist ein weiterer Aspekt der Rechten Rede. Das schließt verschiedene Arten von

Täuschungen ein, wie aktives Täuschen, Getäuschtwerden und natürlich die Selbsttäuschung. Rechte Rede bedeutet auch, leeres Geschwätz zu unterlassen und Sprache dazu zu nutzen, Heilsames in die Welt zu bringen. Grundlage dafür ist die Erfahrung, »geistige Nahrung« so zu behandeln wie körperliche Nahrung auch: Welche Gedanken tun gut, sind heilsam, welche Gedanken schaden, sind unheilsam? Welche Rede tut gut, welche Rede schadet? Nicht zu vergessen ist hier das Schweigen, in der buddhistischen Praxis auch Edles Schweigen genannt, ein wichtiger Aspekt im Rahmen des Zur-Ruhe-Kommens des Geistes. Vollkommene Rede ist wie das Hüten eines kostbaren Schatzes und die Grundlage für die Gelöbnisse, die bei der Mönchsordination abgelegt werden.

Auch das Prinzip des Vollkommenen Handelns hat zum Ziel, dass Handeln dem Wohl dienen soll, dem persönlichen Wohl und, das ist wichtig zu betonen, dem Wohle aller. Handeln ist mit anderen Worten eines, das nicht länger von der Täuschung ausgeht, es gäbe ein Ich-Selbst, das, getrennt von seinen Mitmenschen, seine eigenen Interessen in den Mittelpunkt des Handelns stellt. Vielmehr führt die Erfahrung der gegenseitigen Abhängigkeit und andauernden gegenseitigen Bezogenheit dazu, sich handelnd immer im Rahmen einer gemeinsamen Welt zu bewegen. Das Wohl aller Mitmenschen und aller fühlenden und nicht fühlenden Wesen hat den gleichen Stellenwert wie das eigene Wohl. Denn wenn es dem Einzelnen im Sinne der Ethik des Achtfachen Pfades gut geht, wird es seinen Mitmenschen auch gut ergehen. Aus dieser Erkenntnis und dieser Erfahrung heraus entsteht ein ethisches Handeln, das der Freigiebigkeit (dāna), der Nächstenliebe (metta) und dem Mitgefühl verpflichtet ist.

Vollkommener Broterwerb bezieht sich ebenfalls auf die Nichtschädigung aller Wesen. Auch der Beruf als ausgeübte Tätigkeit soll dazu führen, Leiden nicht zu vermehren, sondern es zu verringern. Als Teil einer vollkommenen Lebensführung soll er der Gerechtigkeit, der Nützlichkeit, aber auch dem körperlichen und geistigen Wohlbefinden aller dienen.

Die letzten drei Glieder des Achtfachen Pfades listen noch einmal auf, wie die »innere Welt« aktiv an dieser neuen Richtung des Lebens ausgerichtet werden kann: Vollkommene Anstrengung oder Vollkommenes Bemühen meint im Rahmen des Achtfachen Pfades folgende drei Aktivitäten: *Disziplin,* hier nicht als beschränke, strikte Verhaltensweise, die oft auch als Druck von »außen« erlebt wird, sondern verstanden wird als die Offenheit, Neues empfangen und annehmen zu können, und als den Willen und ebenfalls die Offenheit, lernen zu wollen. Darüber hinaus bedeutet Disziplin, und dies wollen wir hier besonders betonen, die Fähigkeit, eine Absicht zu formulieren, sie im Geiste zu »halten«, um dann aus dieser Absicht heraus zu handeln. Etwas im Geiste »halten« zu können, ist so betrachtet bewusstseinsbildend, eine solche Art von Disziplin gibt dem Bewusstsein eine Ordnung, eine Struktur. Als eine tägliche Praxis könnte z. B. der Satz: »Es gibt nichts zu tun, und ich muss nirgendwo hin – angekommen« diszipliniert im Geist gehalten werden (diese Aussage nach einer Bemerkung von Richard Baker-Roshi). Jede alltägliche Aktivität wird innerlich mit dem Wort »angekommen« belegt. Dies verweist in jeder Situation darauf, dass es um den jetzigen Augenblick geht, dass »jemand« jetzt gerade angekommen ist. Dies diszipliniert ausgeführt, öffnet neue Bewusstseinsräume und der Praktizierende erfährt sich zunehmend als »Herr im eigenen Haus«, selbst wenn dies aus psychoanalytischer Perspektive, wie wir noch sehen werden, illusionäre Anteile haben mag. *Geduld,* als ein weiterer Aspekt, meint in diesem Kontext die Fähigkeit, warten zu können, bis die jeweilige Situation zur Reife gekommen ist. *Energie* als die dritte Aktivität im Rahmen des Vollkommenen Bemühens meint Vitalität. Es ist dies die Absicht, den eingeschlagenen Weg im Rahmen dieses »Heilungsplans« mit aller Kraft beschreiten zu wollen. Hier wird die Erkenntnis, dass ein solcher Weg ein Weg der Befreiung (von Krankheit) sein kann, kraftvoll umgesetzt. (Diese hier beschriebenen drei Aktivitäten stammen aus einer Liste, die unter dem Namen Sechs Paramitas oder Sechs Vollkommenheiten einen Leitfaden für die Alltagspraxis anbietet. Die weiteren drei Praxisfelder dieser Liste beschreiben die Energie oder Vitalität, die Meditation und die daraus entstehende Weisheit.[10])

Aus psychoanalytischer Sicht, aber auch aus alltäglicher Erfahrung sind diese drei Aspekte der Vollkommenen Anstrengung natürlich konflikthaft. Vollkommenes Bemühen muss sich mit Faulheit, Passivität, Vermeiden etc. auseinandersetzen, aber auch mit Erfolg und Misserfolg, mit Gelingen und Scheitern. Diese Aspekte des Achtfachen Pfades greifen am stärksten direkt in den menschlichen Alltag ein.

Ein wichtiges, fast absolut notwendiges Hilfsmittel, diese Konflikte gut zu durchleben, ist der siebte Aspekt des Achtfachen Pfades: die Achtsamkeit. Sie ist eine der tragenden »Säulen« auf dem sogenannten Praxisweg und darauf ausgerichtet, den Praktizierenden immer wieder in den »jetzigen Augenblick« zu holen. Das Leben findet im jetzigen Augenblick statt, es kann nur in diesem Augenblick stattfinden, eine Aussage, der niemand widersprechen würde, die aber durch die Aktivitäten des Geistes immer wieder unterlaufen wird: Es scheint so zu sein, als ob das Alltagsbewusstsein den Geist immer wieder aus dem jetzigen Augenblick herauszieht und seine Aktivitäten immer wieder in Richtung Vergangenheit oder Zukunft lenkt. Dieser Tendenz will die Praxis der

10 Die Sechs Paramitas sind: Großzügigkeit, Disziplin, Geduld, Energie, Meditation und Weisheit.

Achtsamkeit entgegenwirken. Die Achtsamkeit kann als ein »neuer« Geisteszustand betrachtet werden, der »erweckt« werden muss, hat sie als beständige Achtsamkeitsobjekte doch den Körper, die Gefühle, die Geistesinhalte und den Geist selbst, Untersuchungsobjekte, die in der Regel nicht im Zentrum menschlicher Aufmerksamkeit stehen.

Die Vollkommene Sammlung oder die Vollkommene Meditation, als der letzte Aspekt auf dem Achtfachen Pfad, meint das Sitzen in Versunkenheit; in der Tradition, auf die sich dieses Buch im Besonderen bezieht, auch Zazen genannt, das wir im folgenden Abschnitt näher beleuchten werden.

Es ist das regelmäßige Aufsuchen eines »Ortes der Stille«, der es erlaubt, in einer körperlich stillen Haltung einen ebenfalls »stillen Geist« zu kultivieren. Stiller Geist meint dabei nicht, dass der Geist überhaupt keine Aktivitäten mehr zeigt; es meint vielmehr das Fallenlassen aller Konzepte, um so »direktes Schauen« zu ermöglichen: »Die Grundlage aber, so Nagarjuna, ist ein beglückendes Zur-Ruhe-Kommen des Sichtbaren, ein Beruhigen aller Wahrnehmungen, eine Beruhigung aller geistigen *Entfaltungen* […] Erst kommt die Beruhigung des Geistes, dann das Aufgeben der Konzepte und dann die Erkenntnis im Sinne von ›Erkennen‹, die direkte Erfahrung, wie die Welt wirklich ist« (Weischede u. Zwiebel, 2009, S. 155 f.).

Es ist die Soheit des Augenblicks.

Über die Achtsamkeit und die Meditation

Achtsamkeit und Meditation sind zentral für den Achtfachen Pfad, daher sollen hier noch einige Anmerkungen dazu folgen. Das, was traditionell als Meditation auf dem Sitzkissen bezeichnet wird, wollen wir in diesem Rahmen als »Labor auf dem Sitzkissen« bezeichnen. Das Labor (laborare: arbeiten, leiden, sich abmühen) ist ein Ort, an dem u. a. Experimente (Versuch, Prüfung, Beweis) durchgeführt werden. Im Rahmen der Wissenschaft bedeutet dies, methodisch angelegte Untersuchungen durchzuführen, die der Gewinnung von empirischen, d. h. erfahrungswissenschaftlichen Daten dienen.

Auch die analytische Situation kann als eine Laborsituation aufgefasst werden, in der eine Art Experiment stattfindet. Der Unterschied zur Meditation ist allerdings, dass es sich um eine Beziehungssituation handelt: Immer sind zwei Personen anwesend. Sudhir Kakar (2002) spricht von der analytischen Situation sogar als einer »Meditation zu zweit«, wenn tatsächlich die freie Assoziation und die gleichschwebende Aufmerksamkeit praktiziert werden.

Wie sieht die Praxis der Meditation aus? Für die Meditation wird ein ruhiger, angenehmer Ort benötigt, an dem der »Versuch« ungestört stattfinden kann.

Dazu eine Unterlage mit einem Sitzkissen, wahlweise auch ein Sitzbänkchen oder ein Stuhl. Der Versuchsablauf: Die Versuchsperson sitzt aufrecht mit geradem Rücken. Hierbei entscheidend ist eine regungslose Haltung, bei der auch kleinste Bewegungen vermieden werden. Es ist kein einmaliges Experiment, sondern eines, das regelmäßig wiederholt wird.

> »Einst saß der Große Meister Yakusan Kodo [beim Zazen], als ein Mönch auf ihn zutrat und ihn fragte: ›Was denkt Ihr, wenn Ihr so völlig unbeweglich seid?‹ Der Meister antwortete: ›Ich denke aus dem tiefen Grund des Nicht-Denkens.‹ Der Mönch fragte: ›Wie kann man aus dem tiefen Grund des Nicht-Denkens denken?‹ Der Meister sagte: ›Es ist jenseits des Denkens.‹
>
> Um wirklich zu erfahren, worüber der Große Meister hier spricht, müsst ihr das unbewegliche Sitzen selbst erfahren und erforschen, und dieses Sitzen muss authentisch an euch weitergegeben werden. Auf diese Weise erforschen wir das Sitzen in der Unbeweglichkeit, das im Buddhismus weitergegeben wurde« (Dogen Zenji, 2001–2008, Bd. 2, S. 119).

»Denke Nicht-Denken!« – eine der ersten großen Herausforderungen an alle, die das unbewegliche Sitzen praktizieren wollen! Das bewegungslose Sitzen, nachdem es dann nach einigem Üben gelungen ist, stellt sozusagen die »körperliche Basis« für alle weiteren Aktivitäten her. Auf dieser Basis können dann Körper und Geist, wie in einem Labor, studiert und dabei von einem (inneren) Beobachter begleitet werden. Dabei kann man von einer zweiphasigen Vorgehensweise sprechen. Zum einen werden von dem Beobachter alle Aktionen und Reaktionen wahrgenommen, die das Studienobjekt betreffen. Er beobachtet die körperliche Aktionen und Reaktionen, die Gefühle und die geistigen Aktivitäten. Zum anderen beobachtet er parallel dazu seine eigenen Reaktionen auf das, was er wahrnimmt, also seine eigenen Gefühle des Angenehmen oder Unangenehmen, seine körperlichen Reaktionen, seine (inneren) Kommentare und Bewertungen, seine Vorannahmen oder Vorurteile, seine Ideen und Meinungen. In Bezug auf die beschriebenen Skandhas wären hier das dritte und vierte Skandha gemeint. Langfristig sollte der Beobachter aber »Reines Beobachten« entwickeln können: Dem zu Beobachtenden wird nichts hinzugefügt, es wird aber auch nichts weggenommen; es wird nicht kommentiert und so betrachtet, wie es sich dem Beobachter darstellt. Langfristig fördert diese Praxis eine Desidentifikation mit allem, was passiert.

Im Rahmen der Achtsamkeit meint dies, die oben entdeckten und erkundeten Verhaltensweisen, oder besser, alle Reaktionsweisen, ganz aufzugeben. Aus der Sicht der Skandhas kommt es erst gar nicht zur Entwicklung des dritten und vierten Skandhas, stattdessen wird im ersten bzw. zweiten Skandha verweilt. Wenn es der Meditierende also schafft, hier, und sei es nur für einen kurzen Augenblick, zu verweilen, er dem Wahrgenommenen nichts hinzufügt, er »Reines Beobachten« praktiziert, dann wird das jeweilige Objekt in seinem reinen So-Sein wahrgenommen. Dies meint in seiner Vollendung, völlig absichtslos zu werden.

Ganz praktisch bedeutet dies: Ein Meditierender setzt sich ohne Absicht auf sein Sitzkissen. Er hat nicht die Absicht, ruhiger zu werden, er hat nicht die Absicht, durch die Meditation etwas erreichen zu wollen, auch keine »Erleuchtung«, er hat auch nicht die Absicht, ein »Buddha« zu werden: »Solange wir leben, tun wir immer etwas. Aber solange du denkst ›Ich tue dies‹ oder ›Ich habe dies zu tun‹ oder ›Ich muss etwas Besonderes erreichen‹, solange tust du in Wirklichkeit gar nichts. Wenn ihr aufgebt, wenn ihr nicht mehr länger etwas wünscht oder wenn ihr nicht mehr versucht, etwas Besonderes zu machen, dann tut ihr etwas. Wenn in dem, was ihr tut, kein Gedanken an einen Nutzen enthalten ist, dann tut ihr etwas. Was ihr im Zen tut, tut ihr nicht um irgendeiner Sache willen […] Aber solange ihr denkt, dass ihr Zazen wegen irgendetwas praktiziert, solange besteht keine rechte Praxis […] Denkt nicht über irgendetwas nach. Bleibt einfach auf eurem Kissen, ohne irgendetwas zu erwarten. Dann werdet ihr schließlich eure eigene, wahre Natur zurückgewinnen. Eigentlich sollte es heißen: Eure eigene, wahre Natur gewinnt sich selbst zurück« (Suzuki, 1990, S. 50).

»Normalerweise werdet ihr, wenn ihr Zazen praktiziert, sehr idealistisch und ihr setzt euch ein Ideal oder Ziel, welches ihr zu erreichen und zu erfüllen sucht. Das ist aber, wie ich oft gesagt habe, Unsinn. Wenn ihr idealistisch seid, habt ihr eine gewinnsüchtige Vorstellung in Euch; zu der Zeit, da ihr euer Ideal oder Ziel erreicht habt, schafft sich eure gewinnsüchtige Vorstellung ein neues Ideal. Solange eure Praxis auf eine gewinnsüchtige Vorstellung gegründet ist und ihr Zazen auf idealistische Weise praktiziert, solange habt ihr in Wirklichkeit keine Zeit, eure Ideale zu erreichen. Darüber hinaus werdet ihr den Inhalt eurer Praxis opfern. Weil Euer ›Erreichen‹ immer vor Euch steht, werdet ihr immer im Augenblick euch aufopfern für ein Ideal in der Zukunft. Am Ende habt ihr nichts […] Unser Soto-Weg legt einen gewissen Nachdruck auf Shikantaza oder ›einfach sitzen‹. Tatsächlich haben wir keinen besonderen Namen für unsere Praxis; wenn wir Zazen praktizieren, dann praktizieren wir es einfach, und ob wir Freude an unserer Praxis finden oder nicht, wir machen es einfach« (Suzuki, 1990, S. 75 f.).

Die Grundlagen des Zen-Meditationsweges können so zusammengefasst werden: Das Sitzen auf dem Sitzkissen ist absichtslos und verfolgt kein Ziel.

Es ist genau das Gegenteil dessen, was im menschlichen Leben vorgefunden wird: kontinuierliche Bewegung, zielgerichtetes Handeln und absichtsvolles Tun. Dieser Tatsache setzt der Buddhismus zwei Praxisaufforderungen entgegen: Setze dich auf dein Sitzkissen und bewege dich nicht. Dies bedeutet für einen bestimmten Zeitabschnitt, aus dem Muster der kontinuierlichen, absichtsvollen Bewegung auszusteigen, diese Struktur für eine Zeit lang zu verlassen. Es ist das körperliche Stillwerden. Die zweite Praxisaufforderung bezieht sich auf den menschlichen Geist. Hier ist die Aufforderung an den Geist: Schweige. So wie in den alltäglichen Aktivitäten, die geprägt sind durch Reiz-Reaktions-Muster, finden wir diese Muster auch im Geiste vor. Der Geist reagiert auf Impulse der Sinne, er reagiert aber auch auf Impulse des Geistes selbst. Schweigen bedeutet hier, nicht zu reagieren. Der Geist ist weiterhin aktiv, aber es gibt »niemanden«, der auf diese Aktivitäten »reagiert«. Shikantaza, das »einfache Sitzen« ist der tiefe Ausdruck dieses »unkorrigierten Geistes«.

> »Mazu saß den ganzen Tag in Meditation: Huairang kam und fragte ihn, was er mache. Mazu sagte, er versuchte ein Buddha zu werden. Huairang hob einen Ziegel auf und begann ihn mit einem Stein zu reiben. Mazu fragte ihn, was er da mache. Huairang sagte: ›Einen Ziegel polieren, um einen Spiegel zu machen.‹ Mazu sagte: ›Wie kann das Polieren eines Ziegels einen Spiegel daraus machen?‹ Huairang sagte: ›Wie kann Sitzen einen Buddha machen?‹« (Book of Serenity, 1988, S. 432; eigene Übers.).

Wir wollen dieses Kapitel beenden, indem wir eine kleine Geschichte aus dem alten China erzählen, die im Grunde die hier sehr detailliert beschriebenen »Vier Edlen Wahrheiten« eindrücklich und verdichtet illustriert. In der Geschichte geht es um einen Mönch, der in die Berge geht, um Erleuchtung zu erlangen. Auf seinem Weg trifft er einen alten Mann (den Boddhisatva Manjushri), der ein großes Bündel auf seinem Rücken trägt.

»Der Alte sprach den Mönch an: Freund, wohin gehst Du? Der Mönch erzählte seine Geschichte: Ich habe viele Jahre geübt, und das einzige, was ich nun will, ist, den Punkt in der Mitte zu berühren, erkennen, was die Essenz des Lebens ist. Sag mir alter Mann, weißt Du etwas über die Erleuchtung? Da ließ der Alte einfach sein Bündel los, sodass es zu Boden fiel, und wie in so vielen Zen-Geschichten wurde der Mönch in dem Moment erleuchtet.

Das ist unser Bestreben, unsere Aufgabe – alles loszulassen, unsere gesamte Vergangenheit und Zukunft fallen zu lassen, alle unsere Identifikationen, unsere Ängste, unsere Meinungen, also unser ›Ich‹ und ›mein‹. In der Geschichte heißt es weiter, dass nach diesem entscheidenden Punkt der erleuchtete Mönch den

Alten ein wenig verwirrt anschaute, weil er nicht wusste, was er nun tun sollte. ›Und was jetzt?‹ Der alte Mann lächelte, beugte sich zu Boden, nahm sein Bündel wieder auf und machte sich auf den Weg in die Stadt« (Kornfield u. Goldstein, 2006).

Hier wollen wir die Geschichte nicht betrachten als die Aufhebung der Trennung zwischen »Ich« und »Andere« durch die Suche nach Erleuchtung, sondern unter dem Aspekt des Loslassens und Wiederaufnehmens: Manjushri lässt sein Bündel fallen (das Bündel als Bild des Festgehaltenen, also des Ich-Selbst mit den Erinnerungen, Planungen und »getäuschten Wahrnehmungen«), das in einem Augenblick von Verwirklichung losgelassen wird und eine tief befreiende Wirkung entfaltet – weil die Täuschung aufgehoben und das Anhaften, das Begehren überwunden sind –, aber im nächsten Schritt, bei der Rückkehr in den Alltag wieder aufgenommen wird, da das Alltagsbewusstsein, das ein »getäuschtes« und durch »Begehren« geprägtes ist, für das Leben im Alltag, in den alltäglichen Geschäften, *unabdingbar* ist. Diese Geschichte von Manjushri könnte man also als eine bildhafte, verdichtete Darstellung der »Vier Edlen Wahrheiten« auffassen, aber auch als eine Beschreibung der grundlegenden Dynamik von Festhalten und Loslassen.

Die »Vier Edlen Wahrheiten«: Eine Vertiefung

Die folgenden, abschließenden Ausführungen stellen noch einmal eine Vertiefung des dargestellten buddhistischen Arbeitsmodells dar und werden einen anderen Blick auf die »Vier Edlen Wahrheiten« gestatten, der allerdings auch die unterschiedlichen Aneignungsprozesse zeigt. Sie sind beeinflusst und inspiriert von Stephen Batchelor (2012). Wir wollen uns mit diesem Autor etwas näher beschäftigen und sein Modell der »Vier Edlen Wahrheiten« beschreiben, weil sie zum einen verdeutlichen, wie hilfreich die Formulierung eines Arbeitsmodells sein kann, und Batchelor zum anderen eine moderne Form des Buddhismus diskutiert, die – vergleichbar den Diskussionen in der Philosophie um eine doktrinäre und nicht doktrinäre Philosophie (Hampe, 2014) – als In-Frage-Stellung doktrinärer Glaubensinhalte auch den Dialog mit anderen Erklärungsansätzen, wie der Psychoanalyse, erleichtert. Sein Ansatz belegt im Übrigen, wie sinnvoll es ist, von »semantischen Landschaften« zu sprechen, und er zeigt auch – einer zentralen Behauptung im Buddhismus folgend –, dass Sprache und ihre Vokabulare veränderlich und damit vergänglich sind.

Bevor wir genauer auf Batchelors Deutung der »Vier Edlen Wahrheiten« eingehen, hier einige kurze Bemerkungen zu seiner Person und seinen grundlegenden Auffassungen: Er gilt als einer der bedeutenden buddhistischen Gelehrten der westlichen Welt, der selbst in verschiedenen Richtungen des Buddhismus praktiziert hat, aber auch ein philosophischer Denker ist, der mit der westlichen Philosophie vertraut ist (Batchelor, 2010). Er vertritt einen säkularen Buddhismus, den er etwas scherzhaft »Buddhismus 2.0« nennt (Batchelor, 2013). »Säkular« bedeutet für ihn nicht nur im Gegensatz zur Religion, sondern auch den Bezug zu den Problemen unseres gegenwärtigen Zeitalters herzustellen. Wie in allen Systemen unterliegt auch der Buddhismus im Laufe seiner Entwicklung bestimmten Orthodoxien, Praxiskanons und Machthierarchien, die zu dogmatischen Behauptungen und einer gewissen Erstarrung führen. »Ich sehe das Ziel meiner buddhistischen Praxis nicht darin, ein endgültiges Nirwana zu erlangen, vielmehr sehe ich sie als einen Versuch, dem Rahmen des Achtfachen Pfades entsprechend zu leben und danach zu streben, darin als Mensch vollkommen zu erblühen« (Batchelor, 2013, S. 21).

Kritisch steht er zu Auffassungen wie der Reinkarnation, die er als kulturspezifisch für die damalige indische historische Situation betrachtet, und fordert, den Buddhismus von Grund auf neu zu denken. In diesem Sinne versucht er, das Spezifische an den buddhistischen Lehren für unsere heutige Zeit herauszuarbeiten. Darin kommt er zu vier grundlegenden Annahmen – auch im Sinne eines grundlegenden Arbeitsmodells:

1. Das Prinzip der Bedingtheit im Sinne der gegenseitigen Abhängigkeit und des bedingten Entstehens.
2. Der Prozess der Vier Edlen Wahrheiten, die er – wie wir gleich sehen werden – in die Vier Aufgaben umwandelt.
3. Die Praxis der Achtsamkeit, auch mit der Betonung der beschriebenen Fünf Skandhas, verbunden mit der Absage an eine Suche nach einem Absoluten und Transzendenten.
4. Die buddhistische Betonung des Sich-auf-sich-selbst-Verlassens: »Das Einschlagen des Pfades ist zugleich das Erlangen der Unabhängigkeit« (2013, S. 23). Dies ist auch eine Absage an jegliche Form von Guru-Kult. Aus moderner philosophischer Sicht könnte man auch von der Entwicklung einer »semantischen Autonomie« sprechen, also der Entwicklung der Fähigkeit, mit der eigenen Stimme zu sprechen (Hampe, 2014).

Diese vier Besonderheiten fasst Batchelor auch als Prinzip, Prozess, Praxis und Macht zusammen. Damit charakterisiert er den Buddhismus weniger als eine Glaubensrichtung denn als Praxis oder Übung, die er durchaus pragmatisch versteht. »Der Hauptunterschied zwischen Buddhismus 1.0 (die traditionelle Form) und Buddhismus 2.0 besteht darin, dass Ersterer, zumindest für uns, ein glaubensbasiertes System ist, der Buddhismus 2.0 hingegen ein praxisbasiertes« (Batchelor, 2013, S. 24).

Batchelor stellt damit die metaphysischen Behauptungen des traditionellen Buddhismus infrage, bezieht sich auf eine pragmatische Version des Wahrheitsbegriffes und zentriert ganz auf die Leidenserfahrung – nicht als metaphysische Behauptung, sondern als reale, wirkliche Erfahrung. »Denn je mehr man sein eigenes Dukkha [Leiden] und das der Welt annimmt, umso mehr führt einen das dazu, eine aneignende und hasserfüllte Beziehung zur Welt loszulassen [...] Erwachen ist kein Zustand, den Sie erreichen und der Ihnen einen privilegierten Zustand zur Wirklichkeit verschafft, sondern ein fortlaufender, wahrscheinlich nie endender Beziehungsprozess zur Welt« (S. 25).

Batchelor beschäftigt sich auch mit den »Vier Edlen Wahrheiten« und der Frage nach ihrer Praktizierbarkeit, eine Frage, die ja unserer gesamten hier vorgelegten Arbeit zugrunde liegt und besonders in unserem Ansatz der Arbeitsmodelle deutlich wird. Batchelor stellt sich die grundsätzliche Frage, ob die »Vier Edlen Wahrheiten« eine angemessene Praxis ermöglicht. Für ihn sind die traditionellen Darstellungen der Vier Wahrheiten (1. Leben ist Leiden, 2. Der Grund für das Leiden ist Anhaften, 3. Das Leiden kann aufgehoben werden, 4. Der Weg dorthin ist der Achtfache Pfad) vier metaphysische Behauptungen, die man glauben kann oder auch nicht. Und dann fährt der Autor fort, indem er die 2. Wahrheit genauer untersucht: »die einzige angemessene Interpretation der Aussage ›Verlangen ist die Ursache des Leidens‹ ist die traditionelle: Verlangen ist die Ursache des Leidens, weil Verlangen uns dazu veranlasst, Handlungen zu tun, die dazu führen, geboren zu werden, krank zu werden, alt zu werden und zu sterben. Dies ist natürlich Metaphysik: eine wahre Behauptung, die weder überzeugend bewiesen noch widerlegt werden kann« (Batchelor, 2012, S. 94; eigene Übers.).

Batchelor plädiert nun dafür, eine Wendung zu vollziehen, wie wir es eben schon allgemein ausgeführt haben: weg von einem glaubensorientierten Buddhismus hin zu einem praxisbasierten. Dann geht es nicht mehr um die Frage: »Ist das wahr?«, sondern um die Frage: »Funktioniert es?«. Auf dieser Grundlage schlägt er daher vor, die Worte »Edel« und »Wahrheiten« wegzulassen, um so zu etwas wie die »Vier« zu kommen: Leiden (dukkha), Entstehen (samudaya), Vergehen/Aufhebung (nirodha), Weg (magga) (Batchelor, 2012, S. 95; eigene Übers.).

Diese »Vier« können dann gesehen werden als die vier Grundsteine (nucleobases), aus denen der Dharma (hier als Sammelbezeichnung für die Gesamtheit aller Phänomene) besteht. Sie können gesehen werden als eine Grundlage instruktiver Ideen, Werte und Praktiken. In einem weiteren Schritt bezeichnet Batchelor dann diese »Vier« als die vier »Aufgaben«. Aus unserer Perspektive festzuhalten wäre vor allem, dass mit der Absage an eine Metaphysik der »Vier Edlen Wahrheiten« (also im Sinne einer »dahinter« liegenden Wahrheit) der Aspekt des Modells oder des Arbeitsmodells gestärkt wird: Die »Vier« wären demnach ein klares Arbeitsmodell, das seine Funktionalität darin erweist, ob es funktioniert, weniger, ob es wahr ist.

Zunächst aber weist Batchelor im Rahmen seiner Untersuchung darauf hin, dass aus traditioneller buddhistischer Sicht menschliches Leiden durch Verlangen entsteht. Verlangen (craving) hat Leiden zur Folge (gives rise to dukkha). Mit anderen Worten: Die Nummer 2 der obigen Liste (Entstehen) ist die Ursache für die Nummer 1 (Leiden) (Batchelor, 2012, S. 95). Der Autor plädiert dafür, die vom Buddha vorgeschlagene Reihenfolge beizubehalten und genauer zu studieren: Verlangen taucht auf, es taucht auf durch Gefühle, die wiederum durch Kontakt auftauchen. Kontakt entsteht über die fünf Sinne und die jeweiligen Sinnesfelder und das Bewusstsein. Jeder einzelne dieser Schritte, aber auch alle zusammen führen zu Verlangen.

Dies nun ist der entscheidende Punkt: Verlangen taucht auf durch Leiden, denn »Verlangen« beschreibt »all unsere gewohnheitsmäßigen und instinktiven Reaktionen auf die flüchtigen, tragischen, unzuverlässigen und unpersönlichen Bedingungen des Lebens, mit denen wir konfrontiert sind. Wenn etwas angenehm ist, verlangen wir danach, es zu besitzen; wenn etwas unangenehm ist, verlangen wir danach, es loszuwerden. Die Praxis der Achtsamkeit trainiert uns, wahrzunehmen, wie diese reaktiven Muster durch die gefühlte Begegnung mit der Welt auftauchen; sie tut dies in einer Art und Weise, dass wir aufhören, die Leibeigenen dieser Imperative zu sein, und so die Freiheit erlangen, anders zu denken und zu handeln« (Batchelor, 2012, S. 95 f.; eigene Übers.).

Verlangen ist also die Reaktion auf das Leben und zeigt sich in zweierlei Form: als Verlangen, dass etwas Angenehmes so bleiben möge wie es ist, oder als Verlangen, dass etwas Unangenehmes weggehen möge. Aus der Sicht von Batchelor befinden wir uns in einer Konfliktkette, die untersucht werden muss. Er bezeichnet dies als »empirische Analyse menschlicher Konflikte«. Diese Konfliktkette beginnt mit einem In-der-Welt-Sein, führt dann zu Kontakt über die fünf Sinne und die Sinnesfelder, um dann zu der Unterscheidung in Angenehmes und Unangenehmes zu führen. Daraus entsteht Verlangen, das Angenehme besitzen und das Unangenehme loswerden zu wollen, was dazu führt, etwas gern zu haben, etwas lieb und wert zu halten, es zu wertschätzen. Batchelor weist darauf hin, dass diese Ursachenkette auch in umgekehrter Reihenfolge beschrieben werden kann: »Der Buddha merkt an, dass Konflikte durch etwas entstehen, dem ein hoher Stellenwert eingeräumt wird, dass dieser eingeräumte hohe Stellenwert von etwas durch Verlangen (chanda) entsteht, dass Verlangen entsteht durch ›Angenehmes und Unangenehmes in der Welt‹, welches durch Kontakt entsteht, was wiederum durch nmarupa, das heißt In-der-Welt-Sein, entsteht« (Batchelor, 2012, S. 96 f.; eigene Übers.).

Die Grundlage für all diese Konflikte ist etwas, das wir als Kernaussage des Buddhismus beschreiben können: Was erscheint, vergeht. Aus Batchelors Sicht haben wir hier den Dreh- und Angelpunkt, um den sich die »Vier« bewegen: Was erscheint, vergeht: Alles ist immer in Veränderung, alles ist immer in Bewegung. Dies ist die Grundaussage der buddhistischen Philosophie und auch der gelebten und erfahrenen buddhistischen Praxis. Es reicht natürlich nicht, das zu wissen, entscheidend ist, dies zu erfahren als direkte, persönliche Erfahrung.

In dieser Beschreibung der »Vier« sind wir plötzlich ganz nah an der Psychoanalyse: Es ist die Betonung des Konfliktes, eines grundlegenden, dem Leben immanenten Konfliktgeschehens, das hier auf einer existenziellen Ebene beschrieben wird. Es ist die Betonung der Zentralität des Lust-Unlust-Prinzips, welches das ganze Leben von Anfang an durchzieht, seine Modifizierung durch das Realitätsprinzip, nämlich zu erkennen, wie das Leben und die Welt »wirklich« sind (z. B. eben unbeständig), und das Prinzip der Einsicht, nämlich in einem wirklich emotionalen Sinne Einsicht in diese Zusammenhänge zu bekommen, also zu verstehen, wie das Leben ist. Allerdings wird auch gleich klar, dass der psychoanalytische Kontext ein anderer ist: Er bezieht sich ganz betont auf den Einzelnen, sein Leben als Einzelschicksal und fokussiert alle diese Fragen (also die Konflikte, das Lust-Unlust-Realitäts-Prinzip, die emotionale Einsicht) auf die einzigartige und konkrete Entwicklung als Person. Der Analytiker untersucht mit dem Patienten ganz konkret die Entstehungsbedingungen dessen Leidens anhand der Lebensgeschichte des Patienten, seines aktuellen Lebens und der Gestaltung der analytischen Situation.

Im Punkt 3 der Liste geht es nun um das »Aufheben« oder »Enden«. Es wird definiert als »spurloses Verschwinden und Aufheben dieses Verlangens, sein Loslassen und Aufgeben, von ihm frei und unabhängig zu sein« (Batchelor, 2012, S. 97; eigene Übers.). Verlangen erscheint, Verlangen vergeht/endet. »Entstehen« als das Zweite der »Vier« ist das Entstehen von Verlangen und Anhaftung auf der Grundlage der Erfahrungen mit dem Leben, einem Leben, das in der Regel als flüchtig, tragisch, unzuverlässig und unpersönlich erlebt wird. Entstehen ist somit die Reaktion auf dieses Leben in Form von Festhalten oder Abweisen. Wenn diesem »Anhaftenwollen« oder »Wegstoßenwollen« nicht nachgegeben wird, wird das Verlangen verschwinden; einfach dadurch, dass ihm nicht nachgegeben wird. Es ist ein erstes Aufblitzen der Freiheit des Nirwana (nibbāna): das Ende des Verlangens, selbst wenn es nur für einen Moment sein sollte (Batchelor, 2012, S. 97).

In einem weiteren Schritt geht Batchelor auf die Dualität von »Etwas ist« und »Etwas ist nicht« ein und kommt zu dem Schluss, dass beide Aussagen – jeweils einzeln betrachtet – in Sackgassen führen. Der daraus entstehende »mittlere Weg« schließt beides ein: das Entstehen und das Vergehen der Welt als zwei Seiten ein und derselben Medaille. Dem »Verlangen« liegt als Wurzel genau diese Dualität zugrunde: Etwas »ist« angenehm oder etwas »ist« unangenehm. Genau hier liegt die Basis für die Illusion, dass wir uns entscheiden müssten für das eine oder das andere, anstatt die flüssige und prozessuale Natur des Lebens zu verwirklichen. Kategorien von »Sein« und »Nichtsein« sind nicht in der Lage, eine Welt adäquat dazustellen, die »endlos erscheint und vergeht, für immer unserem konzeptuellen Greifreflex/Zugriff entzogen« (Batchelor, 2012, S. 98; eigene Übers.).

Einsicht in all dies bedeutet, die »vollständige Sichtweise« zu verwirklichen oder das »Öffnen des Dharma-Auges«, dem ersten Schritt oder Aspekt des Achtfachen Pfades, hier der vierte Begriff der »Vier«: »Wir sind nun in einer Position, in der wir sehen können, dass die Vier eine Bahn oder einen Verlauf beschreiben: *Leiden* (dukkha) führt zu dem *Entstehen* (samudaya) von Verlangen, nach dessen *Erlöschen* (nirodha) taucht die Möglichkeit eines *Pfades* (magga) auf« (Batchelor, 2012, S. 98; eigene Übers.).

Jeder Aspekt dieser »Vier« ist die jeweilige Voraussetzung für den nächsten, das eine geht aus dem anderen hervor. Hier wird ein Prozess des abhängigen Einstehens beschrieben, der keine Theorie der »Vier Wahrheiten« ist, sondern »Vier Aufgaben« aufzeigt, die erkannt, ausgeführt und vollendet werden können: Leiden kann erkannt werden, Entstehen (von Verlangen) kann/sollte losgelassen werden, das Erlöschen/Vergehen (von Verlangen) kann erfahren (mit eigenen Augen gesehen) werden, der Pfad kann kultiviert (verwirklicht) werden. Die »Vier Aufgaben« lauten also (Batchelor, 2012, S. 99):

1. Erkenne das Leiden und nimm es an, verstehe es vollständig.
2. Lass das Verlangen los, das in Reaktion auf das Leiden entstanden ist. Das vollständige Verstehen selbst führt zum Loslassen des Verlangens.
3. Erfahre das Abklingen und Vergehen des Verlangens.
4. Dies ermöglicht und erlaubt dann, den Achtfachen Pfad zu kultivieren.

Wenn die »Vier Edlen Wahrheiten« nun als »Aufgaben« betrachtet werden, so lautet die erste Aufgabe: Beobachte eine Situation, die Leiden hervorbringen könnte, genau. Das bedeutet konkret, meine Reaktion auf eine Situation sehr genau zu beobachten. Wie reagiere ich in einem ersten Schritt: Ist das, was ich erlebe, angenehm oder unangenehm? Hier wird dem Handelnden bewusst, dass Gefühle reaktiv auftauchen. Hier wird auch die Kraft dieser Gefühle deutlich, das Geschehen in die eine oder andere Richtung lenken zu können. Grundsätzlich reagieren wir auf Situationen; die Reaktion – angenehm/unangenehm, ich möchte dies/ich möchte dies nicht (oder es ist nicht ganz klar) – erscheint sofort mit einer Wahrnehmung. In einem nächsten Schritt folgen wir dann der einen oder anderen Seite, angenehm oder unangenehm, es entsteht eine Richtung, das Verlangen nach dem Angenehmen oder ein Verlangen, das Unangenehme abzuwehren. Die Freiheit besteht darin, dieses Verlangen zu erkennen und darauf nicht zu reagieren und zu warten, bis es vergangen ist, sich aufgelöst hat. Dies allerdings setzt die Fähigkeit voraus, innezuhalten, für einen kurzen Augenblick aus diesem Reiz-Reaktions-Muster auszusteigen, einem Muster von sich wiederholenden Aktionen und Gedanken, und zu pausieren. Das habituelle Anhaften kann somit erkannt und losgelassen werden. Anhaftung wird somit als Hindernis erkannt.

Diese hier beschriebenen Prozesse beziehen sich aber nicht nur auf unsere Handlungen und Aktionen; wir können diese Muster auch in der Art und Weise, wie unser Geist arbeitet, erkennen. Wenn wir genauer hinschauen, erkennen wir auch hier, dass wir in der Regel auf geistige Aktivitäten sofort mit neuen geistigen Aktivitäten reagieren. Oft lenken wir diese Aktivitäten dann in bestimmte Richtungen, die entweder rein habituell vorgegeben oder nach dem Prinzip angenehm/unangenehm gelenkt sind. Freiheit bedeutet nach Nagarjuna[11] hier die Fähigkeit, überhaupt nicht mehr auf geistige Aktivitäten zu reagieren: Wir nehmen die Aktivitäten wahr und reagieren nicht darauf. Die Entfaltung aller geistigen Aktivitäten wird gestoppt. Augenblicklich sind wir befreit von allen Vorannahmen, Reaktionen, Meinungen und Ideen. Reines, vollständiges Erschauen von Welt wird möglich.[12]

---

11 Lebte etwa im 2. Jahrhundert. Bedeutender Vertreter des Buddhismus, der sich ausführlich mit der Leerheit aller Dinge beschäftigt hat (siehe Weber-Brosamer u. Back, 2005).

12 Die hier beschriebene Vorgehensweise des Unterbrechens von habituellen Verhaltensweisen und die damit einhergehende »Befreiung« von immer wiederkehrenden, Leiden auslösenden Verhaltensweisen, ist eine Möglichkeit, mit dem Anhaften umzugehen. Eine andere ist die, Leiden vollständig zu studieren und zu erkennen: Es gilt, Geburt, Krankheit, Alter und Tod ganz zu verstehen, ihre unvermeidlich flüchtige Erscheinung, ihre Tragik als Auslöser für Furcht und Leiden und besonders ihre unpersönliche Natur innerhalb der menschlichen Existenz. Das, was den Menschen auf diesen Ebenen geschieht, geschieht allen Menschen, es ist menschliche Existenz und für jede Person gleich, im wahrsten Sinne des Wortes unpersönlich. Dies zu verwirklichen untergräbt jede (rationale) Erklärung für das Verlangen, im Speziellen die Idee, dass die Welt nur meiner persönlichen Befriedigung, Erfüllung und Belohnung dient: Ich muss meine Karten nur »richtig ausspielen«, sodass ich alles, was ich möchte, bekomme, und alles, was ich hasse, vermeide, um so das ersehnte Glück zu finden (Batchelor, 2012, S. 100). Eine derartige Enthüllung unseres Verlangens ist ein erster Schritt, seine Kraft zu schwächen und so die Basis zu schaffen, es nach und nach ganz aufzugeben zu können.

Batchelor (2012, S. 101) fasst seine Überlegungen, gerade im Hinblick auf ihre Praktizierbarkeit, in vier Schritten zusammen: *Annehmen* der jeweiligen leidvollen Situation, so wie sie ist. *Loslassen* des Ergreifens, welches entsteht als Reaktion auf das Leiden (Ergreifen z. B. des Angenehmen). *Anhalten* als Unterbrechung der Reaktion (des Ergreifenwollens). *Handeln* frei von Reaktionen. Diese vier Schritte können auf unser ganzes menschliches Erfahrungsspektrum angewandt werden. Das Beenden des Begehrens ermöglicht dann die Praxis des Achtfachen Pfades.

Im Rahmen seiner Untersuchungen bezieht Batchelor (2012, S. 101) sich auf eine Aussage des Buddha, in der er das Bild eines alten Pfades benutzt, der in der Vergangenheit benutzt wurde. Dieser Pfad führt zu einer alten Stadt, die in der Vergangenheit einmal bewohnt war. Es ist nun unsere Aufgabe, diesen alten Pfad (den Achtfachen Pfad) wieder begehbar zu machen, also ihn zu praktizieren und die Stadt zu restaurieren (d. h., die Vier zu praktizieren und zu verwirklichen). Dieses Bild weist auf die individuelle Möglichkeit einer solchen Praxis, verweist aber gleichzeitig auch auf einen gesellschaftlichen Aspekt: auf das gemeinschaftliche Bemühen, eine andere Art von Gesellschaft zu verwirklichen. »Es ist eine Praxis, die notwendigerweise kooperative Aktivitäten mit anderen einbezieht, um Ziele zu erreichen, die möglicherweise erst lange nach unserem Tod verwirklicht werden« (Batchelor, 2012, S. 102; eigene Übers.).

Der Achtfache Pfad ist wie ein Strom, in den eingetreten werden kann: Eine Person nimmt das Leiden an, lässt ihre Begierden los, erlebt das Auflösen der Begierden und kann so in den Strom des Achtfachen Pfades eintreten. Eine solche Person gewinnt zunehmende Klarheit und Vertrauen in einen Lebensweg, der auf Werten gegründet ist, die nicht mehr durch den Imperativ der Begierde getrieben sind. »Buddha« ist dann das Erwachen, das wir anstreben. »Dharma« sind die Anweisungen, die die Verwirklichung des Erwachens lenken. »Sangha« sind die Personen, die diese Ziele in Freundschaft unterstützen und verwirklichen helfen (Batchelor, 2012, S. 103). Das vollständige Annehmen der leidvollen Situation verstärkt das Leiden nicht, sondern führt ganz im Gegenteil dazu, ein Erstaunen und eine Dankbarkeit darüber, einfach lebendig zu sein, zuzulassen.

»Indem wir ›Ja‹ sagen zu Geburt, Krankheit, Altern und Tod, öffnen wir unser Herz und unseren Geist, für das große Mysterium überhaupt hier zu sein« (Batchelor, 2012, S. 105; eigene Übers.). Batchelor zitiert aus dem Text »Samyutta Nikaya«, in dem der Buddha sagt: »Dann […] erkannte ich: Die Freude und Beglückung, die durch das Leben bedingt entstehen, das ist die Lebensfreude; dass das Leben unbeständig ist, Leiden und Wandel bedeutet, das ist die Tragödie des Lebens; das Aufheben und Loslassen, nämlich das Leben ergreifen zu wollen […], ist die Freilassung (Emanzipation) des Lebens« (Batchelor, 2012, S. 105; eigene Übers.).

Die »Vier« aus psychoanalytischer Sicht

Abschließend wollen wir über unser buddhistisches Arbeitsmodell und den fundierten Kommentar von Batchelor noch einige Anmerkungen zu den »Vier« aus psychoanalytischer Sicht anschließen. Im Vergleich zwischen buddhistischem und psychoanalytischem Denken haben wir es zum einen mit einem unterschiedlichen Vokabular zu tun. Unter »Vokabular« kann man wie schon ausgeführt die Sprache und Begriffe verstehen, die zur Beschreibung und Erfassung der Welt und bestimmter Gegebenheiten entwickelt wurden. Hier in den Vier Praktiken wird das »Leiden« betont, und zwar in seiner universalen Art und Weise; in der Psychoanalyse geht man von der »Neurose« aus, die auch ein Leiden, ein Elend darstellt, aber in der Regel sehr viel individueller gefasst wird – man bedenke allein die Beschreibung der verschiedenen Neuroseformen. Auch wenn seelische Gesundheit als idealtypische Beschreibung gelten kann, erscheint sie doch möglich. Psychoanalyse als Krankenbehandlung impliziert ja auch einen möglichen Gesundungsprozess, in dem seelische Gesundheit als Idealziel vorkommt.

Dagegen diagnostiziert der Buddhismus eine universale Krankheit, die auf der Art und Weise des In-der-Welt-Seins beruht. Eine gewisse Annäherung gibt es aber auch hier, weil in der Psychoanalyse die Entwicklung der Neurose, des neurotischen Elends, mit gesellschaftlichen Bedingungen in Verbindung gebracht wird: Die Anlage der Neurose wird in der Kindheit gelegt, weil die Gesellschaft ihm ein gewisses, unvermeidliches Maß an Triebunterdrückung auferlegt, das zu inneren Konflikten führt (verdrängten kindlichen Wünschen), die später Anlass zu neurotischen Symptomen werden können. Mit anderen Worten: Die Sozialisation in bestimmten Kulturen führt fast unweigerlich zu neurotischem Elend, das aber in der Wechselbeziehung zwischen Triebleben und gesellschaftlichen Einschränkungen gesehen wird. Ein anderes Beispiel für die Differenz, aber gleichzeitige Überschneidung im Vokabular, ist der Begriff des Anhaftens, den es in dieser Ausdrücklichkeit nicht in der Psychoanalyse gibt. Vertrauter ist hier der Begriff des Begehrens. Wenn man sagt, dass die Erfahrung des Lebens selbst das Begehren (oder das Anhaften) weckt, dann ist dies eine der Psychoanalyse vertraute Formulierung. Hier ist es die Mutter oder die Pflegepersonen, die im Kontakt mit dem Kind sein Begehren wecken: Die positive Brusterfahrung schreit nach Wiederholung, die negative Brusterfahrung nach ihrer Beseitigung. Aus psychoanalytischer Sicht würde man von angeborenen, konstitutionellen Mustern ausgehen, die das Lust-Unlust-Prinzip steuern. Es handelt sich um unbewusste oder besser nicht bewusste Muster, die habituell und konstitutionell, aber auch lebensnotwendig sind. Aber es ist deutlich, dass

Anhaften, Begehren, Libido auch nach psychoanalytischer Sicht absolut primär und fundamental sind. Nicht ganz klar ist, ob die Verwendung des Begriffs »Konflikt« eher übereinstimmt oder nicht. In der psychoanalytischen Terminologie meint ja neurotischer Konflikt das Folgende: Es entsteht ein Wunsch (z. B. nach einer bestimmten körperlich-sinnlichen Erfahrung), der aber bei seiner Aktivierung Angst oder Schuldgefühl auslöst und daher verdrängt wird. Dies hängt mit frühen Beziehungserfahrungen zusammen. Der neurotische Konflikt wird also in der Regel als ein innerer, verinnerlichter Konflikt gesehen, ein Konflikt zwischen konkurrierenden Tendenzen in der Seele des Betreffenden.

Ein anderes Beispiel dafür wäre der sogenannte Trennungs- und Individuierungskonflikt, in dem zwei antagonistische Impulse aufeinandertreffen: der Wunsch nach Einheit und Ungetrenntheit (in der Regel mit der Mutter) und der Wunsch nach Loslösung und Trennung im Sinne der eigenen Autonomie. Dies ist ebenfalls ein universaler Konflikt der menschlichen Entwicklung, dem kein Mensch entgeht und der einmal besser und einmal schlechter gelöst wird. Auch der Ödipuskonflikt, den Freud als den Kernkonflikt der Neurosen angesehen hat, wird in der Regel als ein solcher universaler Konflikt angesehen. Allerdings geht man heute davon aus, dass die jeweilige Kultur einen wichtigen Einfluss auf die Ausformung, Gestaltung und Lösung dieser universalen Konflikte hat. Der zentrale Konflikt aus buddhistischer Sicht besteht aus dem Widerspruch zwischen einem Wunsch (nach Beständigkeit und Dauer) und der immer wieder gemachten Erfahrung und Wahrnehmung der Unbeständigkeit allen Daseins. Das Anhaften und Begehren erwächst aus diesem Verständnis bzw. dieser Erfahrung. Um diesen zentralen und grundlegenden Konflikt zu bewältigen, also an der Illusion der Dauerhaftigkeit doch festzuhalten, wird immer wieder der Versuch des Anhaftens gemacht. Aber auch hier gibt es eine Verbindung zum psychoanalytischen Denken: Das Kind wird früh mit Vergänglichkeit und Unbeständigkeit konfrontiert, da die Mutter oder die Eltern nicht immer anwesend sind – es macht also die Erfahrung der Abwesenheit. Es erfährt, dass affektive Zustände nicht dauerhaft sind (auf Sättigung Hunger folgt), dass der Körper nur begrenzt kontrollierbar ist (die Erfahrungen der analen Phase, die zu Beginn so erschreckend sein können, konfrontieren das Kind mit dem Verlust eines Körperproduktes, was einer bedrohlichen Trennungserfahrung gleichkommt). Durch die frühen Körper- und Beziehungserfahrungen wird das Kind also mit der grundlegenden Unbeständigkeit konfrontiert, auf die es selbst, aber auch die Umgebung in spezifischer Weise reagieren: Die Umgebung vermittelt eine Form von Stabilität (was man heute unter dem Konzept von Bindung zu beschreiben versucht), das Kind versucht durch Verinnerlichungsprozesse das Prozesshaft-Vergängliche in stabile Selbst-

und Objektrepräsentanzen zu verwandeln, was zu einer mehr oder weniger stabilen Ich-Selbst-Formation führt.

Daraus lässt sich ableiten, was in dem buddhistischen Vokabular der »Vier« fehlt (natürlich aus psychoanalytischer Sicht): ein entwicklungspsychologischer Gesichtspunkt, den wir kurz angedeutet haben, die Dimension von Unbewusstem und Bewusstem und die Beziehungsdimension. Die »Vier« erscheinen danach relativ statisch – gleichsam wie eine anthropologische Konstante, ohne eine wirklich individuelle Geschichte –, das bewusste Erleben steht eindeutig im Vordergrund (die Wahrnehmung des eigenen Leidens), und es scheint kein Konzept einer Beziehung zu geben, in der dies alles stattfindet (vielleicht am ehesten in der Beziehung zur Welt). Nach psychoanalytischer Auffassung entwickelt sich die Wahrnehmung, das Umgehen mit und die Toleranz für den ständigen Fluss oder Prozess des Lebens vor allem in Beziehungen, und zwar insbesondere in der Kindheit. Es ist interessant in diesem Zusammenhang, dass vor allem traumatische Erfahrungen in der Kindheit im Sinne einer frühzeitigen Konfrontation mit der Vergänglichkeit wesentliche Folgen für die spätere Entwicklung haben, einschließlich ihrer konstruktiven Verarbeitungen. Dogen und andere spätere großen Meister haben ihre Eltern in frühen Jahren verloren und so vielleicht eine besondere Sensibilität für die Unbeständigkeit – weniger auf einer abstrakten, sondern auf einer konkreten Ebene – erworben.

Sesshin als Praxismodell

Zum Abschluss dieser Darstellung unseres buddhistischen Arbeitsmodells wollen wir noch einige Bemerkungen zu einer zentralen Praxis im Zen machen, die für die Übenden eine große Rolle spielt, nämlich die sogenannten »Sesshins«. Diese ermöglichen den Teilnehmern, sich für sieben Tage aus ihrem »normalen Tagesablauf« zurückzuziehen und sich ganz der Meditationspraxis zu widmen. Sesshin meint das Sammeln des Herz-Geistes und ist traditionell einer der Höhepunkte der Zen-Schulung. Es sind »Tage besonders intensiver, strenger Übung des gesammelten Geistes […] Lange Perioden des Zazen werden nur von wenigen Stunden Schlaf in der Nacht, Rezitationen, einer kurzen Arbeitszeit […] und kurzen Ruhepausen nach dem Mittags- und Abendmahl unterbrochen. Die Sammlung des Geistes auf die jeweilige Übung, die der Mönch von seinem Meister erhalten hat (z. B. Koan-Praxis oder Shikantaza), geht jedoch während all dieser Aktivitäten möglichst ununterbrochen weiter. Besondere Inspiration und Ansporn für die Mönche sind während der Sesshin-Tage die Teishos [Vorträge/Darlegungen] des Roshi [alter Meister] und die Einzelunterweisungen,

[…] die die Mönche im Sesshin oft mehrmals am Tag erhalten« (Lexikon der östlichen Weisheitslehren, 1994, S. 331 f.).

Ergänzend sei hier angemerkt, dass Sesshins im Westen vor allem auch von Laien praktiziert werden. Sesshin als Praxismodell einer zentralen zenbuddhistischen Praxis ist also zunächst einmal der Rückzug aus der »normalen Welt« in einen Rahmen, der komplett »gegen« die normalen und liebgewonnenen Muster strukturiert ist.

Das Erste, was einem Neuankömmling im Sesshin auffällt, ist der Tagesstundenplan, der den ganzen Tag minutiös gliedert, vom sehr frühen Aufstehen, traditionell um 3:30 Uhr, bis hin zum letzten Abend-Zazen gegen 21 Uhr. Bis auf kurze Pausen nach den Mahlzeiten gibt es keine freie oder persönliche Zeit. Es ist ein Zeitplan, der für die normalen menschlichen Gewohnheiten und Verhaltensweisen eine große Herausforderung ist, strukturiert er doch jede Minute der ganzen Meditationswoche. Der durch diesen Zeitplan in der Regel hervorgerufene »Schlafmangel« ist eine weitere Quelle für innere Widerstände und so auch in der Sesshin-Tradition beabsichtigt. Ein solcher Stundenplan ist ein einfaches, oft drastisches, aber sehr wirkungsvolles Arbeitsmodell, gewohnheitsmäßige, oft nicht hinterfragte Verhaltensstrukturen wahrzunehmen und durch das strikte Befolgen des Tagesplanes zumindest für diese Woche zu verändern.

Die nächste Herausforderung in einem Sesshin ist das »Stille Sitzen«, das Kernelement dieser Woche des Rückzugs. Die Teilnehmer sitzen auf einem Kissen am Boden, wahlweise auf einem kleinen Bänkchen, aber auch auf einem Stuhl, und gehen in die Bewegungslosigkeit. Dies ist gerade für Anfänger eine große Anforderung, gibt es in unserer Gesellschaft doch immer wieder starke Tendenzen, in Bewegung oder bewegt zu sein; dem Sich-nicht-Bewegen haftet oft ein Hauch von Faulheit, aber auch ein Hauch von Ausgeschlossensein an. Leben heißt, in Bewegung zu sein. Diesem Immer-in-Bewegung-Sein setzt nun die Meditation und besonders das Sesshin die Aufforderung entgegen: Sitze still, bewege dich nicht! Auch nicht die kleinsten Bewegungen sollten zugelassen werden. In einer Kultur, die man generell als »Stuhlkultur« bezeichnen könnte, führt dies oft zu starken körperlichen Schmerzen, hervorgerufen durch Muskeln und Sehnen, die an eine solche sitzende Haltung über Stunden hinweg nicht gewöhnt sind. Dies ist eine weitere große »Aufgabe« für die Teilnehmer: Das Umgehen mit Schmerzen will »erlernt« sein. Oft merken die Praktizierenden sehr deutlich ihre Tendenz, die Schmerzen loswerden zu wollen, und stellen fest, dass sie die Schmerzen dadurch oft noch verstärken. Wie sollen sie mit den Schmerzen umgehen? Können Schmerzen »losgelassen« werden und dadurch um- oder verwandelt werden?

Das ganze Sesshin wird schweigend durchgeführt; nicht zu sprechen, ist eine Herausforderung, wird aber von vielen Teilnehmern nach einer Weile als sehr angenehm erlebt: Einfach nicht mehr reden zu »müssen« nimmt oft den Druck, Kontakt herstellen zu müssen, und unterläuft die Idee, Kontakt sei nur über Sprache möglich. Darüber hinaus wird auch deutlich, dass Sprechen oft der »Triebabfuhr« dient, um innere Spannungen abzubauen oder Klärung herbeizuführen, indem Probleme mithilfe der Sprache in das Bewusstsein gehoben werden.

Aus der Sicht der buddhistischen Praxis ist Schweigen aber mehr als Nicht-Sprechen. In der Regel geht ja ein »innerer Dialog« weiter, auch wenn »äußerlich« auf das Sprechen verzichtet wird. Der menschliche Geist ist immer aktiv. Ein »schweigender Geist« bedeutet daher nicht, dass es keine geistigen Aktivitäten mehr gibt. Vielmehr stellt sich generell die Frage, wie man mit diesen Aktivitäten umgeht. Im Rahmen einer Meditationspraxis werden die Teilnehmer zunächst einmal aufgefordert, die Position eines Beobachters einzunehmen, aus der heraus alle geistigen Aktivitäten »einfach« nur betrachtet werden, ohne etwas hinzuzufügen oder wegzunehmen. Dieses »Reine Beobachten« ist im Rahmen der sogenannten Achtsamkeitspraxis, bei der es um das Studieren des Körpers, der Gefühle, der Geistesinhalte und des Geistes geht, erlernbar. Reines Beobachten ermöglicht das Erkennen von Denkmustern auch im Sinne von Vorlieben und Abneigungen und macht erkennbar, wie und wann auf dieses geistige Geschehen reagiert wird. Diese Art und Weise des Beobachtens macht deutlich, dass es ein andauerndes Reagieren auf diese »geistigen Impulse« gibt, die wiederum zu weiteren Reaktionen und zu einer unendlichen Kette von Reiz-Reaktions-Mustern führen, die scheinbar nicht zu unterbrechen sind. Hier nun kommen wir zu dem entscheidenden Punkt: Schweigen bedeutet, dieses Reiz-Reaktions-Muster zu unterbrechen. Schweigen bedeutet, nicht zu reagieren. Der Geist ist weiterhin aktiv, aber es gibt »niemanden«, der auf diese Aktivitäten »reagiert«.

Im Sesshin werden die Teilnehmer aufgefordert, immer wieder zu ihrer jeweiligen Übung zurückzukehren. Suzuki Roshi empfiehlt in seinem Buch »Zen-Geist – Anfänger-Geist« (1990), den Geist immer wieder zum Atem zurückzulenken. Dieses »Immer-wieder-Zurückkehren« zu einer – hier körperlichen – Aktivität führt langfristig dazu, dass parallel zum immer aktiven Geist ein ruhiger Geist etabliert wird, der dann zu einer Art Grundlage für das Leben wird. Ein Geist, der die Wahl hat zu reagieren auf die vielen Impulse der Welt und des Geistes oder eben auch nicht: Stilles Schauen, ohne zu reagieren, so wie es der Buddha macht – oder zu reagieren und sich komplett einzulassen und zu verstricken in diese alltägliche Welt, so wie es Manjushri macht. Die narrative, die selbsterzählende Geschichte ist die eine mögliche Geschichte. Welche Geschichte entsteht, wenn wir schweigen?

Neben dem strikten Zeitplan erwarten den Teilnehmer eines Sesshins viele ritualisierte Abläufe. Was hat es mit diesen Ritualen auf sich? Rituale in unserer Gesellschaft, wie Taufe, Hochzeit oder Beerdigung, dienen dazu, Freude oder Schmerz in einer ritualisierten Form zu »verarbeiten«. Dabei entsteht ein Gefühl von Gemeinschaft, Zusammengehörigkeit und intensivem Kontakt. Diese Rituale sind nicht zu verwechseln mit Regeln oder Gewohnheiten des tagtäglichen Lebens, die zwar auch einen Wiederholungscharakter haben, ihr Ablauf wird aber immer wieder in leicht abgewandelter Form durchgeführt und lässt einen Hauch von »Freiheit im Handeln« zu. Die buddhistische Praxis in der Form des Sesshins nimmt nun diese Formen von Wiederholungen auf und stellt sie in den Mittelpunkt.

Ritualen oder ritualisierten Bewegungen, wie das Anlegen und Tragen von Roben und Meditationskleidung, Rezitationen, Verbeugungen, Niederwerfungen oder das Essen aus drei Schalen (Oryoki), aber auch dem komplett durchstrukturierten Tagesablauf ist gemeinsam, dass sie klare, immer wiederkehrende Strukturen haben, dass sie kein (Nach-)Denken und kein Alltagsbewusstsein erfordern, dass sie der Gewohnheit zuwiderlaufen und dass die vollzogenen Handlungen rhythmisiert werden. Ihr Ablauf ist immer wieder gleich und ganz präzise. Solchermaßen durchgeführte Handlungen führen dazu, eine Tiefe von körperlicher und auch geistiger Vergegenwärtigung zu erleben: Der jetzige Augenblick kommt in den Mittelpunkt. Rituale haben in ihren Ausführungen kein Ziel, das Tun selber ist das Angekommensein. Dies beschreibt einen Geisteszustand, den Richard Baker-Roshi den »No-Other-Location-Mind« nennt (persönliche Mitteilung).

Ein solcher Rahmen erscheint von »außen« als sehr strikt und einengend, schafft aber für die Teilnehmer eines Sesshins einen klaren Rahmen, der es ihnen erlaubt, die oben beschriebenen »Herausforderungen« überhaupt erst anzunehmen und durchzustehen. Ein solch durchstrukturierter und ritualisierter Rahmen ist wie ein Korsett, das »hält« und Sicherheit gibt, gerade in Zeiten großer Schmerzen, starker Emotionen und größter Zweifel. Der wichtigste Aspekt sind natürlich die anderen Teilnehmer, stellen sie einen solchen Rahmen doch mit her und tragen ihn mit. Dabei gehen sie alle durch ähnlich schwierige Prozesse und so unterstützen sich alle Teilnehmer gegenseitig. Kommt es dann zu Erfahrungen von tiefem Loslassen, großer Einsicht, großer Erkenntnis, tiefem Berührtsein und großer Freude, so werden auch diese im ritualisierten Rahmen gehalten und gelebt und wirken sich wiederum auf alle Teilnehmer aus. All dies unter einer einzigen Prämisse, und das macht eben auch das Besondere an Zen aus: »Bewege dich nicht!«

4. Unser psychoanalytisches Modell nach Freud

Unser psychoanalytisches Arbeitsmodell könnten wir auch das freudianische Modell nennen, weil es nach unserer Auffassung immer noch die zentralen Grundannahmen der psychoanalytischen Theorie und Methode enthält, wie sie Freud in seinem psychoanalytischen Denken konzipiert hat. Zuerst geht es um den Versuch, die offizielle oder öffentliche Theorie, also die wesentlichen Grundannahmen der Psychoanalyse, darzustellen. Diese kann man den Schriften der Psychoanalytiker entnehmen, in denen dieses Modell und die Theorie dargestellt sind. Davon ist das professionelle Arbeitsmodell jeden einzelnen Analytikers zu unterscheiden, wie es das Handeln in jeder konkreten Situation mit seinen Patienten oder Analysanden bestimmt. Wir wollen damit beginnen, die freudsche Version der Psychoanalyse als gleichsam offizielle Theorie zusammenzufassen, ohne moderne Weiterentwicklungen, Ergänzungen oder Korrekturen im Detail darzustellen. Wie auch in der Beschreibung des buddhistischen Arbeitsmodells suchen wir nach einem basalen »common ground« und machen nicht den Versuch, die verschiedenen Aspekte der modernen Psychoanalyse zu schildern. In jedem Fall ist aber davon auszugehen, dass wir hier unseren eigenen Aneignungsprozess darstellen und die folgenden Ausführungen Aspekte unseres Arbeitsmodells enthalten.

Ausgangspunkt sind drei Arbeiten von Freud, und zwar »›Psychoanalyse‹ und ›Libidotheorie‹« (1923a), »Abriß der Psychoanalyse« (1940) und »Some elementary lessons in psychoanalysis«, ein Fragment aus dem Nachlass (1940). Am Ende werden wir noch auf »Das Unbehagen in der Kultur« (1930) kurz eingehen. Diese Arbeiten stellen im Kern das Erbe Freuds dar und können gleichsam als das offizielle freudsche Modell der Psychoanalyse betrachtet werden, das immer noch das Fundament vieler Psychoanalytiker ist und auch heute den Ausgangspunkt der analytischen Ausbildung darstellt.

Die Neurose

Freuds Definition der Psychoanalyse laut »›Psychoanalyse‹ und ›Libidotheorie‹« (1923a) ist die Folgende: Es ist ein Verfahren zur Untersuchung seelischer Vorgänge, welche sonst kaum zugänglich sind. Es ist eine Behandlungsmethode neurotischer Störungen, die auf dieser Untersuchung gründet, und schließlich besteht die Psychoanalyse nach Freud in einer Reihe von psychologischen Einsichten, die auf diesem Wege gewonnen werden und allmählich zu einer neuen wissenschaftlichen Disziplin zusammenwachsen.

In dieser Definition ist der im Kapitel über die Arbeitsmodelle beschriebene Dreischritt Problem – Methode – Erklärung bereits angelegt, wenn auch mit der Methodik als Beginn. In der anschließenden Schilderung der Entstehung der Psychoanalyse beginnt Freud jedoch mit einem Problem: Beschreibung einer hysterischen Neurose bei einer Patientin (motorische Lähmungen, Hemmungen und Bewusstseinsstörungen), die durch Hypnose und »Mitteilung der die Patientin beherrschenden Stimmungen und Gedanken« des damals behandelnden Arztes Dr. Breuer geheilt wurde. Durch die Anwendung dieser Methode gewann der Arzt »unerwartete Einsichten in das Wesen der rätselhaften Neurose«. Diese Verallgemeinerung bestand für Freud darin, dass er erstens zu dem Schluss kam, dass die neurotischen Symptome Sinn und Bedeutung haben, indem sie Ersatz für normale seelische Vorgänge sind, und dass er zweitens postulierte, dass mit der Aufdeckung dieses unbekannten Sinns die Aufhebung der Symptome zusammenfalle, dass sich also wissenschaftliche Forschung und therapeutischer Erfolg deckten. Gleichzeitig betont Freud das affektive Moment dieser Vorgänge, das darin besteht, dass eine affektiv bedeutsame Vorstellung keinen Zugang zum Bewusstsein hat, sodass eine Art »eingeklemmter Affekt« auf falsche Wege gerät und als krankhafte Vorstellung sich einen anderen Weg – zum Beispiel ins Körperliche – bahnt. Ursache dieser krankhaften Vorstellungen sind nach Freud psychische Traumata der Vergangenheit.

Ein Schlüsselbegriff der Therapie ist für Freud die Katharsis, das Abreagieren dieser eingeklemmten Affekte und die Annahme unbewusster, seelischer Vorgänge, die wesentlich die Psychoanalyse begründeten. Die krankhaften Vorstellungen entstehen nach Freud, wenn bestimmte, affektiv besetzte Vorstellungen den »herrschenden Tendenzen« im Seelenleben widerstreben, sodass sie die Abwehr des Individuums hervorrufen. Man bemerke, dass in dieser Formulierung der Neurose eine Kernaussage der Psychoanalyse enthalten ist: dass es dabei nämlich um einen Gegensatz, einen Konflikt zwischen Bewusstsein und Nicht-Bewusstsein geht, denn die »herrschenden Tendenzen« im Seelenleben kann man wohl unschwer mit dem Bewusstsein verknüpfen.

Freud beschreibt im Folgenden den Übergang von der technischen Anwendung der Hypnose zur eigentlichen psychoanalytischen Behandlung, da die hypnotischen Behandlungserfolge oft nur kurzfristig und vor allem von der Beziehung zum Arzt abhängig waren und nur eine begrenzte Anzahl von Patienten hypnotisierbar war. Freud ersetzte deshalb die Methode der Hypnose durch die Methode der freien Assoziation (die sogenannte Grundregel für den Patienten), in dem er den Patienten auffordert, alles das, was ihm in den Sinn kommt, unter Verzicht auf alle seine kritischen Einwendungen auch auszusprechen. Die Annahme dabei ist, dass das »Vergessene« der krankhaften Vorstellungen nicht wirklich vergessen ist, der Patient dies also wieder erinnern kann, und dass es einen strengen Determinismus im Seelischen gibt, also nichts sinnlos und bedeutungslos ist, dass also die scheinbar sinnlosen Symptome und Leidenszustände eine Bedeutung haben, wenn auch eben eine unbewusste Bedeutung. Diese freie Assoziation wurde dann als die »technische Grundregel« bezeichnet, die das eigentliche Kernstück des Untersuchungsverfahrens in der Psychoanalyse ist: das Auffinden unbewusster, aber krankhafter und symptomauslösender Gedanken, Gefühle und Vorstellungen. Die Methode besteht darin, den Patienten – nunmehr auf der Couch in einer liegenden Position, der Analytiker hinter ihm sitzend – aufzufordern, »sich in die Lage eines aufmerksamen und leidenschaftslosen Selbstbeobachters zu versetzen, immer nur die Oberfläche seines Bewußtseins abzulesen und einerseits sich die volle Aufrichtigkeit zur Pflicht zu machen, andererseits keinen Einfall von der Mitteilung auszuschließen, auch wenn man 1) ihn allzu unangenehm empfinden sollte, oder wenn man 2) urteilen müßte, er sei unsinnig, 3) allzu unwichtig, 4) gehöre nicht zu dem, was man suche« (Freud, 1923a, S. 214 f.).

Halten wir hier für einen Moment inne. Wir wollen ja Freuds Überlegungen unter dem Gesichtspunkt der Arbeitsmodelle und der Beziehung zwischen Psychoanalyse und Buddhismus betrachten. Es wird deutlich, dass der Ausgangspunkt der Psychoanalyse ein Leidenszustand ist, der in einem medizinischen Sinn als Neurose, d. h. als seelische Störung aufgefasst wird. Dabei wird ein seelischer Normalzustand angenommen, von dem dieser krankhafte Zustand abweicht. Dies ist ein wichtiger Gesichtspunkt auf dem Hintergrund des Vergleichs zwischen psychoanalytischem und buddhistischem Denken: Die Psychoanalyse geht von einem neurotischen Leiden aus (als krankhafter Zustand definiert), während der Buddhismus von einem universalen Leiden ausgeht, das zwar jeden Menschen trifft, aber ebenfalls wie das neurotische Leiden grundsätzlich heilbar ist.

Es ist dies also der 1. Schritt der von uns beschriebenen Modellbildung: Es taucht ein Problem auf – ein Mensch mit hysterischen Anfällen, mit schweren

Depressionen, unbegründbaren Angstzuständen, auffälligem Verhalten etc. –, das einen Forschungs- und Heilungsimpuls des Arztes auslöst. Eher zufällig wird der methodische, also der 2. Schritt, entdeckt. Man spricht wie schon erwähnt von der »talking cure«, der Redekur: das Aussprechen mittels der freien Assoziation auf der Couch des Analytikers. Dies ist die Methode der Untersuchung unbewusster seelischer Vorgänge, mit der Freud seine Definition der Psychoanalyse beginnt.

Wir sehen aber auch, dass in allen diesen Modellbildungen Annahmen oder auch Überzeugungen enthalten sind – Grundauffassungen –, die jedenfalls zum damaligen Zeitpunkt keineswegs unumstritten waren: zum Beispiel, dass es im Grunde kein wirkliches Vergessen gibt (dass also Psychisches grundsätzlich erhalten bleibt) oder dass die seelischen Vorgänge strikt determiniert sind, also in einem kausalen oder Bedingungsgefüge stehen, Symptome, Träume und Fehlhandlungen einen Sinn haben, auch wenn sie sinnlos erscheinen. Auch der von uns beschriebene 3. Schritt in der Modellbildung – die Erklärung der ungeklärten Frage – ist in dieser kurzen Einführung Freuds (1923a) enthalten: Die rätselhafte Neurose ist – wie Freud es sagt – das Ergebnis eines vergessenen (später wird dies »verdrängten« genannt) inakzeptablen Gedankens oder Gefühls, das sich aber einen anderen Weg, gleichsam einen Ersatz sucht und als Symptom seinen leidvollen Ausdruck findet.

Es ist bedeutsam – hier auch im Vergleich mit dem Zen-Buddhismus – zu betonen, dass die Psychoanalyse aus der Medizin entwickelt wurde, die ja eine grundlegende Unterscheidung von Gesundheit und Krankheit macht, sich besonders für die Erforschungen der Krankheiten interessiert und darauf aufbauend Therapiemodelle entwirft. Die Neurose wird als seelische Krankheit den organischen Krankheiten gleichgestellt, die Rolle des Patienten jedoch völlig anders als in der organischen Medizin angesehen: Er spielt im Behandlungsprozess eine viel aktivere Rolle und muss sich einer strikten Selbstbeobachtung unterziehen, da eine der wesentlichen Grundannahmen ist, dass er selbst am besten die Gründe für sein Leiden kennt – auch wenn sie ihm selbst verborgen sind. Auch dies führt übrigens zu einer Berührung mit dem buddhistischen Denken: Während die Medizin den Patienten üblicherweise als ein passives Opfer eines organischen Geschehens betrachtet, wird er in der Psychoanalyse als sehr viel aktiver betrachtet: Die Behandlung kann nur gelingen, wenn er sich selbst aktiv daran beteiligt. Auch im buddhistischen Denken wird die Selbstverantwortung des Menschen stark betont, wie dies in den Worten des Buddha überliefert ist: »Sei dir selbst ein Licht!« In ähnlicher Weise hat dies Batchelor in seinen buddhistischen Grundannahmen formuliert: die buddhistische Betonung des Sich-auf-sich-selbst-Verlassens (siehe Kapitel 3). Wir sehen an diesen wenigen Bemerkungen, dass in den einführenden Worten von Freud (1923a) bereits wesentliche Grundannahmen seinerseits einfließen, die er nicht explizit formuliert und von denen einige vielleicht wirklich implizit sind und bleiben – wobei Freuds Arbeitsmodell ein Stück sichtbar wird. Am deutlichsten kann man dies vielleicht an der Rolle des Patienten oder des Analysanden festmachen, dessen Verständnis bis heute für alle praktizierenden Analytiker und auch Therapeuten von großer Wichtigkeit ist: Zum einen wird nämlich die Auffassung vertreten, dass der Patient nicht »Herr im eigenen Hause« ist, da sein neurotisches Leiden von verdrängten Gedanken, Erinnerungen und Gefühlen determiniert wird, zum anderen wird der Patient aber als aktiver, selbstbestimmter Mensch betrachtet, der in der Lage ist, einen Selbstbeobachtungs- und Selbsterforschungsprozess durchzuführen, der diese Art »Sklaverei« zu überwinden vermag. In der offiziellen Theorie der Psychoanalyse ist dieses widersprüchliche Bild des Patienten gleichsam Ausdruck eines bestimmten Menschenbildes, das sich auf das Spannungsfeld von Bewusstem und Unbewusstem bezieht. Heute würde man also immer auch nach der privaten Theorie jedes einzelnen Analytikers fragen, die sich z. B. auf die Frage nach dem Menschenbild bezieht. Dieses umfasst natürlich nicht nur die Beziehungen zwischen dem Bewusstsein und dem Unbewussten, aber dies kann als ein zentraler Aspekt angesehen werden.

Das Bewusste und das Unbewusste

Bevor wir weitergehen, müssen wir noch eine vertiefende Überlegung anschließen, die aber in unserem Zusammenhang besonders wichtig ist. In Freuds Definition der Psychoanalyse und auch in dem Erklärungsmodell der Neurose spielt der Begriff des »Unbewussten« – und wie wir schon gesehen haben, seine Beziehung zum Bewusstsein – eine zentrale Rolle. Auch dies ist für die weitere Diskussion der Beziehung von Psychoanalyse und Zen von großer Bedeutung. Zuerst einmal ist generell zu sagen, dass das Seelische und vor allem das »unbewusst Seelische« durch Freud und seine Psychoanalyse in die Medizin eingeführt werden, eine Medizin, die sich üblicherweise mit dem Organisch-Körperlichen befasst. Implizit in dieser Einführung geht es also auch um die Frage nach der Natur des Seelischen im Verhältnis zum Körperlichen, was die ganze Frage des Leib-Seele-Dualismus oder die Frage der Psychosomatik berührt.

Freud fasste seine Auffassung dazu kurz vor seinem Tod in dem Fragment »Some elementary lessons in psychoanalysis« zusammen (Freud, 1940). Er fragt darin nach der Natur des Seelischen: Die Psychoanalyse ist ein Stück der Seelenkunde und Freud nennt sie auch »Tiefenpsychologie«. Zum Seelischen gehören demnach die Wahrnehmungen, Vorstellungen, Erinnerungen, Gefühle und Willensakte[13]. Fragt man über diese deskriptive Beschreibung hinaus nach dem Wesen des Psychischen, dann fällt nach Freud die Antwort sehr viel schwerer. Er vergleicht diese Frage mit der Frage des Physikers nach der Natur der Elektrizität als Beispiel aus der Naturwissenschaft. Aber ist die Psychologie nicht auch Naturwissenschaft? Im Fall der Psychologie ist laut Freud im Gegensatz zur Physik oder Chemie jeder Mensch in gewisser Weise ein Amateurpsychologe, und er nimmt an, dass fast jeder das Wesen oder die Natur des Psychischen oder Seelischen als die Bewusstheit annehmen würde, also genauer gesagt: Das Seelische wird mit dem Bewusstsein identifiziert (dies wäre ein Beispiel für eine Alltagstheorie). Das Bewusstsein ist zwar eine Grundtatsache des Lebens, führt Freud weiter aus, aber die Gleichstellung zwischen dem Seelischen und Bewussten führt keineswegs weiter in der Aufklärung nach der Natur des Psychischen. Wieso? Weil es damit zu einer Gegenüberstellung von Bewusstsein und der übrigen Welt kommt – der Zusammenhang des Weltgeschehens wird zerrissen – und man nicht übersehen kann, dass seelische Phänomene in hohem Grad von körperlichen Prozessen abhängig sind und ihrerseits starken Einfluss auf körperliche Prozesse haben. Dass das Bewusstsein den Zusammenhang des Weltgeschehens zerreißt, ist eine interessante Beobachtung Freuds, wird doch auch im Buddhismus dem Bewusstsein eine trennende Funktion zugeschrieben.

Auch Freuds Bemerkung über die körperlichen Prozesse und ihren starken Einfluss sind interessant, stellt doch der Buddhismus den Körper zentral in den Mittelpunkt menschlicher Erfahrung. Auf den Punkt gebracht ist hier die Sichtweise: Jede menschliche Erfahrung ist immer zuerst eine körperliche Erfahrung, d. h., es ist immer erst einmal eine »innere Erfahrung«. Der menschliche Raum des Erlebens ist »innerlich«. Auch das sogenannte Äußere oder Äußerliche »erscheint« im Innen. Dieser äußere Raum wird dann vom menschlichen Bewusstsein als »Außen« definiert (aber im Innen erlebt). Somit wird der Außenwelt eine von der Wahrnehmung unabhängige Dimension zugebilligt. Hier entsteht aus buddhistischer Sicht die eigentliche Trennung, die Dualität Innen-Außen. Dies ist von zentraler Bedeutung, entsteht diese Trennung doch (immer wieder) durch menschliche Aktivität. Dies als Aktivität zu erkennen, eröffnet die Möglichkeit, diese Dualität als eine grundlegende Ursache des Leidens aufzuheben.

---

13 Hier gibt es eine Beziehung zu den Fünf Skandhas (siehe Kapitel 3).

Freud kommt nun zu seiner zentralen Aussage (1940, S. 144): »Nein, die Bewußtheit kann nicht das Wesen des Psychischen sein, sie ist nur eine Qualität desselben und zwar eine inkonstante Qualität, die viel häufiger vermisst wird, als sie vorhanden ist. Das Psychische an sich, was immer seine Natur sein mag, ist unbewußt, wahrscheinlich von ähnlicher Art wie alle anderen Vorgänge in der Natur, von denen wir Kenntnis gewonnen haben.« Als Begründung für diese Annahme verweist Freud (S. 144) auf die Gedankentätigkeit, die plötzlich im Bewusstsein auftaucht, ohne dass man ihre Vorbereitung kennt, also »all die komplizierten Vorgänge von Auswahl, Verwerfung und Entscheidung, die die Zwischenzeit ausgefüllt haben«.

Als zweites Beispiel nennt Freud die berühmten Fehlleistungen, z. B. ein Versprecher als Ausdruck eines unbewussten Wunsches, der sich gegen die bewusste Intention des Sprechers durchsetzt. Und als drittes Beispiel nennt Freud die posthypnotische Suggestion, in der die Versuchsperson einen in Hypnose gegebenen Auftrag nach dem Erwachen ausführt, ohne sich dieses Auftrages bewusst zu sein, und auf Nachfrage eine rationalisierende Erklärung gibt.

Freuds Schlussfolgerung lautet etwa folgendermaßen: Das Bewusstsein ist nur eine Qualität des Seelischen. Dieses Seelenleben in seiner Einheit ist unbewusst, und das Bewusstsein kann nur unvollständige und lückenhafte Erscheinungsreihen liefern. Gleichzeitig leugnet Freud (S. 147) aber nicht die Bedeutung des Bewusstseins: »Sie bleibt das einzige Licht, das uns im Dunkel des Seelenlebens leuchtet und leitet. Infolge der besonderen Natur unserer Erkenntnis wird unsere wissenschaftliche Arbeit in der Psychologie darin bestehen, unbewußte Vorgänge in bewußte zu übersetzen, solcher Art die Lücken in der bewußten Wahrnehmung auszufüllen.«

Es handelt sich hier um Freuds Grundmodell des Seelischen (das von ihm noch viel weiter elaboriert wird), das dem Alltagsmodell vieler Menschen damals, aber auch heute noch widerspricht. In der Alltagspsychologie wird das Seelische doch fast immer mit dem Bewusstsein gleichgesetzt, selbst wenn das Wissen über Fehlleistungen, Träume (also Wissen aus den Arbeitsmodellen der Psychoanalytiker) manche Alltags- bzw. Laienmodelle beeinflussen.

Wir wollen erneut innehalten, weil wir uns ja vorgenommen haben, eine verständliche Darstellung des Dialogs von Psychoanalyse und Buddhismus zu geben. Es könnte hier nämlich bereits eine Stelle erreicht sein, an der mancher Leser abbricht oder die entscheidende Pointe überspringt, um dann an späterer Stelle »auszusteigen«. Auch im Folgenden werden wir daher so vorgehen, dass wir an diesen kritischen Stellen – soweit wir sie selbst erkennen – innehalten und – soweit es geht – eine mögliche Unklarheit zu erhellen versuchen. Dabei gehen wir von folgenden Prinzipien aus:

- Zum einen machen wir uns klar, dass eine Schrift wie diese von Freud von jedem Leser selbst in gewisser Weise »übersetzt« werden muss – man könnte auch von einem Aneignungsprozess sprechen, der naturgemäß subjektiv und unvollständig sein wird: Freud stellt sein Modell dar, und der Leser kann nur einen gewissen Verständnisprozess entwickeln, falls er dieses Modell nicht nur kopiert oder imitiert – etwas salopp könnte man auch sagen: nachbetet –, sondern dieses fremde Modell in ein eigenes Modell umwandelt.
- Zum anderen fragen wir ernsthaft nach unserem eigenen Verständnis, also nach unserem eigenen Modell, und wollen vor allem auch darauf achten, ob wir selbst etwas »nachbeten« oder es uns möglich ist, unser eigenes Modell in eigenen Worten darzustellen. Es könnte sein, dass dann so etwas wie ein Übergangsraum zwischen dem offiziellen Modell von Freud und dem eigenen Arbeitsmodell entsteht. Dies wäre im Übrigen ein konkretes Beispiel für den von uns angestrebten »Übersetzungsraum«.

Wir haben schon darauf hingewiesen, dass die Beziehung von Bewusstsein und Unbewusstem sowohl in der Psychoanalyse als auch in der Diskussion zwischen Buddhismus und Psychoanalyse absolut zentral ist. Wie verstehen wir selbst diesen freudschen Punkt, wenn er sagt: »Die Natur des Psychischen ist unbewusst« und gleichzeitig daran festhält, dass das Bewusstsein das einzige Licht ist, das uns im Dunkeln des Seelischen – oder vielleicht sogar in der gesamten Wirklichkeit – leitet. Ist dies nicht eine widersprüchliche oder gar paradoxe Aussage? Es ist wohl klar geworden, was Freud sagen will: Es gibt Kräfte und Absichten im Menschen, die ihm selbst nicht bewusst sind, und dies sind die »eigentlichen« Quellen des Seelischen, des Antriebs, der Kraft oder Energie des Menschen.

Aber was ist dann das Bewusstsein? Ist es nur eine Art Wahrnehmungsfläche, einem Spiegel vergleichbar, das die unbewussten Kräfte unvollständig und fragmentiert abbildet? Wird hier das Seelische nicht gedanklich gespalten, nämlich in einen essenziellen Teil (nämlich im Sinne einer seelischen Kraft, des Antriebs oder Willens) und einen akzidentellen Teil (nämlich des Bewusstseins, auf seine Wahrnehmungsfunktion reduziert, das lediglich diese Kräfte eben widerspiegelt)? Und von philosophischer Seite würde man vielleicht auch von einer Ontologisierung des Unbewussten sprechen, eine Art Verdinglichung, die sich ja auch in dem Ausdruck »Wesen« niederschlägt. Aber könnte man nicht auch nach dem »Wesen« des Bewusstseins fragen? – was hier aber nicht geschieht.

Es taucht also eine erste Frage nach der Kohärenz, Evidenz und Wirksamkeit des freudschen Modells auf. Wir erkennen an dieser zentralen Stelle eine

Weichenstellung, die man recht leicht beschreiben kann: Die Alltagsmodelle der meisten Menschen kehren das freudsche Modell um. Bei ihnen ist das Bewusstsein das »Wesen« des Psychischen, das »Unbewusste« wird von aufgeklärten Menschen zwar verbal anerkannt, aber nicht wirklich als zentrale Kraft.

Erstaunlicherweise ergibt sich auch hier eine Nähe zum Buddhismus und vor allem zum Zen-Buddhismus, denn auch dort wird das Bewusstsein eher als ein Hindernis angesehen, die Welt so wahrzunehmen, wie sie wirklich ist. Auch im Buddhismus geht man von einem »getäuschten Bewusstsein« aus (siehe Kapitel 3). Und wir werden gleich sehen, dass sowohl in der Psychoanalyse als auch im Buddhismus damit dem Körper eine besonders herausragende Rolle zugestanden wird.

Die meisten Menschen erleben sich als selbstbewusste Individuen, sozusagen als »Herr im eigenen Haus«. Aber auch bei Psychoanalytikern gibt es in ihren Arbeitsmodellen oft ganz unterschiedliche Auffassungen: Bei manchen wird in der Tat die Rolle des Bewusstseins sehr vernachlässigt – sie interessieren sich dafür, überspitzt formuliert, was hinter den Erscheinungen, dem Gesprochenen etc. »eigentlich« steht (als fragten sie nur nach der unbewussten Bedeutung). Das Bewusstsein wird nicht als eigenes Phänomen oder Problem angesehen, das einer eigenen Untersuchung bedarf. In anderen Auffassungen wird das Bewusstsein überschätzt und die zentrale freudsche Aussage, dass die Natur des Seelischen unbewusst und nur mittels einer spezifischen Methode untersuchbar ist, vernachlässigt.

Nach unserer Auffassung erscheint es nicht ganz verständlich, warum Freud diese Spaltung des Seelischen auf so drastische Weise einführt: Wieso sind die bewussten Phänomene nicht als seelische Phänomene anzusehen und warum wird das Bewusstsein letztlich so ambivalent gesehen – zwar die einzige Leuchte, aber doch letztlich fast nur ein Oberflächenphänomen? Dies hat vielleicht auch dazu beigetragen, dass der Dialog zwischen Psychoanalyse und Buddhismus bislang so problematisch verlaufen ist, bezieht sich der Buddhismus doch sehr viel stärker auf die Erscheinungen des Bewusstseins – wenn auch in seiner Kritik an der Überbetonung des Bewusstseins –, auch wenn nichtbewusste Aspekte berücksichtigt werden. Vorerst verstehen wir dies so, dass hier eine Gewichtung vorgenommen wird, die das Bewusstsein auf die Wahrnehmungsfunktion reduziert und damit eine Wertung vornimmt, die es zu überprüfen gilt. Es sei daran erinnert, dass hier grundlegende philosophische Fragen berührt werden, die beispielsweise in der Debatte zwischen Idealismus und Materialismus wesentlich sind. In unserem früheren Buch (Weischede u. Zwiebel, 2009, S. 18) haben wir den japanischen Zen-Meister Nishijima zitiert, der die Spannung zwischen den Gedanken (der Idealismus) und der körperlichen Wahrnehmung (der Materialismus) in den philosophischen Strömungen beschrieb und die Erfahrung des Buddha als deren Überwindung betrachtete. So gesehen würden wir Freuds Auffassung des Unbewussten dem materialistischen Ansatz zuschreiben können, da er von der Psychoanalyse als einer Naturwissenschaft spricht: Wie wir gleich sehen werden, sind es nämlich die Triebe des Menschen, die in seiner Körperlichkeit gründen und die den Kern des Unbewussten ausmachen.

Fahren wir also nach dieser ersten Reflexion mit der Beschreibung der Psychoanalyse durch Freud fort. Er schreibt (1923a), dass er den Begriff Psychoanalyse als neue Form der Behandlung von neurotischen Störungen einführte, und stellt sie vor allem als eine Form der Deutungskunst dar: als Übersetzung der Symptome in bislang unverstandene und unterbliebene seelische Akte. Es ginge darum, dass die Einfälle der Patienten, die oft genug wenig zusammenhängend erschienen, in einen neuen Sinnzusammenhang zu stellen, deren Sinn der Analytiker zu erraten habe. Im Kern geht es dabei um die unbewussten Motive des Patienten oder Analysanden. Als zweckmäßige Haltung für den Analytiker in der Behandlung empfiehlt Freud die sogenannte »gleichschwebende Aufmerksamkeit«, indem er sich »seiner eigenen unbewußten Geistestätigkeit überlasse, Nachdenken und Bildung bewußter Erwartungen möglichst vermeide, nichts von dem Gehörten sich besonders im Gedächtnis fixieren wolle, und solcher Art das Unbewußte des Patienten mit seinem eigenen Unbewußten auffange« (Freud, 1923a, S. 215).

Aus den Einfällen der Patienten schälen sich dann bestimmte Themen heraus, die Hinweise auf das Verborgene, die verborgenen Motive, geben. Der Analytiker braucht nach Freud dann nur einen Schritt weiterzugehen, um das Verborgene zu erraten. Wenn er diese Unparteilichkeit mit Übung verbinde, komme er zu verlässlichen Resultaten. Im Kern ist damit die Untersuchungs- und Behandlungsmethode beschrieben: freier Einfall, gleichschwebende Aufmerksamkeit, Deutung des Analytikers. Die angesprochene Beziehung zwischen Bewusstsein und Unbewusstem besteht darin, dass die unbewussten Zusammenhänge nur über die bewussten Einfälle des Patienten zu erschließen sind. Oder mit einfachen Worten: Die freien Einfälle sind Ergebnis der unbewussten Gedankentätigkeit, auf die man bei der Methode der freien Assoziation stößt. Man entdeckt im Übrigen auf diese Weise auch, dass es zwei Formen der Geistestätigkeit gibt: das diskursive, lineare Denken und das assoziativ-bildliche Denken.

Und die Beziehung zur Sprache? Der Analysand wird ja aufgefordert, sein Bewusstsein zu beobachten und die darin auftauchenden Inhalte (Gefühle, Vorstellungen, Erinnerungen, Bilder etc.) in Worte zu fassen. In Erinnerung an die Dimension des Unaussprechlichen/Aussprechbaren aus der Einleitung: Der assoziativ-imaginative Strom des Bewusstseins, den man in gewisser Weise auch wie ein inneres Sprechen auffassen kann, wird in direkter Sprache konkretisiert. Die Dichotomie von Unaussprechlichem/Aussprechbaren wird also durch die analytische Methode in Richtung Aussprechbarkeit verschoben: Unbewusstes wird auf diese Weise bewusst gemacht. Wieder nur zum Vergleich: Der Zen-Meditierende spricht in seiner Übung nicht. Zwar beobachtet auch er den ständig fließenden Strom seines assoziativen Geistes, aber die Übung besteht im Wesentlichen darin, den Inhalten nicht zu folgen, sondern sich immer wieder von ihnen zu trennen und auf diese Weise eine Form von Gewahrsein für alles, was im Bewusstsein auftaucht, zu entwickeln. Dies haben wir im 3. Kapitel genauer beschrieben: die Entwicklung eines Geistes, der »nur« wahrnimmt und nicht (mehr) reagiert, als eine Form des Gewahrseins.

Was führt Freud als Belege für dieses Behandlungsmodell und Neurosenmodell an? Zuerst beschreibt er das Phänomen der Fehlleistungen, die wir schon kurz angesprochen haben (also das Vergessen, Verlegen, Versprechen, Verlieren, Verschreiben etc.). Diese sind häufige Vorkommnisse des normalen Seelenlebens, die aber nun wie die Symptome der Neurotiker verstanden werden wollen, nämlich als sinnvoll, aber deren Motive der Person selbst nicht bekannt sind. Das Modell für die Fehlleistungen ist nach Freud der Ausdruck von unterdrückten Absichten oder die Interferenz von zwei konflikthaften Absichten, von denen die eine unbewusst bleibt. Der Wert dieser Befunde besteht für Freud darin, dass die angesprochene Determinierung der seelischen Vorgänge erweitert wird, die angebliche Kluft zwischen normalen und krankhaften seelischen Prozessen verringert wird, man auf diese Weise einen direkten Einblick in das Kräftespiel des Seelischen gewinnen kann und dass man auf diese Weise ein Material gewinnt, »welches wie kein anderes geeignet ist, den Glauben an die Existenz unbewußter seelischer Akte auch bei solchen zu erwecken, denen die Annahme eines unbewußten Psychischen fremdartig, ja sogar absurd erscheint« (Freud, 1923a, S. 216).

Freud nannte eine Arbeit (1901) über die Fehlhandlungen auch »Psychopathologie des Alltagslebens« und deutete damit die Übergänge zwischen dem klinischen und dem alltäglichen Bereich an. Dies ist insofern wichtig, weil hier die Alltagspsychologie und die klinische Psychologie ineinander übergehen, was für die erwähnten Alltags- und Arbeitsmodelle wichtig ist.

Der Traum

Der gleiche Befund ist auch im Zusammenhang mit den Träumen wesentlich: Die Anwendung der freien Assoziation auf die Träume von Patienten und die des Analytikers eröffneten einen völlig neuen Zugang zum Traumleben der Menschen. Freud geht vom erinnerten Traum aus, den er den manifesten Traum nennt. Die Einfälle des Träumers führen zu dem, was er latente Traumgedanken nennt, die Freud auch wegen ihrer Beziehung zum wachen Leben als »Tagesreste« bezeichnet. Diese werden durch die Traumarbeit der Verschiebung, Verdichtung und Darstellung in visuellen Bildern zum manifesten Traumgebilde umgeformt. Diese Dynamik der Traumbildung erklärt Freud, indem er ihre Triebkraft nicht in den latenten Traumgedanken sieht, sondern in einer unbewussten, bei Tag verdrängten Strebung, mit der sich die Tagesreste in Verbindung setzen können »und die sich aus dem Material der latenten Gedanken eine Wunscherfüllung zurechtmacht« (Freud, 1923a, S. 217).

Der Traum sei daher einerseits eine Wunscherfüllung des Unbewussten (später wird Freud dies zu einer versuchten Wunscherfüllung erweitern), andererseits eine Erfüllung des normalen Schlafwunsches, wenn es gelingt, den Schlafzustand vor Störungen durch die aufkommenden Wünsche zu bewahren. Erneut taucht das schon mehrfach erwähnte Spannungsfeld zwischen dem Bewusstsein und Unbewussten auf: Einerseits beziehen sich die latenten Traumgedanken oder die Tagesreste auf alle die Dinge, die das Bewusstsein auch sonst beschäftigen; andererseits benutzt ein unbewusster, unerfüllter Wunsch diese Gedanken, um sich auf unkenntliche und fremdartige Weise eine Befriedigung zu verschaffen. Dieses Unverständliche des manifesten Traums führt Freud auf eine andere, archaischere Darstellungsweise zurück (man könnte auch von einer anderen Funktionsweise sprechen, die er das primärprozesshafte Denken nennt), zu einem Teil aber auf eine von ihm sogenannte Traumzensur, die während der Traumbildung nicht ganz aufgehoben ist und auch sonst an der Verdrängung, also der Abwehr unerwünschter Impulse und Motive, beteiligt ist. Wesentlich für dieses Modell ist die Vorstellung, dass die Traumbildung und die Symptombildung der Neurosen als vergleichbar angesehen werden, indem ein konflikthafter Widerstreit zwischen zwei verschiedenen Tendenzen angenommen wird, nämlich zwischen unbewussten Wünschen nach Befriedigung und einer einschränkenden, verbietenden Tendenz, die mehr dem bewussten Ich zugeschrieben wird. Da der Traum nicht als pathologisches Phänomen betrachtet wird, zeichnet sich auch hier wieder der Übergang zwischen Psychopathologie und Alltagsleben ab, denn bekanntlich träumen alle Menschen, auch wenn sie sich nicht immer an ihre Träume erinnern.

Auch hier müssen wir einen Moment innehalten, weil es doch einige offene Fragen gibt, auf die wir verweisen wollen. Noch einmal sei daran erinnert, dass wir uns hier mit dem Modell der Träume von Freud beschäftigen, das der Leser und auch der angehende Psychoanalytiker erst einmal begreifen muss, um es dann in seine eigene Erfahrung zu integrieren. Auch uns ist zum Beispiel nicht immer klar, dass für Freud die sogenannten latenten Traumgedanken nicht das eigentliche Unbewusste sind, da sie ja grundsätzlich durch Erinnern und Assoziieren ins Bewusstsein treten können. Diese Schwierigkeit kommt dadurch zustande, dass Freud hier (1923a) nicht den wichtigen Begriff des Vorbewussten einführt: An anderen Stellen hat er auf die Unterscheidung von Bewusstsein, Vorbewusstem und Unbewusstem verwiesen. Das Vorbewusste ist grundsätzlich bewusstseinsfähig, wenn auch in dem gegenwärtigen Moment eben nicht bewusst. Die latenten Traumgedanken, die sich bei der freien Assoziation zu den einzelnen Elementen eines Traums ergeben, sind zur Zeit der Traumerinnerung nicht bewusst, können aber grundsätzlich bewusst werden. Anders verhält es sich mit den unbewussten Wünschen, die verdrängt sind und sehr viel schwerer dem Bewusstsein zugänglich sind. An dieser Stelle seiner Darstellung führt Freud aber nicht aus, worum es sich denn bei diesen unbewussten Motiven bei der Traumbildung handelt. Was sollen wir uns darunter vorstellen? Um welche Wunscherfüllung soll es sich handeln? Wir werden gleich noch mehr von Freud dazu hören.

Es taucht hier aber noch ein anderer grundsätzlicher Gedanke auf, der für die psychoanalytische Modellbildung wichtig ist. In den Träumen spielt sich offenbar eine Dynamik ab, die ein Gleichgewicht zwischen verschiedenen Tendenzen herzustellen versucht: auf der einen Seite Tendenzen, die einem Lustprinzip entsprechen (die versuchte Wunscherfüllung), und auf der anderen Seite Tendenzen, die einem Realitätsprinzip entsprechen (also die Zensur). Moderne Autoren, wie z. B. Moser und von Zeppelin, beschreiben in ihrer Traumtheorie zwei Regulationsprinzipien: die des Sicherheitsprinzips und die des emotionalen Involvements, das dem in gewisser Weise entspricht (Moser u. von Zeppelin, 1996a): der Tendenz des Träumers, weiterzuschlafen (der Schlafwunsch), und der Tendenz des Träumers, sich in eine lustvolle Beziehung zu involvieren (die Wunscherfüllung). Hier deutet sich bereits an, dass das psychoanalytische Modell der Traumbildung und Traumdeutung für die gesamte Theorie und Behandlungstechnik der Psychoanalyse paradigmatisch ist. An anderer Stelle (1900, S. 613) spricht Freud ja auch vom Traum als der »via regia« zum Unbewussten. Gleichzeitig weisen diese Überlegungen zum Lust-Unlust- bzw. Realitätsprinzip auf einen zentralen Aspekt hin, nämlich den der Affekte. Im Traum geht es wie im Alltagsleben auch um das Befriedigen von lustvollen und das Vermeiden von unlustvollen Gefühlen, und dies unter Wahrnehmung und Beachtung der Realität – wenn man als Realität hier die Funktion der Zensur annimmt.

Aus der freudschen Sicht kann man sich also die Traumbildung und die Traumdeutung etwa so vorstellen: Im Alltag ist der Mensch permanent mit Versuchungen und Versagungen konfrontiert. Viele der auftauchenden und geweckten Wünsche können aber nicht wahrgenommen oder gar realisiert werden, teilweise aus Rücksicht auf die Realität, teilweise aus Rücksicht auf die eigene innere Situation. Das reale Leben und das Alltagsbewusstsein stellen immer neue Anforderungen, sodass ein großer Teil dieses Erlebens »vergessen« bzw. beiseitegeschoben wird. Aber diese unerfüllten Wünsche oder nicht wahrgenommenen affektiven Erlebnisse verbleiben in der Latenz und werden im Schlaf wieder lebendig. (Gleich werden wir noch genauer Freuds Überlegungen bedenken, um welche »unerfüllten« Wünsche es sich handeln soll.) Im Traum suchen sie nach einem Ausdruck, der allerdings auch dem schlafenden Ich noch tolerabel erscheinen muss, sodass die Traumbildung die schon erwähnten Mechanismen der Verschiebung, Verdichtung und Visualisierung verwendet, um eine Art Kompromissbildung herzustellen: eine Form von Befriedigung der unerfüllten Wünsche bei gleichzeitigem Weiterschlafen zu ermöglichen. Wenn sich der Träumer beim Aufwachen an seinen Traum erinnert, wundert er sich in der Regel über das befremdliche und unverständliche Traumbild. Da er – wie wir schon postuliert haben – ein naiver Wissenschaftler und Forscher ist, entwickelt er einen Deutungswunsch, indem er gern verstehen möchte, was der Traum bedeutet: Er sucht also nach dem Sinn des Traums. Dazu kann er selbst oder mithilfe eines anderen (eines Analytikers, Therapeuten oder Partners) zu den Elementen des Traums assoziieren, was ihn in der Regel zu den vorbewussten Tagesresten führt. Es bleibt die Frage, wie sich der unbewusste Wunsch in diesen Tagesresten ausdrückt und um welche Wünsche es sich dabei eigentlich handelt.

Der Traum und seine Deutung ist aber noch aus einem anderen Grunde paradigmatisch für das Verständnis der Psychoanalyse: Der manifeste Traum besteht ja vor allem aus Bildern, die teilweise auch symbolische Bedeutung haben, insofern bestimmte Bilder persönliche Zusammenhänge darstellen. Freud spricht von einer Symbolgemeinschaft, die über die Sprachgemeinschaft hinausreiche. Die Traumsprache ist insofern eine Art universale Sprache. Sie kennzeichnet ein Charakteristikum des Seelischen, nämlich die Bildhaftigkeit. Wenn wir zu Beginn davon sprachen, dass der Mensch ein modellbildendes Wesen ist, so ist damit auch dieser Punkt berührt: Modelle sind ja Bilder – manchmal wird auch von Metaphern gesprochen –, die die äußere und innere Wirklichkeit zu repräsentieren versuchen. Von daher wird heute die Traumfunktion als zentral für die Bildung des Seelischen angesehen: Sie gestaltet das unmittelbare Wahrnehmen und Empfinden des Selbst und der Welt zum seelischen Erleben, das auch sprachlich vermittelbar ist. (Dieses unmittelbare Wahrnehmen ist ebenfalls zentral in der buddhistischen Praxis, hier wollen wir noch einmal auf das erste Skandha verweisen.) Das Träumen und das Traumverständnis hat daher in der Psychoanalyse eine zentrale und überragende Bedeutung: Manche moderne Autoren gehen so weit, seelische Störungen als die »Unfähigkeit zum Träumen« zu bezeichnen (z. B. Ogden, 2003).

Für unser Thema ist das Träumen insofern sehr wichtig, weil wir daran auch die Fragen der Arbeits- und Alltagsmodelle diskutieren können. Jeder Psychoanalytiker entwickelt neben diesem hier nur ganz knapp skizzierten freudschen Traummodell, das das gleichsam klassische, offizielle Traummodell ist, ein privates Modell, das sein eigenes Verständnis der Traumtheorie spiegelt, seine Erfahrungen mit den eigenen Träumen (d. h., wie er mit den Träumen umgeht, ob er sich an Träume erinnert, wie er sie analysiert, welche Bedeutung sie in seinem Leben haben etc.) und die Traumdeutungsarbeit mit seinen Patienten. Hinzu kommen die Erweiterungen der Traumtheorien durch moderne Autoren, die teilweise Revisionen der freudschen Ansichten darstellen. Die Analysanden haben Alltagstheorien über das Träumen, die allerdings bei heute aufgeklärten Menschen bereits von der Psychoanalyse und der Psychologie geprägt sind. In der psychoanalytischen Behandlung wird es darauf ankommen, dass sich die Arbeitsmodelle des Analytikers über das Träumen (aber über anderes auch) und die Alltagsmodelle des Patienten einander annähern, was in gelingenden Behandlungen auch tatsächlich stattfindet. Dies spiegelt auch einen häufig erwähnten Befund, dass die Patienten sich an die Traumtheorien ihrer Analytiker anpassen, was noch einmal bestätigt, dass es sich eben um Modelle handelt und nicht um letzte, absolute Wirklichkeiten.

Eine wichtige Frage war bei allen Überlegungen hier offen geblieben: Um welche unbewussten Wünsche handelt es sich denn nun, und zwar sowohl im Alltagsleben (also in den Fehlhandlungen und in den Träumen) als auch bei seelischen Störungen, also der Neurose? Freud schreibt (1923a, S. 219), dass bei Anwendung der assoziativen Methode ein Befund immer unabweisbarer wurde, nämlich »daß an der Wurzel aller Symptombildung traumatische Eindrücke aus dem Sexualleben der Frühzeit zu finden seien«.

Die Triebtheorie

Hier führt Freud also die Theorie der kindlichen Sexualität ein, die damals und manchmal auch heute noch den heftigsten Widerspruch und die häufigsten Missverständnisse hervorrief und hervorruft. Um zu einem angemessenen Verständnis zu gelangen, ist es zum einen wichtig, zwischen der genitalen und der prägenitalen Sexualität zu unterscheiden. Der Begriff der Sexualität wird also von Freud erweitert und nicht nur auf die geschlechtliche Vereinigung, sondern auch auf die vielen Vorstufen und möglichen Abweichungen bezogen. Das Berühren, Streicheln, Küssen, ja, alle lustvollen und sinnlichen Erfahrungen am eigenen und fremden Körper werden in diesem Sinne als sexuell angesehen: Hier kommt endlich die Körperlichkeit zur Sprache, die wir vorhin schon erwähnten. Zum anderen, schreibt Freud, war es wichtig, die vielen Einfälle, Erinnerungen und Berichte seiner Patienten über sexuelle Erfahrungen in der Kindheit nicht ausschließlich auf sexuelle Verführungen durch Erwachsene zu verstehen, sondern als Ausdruck einer regen Phantasietätigkeit, die als kindlich-sexuelle Wünsche zu deuten waren.

Mit diesen beiden Annahmen kommt Freud zu einer Theorie der sexuellen Entwicklung, die er als libidinöse Entwicklung folgendermaßen beschreibt: Der Sexualtrieb wird als »Libido« bezeichnet – er stellt gleichsam eine körperliche Anforderung an das Seelische dar – und er äußert sich im Seelenleben auf verschiedene Weisen, die auch als Partialtriebe bezeichnet werden: Lust und Befriedigung werden in bestimmten Körperzonen (auch erogene Zonen genannt) gesucht und gefunden, die sich je nach Entwicklung auf den Mund (orale Phase), auf den After (anale Phase) oder auf das Genitale (phallische Phase) beziehen. Entscheidend ist nun, dass diese Phasen üblicherweise in der Kindheit rasch und unauffällig durchlaufen werden, doch können sich einzelne Fixierungen ergeben, sodass diese als Disposition für spätere Durchbrüche verdrängter Strebungen aufzufassen sind, die dann Ausgangspunkt für neurotische Störungen sein können. Diese frühe Libidoentwicklung ist überwiegend autoerotisch, d. h. bezieht Lust und Befriedigung aus dem eigenen Körper. Erst danach wendet sich die libidinöse Strebung stärker anderen Personen zu, in der Kindheit vor allem den Elternfiguren, wodurch dann das konstelliert wird, was Freud den Ödipuskomplex nennt: also die libidinösen und auch aggressiven Wünsche den eigenen Eltern gegenüber.

Diese freudsche Triebtheorie ist umstritten und viele Abspaltungen in der Psychoanalyse haben mit dieser Theorie zu tun (Jung, Adler, Fromm). Jeder praktizierende Psychoanalytiker wird eine bestimmte Position demgegenüber einnehmen, die sich in seinem Arbeitsmodell oder seiner privaten Theorie niederschlägt. Für jeden einzelnen Analytiker wird es dabei um ein allgemeines Verständnis des Libidobegriffes gehen: Auf einer beschreibenden Ebene wird man von einer kindlich-körperlichen Lust sprechen können, die sich auf bestimmte Teile des eigenen Körpers und später auf den Körper bzw. die Person der Eltern, sodann auf den Körper anderer Personen bezieht. Auf der eher deskriptiven Ebene ist diese Beschreibung sicherlich schwer zu bestreiten, weil diese Äußerungen der kindlichen Sexualität direkt beobachtbar sind. Der strittige Punkt scheint sich eher auf den Einfluss dieser kindlichen Sexualität auf das Seelenleben des Menschen und vor allem auf seine Störungen zu beziehen. In der Tat kann man hier feststellen, dass Freud die Entwicklung der Libido weitgehend aus einer sogenannten Ein-Personen-Perspektive beschreibt – man spricht auch von einem intrapsychischen Gesichtspunkt. Dies bedeutet, dass sich die beschriebene psychosexuelle Entwicklung weitgehend aus einer inneren Gesetzmäßigkeit entwickelt und die Rolle der Umwelt weniger ausdrücklich berücksichtigt wird – später wird man von einer »durchschnittlich zu erwartenden Umwelt« sprechen (Hartmann, 1939/1970). Das Gewicht der Libidoentwicklung für die spätere Entwicklung des Charakters und der Neurose, der manchmal zu wenig berücksichtigte Einfluss der Umwelt auf die Entwicklung des Kindes (traumatische Erfahrungen, die Rolle der Eltern mit ihren Konflikten und ihrer Persönlichkeit etc.) und ein gewisser Reduktionismus bei der Beschreibung der sich immer vielfältiger darstellenden seelischen Störungen war und sind entscheidende Kritikpunkte an der Triebtheorie. Für unseren Zusammenhang erscheint es aber bedeutsam, die große Entdeckung Freuds hier festzuhalten: nämlich die Einführung des kindlichen, lustsuchenden Selbst. Die kindlichen Wünsche bekommen damit einen bedeutenden Stellenwert, was einen enormen Einfluss auf das Menschenbild in der Erziehung und Pädagogik hatte und immer noch hat. Wolfgang Mertens (1999, S. 13) spricht von den »unsterblichen Kindheitswünschen«, womit die große Bedeutung des Kindlichen für Entwicklung, Persönlichkeit, aber auch seelische Störungen betont wird.

Freud beschreibt im Folgenden ein Schlummern der kindlichen Sexualität in Form einer Latenzperiode, in der sich die ethischen Einschränkungen (vor allem als gesellschaftliche Gebote und Verbote) als Schutz gegen den Ödipuskomplex auswirken. Erst in der folgenden Pubertät entwickelt sich die Libido zu ihrer vollen Intensität, wobei allerdings die Richtung dieser Entwicklung durch die Frühphase entscheidend mitgeprägt ist. Dies wird von Freud als die zweiphasige Entwicklung der Sexualität bezeichnet, die er als einzigartig für den Menschen betrachtet und für die Entwicklung der Neurose als entscheidend ansieht. Auch hier sei noch einmal festgehalten, dass das psychoanalytische Denken sehr von diesem genetischen Gesichtspunkt bestimmt ist; erst sehr viel später werden auch die weiteren Entwicklungsphasen des Erwachsenenalters und des Alters in die psychoanalytische Entwicklungstheorie mit einbezogen.

Auf dieser Basis – also vor allem der Beschreibung des Unbewussten und der Triebe – kommt Freud (1923a, S. 222) zur Formulierung seiner Auffassung der Entstehung der Neurose: »Die Neurosen sind der Ausdruck von Konflikten zwischen dem Ich und solchen Sexualstrebungen, die dem Ich als unverträglich mit seiner Integrität oder seinen ethischen Ansprüchen erscheinen. Das Ich hat diese nicht ichgerechten Strebungen verdrängt, d. h. ihnen sein Interesse entzogen und sie vom Bewußtwerden wie von der motorischen Abfuhr zur Befriedigung abgesperrt.«

Durch diese Verdrängung entstehen die unbewussten Wünsche und bilden das eigentliche, auch dynamisch genannte Unbewusste. Will man in der analytischen Behandlung diese unbewussten Wünsche bewusst machen, so entstehen dagegen hartnäckige Widerstände beim Patienten. Freud beschreibt die Gründe dafür an dieser Stelle nicht genauer, aber sie hängen mit den negativen Affekten der Angst und der Schuldgefühle zusammen, die ursprünglich die Verdrängung motivierten und jetzt wieder lebendig zu werden drohen. Freud führt aber aus, dass die Leistung der Verdrängung an den Sexualtrieben besonders leicht versage: Die verdrängte Libido staue sich um Unbewussten auf und schaffe sich andere Auswege, indem sie auf frühere Stufen der Libidoentwicklung regrediere, und zwar auf Stufen, in denen es zu den schon erwähnten Fixierungen gekommen ist. Beispielsweise kann nach Freud eine genitale Versagung zu einer Regression auf das orale Stadium führen, indem der Betreffende eine Ersatzbefriedigung durch übermäßiges Essen oder Trinken sucht. Eine von außen auferzwungene sexuelle Versagung kann über die Regression zu einem Wiederaufleben der kindlichen Autoerotik, etwa in Form der Masturbation, führen. Auf diese Weise erklärt Freud die Symptombildung, die nach ihm eine sexuelle Ersatzbefriedigung darstellt, die aber nicht unmittelbar erkennbar ist, weil die Verdrängung auch hier noch wirkt. Vergleichbar den Mechanismen bei der Traumbildung kommt es auch hier zu Verschiebungen und Verdichtungen, sodass das Symptom schließlich einen Kompromiss der verschiedenen Strebungen und Ansprüche darstellt. Im Kern besteht dieses Modell also aus einem Konflikt zwischen wunscherfüllenden und wunscheinschränkenden Strebungen, einem Konflikt zwischen unbewussten Anteilen und bewussten Anteilen, einem Konflikt zwischen kindlich-lustbetonten Strebungen und erwachsenen, kontrollierenden Strebungen.

Zu wenig scheint hier in den Ausführungen Freuds die Rolle der Affekte berücksichtigt. Zentral ist die Rolle der Angst, denn diese ist die wesentliche motivierende Kraft der Verdrängung: Weil bestimmte lustbetonte Wünsche gleichzeitig angsterregend sind, werden sie verdrängt. Der Versuch der Bewusstmachung löst dementsprechend wieder Angst aus und damit erneut Verdrängung oder allgemeiner gesprochen Abwehr, die in der analytischen Behandlung auch als Widerstand bezeichnet wird. An dieser Stelle kann noch einmal unterstrichen werden, dass die Psychoanalyse in ihrer ursprünglichen Form vor allem als eine Konfliktpsychologie aufzufassen ist: Ungelöste Konflikte werden daher als die Hauptursache seelischen Leidens betrachtet. Dies gilt es festzuhalten, weil wir uns später noch genauer mit der Frage des Leidens aus psychoanalytischer und buddhistischer Sicht beschäftigen werden. An dieser Stelle sei im Übrigen noch einmal an die Verbindung zwischen dem Begriff der Fixierung und dem Phänomen des Anhaftens, das im buddhistischen Denken eine so überragende Rolle spielt, erinnert: Dieses grundlegende Phänomen erscheint uns eine zentrale Verbindung zwischen Buddhismus und Psychoanalyse zu sein (siehe Kapitel 3).

Die Übertragung

Freud führt nun in seiner Arbeit (1923a) einen weiteren zentralen Begriff ein, der für die Psychoanalyse ebenso bedeutsam ist wie für die Alltagspsychologie und auch für unseren Vergleich zwischen Psychoanalyse und Buddhismus. Er beschreibt nämlich das Phänomen der Übertragung als ein wesentliches Merkmal der analytischen Beziehung: Der Patient stellt zu seinem Analytiker eine Gefühlsbeziehung her, die weit über das rationale (sprich: realistische) Maß hinausgeht. Diese positiven und negativen Gefühlseinstellungen beruhen auf verdrängten, unbewusst gewordenen Liebeseinstellungen und Feindseligkeiten den Eltern gegenüber, und daher werden diese auch als »Übertragung« aufgefasst: Der Analysand überträgt diese unbewusst gewordenen affektiven Beziehungsmuster auf den Analytiker, wodurch sie bewusst gemacht und auch verändert werden können. Freud beschreibt auch die zwiespältige Bedeutung der Übertragung. Sie kann zu einem heftigen Widerstand gegenüber der analytischen Arbeit werden (der Analysand verharrt in seiner Liebe oder Feindseligkeit dem Analytiker gegenüber, ohne die Ziele der analytischen Arbeit weiterzuverfolgen), stellt aber gleichzeitig auch den entscheidenden Motor der Behandlung dar (weil es die Möglichkeit eröffnet, das verdrängte, kindlich-libidinöse Selbst in die erwachsene Person zu integrieren). Die Übertragung ist auch heute für die meisten Psychoanalytiker eine zentrale Komponente des generellen Arbeitsmodells, allerdings zeigen sich auch hier wesentliche Unterschiede von Analytiker zu Analytiker. Inwieweit Übertragungen in der Meister-Schüler-Beziehung im Zen eine Rolle spielen, soll im Rahmen dieser Untersuchung nicht ausführlich diskutiert werden. Hier kann man so viel sagen: In der Meister-Schüler-Beziehung wird Übertragung auftauchen, vielleicht sogar sicher auftauchen, aber sie steht in keiner Weise im Fokus der Praxis. Vielleicht hängt dies ja auch zusammen mit dem Lehrer-Schüler-Verhältnis in China oder Japan, da hier ein spiritueller Lehrer ein Lehrer für das ganze Leben ist.[14]

Freud scheint nun in diesem Artikel (1923a) die wesentlichen Gesichtspunkte der psychoanalytischen Grundannahmen zusammengefasst zu haben, die er in einer oft zitierten Bemerkung als Hauptinhalte und Grundlagen ihrer Theorie beschreibt: die Annahme unbewusster seelischer Vorgänge, die Anerkennung der Lehre vom Widerstand und von der Verdrängung und die Einschätzung der Sexualität und des Ödipuskomplexes. Wer diese nicht gutzuheißen vermag, sollte sich nicht zu den Psychoanalytikern zählen, schreibt Freud (1923a, S. 223). Wir werden im Folgenden darauf zu sprechen kommen, dass diese Zusammenfassung sicherlich aus heutiger Sicht revisionsbedürftig ist. Wiederum berührt dies vor allem die Einschätzung der Sexualität und des Ödipuskomplexes, allerdings weniger in ihrer grundsätzlichen Bedeutung als in ihrer Gewichtung für die gesamte Entwicklung des Menschen und ihrer Auswirkung auf das seelische Leiden. Es ist auch darauf hinzuweisen, dass zentrale Begriffe der Psychoanalyse – etwa die Existenz unbewusster seelischer Vorgänge und von Widerstandsphänomenen, die Theorie der Verdrängung und der Übertragung längst auch in anderen psychologischen und psychotherapeutischen Richtungen Einzug gehalten haben, also nicht mehr absolut bestimmende Kriterien für das »Psychoanalytische« sein können, ganz abgesehen von anderen Gewichtungen in den verschiedenen psychoanalytischen Schulen.

Der Narzissmus

Wir überspringen hier einen kurzen geschichtlichen Rückblick von Freud in seiner Arbeit (1923a), in dem er die Entwicklung der Psychoanalyse bis in die 1920er Jahre schildert und vor allem einerseits die internationale Ausbreitung, andererseits die ersten Abspaltungen durch Jung und Adler erwähnt, die sich beide auf die umstrittene Auffassung der Sexualität bezogen. Die Frage der Weiterentwicklung wird uns später noch einmal beschäftigen, wenn wir auf die gegenwärtige Situation, auf die moderne Psychoanalyse, kurz eingehen. In dem hier besprochenen Text beschreibt Freud einige aktuelle Neuerungen – aus

14 Aber auch im Buddhismus taucht der Begriff »Übertragung« auf, allerdings in einer anderen Bedeutung, nämlich als Übertragung der Lehre, der Lehrbefugnis, als Übertragung von »Herz zu Herz« und Geist zu Geist. Dies beschreibt ein Verhältnis von Meister und Schüler, das wir als Lernmodell so im Westen nicht kennen.

der Sicht von 1922 – und führt zuerst den Begriff des Narzissmus ein. Diesen beschreibt er mit den Begriffen der Libidotheorie als libidinöse Besetzung des verdrängenden Ichs. Diese Einführung des Narzissmus gestattet es auch, eine Differenzierung der neurotischen Störungen vorzunehmen: in die sogenannten Übertragungsneurosen (Hysterie und Zwangsneurose) und die narzisstischen Neurosen (Schizophrenie, Paranoia, Melancholie). Bei den Übertragungsneurosen »ist ein nach Übertragung auf fremde Objekte strebendes Maß von Libido verfügbar« (Freud, 1923a, S. 225), während die narzisstischen Neurosen »im Gegenteil durch die Abziehung der Libido von den Objekten charakterisiert« (S. 225) und daher im Gegensatz zu den Übertragungsneurosen kaum der analytischen Therapie zugänglich sind.

Diese Formulierungen sind später Freud oft vorgeworfen worden, da sie wie in einem hydraulischen Modell von Energien, Besetzungen, Gegenbesetzungen, Objekten, Libido etc. sprechen. Es wird ein Problem der Psychoanalyse bleiben, eine angemessene Sprache für ihre Modelle zu finden. Dies betrifft vor allem die Arbeit des Psychoanalytikers, der ja mit seinem Patienten in der Alltagssprache kommuniziert, seine Erfahrungen und Einsichten aber in eine wissenschaftliche Sprache zu übersetzen versucht, die immer eine Abstraktion von der unmittelbaren Wahrnehmung und Erkenntnis der analytischen Beziehung darstellt. Dieser Verfremdungseffekt wird besonders dann deutlich, wenn versucht wird, die Einsichten und Erkenntnisse der Psychoanalyse einem Laienpublikum verständlich zu machen.

Wie soll man beispielsweise auf allgemeinverständliche Weise den Begriff des Narzissmus und die Unterscheidung der verschiedenen Neuroseformen anhand des Narzissmus alltagspsychologisch ausdrücken – auch oder gerade weil dieser Begriff des »Narzissmus« mittlerweile in den alltäglichen Sprachgebrauch übergegangen ist, heute allerdings nicht selten in abfälliger und entwertender Art und Weise gebraucht? Vielleicht könnte man sagen, dass die zwischenmenschliche Beziehung mit den Wünschen und Ängsten (die Objektbeziehung) und die Beziehung zum eigenen Selbst (die libidinöse Besetzung des eigenen Ich oder Selbst – wie schon ausgeführt sprechen wir in unserer Arbeit vom Ich-Selbst) die dabei angesprochene Polarität darstellt. Heute würde man wohl sagen, dass Objektbeziehung und Narzissmus in einem Spannungsfeld stehen, das sowohl ergänzend als auch konflikthaft sich gestalten kann: Eine Objektbeziehung setzt ein gewisses Maß an Narzissmus voraus (man muss sich selbst mögen, um einen anderen Menschen mögen zu können) – insofern ist Narzissmus das Ergebnis einer normalen Entwicklung –, der Narzissmus kann sich aber auch als Abwehr gegen die Konflikte der Objektbeziehung entwickeln (man schützt sich vor den Schmerzen der Beziehung mit einer betonten Selbstbezogenheit oder einem noch stärkeren Rückzug auf das eigene Selbst) – dann könnte man auch von einem pathologischen Narzissmus sprechen.

Gerade diese Überlegungen zum Narzissmus sind wichtig, wenn wir später genauer über die meditativen Methoden des Buddhismus im Vergleich zur Psychoanalyse sprechen (siehe Kapitel 5): Sehr oft wurde von psychoanalytischer Seite die meditative Versenkung als ein narzisstischer Rückzug und damit als eine Abwehr gegenüber der zwischenmenschlichen Beziehung interpretiert. Der französische Soziologe Alain Ehrenberg (2011) hat gezeigt, dass die Beschreibung narzisstischer Persönlichkeiten in Amerika vor allem in den 1960er und 1970er Jahren mit einem Wandel der amerikanischen Gesellschaft verbunden war.

Der Widerstand

Bei den Neuerungen der 1920er Jahre beschreibt Freud auch die Verfeinerung der analytischen Technik, die nicht nur in der Erkenntnis des Übertragungsphänomens bestand, sondern in einer genaueren Analyse der vielfältigen Widerstände der Patienten. In der Anfangszeit ging Freud wohl von der motivierten Einstellung des Patienten zur Behandlung und einer gewissen »Gefügigkeit« – so seine heute etwas befremdlich wirkende Bezeichnung – aus, in der Erwartung, dass der Patient den Empfehlungen des analytischen Arztes folgen würde, also der Grundregel des freien Einfalls zu folgen, regelmäßig und pünktlich zu den Sitzungen zu erscheinen, die zensierenden Gedanken zu suspendieren etc. Freud und auch seine Schüler erkannten, dass der Widerstand ein regelmäßiges Phänomen der analytischen Arbeit ist: auf der einen Seite ein Hindernis, aber auf der anderen Seite genau der Weg, den die Behandlung zu gehen hat, weil dieser Widerstand nicht nur ein Ausdruck der Neurose, sondern auch der gesamten Persönlichkeit ist. Auch die Übertragung (und später die Gegenübertragung als die gefühlsmäßige Reaktion des Analytikers auf seinen Patienten) wurde ja anfangs als ein Hindernis angesehen, bis dies schließlich als Weg und Motor der Behandlung erkannt wurde. Freud geht bei dieser Beschreibung sogar so weit, die Bestimmtheit und Feinheit der Widerstandsanalyse mit der chirurgischen Technik zu vergleichen. Er begründet an dieser Stelle auch die Notwendigkeit der Schulung für den angehenden Analytiker: Jeder Analytiker muss also die Erfahrungen der Analyse an sich selbst machen, damit er sich von der Bedeutung der Grundannahmen und der technischen Vorschläge eine eigene Überzeugung bilden kann.

Gerade der Begriff des Widerstandes hat sich auch in anderen psychotherapeutischen Verfahren eingebürgert und ist überhaupt, wie manche andere psychoanalytische Termini auch, ein Begriff der Alltagspsychologie geworden. Diese Ausweitung ist, wie schon eben angedeutet, nicht immer unproblematisch. Für Freud war der Begriff Widerstand ein technischer Begriff, der sich auf defensive Motive und Handlungen gegenüber der analytischen Methode und Arbeit bezog. Der Begriff wurde immer wichtiger, weil die klinischen Erfahrungen zeigten, dass die Erwartung des Analytikers an ein »Normal-Ich« bei seinem Patienten, das sich kooperativ, motiviert und ehrlich dem analytischen Prozess gegenüber öffnet, nicht immer gegeben ist. Immer mehr Patienten wurden mit Charakter- und Persönlichkeitsproblemen beschrieben, bei denen nicht die Symptome, sondern ihr Verhalten in den Vordergrund der Betrachtung trat. Auch dies führte wohl u. a. zur Ausweitung und besonderen Berücksichtigung des Widerstandsbegriffs.

Wenn wir von den Arbeitsmodellen des Analytikers sprechen, werden wir uns auch fragen müssen, welches Modell der Analytiker vom Widerstand hat, gerade weil dieser Begriff so ausgeweitet worden ist. Auch wenn wir in unserer früheren Arbeit (Weischede u. Zwiebel, 2009) über den Widerstand bei der Meditation sprechen, sollten wir uns an die ursprüngliche Definition erinnern und genau überlegen, in welchem Sinne wir dann von Widerstand sprechen.

Psychoanalyse als Methode

Freud spricht im Weiteren von der Psychoanalyse als therapeutischer Methode. Er betont den Aufwand an Zeit und Arbeit, die mögliche Begrenztheit der Erfolge, warnt vor der Erwartung von Wunderwirkungen und streicht die ungeahnten Einsichten in die Verwicklungen des seelischen Lebens und die Zusammenhänge zwischen Seelischem und Leiblichem heraus (Freud, 1923a, S. 225). Seine wissenschaftliche Einstellung, die seinem therapeutischen Anspruch eindrucksvoll zugrunde liegt, wird in der Bemerkung deutlich, dass, wo man heute noch nicht helfen könne, durch die gewonnenen Einsichten später aber einmal Hilfe angeboten werden könnte. Das Arbeitsgebiet beziehe sich daher vor allem auf die schon erwähnten Übertragungsneurosen, aber auch bei allen Arten von Phobien, Hemmungen, Charakterverbildungen, sexuellen Perversionen und Schwierigkeiten des Sexuallebens. Auch die Möglichkeit, psychosomatische Störungen zu behandeln, wird hier bereits angedeutet: »Da die Psychoanalyse ein Maß von psychischer Plastizität bei ihren Patienten in Anspruch nimmt, muß sie sich bei deren Auswahl an gewisse Altersgrenzen halten, und da sie eine lange und intensive Beschäftigung mit dem einzelnen Kranken bedingt, wäre es unökonomisch, solchen Aufwand an völlig wertlose Individuen, die nebenbei auch neurotisch sind, zu vergeuden. Welche Modifikationen erforderlich sind, um das psychoanalytische Heilverfahren breiteren Volksschichten zugänglich zu machen und schwächeren Intelligenzen anzupassen, muß erst die Erfahrung an poliklinischem Material lehren« (Freud, 1923a, S. 226).

Freud ging damals davon aus, dass eine psychoanalytische Behandlung für über 40-Jährige kaum in Betracht käme; heute werden auch über 70-Jährige noch in Behandlung genommen, was eine Veränderung der psychoanalytischen Grundauffassungen besonders eindrucksvoll zeigt. Die wertenden Bemerkungen sind Freud immer auch vorgeworfen worden, und bis zum heutigen Tage hat die psychoanalytische Behandlung etwas Elitäres behalten, als sei sie nur für moralisch wertvolle und darüber hinaus auch noch intelligente Menschen eine angemessene Behandlungsmethode. Es zeigt sich aber auch, dass die Anforderungen der Behandlungsmethode von vornherein eine gewisse Auswahl der Patienten bedingt, vor allem ja auch, weil es sich bei der Psychoanalyse um eine Einsichtstherapie handelt. Daher wird immer wieder formuliert, dass ein gewisser Leidensdruck und eine Motivation im Sinne der Selbstverantwortung für das Leiden die Voraussetzung für das Gelingen einer Psychoanalyse sei. Wir haben diesen Punkt schon einmal erwähnt, als wir uns fragten, welche Menschen sich heute in Psychotherapie oder Psychoanalyse begeben und welche Menschen sich auf einen spirituellen Weg einlassen. In beiden Fällen, so kann man vermuten, spielen der Leidensdruck und die Motivation, einen Weg konsequent zu verfolgen, eine wichtig Rolle.

Im Zusammenhang mit den erwähnten Arbeitsmodellen ist dieser Punkt aber ebenfalls von Bedeutung: Wie konzipiert der Analytiker Motivation und Leidensdruck in seinem eigenen Arbeitsmodell und wie geht er mit der Frage der Indikation zur Psychoanalyse um? In der späteren Entwicklung der Psychoanalyse gab es eine Art Polarisierung, die vielleicht bis zum heutigen Tage anhält: Der eine Pol wird von Psychoanalytikern vertreten, die Psychoanalyse grundsätzlich für alle Menschen als förderlich ansehen und keinen wesentlichen diagnostischen Ansatz vertreten. Für solche Analytiker ist entscheidend, ob der Patient bereit ist, den Rahmen der Analyse zu akzeptieren, und ob sie sich selbst gefühlsmäßig in den Patienten einfühlen können, und nicht so entscheidend, um welche Störung oder Problematik es sich handelt. Solche Analytiker nehmen auch körperlich Kranke oder sogar Sterbende in analytische Behandlung. Der andere Pol wird von Psychoanalytikern vertreten, die für die Psychoanalyse eine eher enge Indikation vertreten und mehr die Grenzen der sogenannten Analysierbarkeit sehen. Alles dies berührt auch die Thematik der jeweiligen Arbeitsmodelle, die hier von Freud bei der Frage der Indikation angestoßen wird. Bei dem Vergleich mit der Meditation gibt es wohl eine ähnliche Problematik oder

Fragestellung, die aber selten so explizit gestellt wird: Ist die meditative Praxis für jeden geeignet oder förderlich? Kann es nicht auch unerwünschte »Nebenwirkungen« in der Meditation geben? (Siehe Kapitel 5.)

Freud vergleicht sodann die analytische Behandlung mit anderen therapeutischen Verfahren, wie etwa der Suggestion oder der Hypnose. Er betont, dass es um ein Verstehen der Symptome geht, nicht um ihre Beseitigung durch Autorität: das Ergründen der Verursachung sei der entscheidende Ansatz. »Als das Ziel der Behandlung kann hingestellt werden, durch die Aufhebung der Widerstände und Nachprüfung der Verdrängungen des Kranken die weitgehendste Vereinheitlichung und Stärkung des Ichs herbeizuführen, ihm den psychischen Aufwand für innere Konflikte zu ersparen, das Beste aus ihm zu gestalten, was er nach Anlagen und Fähigkeiten werden kann, und ihn so nach Möglichkeit leistungs- und genußfähig zu machen« (Freud, 1923a, S. 226).

Es geht also auch um eine Stärkung des »Ich-Selbst«. Die Beseitigung der Leidenssymptome wird nicht als besonderes Ziel angestrebt, sondern ergibt sich bei der regelhaften Ausführung der Analyse gleichsam als Nebengewinn. Als ein wesentliches Ziel der analytischen Behandlung sieht Freud die Liebes- und Arbeitsfähigkeit, die in der Neurose eingeschränkt sind. Weiterhin ergibt sich dann ein Vergleich auch mit der Psychiatrie, die mehr somatisch als psychologisch orientiert sei, und Freud betrachtet die Psychoanalyse als Tiefenpsychologie, die den notwendigen Unterbau für die Psychiatrie darstellen könnte, was sich ja in manchen Bereichen später auch realisiert hat (besonders in den USA).

In dem sehr wichtigen Absatz »Kritiken und Mißverständnisse der Psychoanalyse« beschreibt Freud dann die häufigen Missverständnisse gegenüber seinem Ansatz. Die meisten beruhten auf mangelnder Information, die wiederum auf affektive Widerstände rückführbar seien. Es sei der Psychoanalyse nie eingefallen, *alles* erklären zu können oder *alles* auf die Sexualität zurückzuführen. Freud betont hier noch einmal die Bedeutung des Konfliktes. Er sagt auch, dass er die Psychoanalyse als eine Wissenschaft vom seelisch Unbewussten betrachte und dass sie damit ein beschränktes Arbeitsgebiet habe. Auch gehe es nicht um ein freies Ausleben der Sexualität, sondern um die Befreiung des Neurotikers von den Fesseln seiner Sexualität. Immer wieder betont Freud, wie auch in anderen Schriften, dass er die Psychoanalyse als eine Wissenschaft betrachte, die eben durchaus tendenzfrei sei und nur die Absicht habe, ein Stück der Realität widerspruchsfrei wiederzugeben. Diese Frage nach dem Verstehen und Missverstehen ist bis zum heutigen Tag ein zentrales Problem, das sowohl das Alltagsverständnis, aber auch den Dialog mit anderen Disziplinen prägt, fördert oder auch behindert. Aber es sollte auch betont werden, dass der heutige moderne Psychoanalytiker sich mit dieser Dynamik des Verstehens und

Missverstehens ständig auseinandersetzt, da es ja bei der Psychoanalyse eben nicht um dogmatische Behauptungen gehen soll, sondern um eine Forschungsmethode, die selbst eine verändernde Kraft beinhaltet.

Schließlich geht Freud im letzten Absatz auf die »nicht-medizinischen Anwendungen und Beziehungen der Psychoanalyse« ein, wobei er besonders die Geisteswissenschaften erwähnt, vor allem Religion, Kulturgeschichte und Literaturwissenschaft. Hier taucht nochmals der Begriff der Tiefenpsychologie auf: Psychoanalyse sei eben nicht nur eine Behandlungsmethode, sondern eine allgemeine Psychologie des Unbewussten, die Alltagsphänomene wie den Traum, aber auch geschichtliche, gesellschaftliche oder künstlerische Phänomene zu beschreiben vermag. Hier ist noch einmal auf den Ausgangspunkt zurückzukommen und an Freuds Definition der Psychoanalyse zu erinnern: eine Methode zur Untersuchung unbewusster Vorgänge, eine Behandlungsmethode und eine allgemeine Psychologie. Hier findet sich dann das Anwendungsfeld der Psychoanalyse als Tiefenpsychologie, die sich auf alle menschlichen Bereiche ausdehnen lässt. In diesem Bereich hat sich Freud auch mit religiösen Themen beschäftigt und kritische Überlegungen zur Religion aufgeworfen.

Die Triebtheorie (Trieblehre) – Vertiefung

Da die Trieblehre und die Lehre vom Unbewussten theoretisch gesehen die beiden zentralen Pfeiler der Psychoanalyse darstellen, wollen wir diese beiden Punkte noch etwas vertiefen. Freud beschreibt in seinem zweiten Kapitel der hier ausführlich besprochenen Arbeit (1923a) die Libidotheorie im Speziellen. Er betont, dass die Psychoanalyse von einem Kräftespiel im seelischen Geschehen ausgehe, das sich auf elementaren Trieben aufbaue. Nach Freud lässt sich durch das Studium der Neurosen vermuten, dass es einen konflikthaften Gegensatz zwischen den libidinösen = sexuellen Trieben und den Ich-Trieben = Selbsterhaltungstrieben gibt. Die Liebe wird den Sexualtrieben, der Hunger den Ich-Trieben zugeschrieben. Wie schon beschrieben, setzt sich die Libido aus Partialtrieben zusammen und ist durch ihre Quelle (die körperliche Zone), das Objekt und das Ziel zu unterscheiden. Das Ziel ist eine Befriedigung der Lust.

Eine besondere Erwähnung findet der Begriff der Sublimierung, die als ein besonderes Triebschicksal beschrieben wird, indem nämlich Objekt und Ziel des Triebes gewechselt werden, sodass der ursprünglich sexuelle Trieb durch sozial oder ethisch höher gewertete Leistung Befriedigung findet.

Mit der Einführung des Narzissmus entdeckte man bei den psychotischen Erkrankungen, dass es hier zu einer Rückführung der Objektlibido ins Ich kommt, wie es früher schon angedeutet wurde: So wird die Psychose gleichsam als narzisstische Neurose den Übertragungsneurosen gegenübergestellt. Dadurch wird es überhaupt möglich, ein dynamisches Wechselspiel zwischen der libidinösen Besetzung anderer Personen und des eigenen Ichs anzunehmen. Auf diese Weise hob sich der ursprüngliche Gegensatz zwischen den Sexualtrieben und den Selbsterhaltungstrieben auf, und man konnte von einem Gegensatz zwischen Objektlibido und narzisstischer Libido sprechen: Wie wir schon an früherer Stelle angedeutet haben, gibt es also ein komplexes Wechselspiel zwischen der Liebe zu anderen Personen und zu sich selbst. Und zwar entweder in einer gleichsinnigen Bewegung – nur wenn ich mich selbst liebe, kann ich auch andere Menschen lieben – oder in einer gegensinnigen Bewegung – ich schütze mich vor den Gefahren der Liebe, indem ich nur mich selbst liebe. Für die Entwicklung kann man daher auch eine narzisstische Phase beim Kind postulieren, bei dem zu Beginn die narzisstische Liebe ganz im Vordergrund steht (die Selbsterhaltung, die Autoerotik), die sich dann langsam durch die Liebe zu anderen Menschen modifiziert, aber prinzipiell erhalten bleibt.

Diese Beziehung zwischen der Selbstliebe und der Objektliebe ist von fundamentaler Bedeutung auch für die Diskussion in unserem Zusammenhang, wird doch im Buddhismus ebenfalls die Selbstbezogenheit als eine wesentliche Quelle des menschlichen Leidens identifiziert. Die Entwicklung von Mitgefühl auch als Ausdruck einer sublimierten Objektlibido gilt als zentraler Schritt auf dem buddhistischen Weg. In einer anderen Formulierung könnte man – wie ebenfalls schon angedeutet – die Neurose als eine Spannung zwischen dem infantil-sexuellen Selbst und dem erwachsenen Selbst beschreiben; das infantilsexuelle Selbst ist dabei noch narzisstisch-autoerotisch, also auf den Pol der Selbstliebe und Selbsterhaltung bezogen, oft mit mangelhafter Rücksicht gegenüber dem anderen.

Dabei ist die Frage der Aggression noch nicht wesentlich berührt. Zum damaligen Zeitpunkt der freudschen Überlegungen spielte diese in Form des Sadismus als eine Form der Libido eine wesentliche Rolle: Die Liebe drückt sich also in dem Wunsch, zu quälen, aus. Dies modifizierte Freud später und spricht es in diesem Artikel im Absatz »Anerkennung zweier Triebarten im Seelenleben« bereits an: Er vermutet zwei grundlegende Triebarten, nämlich die libidinöse und die aggressive Art, die er schließlich als Eros und Todestrieb gegenüberstellt. In einer späteren Arbeit (Freud, 1937) sagt Freud, dass die Vielfalt der seelischen Erscheinungen als ein komplexes Wechselspiel von Lebens- und Todestrieb zu beschreiben und zu verstehen wären. Im letzten Absatz (1923a) über »die Natur der Triebe« sagt Freud, dass sie der lebenden Substanz innewohnende Tendenzen zur Wiederherstellung eines früheren Zustandes seien.

Arbeitsmodelle in der Psychoanalyse

Da wir uns in dieser Arbeit mit den Lebens-, Alltags- und Arbeitsmodellen – im Vergleich von Psychoanalyse und Buddhismus – beschäftigen, geht es im Folgenden um die Frage, wie diese Vorstellungen von Freud heute im Allgemeinen und Speziellen einzuordnen sind. Haben sie die Lebens- und Alltagsmodelle der Menschen geprägt und beeinflusst, und wie haben sich die Arbeitsmodelle des modernen Psychoanalytikers entwickelt, vor allem im Zusammenhang mit diesen freudschen Vorstellungen? Es wäre natürlich nützlich, die Weiterentwicklung dieser Vorstellungen bis in die heutige Zeit nachzuzeichnen; dies würde aber den Rahmen dieses Buches bei Weitem sprengen. Hier wollen wir festhalten, dass mit dem Unbewussten, den Träumen, der Sexualität, der Übertragung und dem Widerstand zentrale Grundannahmen formuliert sind, die auch heute noch für jeden praktizierenden Analytiker relevant sind. Dies belegt beispielsweise der IPA-Kongress in Mexiko 2011, der die Thematik hatte: Unbewusstes, Sexualität, Träume (Cabré, 2011; Rocha Barros, 2011; Kancyper, 2011). Einige Kollegen waren aufgefordert, ihre Vorstellungen – also ihre Arbeitsmodelle – dieser drei zentralen Phänomene darzustellen und zu diskutieren. Was wir bislang dargestellt haben, ist die offizielle oder öffentliche Theorie der freudschen Psychoanalyse, die auch heute noch die angehenden Psychoanalytiker aufnehmen und reflektieren. Was sie dann aber im Laufe ihrer weiteren Ausbildung entwickeln, ist das, was wir hier ein psychoanalytisches Arbeitsmodell nennen: eine Art Aneignung dieser zentralen Begriffe, die sie mit eigenem Leben füllen müssen, und zwar durch ihre Erfahrung in der Ausbildung, durch die Erweiterung anhand moderner psychoanalytischer Autoren und vor allem auch durch die Erfahrung mit ihren Patienten. Vielleicht sogar wie im Buddhismus: Sie sind aufgefordert, die offizielle Theorie gleichsam für sich zu überprüfen und eine innere Überzeugung von der Wertigkeit, Effektivität und Praktikabilität dieser Grundannahmen zu entwickeln, aber gleichzeitig diese Modelle auch weiterzuentwickeln.

Wir wollen an dieser Stelle nochmals unsere Auffassung wiederholen, dass funktionelle Arbeitsmodelle sich u. a. daran erkennen lassen, dass sie unvollständig und offen für das Noch-nicht-Verstandene sind, also offen für Veränderungen. Dies kennzeichnet sie gegenüber dogmatischen oder ideologischen Annahmen, die starr und endgültig sind. Im Übrigen kann man davon ausgehen, dass auch Freud als Gründer der Psychoanalyse einerseits die offizielle Theorie formulierte wie in den eben diskutierten Texten, andererseits in seiner konkreten Praxis ebenfalls gleichsam »private« Arbeitsmodelle entwickelte, die sicherlich manchmal auch im Spannungsfeld mit seiner offiziellen Theorie lagen. Im

Folgenden wollen wir nun – ausgehend von diesen grundlegenden freudschen Modellen – sowohl die Situation des Patienten oder Analysanden als auch des Analytikers aus der Perspektive der Alltags- und Arbeitsmodelle beschreiben.

Wie stellt sich die Situation eines Patienten oder Analysanden dar? Wie kann man die Neurose, über die Freud spricht und die sein Ausgangspunkt für die Entwicklung der psychoanalytischen Behandlungspraxis und Theorie ist, aus der Sicht der Alltags- und Arbeitsmodelle beschreiben? Beschreibend stellt sich ja die Neurose als ein Leidenszustand dar – Ängste, Depressionen, körperliche Beschwerden, Schmerzen, Erschöpfung etc. –, der nicht seine primäre Ursache in einer körperlichen Erkrankung, sondern in unbewussten seelischen Konflikten hat, man könnte auch sagen: Dieses Leiden ist ein Lebensproblem, insofern das Leben, so wie es geführt wird, selbst problematisch geworden ist. Mit Freud könnte man auch davon sprechen, dass die Liebes- und Arbeitsfähigkeit, mit der er versucht, seelische Gesundheit zu erfassen, eingeschränkt ist und dies selbst auch einen Leidenszustand hervorruft.

Diese Beschreibung wird üblicherweise auch als Symptomneurose beschrieben, die später dann der Charakterneurose gegenübergestellt wurde. Alain Ehrenberg beschreibt (2011), dass die Charakterneurose und heute die Persönlichkeitsstörung einen immer größeren Raum einnahm und einnimmt. Er beruft sich auf den französischen Analytiker Jacques Lacan: »Lacan trifft eine Unterscheidung, die zwei Pole der Neurose markiert, und zwar sowohl in ihrem psychopathologischen Ausdruck als auch in ihrer unterschiedlichen Ätiologie. Bei der Übertragungsneurose hat das Subjekt Symptome, bei der Charakterneurose ist die Persönlichkeit des Subjekts das Symptom« (Ehrenberg, 2011, S. 218).

Ging man bei der Übertragungsneurose (Hysterien und Zwangsneurose) von einer weitgehend ungestörten Grundpersönlichkeit aus, die dementsprechend einen Leidensdruck, Motivation und Gesundheitswillen bewirkt, so ist in der Charakterneurose die ganze Persönlichkeit Quelle des Leidens, womit auch die psychoanalytische Behandlung in viel wesentlicherem Umfang von der Persönlichkeit des Patienten geprägt wird. Daher spielt auch die Widerstandsanalyse immer mehr eine so überragende Rolle. In einem sehr allgemeinen Sinne kann man auch formulieren, dass die Übertragungsneurosen oder Symptomneurosen trotz eines relativ normalen Umfeldes auftreten, während die Charakterneurose oft Folgen von früher Vernachlässigung, Traumatisierungen, vorzeitigen Verlusten etc. darstellen.

Für unsere Auseinandersetzung zwischen Buddhismus und Psychoanalyse wollen wir im Folgenden eher allgemein von einem »neurotischen Faktor« sprechen. Wir hatten uns eingangs ja schon selbstkritisch mit dem von uns verwendeten Begriff »Neurose« beschäftigt. Diese Bezeichnung legt einen Vergleich mit organischen Krankheiten wie Herzinfarkt oder Krebs nahe, der aber nur bedingt angemessen erscheint, ganz abgesehen von dem Problem des »Essentialismus«, also der Neigung, bestimmten Phänomen einen Wesenskern oder eine feststehende Selbst-Identität zu verleihen. Aus den bisherigen Überlegungen ist aber deutlich geworden, dass vor allem das buddhistische Denken anti-essentialistisch ist: Es wird in Relationen, nicht in dinghaften Einheiten gedacht.

Wie ließe sich also dieser »neurotische Faktor« allgemeiner beschreiben? Hier ist es hilfreich, dies aus einer Innen- und Außenperspektive zu betrachten. Aus einer Innenperspektive (also dem Selbsterleben des Betreffenden) findet sich ein zentrales Mangelerleben, aus einer Außenperspektive (aus einer dritten Position gesehen) ein »getäuschtes Bewusstsein«. Dies steht im Einklang mit den eben dargestellten freudschen Überlegungen: Das Persistieren der unbefriedigten, aber konflikthaften Wünsche des kindlichen Selbst in der nunmehr erwachsenen Persönlichkeit führt zu einer dauerhaften Versagenssituation, die oft mit einem negativen Selbsterleben verbunden ist. Das mehr oder weniger abgewehrte Minderwertigkeitsgefühl ist damit eines der häufigsten und kaum einmal vermissten Hauptsymptome neurotischen Erlebens oder des »neurotischen Faktors«. Aus einer Außenperspektive kann man insofern von einem »getäuschten Bewusstsein« sprechen, weil das Erleben des Ich-Selbst und der Welt stark durch das regressiv geprägte kindliche Selbst bestimmt wird: Die Erwartungen an andere und sich selbst sind stark durch diese unbewussten Wünsche und Ängste geprägt, ohne dass dies aber den Betreffenden wirklich bewusst ist. Wenn also der Liebespartner durch die »Brille« der frühen Mutterbeziehung erlebt wird (sei diese überwiegend befriedigend oder enttäuschend gewesen), dann ist es leicht vorstellbar, zu welchen »Verwechselungen« oder »Täuschungen« es hier kommen kann. Diese sind aber oft eher von Dritten als von dem Betroffenen selbst erkennbar – dies meint den Unterschied zwischen der Innen- und der Außenperspektive. Diese »Täuschungen« sind dann die Übertragungen im Alltagsleben, die dazu führen, dass andere Menschen und auch das eigene Selbst in Beziehungen zu ihnen selten »realistisch« oder objektiv wahrgenommen werden.

Lebens- oder Alltagsmodelle in der Psychoanalyse

Ein etwas anderer Ansatz ergibt sich, wenn man den »neurotischen Faktor« aus der Sicht der Lebens- oder Alltagsmodelle betrachtet. Eine Grundüberlegung könnte dabei sein, dass dieser »neurotische Faktor« sich dann verstärkt manifestiert, wenn die erworbenen Lebens- und Alltagsmodelle scheitern oder dysfunktional werden. In Verbindung zu dem eben Gesagten kann man auch sagen: Der »neurotische Faktor« manifestiert sich dann, wenn der Betreffende sich seines »getäuschten Bewusstseins« gewahr wird, wenn er eine »Ent-Täuschung« an seinem bislang praktizierten Lebens- und Alltagsmodell erlebt. Um diesen Zusammenhang noch etwas deutlicher zu machen, wollen wir noch einmal auf unsere Überlegungen zu den Alltags- und Arbeitsmodellen zurückkommen (siehe auch Kapitel 2).

Wir sind ja davon ausgegangen, dass alle Menschen Lebens- und Alltagsmodelle (und Arbeitsmodelle) entwickeln und wir haben auch postuliert, dass Lebensmodelle keine philosophischen Systeme im engeren Sinn sind. Allerdings könnte man sie alltagspraktisch philosophisch nennen, weil sie Vorstellungen und Annahmen über das Leben insgesamt darstellen. Aus psychoanalytischer Perspektive würde man nun zu den vorgeschlagenen grundlegenden Fragen, die Thomas Nagel (2008) als Philosoph gestellt hat, einige andere grundlegende Themen hinzufügen wollen: die Beziehung zur Kindheit, zur Elternschaft und Familie, die Rolle der Erziehung, grundlegende Fragen und Vorstellungen über Beziehungen, insbesondere Liebesbeziehungen (einschließlich der Einschätzung von Sexualität), die Beziehungen der Geschlechter untereinander, die Einstellung zur Arbeit und zum Geld. Diese großen Themen gehören ebenfalls zu den Lebens- und Alltagsmodellen (zu denen die Psychoanalyse wesentliche Beiträge geliefert hat). Als ein Unterschied zwischen den mehr impliziten und grundlegenden, philosophisch inspirierten Lebens- und Alltagsmodelle könnte man als Ergänzung vorschlagen, dass die psychoanalytisch inspirierten Alltagsmodelle gleichsam der konkretisierende Ernstfall dieser allgemeinen Lebensmodelle darstellen: Wie stelle ich mir selbst, für mich ganz besonders, die Beziehung zur Kindheit, die Rolle meiner Familie, eine glückliche Beziehung zu einem Partner etc. auf dem Hintergrund der basalen Lebensfragen vor.

Es erweist sich als ausgesprochen schwierig, zu einer präziseren Begriffsbestimmung dieser alltagspraktischen Lebensmodelle zu kommen. Dies hängt damit zusammen, dass sie explizite und implizite Annahmen, Vorstellungen und Bewertungen enthalten, dass sie sich auf die gesamten Lebenserscheinungen beziehen, dass sie stark von kulturellen Prägungen geformt sind, dass sie geschichtlich ebenfalls bestimmt sind und selbst immer unvollständig und unvollkommen, daher aber auch wandelbar sind. Wir vermuten, wie schon angedeutet, dass eine Unterscheidung zwischen funktionellen und dysfunktionalen alltagspraktischen Lebensmodellen sehr sinnvoll sein könnte: Die funktionellen sind wandelbar und sie zeichnen sich durch innere Kohärenz, Evidenz und Wirksamkeit aus. Das bedeutet, dass sie in sich logisch und nicht voller Widersprüche sind, dass sie eine Überzeugungskraft haben, insofern sie mit Lebenserfahrungen übereinstimmen, und dass sie es gestatten, die Wandlungen des Lebens zu meistern. Von besonderer Bedeutung scheint auch zu sein, dass sie ja zu einem wesentlichen Teil erworben sind, also auch so etwas wie ein Schicksal darstellen, denn die Kindheitserfahrungen und die Erziehung stellen ja im Wesentlichen nichts anderes dar als den Erwerb von mehr oder weniger funktionellen Lebensmodellen, also Ansichten, Absichten, Vorstellungen, Regeln und auch Vorschriften, wie das Leben zu verstehen und zu führen sei. Es scheint nur möglich, sich dem Thema der Lebensmodelle von spezifischen Kontexten her zu nähern. Versuchen wir es hier noch einmal mit dem psychoanalytischen Kontext.

Das Unbehagen in der Kultur

Eine auch heute noch bedeutende Arbeit zu diesem Thema stammt wiederum von Freud. In seiner Schrift »Das Unbehagen in der Kultur« weist er die Frage nach dem Sinn des Lebens als eine menschliche Überhebung zurück und wendet sich der anspruchsloseren Frage zu, »was die Menschen selbst durch ihr Verhalten als Zweck und Absicht ihres Lebens erkennen lassen, was sie vom Leben fordern, in ihm erreichen wollen« (Freud, 1930, S. 433). In unserem Zusammenhang könnte man auch mit Freud fragen: Was haben sie für grundlegende Lebensmodelle? Und Freud antwortet (S. 433 f.): »Sie streben nach dem Glück, sie wollen glücklich werden und so bleiben. Dies Streben hat zwei Seiten, ein positives und ein negatives Ziel, es will einerseits die Abwesenheit von Schmerz und Unlust, andererseits das Erleben starker Lustgefühle. Im engeren Wortsinne wird ›Glück‹ nur auf das letztere bezogen. Entsprechend dieser Zweiteilung der Ziele entfaltet sich die Tätigkeit der Menschen nach zwei Richtungen, je nachdem sie das eine oder das andere dieser Ziele […] zu verwirklichen sucht.«

Als Lebensmodell formuliert würde dies heißen: Das Ziel im Leben ist die Lust und das Glück und die Vermeidung von Unlust und Unglück und das dem zugrunde liegende Modell kann man auch das Lust-Unlust- bzw. Lust-Realitäts-Prinzip nennen. Freud beschreibt dies aber nicht als ein Modell im Sinne einer Annahme des Menschen, sondern als ein fast anthropologisches Prinzip, das den Menschen auf ganz basale Weise steuert, also fast wie ein biologisches Programm. Dieses Lustprinzip sei aber im Hader mit dem ganzen All und es folgt (S. 434) die berühmte Formulierung: »[…] die Absicht, daß der Mensch ›glücklich‹ sei, ist im Plan der ›Schöpfung‹ nicht enthalten.« Dabei drohe dem Menschen vielmehr die Erfahrung des Unglücks, das aus drei Quellen stamme: vom eigenen

Körper, von der Außenwelt und von den mitmenschlichen Beziehungen. Gerade das Leiden durch die Letzteren erfahren die Menschen als besonders schmerzlich. Christian Felber, der Begründer der Gemeinwohlökonomie[15], definiert Glück aus der Sicht aller drei Quellen: »Glück ist das Gelingen der Beziehung zu mir selbst, zu anderen Menschen, zur Natur und zum großen Ganzen« (Süddeutsche Zeitung vom 20.6.2014).

Man könnte also sagen, dass Freud hier sein Lebensmodell entwirft, das natürlich seine philosophischen, aber auch seine psychoanalytischen Entdeckungen und Kenntnisse reflektiert, die aber auch ein generelles Lebensmodell darstellen können. Die erste und zentrale Dimension, die hier verhandelt wird, ist die von Glück und Leiden. In unserer heutigen Sprache würden wir von einer affektiven oder emotionalen Grundsituation sprechen: Das Streben nach positiven Emotionen und das Vermeiden von negativen Emotionen. Indirekt formuliert dies Freud auch, wenn er sagt: »Endlich ist alles Leid nur Empfindung, es besteht nur, insofern wir es verspüren, und wir verspüren es nur infolge gewisser Einrichtungen unseres Organismus« (Freud, 1930, S. 436).

Hier taucht wieder der interessante Hinweis auf, dass wir letztendlich alles »innen« erleben. Dies ist ja auch explizit die buddhistische Sichtweise. Das Problem: Wer ist »wir«? Diese Trennung zwischen dem Erlebten und dem Erlebenden gilt es aus buddhistischer Sicht aufzuheben: Erst wenn diese Einheit von Erlebendem und Gelebten nicht mehr vom Bewusstsein dualistisch aufgetrennt wird, sondern direkt (im ersten Skandha) gelebt und »gehalten« werden kann, kann die Spaltung in Innen und Außen und das dadurch entstehende Leiden vermieden werden. Dies noch einmal als Hinweis auf die genaueren Ausführungen im 3. Kapitel.

Man könnte als ein basales, alltagspraktisches Lebensmodell formulieren: Ziel des Menschen ist die Suche nach Befriedigung und das mögliche Vermeiden von Versagungen (psychoanalytisch gesprochen libidinöser, aggressiver und narzisstischer Natur). Da das Leben in diesem Sinne positiv libidinös besetzt ist, entstehen entsprechende Vorstellungen, Annahmen und Bewertungen, wie das Leben am besten zu bewahren und befriedigend zu gestalten ist. Wenn wir Freuds Beschreibung der »drei Seiten«, von denen Unheil drohe, aufgreifen, könnte man dieses emotionale Prinzip der Befriedigung und Versagung auf den Körper, die natürliche Umwelt und die mitmenschlichen und sozialen Kontakte

15 Die Gemeinwohlökonomie basiert auf der Verwirklichung von Vertrauen, Wertschätzung, Kooperation, Solidarität und Teilen. Ziel ist die Umpolung von Gewinnstreben und Konkurrenz auf Gemeinwohlstreben und Kooperation. Es handelt sich um einen interessanten Versuch, auf die von weiter unten im Text von Freud aufgeworfene Frage, wie denn das Verhältnis vom Einzelnen zur Gesellschaft zu gestalten sei, eine Antwort zu finden (Felber, 2010).

beziehen: Lebensmodelle über Gesundheit, Krankheit, Tod und Sterben, Lebensmodelle über die Beziehung zur Natur, zur Welt, zum Universum und Lebensmodelle der Beziehung zu anderen Menschen, zur Gemeinschaft, zur Nation, zur Familie, zu Kindern etc. In allen diesen Bereichen besteht das Spannungsfeld zwischen Befriedigung und Versagung und Freud deutet die unterschiedlichen Modelle an, nach denen mehr die Lust und die Befriedigung oder mehr die Unlust und die Vermeidung der Versagung im Vordergrund stehen. Das Glücksstreben käme nämlich bald unter die Herrschaft des Realitätsprinzips, sodass sich viele Menschen schon glücklich priesen, wenn sie dem Unglück entkommen würden. Es gibt danach Lebensmodelle, die mehr direkt nach dem Glück und der Befriedigung der Wünsche ausgerichtet sind, und Lebensmodelle, die mehr nach der Vermeidung von Versagungen und damit Leiden orientiert sind.

Freud beschreibt beispielsweise die Einnahme von luststeigernden Substanzen, um die Einflussnahme des Menschen über seinen Körper auf die Dynamik von Befriedigung und Versagung zu formulieren. Essen, Rauchen, Trinken, Körperpflege, Sport, Sexualität: Alles dies sind Bereiche, in denen Menschen Vorstellungen, Annahmen und Wertvorstellungen entwickeln, die Ausdruck ihrer Lebensmodelle sind und in denen es nicht nur um die Erhaltung des Körpers geht – also auch die Abweisung des drohenden Verfalls des Körpers und Sterbens, sondern um die direkte Befriedigung körperlicher Wünsche. Hier könnte man auch die Konkretisierung der Lebensmodelle in den Alltagsmodellen studieren (einschließlich der typischen Diskrepanzen): Die allgemeine Einstellung dem Körper gegenüber konkretisiert sich dann beispielsweise im täglichen Umgang mit Substanzen wie Alkohol oder Nikotin, aber auch im Essen, in der Körperpflege etc.

Als einen anderen Weg in der emotionalen Dynamik von Befriedigung und Versagung – eben ging es um die Beeinflussung der Empfindungen – beschreibt Freud eine Art Leidabwehr, die sich auf die Wünsche und Bedürfnisse selbst bezieht. Er erwähnt die orientalische Lebensweise und meint damit offenbar auch die Yogapraxis, die er als eine Praxis der Abtötung der Triebe sieht. Auf diese Weise opfere man zwar das Leben, habe aber eine Form von Ruhe gewonnen, die auch eine Art Glück darstelle. Dies ist gerade für unser Thema eine interessante Bemerkung, weil ja auch der Buddhismus oft in dieser Weise missverstanden wird, also als eine Form der Leidabwehr durch Überwindung aller Wünsche – dies wäre das asketische Verständnis oder Missverständnis des Buddhismus.

Als eine andere Form der Leidabwehr beschreibt Freud die Zähmung der Wünsche, das Herabsetzen der Befriedigungsziele, und zwar wieder unter das

Realitätsprinzip, was ebenfalls einen gewissen Schutz gegenüber dem Leiden darstelle. Als eine weitere Form der Leidabwehr beschreibt Freud die schon erwähnte Triebsublimierung, die eine Verschiebung der Triebziele und Triebobjekte bedeutet, eine gewisse Unabhängigkeit von den Versagungen der Außenwelt. Hier nennt er den Lustgewinn aus intellektueller und psychischer Arbeit, also des Künstlers, Schriftstellers, Forschers etc. Im Grunde beschreibt Freud hier die Lust des Erkennens, der Wahrheit, des Forschens und der kreativen Arbeit: Bion formulierte, dass die Seele die Wahrheit brauche, um sich zu entwickeln und zu wachsen (Grinberg, Sor u. Tabak de Bianchedi, 1975, S. 68). Dies sind aber bereits Befriedigungen, die sich vom unmittelbaren Körper ablösen und daher nicht immer auch als körperliche zu erkennen sind. Es ist überhaupt zu fragen, inwieweit die Berufsarbeit in dieses Feld der Befriedigungen und Versagungen einzuordnen ist. Nur in einer Fußnote beschreibt Freud die Bedeutung der Berufsarbeit, vor allem die gemeine und jedermann zugängliche Arbeit. Keine andere Technik der Lebensführung binde den Einzelnen so fest an die Realität als die Betonung der Arbeit, die ihn wenigstens in ein Stück der Realität, in die menschliche Gemeinschaft, sicher einfüge.

»Die Möglichkeit, ein starkes Ausmaß libidinöser Komponenten, narzisstische, aggressive und selbst erotische, auf die Berufsarbeit und auf die mit ihr verknüpften menschlichen Beziehungen zu verschieben, leiht ihr einen Wert, der hinter ihrer Unerläßlichkeit zur Behauptung und Rechtfertigung der Existenz in der Gesellschaft nicht zurücksteht« (Freud, 1930, S. 438). Die Berufsarbeit scheint also – folgt man dieser sehr knappen, aber doch präzisen Beschreibung – die drei Bereiche von Befriedigung und Versagung – also den Körper, die natürliche Umwelt und die sozialen Beziehungen – zu überspannen und daher ihren zentralen Stellenwert zu bekommen.[16] Für das Konzept der Lebensmodelle könnte man also als einen weiteren zentralen Bereich den der Berufsarbeit nennen, der sich dann in einen Gegensatz zum privaten Leben eröffnet. So lassen sich beim Einzelnen Lebensmodelle der Arbeit und des privaten Lebens beschreiben, die im Kern aber um die affektive Dynamik der Befriedigung und der Versagung kreisen. Die konkreten Modelle unterscheiden sich dann darin, inwieweit die Vorstellungen, Annahmen und Bewertungen stärker den Bereich der Arbeit oder den Bereich des Privaten berühren. Man könnte beispielsweise vermuten, dass viele zwischenmenschliche Beziehungs-

16 Karl Marx misst der Arbeit ebenfalls einen zentralen Stellenwert zu: Arbeit ist die Verwirklichung des Menschen im Tun. Das jeweilige Produkt dieser Tätigkeit ist somit geronnene Lebenszeit, Lebenszeit in einer *Form* sichtbar gemacht, und steht dem Menschen dann »gegenüber«. Wenn es keine entfremdete Arbeit ist, sondern selbstverwirklichende Arbeit, kann man auch von einem Produkt sprechen, dass in »Liebe« hergestellt wurde.

konflikte zwischen Männer und Frauen aus ihren unterschiedlichen Lebensmodellen gerade in diesem Bereich resultieren: Wenn die Männer einseitig die Befriedigung aus ihrer Arbeitswelt ziehen und die Frau aus ihrer privaten Welt, dann ergeben sich hier gravierende Differenzen, die auf beiden Seiten zu schweren Entzweiungen führen können. Als Beispiel erwähnen wir den Film »Blue Valentine«, in dem allerdings dieser Konflikt, der schließlich zu einer dramatischen Trennung des Paares führt, genau umgekehrt strukturiert ist: Der Mann findet seine Befriedigung in der Beziehung zu seinem Kind und seiner Frau und entwickelt überhaupt keinen beruflichen Ehrgeiz, während seine Frau unter dieser Situation sehr leidet und sich beruflich viel mehr verwirklichen möchte.

Wir berühren hier bereits einen wesentlichen Punkt, auf den wir gleich noch zu sprechen kommen wollen: Welche Rolle nämlich die Lebensmodelle selbst am Leiden haben – also zur Neurose führen bzw. den »neurotischen Faktor« mobilisieren – und wie die zwischenmenschlichen Konflikte als Ausdruck differierender Lebensmodelle beschrieben und verstanden werden können. Wir sagten ja, dass der »neurotische Faktor« sich dann manifestiert, wenn sich das bislang praktizierte Lebensmodell als dysfunktional erweist.

Welche anderen Verfahren nennt Freud, um zu einem glücklichen Leben zu kommen? Er erwähnt das Phantasieleben und als besonderes Beispiel hier die Kunst und vor allem die Phantasiebefriedigungen durch den Genuss an Werken der Kunst (1930, S. 439): »Wer für den Einfluß der Kunst empfänglich ist, weiß ihn als Lustquelle und Lebenströstung nicht hoch genug einzuschätzen.« Aber auch dies ist nur eine milde Tröstung, gleichsam auf Zeit, und nicht wirklich stark genug, um reales Elend vergessen zu machen. Auch dieser Punkt stellt natürlich eine Art Lebensmodell dar, und es fragt sich, ob dies überhaupt im Leben vieler Menschen als Quelle der Befriedigung und Vermeidung der Versagung eine Rolle spielt.

Ein anderes Verfahren sei der Umgang mit der Realität selbst: so, wie es der Eremit macht, der sich ihr weitgehend zu entziehen versucht, oder aber der Umbau der Realität, wie es etwa der Psychotiker durch seine Wahngedanken tut. Aber Freud begrenzt dies nicht nur auf die Psychose, sondern formuliert (S. 440) den Fall, »daß eine größere Anzahl von Menschen gemeinsam den Versuch unternimmt, sich Glücksversicherung und Leidensschutz durch wahnhafte Umbildung der Wirklichkeit zu schaffen. Als solchen Massenwahn müssen wir auch die Religionen der Menschheit kennzeichnen. Den Wahn erkennt natürlich niemals, wer ihn selbst noch teilt.«

Dies wären also religiöse Lebensmodelle, die sich ebenfalls auf das Glück und die Leidensbewältigung beziehen und hier von Freud in sehr kritischer Weise als eine Art Massenwahn oder Massenillusion dargestellt werden. Dies ist in unserem Zusammenhang besonders erwähnenswert, wird doch der Buddhismus in der Regel als eine Religion angesehen, wenn auch von ihren Vertretern als eine rationale Religion; Stephen Batchelors Version eines säkularen Buddhismus haben wir schon diskutiert (siehe 3. Kapitel).

Schließlich erwähnt Freud vielleicht das wichtigste Mittel, um Befriedigungen im Leben zu erzielen, nämlich die Liebe und die Liebesbeziehungen. Es sei die Richtung im Leben, die das Lieben und Geliebtwerden zum Mittelpunkt macht. Dabei spielt nach Freud die Sexualität eine besondere Rolle, weil sie dem Menschen die stärkste Lustempfindung vermittle und so das Vorbild für das Glücksstreben sei. Dieses Streben basiere auf den ersten Lebenserfahrungen, sei aber so problematisch wie alle anderen Lebenstechniken auch: »Niemals sind wir ungeschützter gegen das Leiden, als wenn wir lieben, niemals hilfloser unglücklich, als wenn wir das geliebte Objekt oder seine Liebe verloren haben« (Freud, 1930, S. 441).

In diesem Zusammenhang erwähnt Freud auch die Einstellung zur Schönheit, also eine ästhetische Einstellung zum Leben insgesamt: Man könnte also von der Liebe zur Schönheit sprechen.

Damit beschließt Freud seine Liste der Lebenstechniken auf dem Wege zur Befriedigung und der Vermeidung der Versagungen und deutet die große Variabilität und Individualität dieser Lebenstechniken an. Diese »Lebenstechniken«, wie sie Freud hier nennt, beruhen nach unserem Verständnis auf Lebensmodellen, nach denen die Betreffenden handeln. Freud deutet auch an, was wir schon vermutet haben: Funktionelle Lebensmodelle sind wenig einseitig und müssen variabel sein, da sie sonst unvermeidlich zu Leiden führen werden. Er vergleicht dabei den Menschen mit einem Kaufmann, der sein ganzes Geld nicht an einer Stelle festlegt: Es sei nicht ratsam, alle Befriedigung von einer einzigen Strebung zu erwarten. Die Realisierung der Lebensmodelle hänge dabei von vielen Momenten ab, vor allem von einer Art Anpassungsfähigkeit an die Umwelt und davon, diese für den Lustgewinn auszunutzen. Ein ausgewogenes Maß an Schicksal (psychische Konstitution, die vorgefundene Umwelt), Zufall (kontingente Bedingungen in der Umwelt) und Verantwortung (Übernahme von Selbstregulation) könnte hier eine etwas andere Beschreibung dieses Zusammenhanges sein. Wenn die Lebensmodelle oder »Lebenstechniken«, wie Freud sie bezeichnet, nicht funktionell sind, bleiben nur noch dysfunktionale, als die er die Neurose oder Psychose nennt, Formen der Ersatzbefriedigung, wenn reale Befriedigungen in der Wirklichkeit nicht möglich sind. In einer Fußnote erwähnt Freud außerdem, dass es auch wichtig wäre, die Beziehung zwischen Objektlibido und narzisstischer Libido in der Frage der Glücksmöglichkeiten zu untersuchen.

Die beiden ersten Leidensquellen (eigener Körper, Außenwelt) sind aus freudscher Sicht – und dies ist zentral für unser Thema im Vergleich zum Buddhismus – unvermeidlich, weil die Natur nie vollständig beherrschbar und der Organismus selbst ein Teil dieser Natur und daher vergänglich ist. Aber nun fragt Freud nach der dritten Leidensquelle, der sozialen. Trage nicht unsere Kultur einen großen Teil der Schuld an dem menschlichen Elend? Hier entdeckt Freud einen bemerkenswerten Widerspruch, ist doch die Kultur ein Ergebnis der Versuche, die Gefahren des Lebens (die von außen und innen kommen) zu bewältigen, und stellt doch gleichzeitig eine wesentliche Leidensquelle dar. Die damit zusammenhängende Kulturfeindlichkeit deutet Freud (1930, S. 446) auf folgende Weise: »Man fand, daß der Mensch neurotisch wird, weil er das Maß von Versagung nicht ertragen kann, das ihm die Gesellschaft im Dienste ihrer kulturellen Ideale auferlegt, und man schloß daraus, daß es eine Rückkehr zu Glücksmöglichkeiten bedeutete, wenn diese Anforderungen aufgehoben oder sehr herabgesetzt würden.« Freud beschreibt an dieser Stelle ein »Unbehagen in der Kultur«, dass sich trotz der enormen Fortschritte der Wissenschaft und Technik das Glück der Menschen nicht vergrößert habe.

Der Konflikt zwischen Individuum und Kultur

Es erscheint notwendig, einige der Ausführungen von Freud noch vertiefend darzustellen, weil er in »Das Unbehagen in der Kultur« einen Aspekt der Sozialisation des Menschen beschreibt, der auf diese Weise im Buddhismus eher vernachlässigt wird. Als Wesen der Kultur beschreibt Freud die beiden Zwecke, dass sie nämlich den Menschen vor der Natur schütze und die Beziehungen der Menschen untereinander regele. Dabei stellt er insbesondere die Leistungen der Technik und Wissenschaft heraus, die zu enormen kulturellen Fortschritten geführt und sogar etwas »Göttliches« an sich hätten: »Der Mensch ist sozusagen eine Art Prothesengott geworden, recht großartig, wenn er alle seine Hilfsorgane anlegt, aber sie sind nicht mit ihm verwachsen und machen ihm gelegentlich noch viel zu schaffen« (Freud, 1930, S. 451).

Freud prognostiziert noch weitere Fortschritte – hierin aus heutiger Sicht durchaus hellsichtig –, aber bezweifelt, ob sich der Mensch in seiner Gottähnlichkeit wirklich glücklich fühlen wird – auch dies wie eine aktuelle Diagnose unserer gegenwärtigen Situation. Aber nicht nur Technik und Wissenschaft, auch die Bedeutung von Schönheit, Ordnung, Reinlichkeit, Intellektualität und Kunst wird zu den kulturellen Erwerbungen gezählt.

Ein besonderes Interesse hat Freud aber für die kulturelle Leistung, die sozialen Beziehungen zwischen den Menschen zu ermöglichen und zu regeln. Hier entsteht ein Gegensatz zwischen dem Einzelnen und der Gemeinschaft. Dies ist ein wesentlicher kultureller Schritt, dass sich nämlich die Mitglieder der Gemeinschaft in ihren Befriedigungsmöglichkeiten (Freud nennt die beiden zentralen Antriebe: Nutzen und Lustgewinn) einschränken, während der Einzelne keine solchen Schranken kannte. So besteht aber nach Freud ein grundlegender Konflikt zwischen dem Freiheitsanspruch des Einzelnen und dem Willen der Masse oder Gemeinschaft: »Ein gut Teil des Ringens der Menschheit staut sich um die eine Aufgabe, einen zweckmäßigen, d.h. beglückenden Ausgleich zwischen diesen individuellen und den kulturellen Massenansprüchen zu finden« (Freud, 1930, S. 456).

Freud schlägt nun einen Bogen zwischen dieser kulturellen Entwicklung und der Entwicklung des einzelnen Menschen: Die Triebsublimierung sei ein besonderes Kennzeichen der Kulturentwicklung, sie mache es möglich, dass ursprünglich triebhaft-egozentrische Triebe in kulturell wertvolle Aktivitäten umgewandelt werden, wie dies Freud am Beispiel der Analität beschreibt. Daraus leitet Freud ab, dass der Triebverzicht, die »Kulturversagung«, das große Gebiet der sozialen Beziehungen der Menschen beherrsche und dass dies die Ursache für eine Kulturfeindlichkeit sei, gegen die alle Kulturen zu kämpfen hätten.

Entsprechend seiner psychoanalytischen Theorie hebt Freud die beiden zentralen Antriebe des Menschen hervor, die diesen kulturellen Konflikt prägen, nämlich die libidinösen und die aggressiven Regungen, von denen schon die Rede war. Freud betont, dass die Liebe für die meisten Menschen die wichtigste Glücksquelle bleibe, sie aber dadurch abhängig und anfällig für Not und Leiden blieben. Eine Sublimierung dieser Liebeswünsche in Richtung einer allgemeinen Menschenliebe, wie er sie am Beispiel von Franz von Assisi erkennt, sieht er nicht ohne Bedenken. Manche der folgenden Überlegungen Freuds zur sexuellen und zielgehemmten Liebe und ihrer Fokussierung auf die kulturellen Anforderungen mögen heute nicht mehr zutreffend sein: Entscheidend bleibt aber für unseren Zusammenhang, dass die Liebesstrebungen des Menschen von Beginn des Lebens einem kulturellen Einfluss unterworfen sind, der fast unvermeidlich konflikthafter Natur ist – auch dies ohne Frage eine aktuelle Diagnose. Freuds Resümee an dieser Stelle (S. 465) lautet: »Das Sexualleben des Kulturmenschen ist doch schwer geschädigt, es macht mitunter den Eindruck einer in Rückbildung befindlichen Funktion […] Man hat wahrscheinlich ein Recht anzunehmen, daß seine Bedeutung als Quelle von Glücksempfindungen, also in der Erfüllung unseres Lebenszweckes, empfindlich nachgelassen hat. Manchmal glaubt man zu erkennen, es sei nicht allein der Druck der Kultur, sondern etwas am Wesen der Funktion selbst versage uns die volle Befriedigung und dränge uns auf andere Wege.«

Es geht hier nicht darum, diese skeptischen Überlegungen für die heutige Zeit zu überprüfen. Es bleibt aber auch heute eine zentrale klinische Erfahrung, dass die Versagungen des Liebes- und Sexuallebens eine oder vielleicht sogar *die* entscheidende Quelle des menschlichen Leidens darstellen – zumindest des Leidens, das psychoanalytisch als »neurotisches Leiden« oder im Zusammenhang mit dem »neurotischen Faktor« eingeschätzt wird. Freud deutet ja in diesem Zitat an, dass es womöglich noch andere Quellen dieses Leidens gibt, andere Quellen als der beschriebene Konflikt zwischen den durchaus egoistischen Liebeswünschen und den kulturellen Forderungen der Gemeinschaft. Hier könnte man an die »Vier Edlen Wahrheiten« aus buddhistischer Sicht denken, die ja ein Begehren, ein Anhaften als Leidensquellen zu beschreiben versuchen, die nicht aus einem Konflikt mit der Kultur, sondern mit der Natur des Lebens selbst zusammenhängen, nämlich seiner Unbeständigkeit und Vergänglichkeit. Diesen Gedanken werden wir später noch einmal aufgreifen (siehe Kapitel 6).

Neben diesen Versagungen durch die Einschränkung der Liebesmöglichkeiten sieht Freud (S. 470 ff.) eine wesentliche Leidensquelle in der dem Menschen inhärenten Aggressionsneigung: »Das gern verleugnete Stück Wirklichkeit hinter allem ist, daß der Mensch nicht ein sanftes, liebesbedürftiges Wesen ist, das sich höchstens, wenn angegriffen, auch zu verteidigen vermag, sondern daß er zu seinen Triebbegabungen auch einen mächtigen Anteil von Aggressionsneigung rechnen darf. […] *Homo homini lupus;* wer hat nach allen Erfahrungen des Lebens und der Geschichte den Mut, diesen Satz zu bestreiten? […] Die Existenz dieser Aggressionsneigung, die wir bei uns selbst verspüren können, beim anderen mit Recht voraussetzen, ist das Moment, das unser Verhältnis zum Nächsten stört und die Kultur zu ihrem Aufwand nötigt […] die Kultur muß alles aufbieten, um den Aggressionstrieben der Menschen Schranken zu setzen […] daher die Einschränkung des Sexuallebens und daher auch das Idealgebot, den Nächsten so zu lieben wie sich selbst, das sich wirklich dadurch rechtfertigt, dass nichts anderes der ursprünglichen menschlichen Natur so sehr zuwiderläuft.«

Diese zentrale Stelle in Freuds Ausführungen ist ein Beispiel für die schon erwähnte Frage des »Vokabulars«, der Rolle der Sprache und Begriffe, die nicht immer deutlich machen, ob es sich um Beschreibungen von Tatsachen oder um Interpretationen handelt: Dass aggressive Phänomene im sozialen Leben der Menschen und Gesellschaften überaus häufig sind, wird auch fast 100 Jahre nach der Beschreibung von Freud niemand bestreiten. Aber Freud spricht von der »Aggressionsneigung« als einer Tendenz im Menschen, die durchaus mit Befriedigung verbunden ist, wie es auch in der Formulierung eines Sadismus oder eines Begriffes wie Grausamkeit enthalten ist. Und er spricht von »der ursprünglichen Natur«, die er beim Menschen annimmt. Dies kann man nun als sein Lebens- oder Arbeitsmodell bezeichnen, das ein bestimmtes Menschen- und Weltbild zum Ausdruck bringt, für das zwar die Phänomenologie spricht, das aber bekanntlich nicht unwidersprochen geblieben ist. Ein wenig später im »Unbehagen in der Kultur« erläutert Freud diese »ursprüngliche Natur«, indem er einen Todestrieb postuliert und diesen als Antagonismus zum Lebenstrieb versteht.

In einer späteren Schrift (1937) beschreibt er die Lebenserscheinungen aus einem Wechselspiel von Lebens- und Todestrieb. Damit formuliert er eine fundamentale Bipolarität, die später auch von anderen Autoren aufgenommen wurde, etwa von Fromm, der von biophilen und nekrophilen Tendenzen im Menschen spricht (Fromm, 1975). Hier findet dann der grundlegende Konflikt zwischen dem Einzelnen und der Kultur seine schärfste Ausprägung. Die Kultur wird in diesem Zusammenhang als lebenserhaltend verstanden: »Für alles Weitere stelle ich mich also auf den Standpunkt, daß die Aggressionsneigung eine ursprüngliche, selbständige Triebanlage des Menschen ist, und komme darauf zurück, daß die Kultur ihr stärkstes Hindernis in ihr findet [...] Diesem Programm der Kultur [das im Dienste des Eros steht, R. Z. / G. W.] widersetzt sich aber der natürliche Aggressionstrieb der Menschen, die Feindseligkeit eines gegen alle und aller gegen einen [...] Sie [die Kulturentwicklung] muß uns den Kampf zwischen Eros und Tod, Lebenstrieb und Destruktionstrieb zeigen, wie er sich an der Menschenart vollzieht. Dieser Kampf ist der wesentliche Inhalt des Lebens überhaupt und darum ist die Kulturentwicklung kurzweg zu bezeichnen als der Lebenskampf der Menschenart« (Freud, 1930, S. 481).

Für die Diskussion zwischen Buddhismus und Psychoanalyse ist nicht unwichtig, dass diese Grundauffassung von Freud dem buddhistischen Denken keineswegs fremd ist, werden doch der Hass und destruktive Tendenzen als wesentliche Hindernisse auf dem Weg zum Erwachen oder der Erleuchtung angesehen. Und es ist sicherlich in diesem Zusammenhang zu sehen, dass die Entwicklung von Mitgefühl in allen Richtungen des Buddhismus einen solch zentralen Stellenwert einnimmt – wie in fast allen Religionen. Aber Freud betont hier in seinen Überlegungen viel stärker den Zusammenhang mit der kulturellen Entwicklung, auch wenn er fragt, wie die Kultur die natürliche Aggressionsneigung des Menschen zu hemmen versucht. Seine Antwort: über die Entwicklung des Schuldgefühls, das Freud in einer besonderen Instanz der Person lokalisiert, nämlich als Über-Ich. Für die Ursprünge des Schuldgefühls sieht Freud zwei wesentliche Quellen: die Angst vor der elterlichen Autorität und die spätere Angst vor dem Über-Ich. Der Preis des Triebverzichts – nämlich auf die natürliche grausame Neigung des Kindes – ist durch die Einsetzung des Über-Ichs hoch:

»Der Triebverzicht hat nun keine voll befreiende Wirkung mehr, die tugendhafte Enthaltung wird nicht mehr durch die Sicherung der Liebe gelohnt, für ein drohendes äußeres Unglück – Liebesverlust und Strafe von Seiten der äußeren Autorität – hat man ein andauerndes inneres Unglück, die Spannung des Schuldbewußtseins, eingetauscht [...] Die zeitliche Reihenfolge wäre also die: zunächst Triebverzicht infolge der Angst vor der Aggression der äußeren Autorität, – darauf läuft die Angst vor dem Liebesverlust hinaus, die Liebe schützt vor dieser Aggression der Strafe, – dann Aufrichtung der inneren Autorität, Triebverzicht infolge der Angst vor ihr, Gewissensangst. Im zweiten Falle Gleichwertung von böser Tat und böser Absicht, daher Schuldbewußtsein, Strafbedürfnis« (Freud, 1930, S. 487).

Dieses so zentrale Schuldgefühl entsteht nach Freud aus der Konstellation des kindlichen Ödipuskomplexes, indem nämlich gefühlsmäßig ambivalente Regungen den beiden Eltern gelten und prinzipiell mit einem Schuldgefühl erkauft werden. »Nun, meine ich, erfassen wir endlich zweierlei in voller Klarheit, den Anteil der Liebe an der Entstehung des Gewissens und die verhängnisvolle Unvermeidlichkeit des Schuldgefühls [...] Ist die Kultur der notwendige Entwicklungsgang von der Familie zur Menschheit, so ist unablösbar mit ihr verbunden, als Folge des mitgeborenen Ambivalenzkonflikts, als Folge des ewigen Haders zwischen Liebe und Todesstrebungen, die Steigerung des Schuldgefühls vielleicht bis zu Höhen, die der Einzelne schwer erträglich findet« (Freud, 1930, S. 492).

Es ist also für Freud keine Frage, dass das Schuldgefühl als das wichtigste Problem der Kulturentwicklung angesehen werden muss und dass der Preis für den Kulturfortschritt eine Glückseinbuße ist. Allerdings betont er, dass in vielen Fällen dieses Schuldgefühl eher im Unbewussten wirkt, sich also als unbewusstes Strafbedürfnis äußert. Freud sagt daher, dass sich das Schuldgefühl oft eher als ein Unbehagen, eine Unzufriedenheit zeigt.

Dies der abschließende Absatz von Freuds bedeutender Arbeit (S. 506): »Die Schicksalsfrage der Menschenart scheint mir zu sein, ob und in welchem Maße es ihrer Kulturentwicklung gelingen wird, der Störung des Zusammenlebens durch den menschlichen Aggressions- und Selbstvernichtungstrieb Herr zu werden [...] Die Menschen haben es jetzt in der Beherrschung der Naturkräfte so weit gebracht, daß sie es mit deren Hilfe leicht haben, einander bis auf den letzten Mann auszurotten. Sie wissen das, daher ein gut Stück ihrer gegenwärtigen Unruhe, ihres Unglücks, ihrer Angststimmung. Und nun ist zu erwarten, daß die andere der beiden ›himmlischen Mächte‹, der ewige Eros, eine Anstrengung machen wird, um sich im Kampf mit seinem ebenso unsterblichen Gegner zu behaupten. Aber wer kann den Erfolg und Ausgang voraussehen?«

»Das Unbehagen in der Kultur« wurde, wohlgemerkt, 1930 geschrieben, also wenige Jahre vor dem verheerenden Zweiten Weltkrieg und dem Vernichtungskrieg gegen die Juden. Aber haben diese Überlegungen etwas von ihrer Aktualität verloren, selbst wenn man den unbestreitbaren Erscheinungen der menschlichen Aggressivität eine andere Deutung gibt, als Freud dies hier tut?

Abschließende Bemerkungen

Wir brechen hier die Beschreibung ab, um den bisherigen Faden noch einmal aufzugreifen: Wir haben die Grundannahmen der Psychoanalyse beschrieben und dabei vor allem die Bedeutung des Unbewussten, der Sexualität, der Träume, der Konflikte, der Übertragung und des Widerstandes herausgestellt. Im letzten Teil haben wir als grundlegenden Konflikt den zwischen dem Individuum und der Gesellschaft in Freuds Worten wiedergegeben, in dem die Rolle der Liebe, der Aggression und die Entwicklung des Schuldgefühls wesentlich sind. Wir haben gesagt, es handele sich um das offizielle theoretische Modell der freudschen Psychoanalyse, wie es in den ersten Jahrzehnten der Psychoanalyse entwickelt wurde und das Freud in den zitierten Arbeiten als das offizielle Modell vorstellt, das aber auch sein persönliches Modell spiegelt – von dem aber anzunehmen ist, das er es in der konkreten Arbeit mit seinen Patienten entsprechend modifiziert hat.

Von hier ausgehend wollten wir darlegen, wie sich aus dieser Sicht die »Neurose« bzw. der »neurotische Faktor« des Patienten beschreiben lässt, und zwar unter der Perspektive der Lebens- und Alltagsmodelle der Menschen. Es wurde uns deutlich, dass wir dies nicht aus einer generellen Perspektive beschreiben können, und wählten daher zu Beginn einen wiederum psychoanalytischen Gesichtspunkt: Ein möglicher Ansatz erschien uns »Das Unbehagen in der Kultur« von Freud (1930), in der er das Streben der Menschen nach Glück und das Vermeiden von Unglück als zentrale Lebenstechniken beschreibt, die in verschiedenen Bereichen – in der Beziehung zum eigenen Körper, zur natürlichen Umwelt und zur Beziehungsumwelt – Strategien entwickeln, um auf diese Weise jeweils Befriedigung zu erreichen.

Zusammenfassend lässt sich zum »neurotischen Faktor« Folgendes sagen:

1. Das seelische Leiden als krankhaftes Ereignis kann als ein Scheitern des Alltags- und Lebensmodells und der entsprechenden Lebenstechniken angesehen werden. Das Leben erweist sich als wenig befriedigend, die Versagungen überwiegen, der Mensch ist unglücklich und verzweifelt. Das Leben wird von Ängsten, Schuldgefühlen, Hemmungen und Selbstwertzweifeln bestimmt.

2. Versteht man die Alltagsmodelle als konkretisierte, an der Alltagspraxis orientierte Lebensmodelle, dann manifestiert sich das seelische Leiden vor allem an einem Scheitern auch der Alltagsmodelle: Der Alltag wird bis in alle Einzelheiten unbefriedigend. Im modernen Leben manifestiert sich dieses Scheitern der Alltagsmodelle insbesondere in den Liebesbeziehungen und im beruflichen Alltag. An dieser grundlegenden Beschreibung hat sich auch seit den Tagen von Freud wenig geändert.
3. Insofern ist seelisches Leiden als eine Dysbalance zu verstehen, die sich vor allem in einem Überwiegen von Unbehagen, Unlust, Unglück, fehlender Befriedigung, negativen Emotionen etc. ausdrückt, während die Befriedigungen und die Glücksmomente immer mehr abnehmen. Dies manifestiert sich aus der Innenperspektive als ein dauerhaftes, oftmals chronifiziertes Mangelerleben, dem Gefühl, dass im Leben und in der eigenen Person etwas Grundlegendes fehlt; aus der Außenperspektive als »getäuschtes Bewusstsein«, denn viele Menschen leben heute in der westlichen Kultur ohne permanente körperliche und natürliche Bedrohungen.
4. Dieses »getäuschte Bewusstsein« wird allerdings dem Betreffenden dann deutlich, wenn er die »Täuschungen« seines bisherigen Lebensmodells realisiert. Auslöser für das neurotische Leiden ist somit fast immer eine mehr oder weniger dramatische »Ent-Täuschung«. Die Lebens- und Alltagsmodelle scheinen Erwartungen zu enthalten, die früher oder später an der Realität zerschellen. Aus der psychoanalytischen Perspektive sind diese Erwartungen ganz stark von kindlich persistierenden Wünschen und Phantasien geprägt, die aber grundlegend konflikthaft sind.
5. Die zentrale psychoanalytische Grundannahme für diese »Ent-Täuschung« bei der Entstehung neurotischen Erlebens bzw. dem Wirken des »neurotischen Faktors« ist ein Fortwirken des kindlichen Ich-Selbst – die »unsterblichen Kindheitswünsche« (Mertens, 1999, S. 13) –, das an bestimmte unerfüllbare Wünsche, aber auch Ängste fixiert bleibt und die im Gegensatz zum erwachsenen Leben stehen: das erwachsene Leben als Ausdruck der Spannung zwischen den eigenen Wünschen und Erwartungen und den Ansprüche der anderen und der Gesellschaft und Kultur als Ganzes.
6. Ein kurzer Vergleich von Freuds und dem buddhistischen Ansatz: Freud beschreibt sehr genau, wie Hass und Verblendung, oder in seinen Worten, Aggression und Nicht-Wissen, individuell und gesellschaftlich wirksam sind. Dies ist, und da unterscheiden sich Buddhismus und Psychoanalyse, eine entwicklungspsychologische Betrachtungsweise: Wie entwickeln sich diese Strukturen im jeweiligen Kind und bilden so die Grundlage für den Erwachsenen. Diese Entwicklung versucht der Buddha nicht zu beschreiben,

er führt vielmehr aus, was er vorgefunden hat im Rahmen seiner intensiven Selbst-Studien. Und er kommt zu einem sehr ähnlichen »Resultat«: Hass/Aggression und Unwissenheit sind die Resultate einer solchen menschlichen Struktur. Der Unterschied in den beiden Ansätzen liegt in der Ausgangssichtweise begründet: Die Arbeitsfragen von Freud lauten: Wie kommt es entwicklungsgeschichtlich dazu, dass der Mensch leidet; was sind die kindlichen und gesellschaftlichen Bedingungen einer solchen Entwicklung? Was muss mit den daraus entstandenen Leiden gemacht werden? Die Antwort von Freud: Diese Entwicklung muss ins Bewusstsein gehoben werden. Die Arbeitsfrage des Buddha hingegen lautet: Was tut der erwachsene Mensch, dass er diese einmal entwickelte Struktur aufrechterhält? Die Antwort des Buddha: Der Mensch haftet an. Er muss sich dieser Anhaftung bewusst werden und sie dann (Schritt für Schritt) aufgeben. Diese Bewusstwerdung wird hier verstanden als Erkenntnis (wie bei Freud), aber auch als Aufhebung von geistiger Täuschung.

Im nächsten Kapitel werden wir nun die beiden ausführlich dargestellten Arbeitsmodelle des Buddhismus und der Psychoanalyse miteinander vergleichen und vor allem die Frage stellen, ob und was der Buddhismus und die Psychoanalyse von der jeweilig anderen Disziplin lernen können.

5. Was können Psychoanalyse und Buddhismus voneinander lernen?

Grundannahmen des Buddhismus zusammengefasst

Ziel des buddhistischen Weges ist ein geistiges Erwachen als eine mögliche existenzielle menschliche Erfahrung, um das allgegenwärtige Leiden der menschlichen Existenz zu überwinden. Wie eingangs erwähnt, könnte man in einem sehr weiten Sinne von einem »therapeutischen System« sprechen, zumal der Buddha in seinem Selbstverständnis als »Arzt« der menschlichen »Krankheit« anzusehen ist (siehe Kapitel 3). Dieses spirituelle Erwachen wird durch die Aufhebungen basaler »Verdunkelungen« (Erkenntnis) und durch die Aufhebung von Täuschungen (grundlegende Wahrnehmungsveränderung) erreicht, bei denen sich zwei große Bereiche unterscheiden lassen:

1. »Verdunkelungen« durch störende, konflikthafte Gefühle oder Emotionen, die vor allem durch die beiden menschlichen Grundreaktionen, nämlich Anziehung und Abstoßung oder Liebe und Hass, hervorgerufen werden. Die Anziehung führt zum Anhaften, zu Gier und Bindung, die Ablehnung zu Hass, Missgunst und Gewalttätigkeit. Die Menschen möchten angenehme, lustvolle und freudige Erfahrungen dauerhaft erleben und schmerzliche und bedrohliche Erlebnisse möglichst für immer vermeiden.
2. Diese gefühlsmäßige Grundreaktion – sich an Angenehmes zu klammern und Unangenehmes zu vermeiden – wird durch konzepthafte, gedankliche Verirrungen, durch geistige und emotionale Reaktionsmuster, die zu einem »getäuschten Bewusstsein« führen, hervorgerufen. Diese Verirrungen sind vor allem eine Folge von Unwissenheit oder Mangel an Einsicht, die sich im Wesentlichen aus zwei grundlegenden Überlegungen aufbauen, nämlich der irrigen Vorstellung von der Beständigkeit der Dinge und der Vorstellung von der Existenz eines unabhängigen, beständigen Ich-Selbst. Im Buddhismus wird an dieser Stelle oft von den drei Grundmerkmalen der menschlichen Existenz gesprochen: von der universalen Leidhaftigkeit, von der Vergänglichkeit und Unbeständigkeit und ihrer Selbst- und Ichlosigkeit.

In fast allen buddhistischen Schulen werden folgende Grundannahmen als die »Vier Edlen Wahrheiten« benannt: die grundlegende Leidhaftigkeit des Daseins, deren Ursache in dem Begehren der Menschen zu sehen ist, das Erkennen dieses Zusammenhangs, die Möglichkeit der Überwindung des Leidens und die Schilderung eines praktischen Weges. Dies haben wir im 3. Kapitel ausführlich dargestellt.

Kann man sich die Leidhaftigkeit der Existenz noch vergegenwärtigen (auch wenn die Tendenz zur Verdrängung schmerzlicher Erfahrungen doch bei allen Menschen sehr stark ist) und kann man die Vergänglichkeit und Unbeständigkeit intellektuell nachvollziehen (obwohl wir an unseren gefühlsmäßigen Reaktionen bei einem Verlust merken können, dass wir diese Tatsache nicht wirklich anerkannt haben), so ist die sogenannte »Selbstlosigkeit«, d. h. die Nicht-Existenz eines festen, dauerhaften Ich-Selbst, eine schwere Herausforderung für das bewusste Erleben. Gemeint ist im buddhistischen Sinne, dass wir zwar über ein Ich-Gefühl verfügen, das Ausdruck eines Selbstmodells ist, dass dieses Ich aber keine substanzielle, d. h. also dinghafte, abgrenzbare Wesenheit verkörpert, sondern unbeständig, fließend und in bedingter Abhängigkeit von allen anderen Vorgängen im Leben zu verstehen ist.

Dieser zentrale Begriff der Ich- oder Selbstlosigkeit stellt für den westlichen Geist in der Regel eine schwer akzeptable Annahme und Behauptung dar. Psychoanalytisch gesprochen betonen wir ja im Westen – gerade unter dem Einfluss der Psychoanalyse und der modernen Entwicklungspsychologie – die Wichtigkeit der Selbstständigkeit, der Entwicklung von Autonomie und Selbstbewusstsein. Im Zusammenhang mit dieser im Buddhismus beschriebenen »Leerheit« steht auch die Vorstellung, dass alle Dinge des Daseins in gegenseitiger Abhängigkeit entstehen, die Dinge also nicht in sich existieren, sondern in Abhängigkeit voneinander, eine Vorstellung, die auch im Einklang mit der modernen Physik steht.

Als Konsequenz dieser basalen Unwissenheit, dieses Mangels an Einsicht findet sich bei den meisten Menschen eine Form von Selbst-Bezogenheit, die vor allem dazu führt, dass sie sich nicht wirklich verbunden, sondern getrennt und isoliert von anderen fühlen und keine grundlegende Empathie oder Mitgefühl und Erbarmen für andere entwickeln, da man eher die Getrenntheit als die Verbundenheit betont. Aus dieser Haltung der Ich-Bezogenheit entstehen die schon erwähnten emotionalen Reaktionen, nämlich entweder besitzergreifende Aneignung und Anhaften als Ausdruck von Anziehung und Liebe oder Ablehnung und Gewalt als Ausdruck von Hass.

Die Heilung von dieser basalen Unwissenheit, die Auflösung der »Verdunkelungen« oder der Widerstände gegen das Erkennen der elementaren

Wirklichkeit besteht in der Einsicht, in dem Verstehen dieser knapp skizzierten Zusammenhänge und vor allem in der Erkenntnis, dass ein unabhängiges Ich-Selbst nicht existiert, sondern dass das Ich nur in Vernetzung mit allem anderen zu begreifen ist. Der Weg zur spirituellen Erkenntnis oder Erleuchtung besteht nun in bestimmten Praktiken, die das Ziel haben, auf einer emotionalen Ebene Mitgefühl und auf einer mehr verstandesmäßigen Ebene Weisheit zu entwickeln. Unter Mitgefühl wird weniger Mitleid als ein freudvolles Mitgefühl verstanden, das nicht nur dem anderen dient, sondern ebenso der eigenen Weiterentwicklung. Unter Weisheit wird weniger rein intellektuelles Wissen als direktes Verstehen verstanden. Buddha soll zu diesem Punkt Folgendes gesagt haben:

»Meine Lehre ist keine Philosophie. Sie ist das Ergebnis direkter Erfahrung. Die Dinge, die ich sage, kommen aus meiner eigenen Erfahrung. Und du kannst sie alle durch deine eigene Erfahrung bestätigen. Ich lehre, dass alle Dinge unbeständig und ohne eigenständiges Selbst sind. Das habe ich aus meinen eigenen, unmittelbaren Erfahrungen gelernt. Du kannst das auch. Ich lehre, dass alle Dinge von allen anderen Dingen abhängig sind in ihrem Entstehen, ihrer Entwicklung, ihrem Verlöschen. Nichts wird von einer einzigen, ursprünglichen Quelle hervorgebracht. Diese Wahrheit habe ich direkt erfahren und du kannst es auch. Mein Ziel ist nicht, das Universum zu erklären, ich möchte vielmehr anderen helfen, sie anleiten, eine unmittelbare, direkte Erfahrung von Wirklichkeit zu machen. Worte können die Wirklichkeit nicht beschreiben. Nur die unmittelbare Erfahrung befähigt uns, das wahre Gesicht der Wirklichkeit zu sehen« (Thich Naht Hanh, 2004).

Diese Bemerkungen fassen in klarer Weise die Essenz der buddhistischen Einsicht über die Natur der menschlichen Existenz zusammen. Die Betonung der direkten Erfahrung und die In-Frage-Stellung des Glaubens und vor allem jeglicher Autorität kommt noch prägnanter in dem berühmten Spruch »Triffst du Buddha unterwegs, dann töte ihn!« in schonungsloser Weise zum Ausdruck. Diese direkte Erfahrung ist immer eine Selbst-Erfahrung, für die in den östlichen Traditionen als zentrale Methode die Meditation und die Praxis der Achtsamkeit gelten können.

Achtsamkeit oder Geistesgegenwart hat in den östlichen Philosophien und Praktiken, vor allem im Buddhismus, eine sehr lange Tradition. Die Praxis der Meditation und die Übung der Achtsamkeit zeigen dem Übenden die gedanklichen Fixierungen, die Neigung zum Anhaften, die auftauchenden Aversionen, die Unmöglichkeit, die ständigen Identifikationen aufzulösen, was auch als Loslassen beschrieben wird, und die ständigen Polarisierungen in Gut und Böse, angenehm und unangenehm, gestern und morgen, was man auch als Unfähigkeit oder Schwierigkeit beschreiben kann, den Fluss des Lebens von Moment zu

Moment zu begleiten, sich mit dem Wandel zu verbinden, wie dies Rolf Elberfeld (2004) so schön formuliert hat.

Das berühmte buddhistische Nirwana, das wir uns gern in unserem verobjektivierenden Denken als einen irgendwie jenseitigen Ort vorstellen, ist im Grunde ein Bewusstseinszustand, in dem die beschriebenen Verdunkelungen und Widerstände losgelassen worden sind und dadurch ein umfassendes, achtsames und nichts ausschließendes Gewahrsein des jeweiligen Augenblickes oder Momentes realisiert ist. Weil aber Nirwana oder auch Erwachen kein Ding oder Gegenstand ist, kann man es auch im eigentlichen Sinn nicht erreichen. Ganz im Gegenteil entzieht es sich mehr und mehr, je mehr der Übende danach strebt. Dies kann man als die zentrale Paradoxie der meditativen Übung ansehen: Im Grunde gibt es nichts zu erreichen, auch wenn diese Erkenntnis »verdunkelt« ist. Es gibt nichts zu erreichen, weil die grundlegende Haltung im Zen die der Absichtslosigkeit ist, also eine Haltung der Nicht-Erwartung. Die Absichtslosigkeit und das Nichts-erreichen-Wollen erst macht offen für den jetzigen Augenblick oder besser: macht einen solchen erst möglich. Um dies aber zu erkennen und zu realisieren, bedarf es großer Anstrengung und Übung. Oder wie dies Barry Magid (ein moderner Psychoanalytiker und Zen-Lehrer in einer Person) einmal formulierte: »Erleuchtung ist, wenn jeder Begriff von Erleuchtung aufgegeben worden ist.« Oder Michael von Brück (2010):

»Es geht in der buddhistischen Meditation nicht um außergewöhnliche Trancen, sondern um eine gezielte Transformation des Bewusstseins, damit der Mensch zu einem Gewahrsein aller inneren und äußeren Erscheinungen gelangt, die in jedem Augenblick integriert werden, so dass in jeder Situation ein projektionsfreies Verhalten möglich wird.«

An dieser Stelle wollen wir noch einmal an die von Kornfield und Goldstein (2006) beschriebene alte Zen-Geschichte aus China erinnern, die diese Grundannahmen in liebenswerter Weise verdeutlicht:

»Der Alte sprach den Mönch an: Freund, wohin gehst Du? Der Mönch erzählte seine Geschichte: Ich habe viele Jahre geübt, und das einzige, was ich nun will, ist, den Punkt in der Mitte zu berühren, erkennen, was die Essenz des Lebens ist. Sag mir alter Mann, weißt Du etwas über die Erleuchtung? Da ließ der Alte einfach sein Bündel los, sodass es zu Boden fiel, und wie in so vielen Zen-Geschichten, wurde der Mönch in dem Moment erleuchtet.

Das ist unser Bestreben, unsere Aufgabe – alles loszulassen, unsere gesamte Vergangenheit und Zukunft fallen zu lassen, alle unsere Identifikationen, unsere Ängste, unsere Meinungen, also unser ›Ich‹ und ›mein‹. In der Geschichte heißt es weiter, dass nach diesem entscheidenden Punkt der erleuchtete Mönch den Alten ein wenig verwirrt anschaute, weil er nicht wusste, was er nun tun sollte.

›Und was jetzt?‹ Der alte Mann lächelte, beugte sich zu Boden, nahm sein Bündel wieder auf und machte sich auf den Weg in die Stadt.«

Diese kleine Geschichte zeigt einen Punkt, mit dem wir begonnen haben: Die Wahrheit kann man vielleicht gar nicht aussprechen, sondern nur zeigen – ein ganz zentraler Punkt im Buddhismus und insbesondere im Zen. Und wie dies Shunryu Suzuki einmal seinen Schülern sagte: »Ihr strebt nach der Erleuchtung, aber vielleicht gefällt sie Euch gar nicht, wenn ihr sie erreicht haben solltet.« Wie der alte Mönch, der fragte: »Ja, und nun?« »Ja, gar nichts, es gibt keinen anderen Weg, als die Last des Lebens, die eben nicht mehr als Last erlebt wird, immer wieder auf sich zu nehmen«, könnte man knapp antworten – eine Antwort, die auch ein Psychoanalytiker geben könnte.

Am Beispiel dieser alten Zen-Geschichte lassen sich aber auch einige der bislang angesprochenen Themen verdeutlichen: Diese Geschichte mag einem selbst, wenn man sie so hört, zu einer unmittelbaren Erfahrung oder Einsicht führen, ganz wie es in der Geschichte dem alten Mönch geschieht. Dies erfordert aber eine Art Vorbereitung – man könnte etwas poetisch sagen: Nur wenn der Boden vorbereitet ist, kann der Samen seine Wirkung entfalten. Wie bei einem eindrucksvollen Traum, der dem Träumer für einen Moment seine innere Realität spiegelt, die dieser auch unmittelbar und ohne große Deutungsanstrengungen versteht, kann diese Geschichte dem Hörer die unmittelbare Einsicht vermitteln, dass das Loslassen des ganzen »Gepäcks« – die Erinnerungen, die Erwartungen, die Bewertung des eigenen Lebens – zu einer spontanen, befreienden Erfahrung führen kann. Man versteht aber sogleich auch, dass Erinnerungen, Erwartungen, Bewertungen zum alltäglichen Leben gehören und dass es offenbar darauf ankommt, in welcher Beziehung man selbst dazu steht. »Loslassen« bedeutet also nicht »Loswerden«, sondern eine andere Form der Beziehung zu seinem Ich-Selbst und den Dingen zu entwickeln, eine andere Beziehung als das Anhaften und Anklammern, von dem im buddhistischen Denken so viel die Rede ist. Diese unmittelbare, spontane Einsicht kann man auch mit dem Literaturwissenschaftler Hans Ulrich Gumbrecht (2004, 2012) als »Präsenzeffekt« bezeichnen, eine im Grunde ästhetische Erfahrung oder ein ästhetisches Erleben, die sich vor aller Interpretation einstellt.

An dieser Stelle erscheint es uns sinnvoll, eine grundsätzliche Anmerkung zu machen. In den Grundannahmen der Psychoanalyse wird in aller Deutlichkeit klar, wie die jeweiligen Leidensursachen, hier besonders die Neurose, im Rahmen der jeweiligen Familie und den gesellschaftlichen Gegebenheiten entstehen und wie sie aus psychoanalytischer Sicht behandelt werden können. All dies findet der Meditierende vor, ein jeweils bestimmtes Leben mit Höhen und Tiefen, mit Lasten und Freuden. Und – hier kommt der entscheidende

Punkt – an diesem seinem Leben will er als Meditierender erst einmal nichts ändern. Natürlich wird er auf dem Sitzkissen sehr viel von sich wahrnehmen und erkennen, aber all dies erst einmal im Rahmen von »so ist es, so bin ich«. Parallel zu diesen Erkenntnisprozessen wird dann durch eine kontinuierliche Meditationspraxis ein »anderes Lebensmodell« aufgebaut. Ein Modell, das ausgerichtet ist an der Bewegungslosigkeit auf dem Sitzkissen, am Schweigen des Geistes, d.h. an der Nicht-Reaktion auf die Geistesinhalte und Nicht-Identifikation mit den Geistesinhalten, an der Achtsamkeit im Alltag und der Entwicklung von Mitgefühl und Weisheit im Rahmen der Achtfachen Pfades. So entsteht nach und nach ein Lebensmodell, das parallel zum Alltagsleben aufgebaut und gepflegt wird. Die Psychoanalyse nun bietet therapeutische Werkzeuge an, die Neurosen aufzulösen oder zumindest lebbar zu machen und das Ich-Selbst zu stärken. Diesen Anspruch hat die buddhistische, meditative Vorgehensweise nicht. Hier wird vielmehr beobachtet, wie die neu entwickelten Verhaltensweisen beginnen, nach und nach Einfluss auf das normale Alltagsleben und Verhalten zu nehmen. Dieses neue Lebensmodell oder die neuen Verhaltensweisen nun führen Schritt für Schritt zu neuen Erkenntnissen oder eben auch zu plötzlichen Erkenntnissen, die tiefgreifende Einsichten und Veränderungen mit sich bringen. Beide Möglichkeiten führen, stufenweise oder plötzlich, zur Präsenz, direkt in den jetzigen Augenblick. Dies aber nicht als einmaliges oder nur kurzes Erlebnis, sondern in einer auf Dauer gestellten grundlegenden Veränderung. Nirwana ist somit nicht ein für die Zukunft versprochener und möglicherweise nie zu erreichender »Zustand«, sondern die in jedem Moment real existierende Möglichkeit, ganz in den jetzigen Augenblick zu kommen und dort zu verweilen.

Grundannahmen der Psychoanalyse zusammengefasst

Ähnlich wie im Buddhismus ist auch das menschliche Leiden Ausgangspunkt der Entdeckungen der Psychoanalyse. Wir haben bereits gezeigt, dass ein entscheidender Vergleichspunkt zwischen diesen beiden Denk- und Praxissystemen die unterschiedlichen Auffassungen dieses Leidens sind. Das spezielle psychoanalytische Leiden ist die sogenannte Neurose – wir haben lieber vom »neurotischen Faktor« gesprochen, um die Gefahr des essenziellen Denkens zu vermeiden. Als niedergelassener Nervenarzt sah Freud in seiner Wiener Praxis viele Patienten mit damals rätselhaften Krankheitszuständen, bei denen Symptome wie anfallartige Zustände, Bewusstseinstrübungen, Angstzustände und Phobien, Zwangsvorstellungen und Depressionen auftraten, für die man keine körperlichen Ursachen finden konnte. Es war eigentlich die Entdeckung seines Kollegen Dr. Josef Breuer, der eine Patientin mit neurotischer Symptomatik behandelte und sie zum Reden aufforderte – die Patientin nannte dies selbst die »talking cure« – und dabei entdeckte, dass die Symptomatik verschwand, wenn sich die Patientin an bestimmte schmerzliche Ereignisse ihrer Vergangenheit mit allen begleitenden Gefühlen erinnerte. Freuds eigene Erfahrungen mit dieser »talking cure« führten zu den zentralen psychoanalytischen Erkenntnissen und Theorien, von denen heute viele in ihrer Bedeutung selbst von den Gegnern der Psychoanalyse anerkannt sind.

Die sicherlich zentralste Entdeckung Freuds war, dass der neurotischen Symptomatik ein unbewusster, innerer Konflikt zugrunde liegt, der in der Regel bis weit in die Kindheit zurückreicht. Im Gegensatz zum Tier, das weitgehend instinktgebunden auf die Welt kommt, ist der Mensch von allem Anfang an ein soziales Wesen, also auf eine menschliche Umwelt für sein Überleben und die Bildung seiner Persönlichkeit absolut angewiesen – von der frühen Zeit kann man auch von einer absoluten Abhängigkeit sprechen. Die Notwendigkeit für den Menschen, einen Prozess der Sozialisation, der Vergesellschaftung zu durchlaufen, stellt nach psychoanalytischer Auffassung die eigentliche Basis der unvermeidlichen Konflikthaftigkeit menschlicher Existenz dar: Die biologisch bedingte Bedürftigkeit und Triebhaftigkeit, die man als Ausdruck unserer tierischen Existenz betrachten kann, trifft auf spezifische gesellschaftliche Formungen, Einschränkungen und Forderungen, die von den sozialen Instanzen als notwendig erachtet werden, damit die Gesellschaft als Ganzes bestehen und überleben kann. (Die wesentlichen freudschen Einsichten haben wir im 4. Kapitel genauer zusammengefasst.) Konkret bedeutet dies, dass ein Kind im Laufe seiner Entwicklung auf eine Reihe von Bedürfnissen und Wünschen verzichten muss, um sich die Liebe und Sicherheit seiner unmittelbaren und mittelbaren Umgebung erhalten zu können. Dies geschieht vor allem durch den Vorgang der Verinnerlichung der sozialen Normen, also Gebote, Verbote und Ideale: Das Kind lernt auf diesem Wege, was gut und schlecht, erlaubt und verboten, erstrebenswert und ablehnenswert ist, und wird auf diesem Wege ein akzeptiertes Mitglied seiner sozialen Gruppe. Dies entspricht der Beschreibung einer inneren Struktur, die in der Psychoanalyse als Über-Ich bezeichnet wird und deren Ausdruck ein Schuldgefühl oder Strafbedürfnis ist. Diese Anpassung an eine soziale Realität ist immer verbunden mit der Abwehr und Abspaltung bestimmter elementarer Bedürfnisse, Wünsche und Gefühle. Man könnte also auch sagen, dass durch den Prozess der Vergesellschaftung jeder Mensch einen bestimmten Teil seiner kindlichen Bedürfnisse, Wünsche und Phantasien verdrängen muss, um den Rückhalt seiner sozialen Gruppe, in der Regel die Familie, zu erhalten. Die sich entwickelnde Persönlichkeit, das Ich-Selbst des Kindes, entwickelt somit einen Riss, eine Spaltung, in einen sozial akzeptierten, bewussten Bereich und einen abgewehrten, abgespaltenen, unbewussten Bereich des Selbst. Diesen kann man als verbliebene, »unbewusste Kindlichkeit«, das »innere Kind« oder in einer anderen Terminologie als »Schatten der Persönlichkeit« bezeichnen.

Dieser abgespaltene, unbewusste kindliche Bereich des Ich-Selbst wird nun seinerseits zum Ausgangspunkt für neurotische Störungen und Symptome, da die unterdrückten Tendenzen – Wolfgang Mertens (1999, S. 13) spricht auch von den »unsterblichen Kindheitswünschen« – nur selten auf Dauer zum Schweigen zu bringen sind, sich Ersatzbefriedigungen suchen oder in bestimmten belastenden Lebenssituationen durch symptomatisches Verhalten, d. h. in verstellter Form, sich Ausdruck verschaffen. Man spricht dann auch von der »Wiederkehr des Verdrängten«. Das neurotische, psychosomatische oder auch psychotische Symptom wird so als kommunikativer Ausdruck dieser abgespaltenen, verdrängten Kindlichkeit betrachtet: Angstsymptom, Verstimmung und Zwangsidee sind somit nicht sinnlos, sondern drücken auf versteckte Art und Weise einen unterdrückten Wunsch oder ein Gefühl aus und warten darauf, von einem anderen entschlüsselt und verstanden zu werden.

Bei den verdrängten Impulsen handelt es sich um sexuelle, aggressive und narzisstische Regungen, Wünsche und Phantasien, wie etwa die von Freud als zentral angesehene ödipale Konfliktsituation, in der sexuelle Wünsche dem gegengeschlechtlichen und aggressive Regungen dem gleichgeschlechtlichen Elternteil gegenüber verdrängt werden, aber auch sogenannte narzisstische Phantasien in Form von Größenvorstellungen oder unangemessenen Idealisierungen. Die Folge dieser Spaltung ist aber in jedem Fall ein geschwächtes Ich-Selbst, das durch die Verdrängungen einen wesentlichen Teil seiner Lebendigkeit verliert und zusätzlich Energie für die Aufrechterhaltung der Verdrängung verbraucht. Daher gehören zur neurotischen Störung auch immer Beeinträchtigungen des Selbst- und Selbstwertgefühls, vor allem in Form von Hemmungen, Minderwertigkeitsgefühlen, Zweifeln, Unsicherheiten, Schuldgefühlen und Entscheidungsschwierigkeiten.

Die psychoanalytische Behandlungstechnik versucht nun mit den Mitteln ihrer spezifischen Praxis[17] den Patienten mit seiner verdrängten Kindlichkeit

17 In der klassischen Behandlungsanordnung liegt der Patient auf der Couch, der Analytiker sitzt hinter ihm und fordert ihn auf, rückhaltlos über alles zu sprechen, was ihm in der momentanen Situation in den Sinn kommt. Der Analytiker hört aufmerksam zu, reagiert aber nicht in einem alltäglichen, konventionellen Sinn.

seines Selbst wieder in Kontakt zu bringen, um auf diese Art und Weise eine Akzeptanz und Integration dieses zuvor verdrängten und abgespaltenen Persönlichkeitsbereiches zu ermöglichen. Der bewusste Bereich des Ich-Selbst wird dadurch größer und kräftiger, sodass man insgesamt bei einer erfolgreichen Behandlung von einer Stärkung des Ich-Selbst sprechen kann. (Freud drückt es in einem anderen Zusammenhang so aus: »Wo Es war, soll Ich werden«. Wobei das Es hier für die unbewusste Triebhaftigkeit steht.) Somit kann man als Ziel einer psychoanalytischen Behandlung ein Doppeltes beschreiben: die Auflösung der neurotischen Symptomatik und die damit verknüpfte Stärkung des Ich-Selbst.

Ziel der psychoanalytischen Therapie ist dagegen nicht, den Menschen vom Leid überhaupt zu befreien. Freud hat diesen Punkt mehrfach betont und die Liebes- und Arbeitsfähigkeit des Menschen und seine Bereitschaft, allgemeines und alltäglich konkretes menschliches Leid zu ertragen, als Hauptziele der psychoanalytischen Therapie und als Kennzeichen von psychischer Gesundheit beschrieben. Wer einmal am eigenen Leibe oder bei anderen den Unterschied von neurotischem Leid und alltäglichem, sozusagen normalem Leid erfahren hat, wird nachvollziehen können, von welchem Wert dieses so bescheiden klingende Ziel wirklich ist. Damit hängt aber auch ein zentrales Kennzeichen der psychoanalytischen Therapie zusammen, nämlich ihre Schmerzhaftigkeit und die Anerkennung dieser Schmerzhaftigkeit, gegen die sich der Patient oft lange Zeit mit verschiedenen und komplizierten Widerständen zu wehren versucht. Die ursprüngliche Verdrängung erfolgte ja aufgrund einer spezifischen Angst oder Bedrohung (z. B. Trennungsdrohungen oder Angst vor Liebesverlust der Eltern), die wiederbelebt und durchgestanden werden muss, damit die abgewehrten Impulse und Gefühle nun in die Persönlichkeit integriert werden können. Ist z. B. Trauer über einen schmerzlichen Verlust verdrängt worden, weil mit dem Erleben und Ausdrücken der Trauer die Befürchtung eines weiteren Verlustes heraufbeschworen wurde und auf diese Weise eine Disposition zur Depression entstanden ist, so muss in der Behandlung der Depression der Weg über die Wiederbelebung der verschütteten Trauer, also einer schmerzlichen, gefühlsmäßigen Erfahrung gegangen werden. Wir werden später noch genauer ausführen, dass die Bedeutung der Trauerarbeit für die psychoanalytische Therapie, aber auch für die meditative Praxis zentral ist.

Es ist im Übrigen ein oft gehörter Vorwurf der psychoanalytischen Therapie gegenüber, dass es dem Patienten nach einiger Zeit erst einmal wesentlich schlechter gehe oder dass sie nach abgeschlossener psychoanalytischer Therapie noch immer keine vollkommen glücklichen Menschen seien. Die sogenannte Verschlechterung des Befindens während der Therapie und die

Fähigkeit, reales Leiden wirklich zu empfinden, ist jedoch in Wirklichkeit ein Zeichen für das Wirken der Psychoanalyse. Berühmt in diesem Zusammenhang ist eine Formulierung von Freud, in der es heißt, dass das Umwandeln von hysterischem Elend in alltägliches Unglück ein bedeutender Effekt der Psychoanalyse ist (Freud, 1895).

Ein Vergleich der beiden Arbeitsmodelle

Bevor wir zu unserer in diesem Kapitel gestellten Frage kommen, wollen wir hier für einen Moment innehalten und einen ersten Vergleich zwischen den buddhistischen und psychoanalytischen Grundannahmen vornehmen. Der offenbar deutlichste Gegensatz lässt sich vielleicht an dem zentralen Begriff des Ich-Selbst zeigen. Als das Ziel der psychoanalytischen Behandlung könnte man eine Stärkung und Integration des Ich-Selbst ansehen. Man versteht darunter eine Festigung des Bildes, das man von sich selbst hat, mit der Folge eines einheitlichen Selbstgefühls mit Dauer und Kontinuität, eines positiven Selbstwertgefühls und eines bewussten Gefühls der Getrenntheit vom anderen. Hier können wir mit Fredrik Falkenström (2007) von einer Unterscheidung ausgehen, die das Ich-Selbst aus drei verschiedenen Kontexten betrachtet: das Selbst als Erfahrung, das Selbst als Repräsentation und das Selbst als System.

Das Selbst als Erfahrung meint ein erfahrungsnahes Selbstgefühl, wie es sich in der Beziehung zu anderen und zur Welt von Moment zu Moment zeigt und das multipel und diskontinuierlich ist. Gleichzeitig gibt es aber auch kontinuierliche Momente, da man sich doch auch in jedem Moment gleich, ähnlich und identisch fühlt. In dem ersten Fall scheint es sich mehr um die Inhalte (also Formen, wie eine schöne Landschaft), in dem zweiten Fall mehr um den Teil des Selbst zu handeln, der diese Erfahrung macht (also eine innere Struktur): Man könnte wohl auch das erlebte vom beobachteten Selbstgefühl unterscheiden. In diesem zweiten Fall kann man auch von der Fähigkeit sprechen, bei sich selbst mentale Zustände zu beobachten.

Bei dem Selbst als Repräsentation handelt es sich um eine intrapsychische Repräsentation der gesamten Person. Dies wird als ein psychologisches Konstrukt aufgefasst. Hier unterscheidet man in der Regel relativ flüchtige Selbstbilder von Selbstrepräsentanzen, die als Summe und relativ konstante Struktur von vielen Selbstbildern anzusehen sind. Es handelt sich bei den Selbstrepräsentanzen um eine unbewusste, organisierende Struktur, die wesentlich in Beziehungen wirksam ist. Sie ist Teil des prozeduralen Unbewussten, das relativ früh erworben wird und nur begrenzt bewusstseinsfähig ist.

Und das Selbst als System wird als die Summe aller Selbst-Repräsentanzen angesehen und wird manchmal mit dem Begriff der Identität gleichgesetzt. Man spricht in der Psychoanalyse auch von Objekt-Konstanz als einer wichtigen Entwicklungsaufgabe des Kindes, die dann erreicht ist, wenn das Kind in der Abwesenheit der Mutter oder der Eltern das innere Bild der Eltern, aber auch von sich selbst, aufrechterhalten kann, was man daran erkennen kann, dass das Kind die Fähigkeit zum Alleinsein entwickelt. Diese Stärkung des Ich-Selbst wird durch die Integration der zuvor abgespaltenen Bedürfnisse, Wünsche und Gefühle bewirkt. Die Folgen dieses gestärkten, integrierten Selbst sind weitreichend und ermöglichen neben der bereits erwähnten Toleranz für Getrenntheit, ein Erleben der Gefühle, lebendige und konstante Beziehungen, kurz die schon erwähnte Arbeits- und Liebesfähigkeit.[18]

Dieses psychoanalytisch formulierte Ich-Selbst bezieht sich jedoch auf eine spezifische Bewusstseinsebene, die man als Alltagsbewusstsein oder auch empirisches Bewusstsein bezeichnen kann. Im Gegensatz dazu wird das Ich-Selbst im Buddhismus aus einer Perspektive des »Über-Bewusstseins«, um eine Formulierung des japanischen Philosophen Izutsu zu gebrauchen, betrachtet: Das alltägliche Ich-Selbst wird nicht geleugnet, auch nicht seine Bedeutung und Notwendigkeit für das alltägliche Leben, aber aus der Sicht des All-Einheitsbewusstseins als einer gleichsam höheren Ebene radikal infrage gestellt. Demnach löst sich die Objektivität, die Verdinglichung des Ich-Selbst auf und dieses wird in seiner Wandelbarkeit, seiner Interdependenz mit allem anderen erkannt.

Es ist beeindruckend, wie schwer es Menschen mit einer westlich-modernen Sozialisation fällt, diese Unterscheidung und diese beiden unterschiedlichen Ebenen – oft wird auch von einer relativen und absoluten Wirklichkeit gesprochen – wirklich fundamental zu verstehen. Dies hängt wohl damit zusammen, dass das alltägliche Ich-Selbst durch Introspektion in gewissem Umfang erkennbar und erforschbar ist, und zwar in einem sprachlich-gedanklichen Zusammenhang, während das im zweiten Sinne genannte Ich-Selbst sich gerade nicht sprachlich und begrifflich fassen lässt, sondern sich auf eine umfassende, das begriffliche Denken überschreitende Bewusstheit bezieht. Der berühmte indische Weise Krishnamurti spricht von einem ungeteilten »Gewahrsein« im

18 Wir erwähnen hier nur am Rande, dass das freudsche Konfliktmodell in der modernen Psychoanalyse durch zwei weitere Modelle erweitert worden ist: nämlich das Trauma-Modell, das psychische Störungen also Folge von realen Traumatisierungen (z. B. sexuelle Übergriffe in der Kindheit) versteht, und das Ich-strukturelle-Modell, das psychische Störungen als Entwicklungsstörungen begreift (z. B. durch mangelnde elterliche Fürsorge, frühe Objektverluste etc.).

Hier und Jetzt und Izutsu beschreibt die Frage nach dem alltäglichen Ich-Selbst als »Was bin ich?« und die Frage nach dem Ich-Selbst in einem darüber hinausgehenden Sinne nach dem »Wer bin ich?«. Im Zen spricht man von der Doktrin des »Nicht-Selbst«: Dies führt Masao Abe (1985) sehr eindringlich aus. Ausgehend von einem phänomenalen Ich-Selbst – was wir hier das alltägliche Ich-Selbst nennen –, das schon immer geteilt sei, nämlich in einen beobachtenden und einen beobachteten Teil, oder auch nach Abes Worten das objektivierte, d. h. beobachtete Selbst und das »wahre«, nach sich selbst fragende Selbst (Wer bin ich?). Abe schreibt (S. 5 ff.), dass wir immer von unserem »wahren Selbst« entfremdet bleiben, von Angst getrieben und unfähig, zur Ruhe zu kommen. Hier haben wir das »phänomenale Selbst« und das »wahre Selbst«. Nicht-Selbst aber meint eben genau das nicht: Es ist eben nichts zu finden wie ein Selbst, auch nicht das »wahre Selbst«. Zu finden sind Beziehungen, Abhängigkeiten, Durchdringung, Gegenseitigkeit. Prozesse eben, die nicht wahr oder falsch sind. Die Entfremdung entsteht genau dadurch, dass der Mensch dies nicht ganz an sich heranlässt, eben aus Angst, »sich« nicht zu finden, denn es ist wirklich nichts wie ein »Selbst« zu finden. Das macht Angst und unruhig.

Als Mensch entwickelt man notwendigerweise ein Ich-Selbst (ein alltägliches Selbst, ein Selbstmodell), was aber bedeutet, von der Welt und dem »wahren Selbst« abgeschnitten zu sein und damit in permanenter Angst zu leben. Dies ist nach Abe (1985) die zentrale menschliche Qual: Zwar wird die Angst oft verleugnet, wird also unbewusst, zeigt sich aber doch in der Todesangst und den Schuldgefühlen. Das ständige Greifen nach dem Ich-Selbst führt nur zu weiterem Leiden, das nur überwunden werden kann, wenn wirklich fundamental realisiert wird, dass das »wahre Selbst« (man könnte auch vom »ursprünglichen Selbst« sprechen) nicht greifbar, nicht fassbar ist. Dies entspricht der Realisierung des »Nicht-Selbst«. In anderen Worten: Die »Selbstbewusstheit« von Moment zu Moment ist in sich »leer«, vergänglich und leidvoll, da weder die Objekte der Welt noch das Subjekt greifbar und fixierbar sind. Auch Sprache und Denken können dieses bewusste Erleben nur ganz begrenzt und unvollkommen spiegeln, greifbar und fixierbar machen. Hier beschreibt also Abe eine Angst, die man auch als existenzielle oder spirituelle Angst bezeichnen kann.

Demgegenüber beschreibt die Psychoanalyse eine zentrale neurotische Angst (auch in Form von Scham- und Schuldgefühlen), die mit der konflikthaften Selbstwerdung des alltäglichen Ich-Selbst zusammenhängen: Es ist die Angst, man selbst zu werden, indem man die Wünsche, Bedürfnisse und Gefühle spürt, zulässt und zu realisieren versucht. Oder im Fall einer traumatischen oder ich-strukturellen Störung, dass das Ich durch traumatische Erinnerungen oder erspürte Defizite als permanent bedroht erlebt wird.

Obwohl diese Unterscheidung sprachlich nur schwer zu vermitteln ist, möchten wir dennoch an einem kleinen Beispiel den Versuch machen, sie aus unserer Sicht noch einmal darzustellen:

Die psychoanalytische Sicht zeigt sich beispielsweise bei der Betrachtung des eigenen Gesichts im Spiegel: Das Spiegelbild ist die Objektivierung des Ich-Selbst, gleichsam die Materialisierung des verinnerlichten Selbstbildes, das mich von der Existenz meines eigenen Ich-Selbst überzeugt. Ich erkenne mich im Spiegel nur dann als mich selbst, wenn ich ein Bild im Inneren von mir habe, das ich mit dem Spiegelbild vergleiche und als vertraut wiedererkenne. Dass es sich hier um lebensnotwendige Prozesse und Strukturen handelt, wird bei manchen psychischen Krankheiten deutlich, bei denen das innere Selbstbild nicht ausreichend gebildet wurde oder aber zerstört wird oder zu zerfallen droht: Der Kranke betrachtet dann voller Verzweiflung den drohenden Verlust des Spiegelbildes, in dem er sich selbst fremd wird, sich nicht mehr erkennt oder nur verzerrt wahrnimmt oder verzweifelt nach der Spiegelung sucht, um sich der eigenen Identität zu vergewissern. Insofern hat dieses innere Selbstbild eine »psychische Realität«, der in der Psychoanalyse für seelische Gesundheit und Krankheit zu recht eine dominierende Rolle zugewiesen wird.

Ich habe aber gleichzeitig auch noch ein anderes »Gesicht«, das etwa Hui-Neng, der sechste Patriarch des Zen-Buddhismus, das »Ursprungsgesicht« genannt hat. Dieses »Ursprungsgesicht« kann man beispielsweise auch im Spiegel, vielleicht noch besser in einer Partnerübung *sehen,* in der man einem anderen Menschen etwa im Abstand von einem halben Meter gegenübersitzt und indem man sich gegenseitig ins Gesicht schaut: Auf der Ebene des Alltagsbewusstseins schaue ich gleichsam hinaus und sehe das Gesicht meines Partners und er das meine, das dann als Objekt, Ding oder Gegenstand mit festen, umrissenen Eigenschaften und Konturen beschrieben werden kann. Dies ließe sich auch als zentrifugale Richtung des Geistes bezeichnen. Wende ich jetzt die Blickrichtung zurück um 180 Grad und suche oder betrachte den Ort des »Beobachters« (dies wäre dann die zentripetale Richtung des Geistes), dann finde ich, wie Douglas Harding (2013), ein moderner englischer Mystiker mit buddhistischem Hintergrund, mit dieser Übung aufzeigen will, kein »Selbst« in diesem dinghaften, festen Sinne, sondern ich finde »No-Thing-Ness« (man könnte auch von »Leere« sprechen), aber gleichzeitig alle Charakteristika eines universalen oder spirituellen Ich-Selbst: Transparenz, Bewusstheit, Grenzenlosigkeit, Fülle, Zeitlosigkeit, Ungeborensein. Oder, um der Versuchung der vielen Worte und Begriffe zu widerstehen, ich entdecke das, was Krishnamurti wie schon erwähnt das »ungeteilte Gewahrsein« im Hier und Jetzt genannt hat.

Diese Betrachtungsweise sieht den Menschen als eine zweidimensionale

Persönlichkeit: »Als konkretes Individuum, das unter konkret existierenden Dingen verweilt, verkörpert er etwas Über-Individuelles. Er ist ein Individuum, das über-individuell ist – zwei Personen, in der vollkommenen Einheit einer einzelnen Person vereint« (Izutsu, 1991).

Man könnte auch sagen: Das alltägliche Ich-Selbst der Psychoanalyse und das spirituelle Ich-Selbst der östlichen Traditionen sind hier also keine Gegensätze, sondern stellen eine verborgene Einheit dar, deren Wahrnehmung jedoch in der Regel bei Vorherrschen des empirischen oder Alltags-Bewusstseins verstellt ist. Gleichzeitig kann man postulieren, dass das spirituelle Selbst im Buddhismus[19] ebenfalls nicht in einen Gegensatz zur »Stärkung« des alltäglichen Ich-Selbst gerät, sondern dass die Bildung und Festigung des Letzteren gleichsam die Voraussetzung für die Realisierung des spirituellen Selbst ist. In der Psychoanalyse könnte man von einer Rekonstruktion des Ich-Selbst sprechen – durch das Zulassen und Erleben der zuvor verdrängten Bedürfnisse, Wünsche und Gefühle –, im Buddhismus von der Dekonstruktion des Ich-Selbst, indem die als substanzhaft erlebte Selbststruktur als nicht existent erkannt wird. Beide Übungswege könnte man daher auch in gewisser Weise als emanzipatorisch bezeichnen: die Befreiung von Fixierungen und Verdrängungen auf der einen Seite und die Befreiung von illusionären Ansichten eines gleichsam substanziellen, dauerhaften Ich-Selbst auf der anderen Seite.

Dies führt zu einem zweiten Punkt im Vergleich zwischen Psychoanalyse und Buddhismus, auf den wir in den Vertiefungen noch genauer eingehen werden. Hier sei daran erinnert, dass man im Buddhismus von der Unwissenheit ausgeht – unwissend, wie man existiert – und dass dies gern als »Verdunkelung« angesehen wird. Damit ist ein Bewusstseinszustand angesprochen, den man auch als von »Täuschung« geprägt ansehen kann; dies ist weiter oben schon angesprochen worden. Daher kann man sagen, dass im Buddhismus das »getäuschte Bewusstsein« als Ursache für das Leiden der Menschen einen zentralen Stellenwert hat. Auch wenn dies in der Psychoanalyse in der Regel nicht auf diese Weise formuliert wird, könnte man aber doch zu einer vergleichbaren Aussage kommen: Das neurotische Leiden ist dann ebenfalls als ein von »getäuschtem Bewusstsein« bedingtes Leiden anzusehen, da die Verdrängungen verhindern, dass man sich selbst und die Welt klarer erkennt. Geht es im Buddhismus um Achtsamkeit im Sinne von Geistesgegenwart – durch Einsicht klärt sich das »getäuschte Bewusstsein« –, könnte man auch in der Psychoanalyse von einem Prozess der

19 Wir werden später noch zeigen, dass dies keine unproblematische Formulierung ist, da sie wie schon erwähnt einer verborgenen Metaphysik Vorschub leisten könnte, die im buddhistischen Denken abgelehnt wird.

Klärung dieses »getäuschten Bewusstseins« durch Aufhebung der Verdrängungen sprechen. Daher wird – und auch dies wird später noch deutlicher werden – auch in der psychoanalytischen Behandlung ein so großer Wert auf die Aufmerksamkeit und die klare Beobachtung gelegt: Der Patient wird zur freien Assoziation ermutigt, was nichts anderes bedeutet, als sich den eigenen mentalen Inhalten des Bewusstseins unzensiert zu öffnen. Und der Analytiker soll mit gleichschwebender Aufmerksamkeit zuhören, was gleichsam das Pendant zur freien Assoziation ist. Insofern kann man sowohl in der buddhistischen Übung als auch in der analytischen Praxis von einem Einsichtsprozess sprechen, der von einem »getäuschten Bewusstsein« zu einem korrekteren, klareren Bewusstsein führen soll.

Allerdings gibt es auch einen zentralen Unterschied, was diese »Einsichtsarbeit« am »getäuschten Bewusstsein« ausmacht. Wir werden noch genauer zu zeigen versuchen, dass es in der Psychoanalyse um die hochindividuelle, biografisch bedingte Entstehung des »getäuschten Bewusstseins« geht – etwa ein verändertes Bild der eigenen Kindheit oder der eigenen Eltern oder der eigenen Lebensgeschichte – und nicht um das gleichsam universelle, existenzielle »getäuschte Bewusstsein«. Allerdings ist diese letzte Behauptung auch gleich zu hinterfragen: Das getäuschte Bewusstsein ist doch das jeweilige getäuschte Bewusstsein. Jeder Mensch bringt doch auch aus buddhistischer Sicht seine jeweiligen »Brillen« mit, also etwas ganz Individuelles. Universell ist, dass wir alle »Brillen« tragen, die jeweilige Färbung und Verdunklung jedoch ist ganz unterschiedlich. Wenn es so etwas wie *ein* universell existenziell getäuschtes Bewusstsein gäbe, das es aufzulösen gilt, dann gäbe es auch so etwas wie die *eine* Wahrheit oder Wirklichkeit. Auch aus buddhistischer Sicht gibt es immer nur »meine« Wahrheit oder Wirklichkeit. Es geht also in beiden Fällen, der Psychoanalyse und dem Buddhismus, um die hochindividuelle, biografisch bedingte Entstehung des »getäuschten Bewusstseins«.

Was kann die Psychoanalyse vom Buddhismus lernen?

Die Frage »Kann der Psychoanalytiker vom Zen-Buddhismus lernen?« ist nicht rhetorisch gemeint. Sie drückt immer wieder die schon erwähnten auftauchende Zweifel aus, die nicht primär auf einer bekannten psychoanalytischen Skepsis gegenüber der Religion und insbesondere auch gegenüber den östlichen Traditionen basiert, sondern mit der Frage der Unvereinbarkeit der Grundannahmen und der konkreten Praxis zusammenhängen.

Von welchem Psychoanalytiker und von welchem Buddhismus soll hier die Rede sein? In den bisherigen Kapiteln haben wir sehr detailliert die Frage der

Arbeitsmodelle zu verdeutlichen versucht (siehe Kapitel 2–4). Dabei erwies sich die aktuelle Diskussion um die Arbeitsmodelle oder privaten Theorien des Analytikers, wie sie insbesondere von Joseph Sandler (1983) und David Tuckett (2007) angestoßen worden ist, als ausgesprochen hilfreich. Psychoanalytische Arbeitsmodelle sind danach explizite und implizite Grundannahmen über die Natur seelischer Problematik, ihrer Veränderungsmöglichkeiten und der analytisch-therapeutischen Methode, die mehr als die jeweilige Schulenorientierung darüber entscheiden, wie der Analytiker konkret in der Therapiestunde handelt. Auch im Buddhismus setzt sich langsam die Vorstellung durch, dass unabhängig von den verschiedenen Richtungen oder Schulen im Buddhismus – Theravada, tibetischer Buddhismus, Zen-Buddhismus – jeder Praktizierende gleichsam seinen »eigenen Buddhismus« entwickelt (Gomez, 2013).[20] Im 3. Kapitel erwähnten wir die Arbeiten von Batchelor, einem der führenden Buddhismusforscher im Westen, der aus seiner allerdings nicht unumstrittenen Sicht vier Grundannahmen eines säkularen Buddhismus beschreibt: 1. Konditionalität, 2. Kultivierung von Achtsamkeit, 3. Praxis der Vier Edlen Wahrheiten oder Aufgaben und 4. die Selbstverantwortung des Praktizierenden – mit der In-Frage-Stellung einer Guru-Beziehung. Die Frage, ob es sich beim Buddhismus überhaupt um eine Religion, um eine Psychologie, eine Philosophie, eine Wissenschaft des Geistes etc. handelt (eine Gottesvorstellung gibt es nicht; Byung-Chul, 2002, spricht von einer »Religion ohne Gott«), hat viele Autoren beschäftigt. Auch dies ist nicht zentraler Inhalt unserer Überlegungen.

Das psychoanalytische Arbeitsmodell, das diese Arbeit bestimmt, ist in den vorangehenden Kapiteln formuliert worden (siehe auch Weischede u. Zwiebel, 2009). Im Wesentlichen geht es um die Realisierung der analytischen Methode mit ihren zentralen, nicht selten widersprüchlichen, paradoxen Funktionen des Zuhörens und Deutens. Die Auseinandersetzung mit der grundlegenden Haltung des Psychoanalytikers in der analytischen Arbeit, bei der es um den psychoanalytischen Wahrnehmungs- und Erkenntnisprozess der unbewussten Wirklichkeit des analytischen Paares geht und die von Freud (1912b) als »gleichschwebende Aufmerksamkeit« formuliert wurde, spielt dabei wie weiter oben erwähnt eine wesentliche Rolle. Erst im Laufe der langjährigen Auseinandersetzung mit dieser Frage wurde deutlicher, dass es sich um die Beschreibung einer Haltung handelt, die sowohl einen Akt des Zulassens – nämlich aller auftauchenden mentalen Vorgänge beim Patienten und beim Analytiker selbst – als auch einen Akt des Loslassens – sich also mit diesen Inhalten nicht dauerhaft

---

20 Die Schulenentwicklung im Buddhismus und in der Psychoanalyse eröffnet interessante Möglichkeiten des Vergleichs.

zu identifizieren – ermöglichen soll. Die Entwicklung dieser Beobachtungshaltung wird in buddhistischer Terminologie als Gewahrsein, Achtsamkeit oder »reine Beobachtung« beschrieben. Man kann auch wie dargestellt von einer disziplinierten Selbstreflexion im Dienste des Patienten sprechen, die ein meditatives oder quasi-meditatives Element enthält. (Siehe auch Polands Beschreibung, 2012: »Ich schlage vor, dass es die disziplinierte Verwendung des eigenen Selbst des Analytikers ist, die […] als Medium für die emotionale Selbst-Erkundung des Patienten dient.«)

Wir haben auch dargelegt, welche Bedeutung der Begriff des »Anfänger-Geistes« für diese ganzen Überlegungen hat. Dabei ist die Einsicht zentral, dass es tatsächlich nur den gegenwärtigen Moment gibt, der bis in jeden einzelnen Atemzug und jeden einzelnen Gedanken immer neu ist. Mit dem Begriff des »Anfänger-Geistes« scheint uns also eine Antwort auf die zentrale Frage angedeutet, wie das Problem der Aufmerksamkeit des Analytikers näher erforscht werden kann. Wenn wir den Begriff des »Anfänger-Geistes« als ein buddhistisches Arbeitsmodell verstehen, dann können wir hier – aus der Perspektive der Frage, was der Psychoanalytiker vom Buddhismus lernen kann – unseren eigenen Aneignungsprozess noch einmal vertiefend darstellen.

Der Philosoph Rolf Elberfeld hat sich besonders mit dem japanischen Zen-Buddhismus und mit dem bedeutenden Zen-Meister Dogen des 13. Jahrhunderts beschäftigt. Seine Ausführungen können hier eine kleine, verständliche Einführung in die zentralen Gedanken des Zen-Buddhismus darstellen:[21] Dogen geht es nicht um Definitionen von Begriffen, sondern »vielmehr darum, eine Ebene menschlicher Existenz aufzuweisen, auf der sich der Mensch als eingelassen in ein Geschehen erfährt, aus dem er sich selbst fortwährend selbst neu empfängt« (Elberfeld, 2006a, S. 293).

Elberfeld zitiert dabei das von Dogen verwendete Bild der Bootsfahrt, um den Zusammenhang von Ich und Leben aufzuzeigen. Boot, Wasser und Mensch bilden in diesem Bild einen Zusammenhang, der in ständiger Bewegung ist. Oder wie Dogen dies ausdrückt: »Leben ist, wie wenn jemand in einem Boot dahingleitet. Auf diesem Boot gebrauche ich ein Segel und lenke mit einem Ruder. Auch wenn ich mich mit einem Stab fortstoße, so trägt mich das Boot

21 Rolf Elberfeld versteht sich selbst als »interkulturellen Philosophen«. Diese Art des Philosophierens (in seinem Fall mit dem östlichen Denken) sei keine Form von Exotismus, sondern erlaube, den eigenen Ort des Denkens offen zu halten und – mit den Worten des französischen Sinologen François Jullien – die »verborgenen Vorentscheidungen der europäischen Vernunft neu zu befragen und bis zu unserm Nicht-Gedachten zurückzugehen«. Durch diesen »Seitensprung« werde ein Abstand geschaffen, der das eigene Denken bereichern könne (zit. nach Elberfeld 2006a, S. 292).

und ich bin nichts außer dem Boot. Indem ich in dem Boot dahingleite, lasse ich dieses Boot sein. Diese richtige und treffende Zeit ist bemüht, auszuprobieren und inständig zu lernen. In dieser richtigen und treffenden Zeit ist das Boot niemals nicht die Welt. […] Daher ist Leben, was ich leben lasse, und ich bin, was Leben mich sein lässt. Beim Bootfahren sind Leib und Herz, Umgebung und ich selbst, beide das in sich bewegte Gefüge der Momente des Bootes. Die ganze große Erde und der ganze leere Himmel, beides ist das in sich bewegte Gefüge der Momente des Bootes. Das Ich, das Leben ist, und das Leben, das ich bin, sind auf diese Weise« (Elberfeld, 2006a, S. 293).

Elberfeld deutet diese poetischen Worte als einen Zusammenhang von Boot, Wasser und Mensch, die sich in ständiger, interdependenter Bewegung befinden und bei dem jede Veränderung des einzelnen Elementes sich auf den gesamten Zusammenhang auswirkt. Wir könnten noch ergänzen, dass dieses Bild auch ein Element von Balance enthält, die zwischen dem Boot, dem Wasser und dem Mensch hergestellt oder immer wieder reguliert werden muss. Wesentlich an diesem Bild erscheint nun, dass es keinen wirklichen Außenstandpunkt gibt, also keine quasi objektive Beobachterposition, weil der Mensch immer in diesen Zusammenhang der lebendigen Wirklichkeit eingelassen ist. Allerdings ist er ihm nicht absolut überlassen, da er in der Lage sein kann, Einsicht in diese Zusammenhänge zu gewinnen. Das Bild beleuchtet auch die Wechselbeziehung von Ich und Leben, wobei allerdings die Frage nach Aktivität und Passivität auftaucht:

»Geht man noch einmal von der Erfahrung auf dem kleinen Boot aus, so zeigt sich in der konkreten Leiberfahrung, dass sich dort Aktivität und Passivität durchdringen. Auf der einen Seite ist es von großer Wichtigkeit, mit der vollen Aufmerksamkeit und Aktivität das Gleichgewicht des ganzen Körpers aufrecht zu erhalten. Auf der anderen Seite ist es unumgänglich, jede Veränderung des Wassers mit dem ganzen Leib aufzunehmen, um darauf zu antworten. Nur in dieser feinen, sich durchdringenden Wechselbeziehung kann das mitunter schwierige Gleichgewicht der gesamten Situation gehalten werden. Nirgendwo gibt es einen ruhenden und vollständig festen Pol, an dem das Ganze letzten Halt finden könnte. […] Das volle Ich bildet sich in ungeteilter Aufmerksamkeit für die Situation des konkreten Lebens. Ich bin erst dann ganz da, wenn auch in mir das Leben der Situation ganz da ist« (Elberfeld, 2006a, S. 294 f.).

Mit anderen Worten: Die Aktivität ist vor allem auf das Gleichgewicht gerichtet, das möglichst alle Elemente der jeweiligen Situation berücksichtigt. Damit ist nicht ein einseitiges und vor allem aktives Ich angesprochen, sondern ein Ich, das sich in resonanter Weise in der jeweiligen lebendigen Situation befindet. Das üblich fixierte oder feste Selbstbild situiert sich über die Gesamtsituation mit einer Vorstellung der aktiven Kontrolle, während dies nach Dogens Auffassung eine Illusion ist. Es ist schon mehrfach angeklungen, dass dieses aktive, scheinbar selbstbestimmte Ich-Selbst zu vergessen ist, damit sich ein Ich-Selbst realisiert, das diesseits von einfacher Aktivität und Passivität seine Lebendigkeit entfaltet. Dieses »In-Resonanz-mit-dem-gesamten-gegenwärtigen-Moment-zu-Sein« ist nach unserem Verständnis eine andere Beschreibung des erwähnten »Anfänger-Geistes«.

Kann der Psychoanalytiker damit etwas anfangen oder davon sogar etwas lernen? Ist damit der erwähnte meditative Aspekt der analytischen Grundhaltung angesprochen? Als weitere Vertiefung kommen wir auf die grundlegende Haltung des Analytikers zurück, die Freud »gleichschwebende Aufmerksamkeit« nannte. Bion (1967, S. 22) spricht von »nicht erinnern, nichts wünschen, nicht verstehen«. Es geht dabei um die Voraussetzung für einen kreativen Wahrnehmungs-, Erkenntnis-, Beziehungs- und Deutungsprozess, in dem man die unbewusste Wirklichkeit des Analysanden oder des analytischen Paares weitgehend ungetäuscht – d. h. frei von Projektionen und Illusionen – entdecken kann. In allen diesen Formulierungen ist impliziert, dass der Analytiker eine Form von Präsenz entwickelt, bei der er mit seinen Wünschen (seinen persönlichen und professionellen Wünschen) und seinen Konzepten auf eine abstinente Weise umzugehen habe; dass er seine Wünsche vergesse und eine Haltung der Absichtslosigkeit zu entwickeln habe. Dies allerdings kommt einer paradoxen Aufforderung gleich, da man üblicherweise das Lebendigsein mit Wünschen und Erinnern verbindet, wie es sich bei der Selbstbeobachtung anhand des ständig fließenden assoziativen Stroms als Manifestation von Wünschen und Erinnerungen zeigt. Wie toleriert der Analytiker dieses Paradox?[22]

Hier kann die zenbuddhistische Betrachtung hilfreich sein. Elberfeld hat sich in einem Aufsatz über »Selbstzurücknahme« (2010) gerade über diesen zenbuddhistischen Ansatz geäußert. Er stellt seine Untersuchung in einen weiten geistesgeschichtlichen Rahmen, indem er die Vorstellung vom Menschen als ein sich selbst aktiv formendes und schaffendes Wesen – vielleicht auch unter den Begriffen Autonomie und Individualität diskutiert –, wie sie sich in der Neuzeit entwickelt hat, eine andere Vorstellung gegenüber. Diese sind mit asketischen Übungsformen verbunden. Gerade in der Philosophie Schopenhauers flossen nach Elberfeld asiatische Motive der Selbstzurücknahme in die europäische Geisteswelt ein: »Schopenhauers Formel von der ›Verneinung des Willens‹ und seine Mitleidsethik stellen zugleich eine Kritik dar am Bild des

22 Im Wesentlichen handelt das Buch »Was macht einen guten Psychoanalytiker aus?« von dieser Frage (Zwiebel, 2013).

sich selbst schaffenden Menschen als einem autonom agierenden Wesen, das alles aus eigener Macht und Kraft zu schöpfen vorgibt« (Elberfeld, 2010, S. 54).

Im weiteren Verlauf seiner Argumentation unterscheidet Elberfeld zwei Formen der Selbstzurücknahme: In der indischen Form der Askese, aber auch im griechischen Philosophieren gehe es vor allem um eine leiblich-sinnliche Zurücknahme, sich also aus der Welt zurückzuziehen und auf diese Weise die Wahrheit oder Gott selbst zu erfahren.

»In China und Japan ist demgegenüber eine Form der Selbstzurücknahme zu beobachten, mit der – oft unter Zuhilfenahme von Bewegungsübungen – versucht wird, sich selbst nicht *von* sondern *für* die weltlichen Bewegungen und Veränderungen zu befreien. Denn nicht die weltlichen Bewegungen und Veränderungen erscheinen dort als etwas Negatives, sondern die menschliche Unfähigkeit, sich mit diesem Wandel zu verbinden und ganz in diesen einzugehen. […] Mir scheint jedoch die Unterscheidung von Übungen der Selbstzurücknahme, die einerseits weltliche Bewegungen und Veränderungen überwinden und andererseits für weltliche Bewegungen und Veränderungen befreien und öffnen wollen, von zentraler Bedeutung zu sein« (Elberfeld, 2010, S. 55 f.).

Bereits hier klingt ein wichtiger Aspekt für das psychoanalytische Verständnis der analytischen Situation und der Position des Analytikers an: Die abstinente, anonyme, neutrale Haltung des Analytikers im »abwartenden Zuhören« oder in der »gleichschwebenden Aufmerksamkeit« kann einerseits als eine Art asketische Übung angesehen werden, die die libidinösen, aggressiven und narzisstischen Wünsche einschließlich der Leiblichkeit der ganzen Situation überwindet, damit der Wahrnehmungs- und Erkenntnisprozess möglichst ungestört abläuft. Andererseits lehrt jedoch die Erfahrung der meditativen und analytischen Praxis, dass Wünsche und Erinnerungen ständig aktiv sind und nicht willentlich kontrolliert werden können, es sei denn durch Verdrängung und Verleugnung. Daraus ergibt sich eine andere Auffassung von der Haltung und Position des Analytikers: Die analytische Situation und Beziehung ist als »das gleichzeitige Hervorgehen von Ich und Welt als lebendige Bewegung« zu verstehen. Analysand und Analytiker »entstehen« nach dieser Vorstellung erst in der analytischen Situation, die sie gemeinsam hervorbringen. Die Wünsche, Absichten und Erinnerungen des Analytikers gehören unvermeidlich dazu – wie jede offene Selbstbeobachtung des eigenen assoziativen Geistes in der analytischen Situation offenbart. Allerdings entwickelt der Analytiker dieser Situation gegenüber eine beobachtende, Abstand nehmende Haltung, was einer anderen Art von Selbstzurücknahme und dem beschriebenen Akt des Zulassens und Loslassens entspricht. Diese Haltung impliziert einen ständigen Übungsakt des Selbstvergessens, der im Zen-Buddhismus zentral ist, aber nach unserer

Vorstellung eben auch für die Dynamik des Analytiker-Werdens und -Bleibens fundamental ist, auch wenn dies oft genug missverstanden worden ist.

Elberfeld setzt sich sodann mit einer weiteren Aussage von Dogen auseinander, ein Satz, der in verschiedenen Übersetzungen vorliegt. Hier geben wir ihn in Elberfelds Übersetzung wieder: »Den Buddha-Weg erlernen heißt, sich selbst [...] erlernen. Sich selbst erlernen heißt, sich selbst zu vergessen. Sich selbst vergessen heißt, durch die zehntausend ›dharma‹ von selbst erwiesen werden. Durch die zehntausend ›dharma‹ von selbst erwiesen werden heißt, Leib und Herz meiner selbst sowie Leib und Herz des Anderen abfallen zu lassen« (Elberfeld, 2010, S. 57).

Der erste Satz wird von Elberfeld so interpretiert, dass die Praxis oder Übung im Buddhismus »in die Bewegtheit meiner eigenen Existenz hinein[führt], ohne dafür an besondere Gehalte oder Dogmen glauben zu müssen« (S. 58). Es wird hier unmittelbar verständlich, dass man den Buddhismus vielfach eher als eine Psychologie denn als eine Religion betrachtet – jedenfalls in dieser Lesart von Dogens Ausführungen. Durch die kontinuierliche meditative Übung in der buddhistischen Praxis erkennt nach Elberfeld (S. 58) der Übende eine andere Form des Ich-Selbst, nämlich dass »ich selbst nichts anderes bin als die erfahrende und lebendige Bewegung meiner selbst. Indem ich mich selbst als diese Bewegung erfahre, vergesse ich zunehmend das ›Ich‹, das dazu tendiert, sich als konstanter Faktor über diese Bewegung zu erheben. Indem die lebendige Bewegung sich mehr und mehr kennenlernt und dadurch das sich über dieser Bewegung erhebende ›Ich‹ zurückgenommen wird, kann die lebendige Bewegung, als die ich selber bin, in den Vordergrund der Aufmerksamkeit treten.«

In anderen Worten könnte man auch von einer Lockerung des Festhaltens an einer selbstbezogenen, wunschbestimmten Haltung sprechen, wobei das »Vergessen« nicht in die Kategorie von aktiv und passiv fällt, sondern so zu verstehen ist, »dass weltliche Bewegung sich aus sich selbst heraus als Bewegung vollzieht« (S. 58). In Anlehnung an eine frühere Arbeit und einer Formulierung von Shunryu Suzuki(1990) könnte man auch im Gegensatz zum »Kleinen Selbst« (das ist das selbstbezogene Ich oder das mehr oder weniger bewusste Selbstmodell) vom »Großen Selbst« sprechen, das als eine lebendige Bewegung, die durch die Beziehung von einem selbst zu allem anderen unmittelbar hervorgebracht wird, »sich erweist«: »Erst im Vergessen meiner selbst entsteht ein Bezug meiner lebendigen Bewegung zur lebendigen Bewegung alles anderen. Erst in diesem Bezug kann sich meine Selbstzurücknahme als freie Bewegung erweisen« (S. 59).

Indem man in der Übung das »Kleine Selbst« – das selbstbezogene Festhalten an dem Selbstmodell – vergisst, kann sich das »Große Selbst« erweisen. Es handelt sich also in der Zen-Praxis nicht um eine asketische, leibüberwindende Übung, sondern im Gegenteil um eine Übung der Öffnung dem gegebenen Moment des Lebens als Bewegung und Wandel gegenüber. Aus der Sicht einer basalen, pulsierenden Dynamik von An- und Abwesenheit ließe sich auch sagen, das das »Kleine Selbst«, das aus einer Form von Konzeptualisierung des eigenen Selbstmodells resultiert, immer mehr in den Hintergrund tritt – abwesend wird –, während das »Große Selbst«, das aus dem unmittelbaren Kontakt mit der gesamten Wirklichkeit als Prozess von Moment zu Moment kreiert wird, immer mehr in den Vordergrund tritt – also anwesend wird. Dabei taucht die Frage auf, ob die Formulierung eines »Großen Selbst« mit der des »Anfänger-Geistes« gleichgesetzt werden kann; darauf werden wir im Folgenden noch genauer eingehen. In jedem Fall lässt sich aber sagen, dass die Aktivierung des »Großen Selbst« so etwas wie ein »Erwachen« aus einer getäuschten Wahrnehmung der Wirklichkeit darstellt. »Ich«, »Selbst«, »Objekt«, »Welt« etc. sind keine Dinge oder Substanzen, sondern Prozesse, die alle miteinander in Beziehung stehen und einem permanenten Wandel unterworfen sind. Es gibt nur den gegenwärtigen Moment, und das »Ich« oder »Selbst« wird durch die Beziehung zwischen Person und Welt ständig neu hervorgebracht.

Die Absicht der meditativen Übung, nämlich die Erleuchtung oder das Erwachen, wird insofern zurückgenommen, da es »in diesem Sinne ›nichts zu erreichen‹ [gibt], da wir in der Bewegung immer schon am Ziel sind, was allerdings durch die vielfältigen Vorstellungen und Konzepte immer wieder verdeckt wird […] Das heißt jedoch nicht, dass wir keine Vorstellungen und Konzepte haben dürfen. Vielmehr kommt es auf die Flüssigkeit und ›loslösende‹ Wirksamkeit der Vorstellungen und Konzepte selbst an« (S. 60). Hier geht es also um einen Sprachgebrauch, der sich beständig in die eigene Bewegung und Bezüglichkeit, wie Elberfeld sagt, zurücknimmt und »somit die eigenen Gedanken und Vorstellungen von substantialisierenden Hypostasierungen befreit« (S. 60).

Die entscheidende Frage lautet nun, ob und was der Analytiker von diesem zenbuddhistischen Arbeitsmodell des »Anfänger-Geistes« als einer spezifischen Form der Selbstzurücknahme lernen kann. Und welch ein Zusammenhang besteht zu der Formulierung eines »Kleinen« und »Großen Selbst« des Analytikers? Wird man dadurch zum Analytiker, indem man sein »Kleines Selbst« vergisst und auf diese Weise das »Große Selbst« hervortreten lässt oder besser: sich erweisen lässt? Und ist dies ein Prozess, der durch die ständige Übung des Zulassens und Loslassens ermöglicht wird? Oder noch anders ausgedrückt: Sich nicht über den Wandel stellen, sondern mit dem Wandel verbinden! Uns scheint, dass die Frage der »Selbstzurücknahme« für die professionelle Haltung wesentlich ist, ist doch dabei das zentrale und immer wieder diskutierte Thema der Abstinenz, der professionellen Neutralität oder auch der eingangs formulierten »disziplinierten Selbstreflexion« berührt.

Diese hier vorgestellten Überlegungen zur »Selbstzurücknahme« könnten hilfreich sein, immer wieder auftretende Missverständnisse der Abstinenz oder Neutralität zu verringern: So könnte in diesem Zusammenhang deutlich werden, dass sich versteckte asketische Vorstellungen bezüglich einer falsch verstandenen Abstinenz einschleichen. Eine implizite Annahme etwa könnte sein, dass nur ein »asketischer« Psychoanalytiker ein wirklicher Psychoanalytiker ist; einer, der seine affektive Körperlichkeit überwindet oder in der Arbeit mit seinen Patienten überwunden hat. In dem hier genauer beschriebenen Verständnis von »Selbstzurücknahme« geht es aber im Gegenteil gerade darum, sich mit dem Vergessen des »Selbst« – hier wäre es das »Kleine Selbst« – und der Entwicklung von Absichtslosigkeit für die lebendige Bewegung in der analytischen Begegnung zu öffnen.

Wiederum stoßen wir auf das immer wieder auftauchende Paradox: Man wird also gerade dann zum Analytiker, wenn man seine Wünsche, Erinnerungen, Absichten und Vorstellungen, Analytiker zu sein, vergisst und sich ganz der momentanen lebendigen Bewegung und dem Wandel der analytischen Situation gegenüber öffnet. Zu dieser lebendigen Bewegung gehören aber unvermeidlicherweise auch auftauchende Wünsche, Gedanken und Gefühle, die aber als Ausdruck des gegenwärtigen Momentes, der gegenwärtigen analytischen Situation und Beziehung, verstanden werden. Der entscheidende Punkt scheint uns zu sein: Im Akt des Zulassens können sie lebendig und wahrgenommen werden, im Akt des Loslassens identifiziert man sich nicht mit ihnen, sondern stellt sie ganz in den Wahrnehmungs-, Erkenntnis- und Beziehungsprozess der analytischen Situation. Hier denkt und spricht der Analytiker nicht als Wissender oder Experte, sondern aus dem »Großen Selbst«, weil die egozentrischen Wünsche losgelassen worden sind.

Dies ist fraglos ein riskanter Schritt und daher auch mit Ängsten behaftet: Aus diesem Grund wird auch zu Recht immer wieder der Mut betont, wirklich den ernsthaften Versuch zu machen, Analytiker in diesem Sinne zu werden und zu bleiben. Dabei spielt die Toleranz für Ungewissheit, die mit der Suspension des Wissens wesentlich verknüpft ist, sicherlich eine besonders wichtige Rolle: Das »Kleine Selbst« des Analytikers verspricht Sicherheit (das Festhalten an den vertrauten Theorien, dem bewährten Arbeitsmodell, der Verbindung mit den inneren, analytischen Objekten), während das »Große Selbst« des Analytikers ja alles umfasst und die Sitzung und die Begegnung mit dem Patienten als einzigartig erleben lässt. Die Selbstzurücknahme bedeutet also für den Analytiker im Wesentlichen das Loslassen des »Kleinen Selbst« und das Vertrauen in das »Große Selbst«, das der seelischen Wirklichkeit und Wahrheit des Patienten und des analytischen Paares am nächsten zu kommen vermag. Übrigens finden wir bei Paul Valéry (2011, S. 84) eine Beschreibung dieser Zusammenhänge, die auf genial dichte Weise das eben Beschriebene zum Ausdruck bringt: »Variation über Descartes: Manchmal denke ich; und manchmal bin ich.«

»Großes Selbst« oder »Anfänger-Geist«?

Am Ende dieses Kapitels wollen wir noch einmal näher auf die Frage eingehen, ob die Unterscheidung eines »Kleinen Selbst« und eines »Großen Selbst« in der Arbeitsweise des Analytikers wirklich schlüssig und hilfreich ist und wie sich diese Unterscheidung mit dem Begriff des »Anfänger-Geistes« vergleichen lässt. Die Schwierigkeit dieser Diskussion hängt damit zusammen, dass es um einen Versuch geht, bestimmte Erfahrungen in Worte zu fassen, die aber nur begrenzt diese Erfahrung erfassen können. Auch spielt eine wichtige Rolle, in welchem begrifflichen Kontext man die Phänomene zu beschreiben versucht: Geht man vom Begriff des »Geistes«, »Bewusstseins« oder »Selbst« aus? In diesem Kapitel geht es – und daran wollen wir noch einmal erinnern – vor allem um die für den Analytiker oder die Analytikerin zentrale Frage, in welcher mentalen Verfassung er oder sie die analytische Situation auf förderliche Weise herstellen oder besser zulassen kann. Die Frage lautet also: Welcher Bewusstseinszustand? Welcher Selbstzustand? Welcher Geisteszustand?

Beginnen wir nochmals mit einer Überlegung zum »Anfänger-Geist«. Die Attraktivität dieses Begriffes ist bemerkenswert: Der Text von Shunryu Suzuki (1990) »Zen-Geist – Anfänger-Geist« erwähnt diesen Begriff praktisch nur einmal in dem Einleitungskapitel, dennoch taucht er im Titel auf. Im Übrigen ist das Buch eines der erfolgreichsten Bücher über Buddhismus, Zen, Spiritualität etc., was wohl auch mit dieser Beschreibung des »Anfänger-Geistes« zusammenhängt. Auch Professionelle (wie Analytiker, Therapeuten, Sozialarbeiter etc.) fühlen sich sofort von dem Begriff angesprochen, ohne dass vielleicht wirklich verstanden wird, was damit gemeint ist. In jedem Fall handelt es sich nicht um einen wissenschaftlichen, klar definierten Begriff. Er ist eher – nach unserem Verständnis – eine Art »Übungsbegriff« für den Praktizierenden, eine Art Unterstützung und Erinnerung, immer wieder in den gegenwärtigen Moment zurückzukehren und eine nicht reaktive Absichtslosigkeit zu realisieren. Man könnte danach auch von einem Arbeitsmodell für den Meditierenden oder Praktizierenden sprechen. Die Praxis des Zazen – und darüber hinaus die achtsame Alltagspraxis – ist in diesem Verständnis das Einüben des »Anfänger-Geistes« oder auch das Ausdrücken dieses »Anfänger-Geistes« im Sinne einer Performation, weil der Meditierende immer wieder, trotz der vielen gedanklichen Ablenkungen, zu seinem Achtsamkeitsobjekt, wie z. B. einem Koan oder dem Atem, zurückkehrt.

Das Sitzen in Stille ist nach diesem Verständnis Ausdruck des »Anfänger-Geistes«, als einem Geist, der im Zazen, dem stillen Sitzen, verwirklicht wird. Diese »Verwirklichung« aber wird immer wieder durch die vielen gedanklichen Aktivitäten (die »unbewusste Denkfabrik«) verhindert. Die Aufgabe des Meditierenden ist es nun, die ständig auftauchenden Inhalte des Bewusstseins loszulassen, indem auf sie nicht mehr reagiert wird, um so das Bewusstsein eher als einen Raum erleben zu können, in dem Inhalte auftauchen und wieder vergehen.

Suzuki erwähnt aber auch den »Experten-Geist«, den er als Polarität zum »Anfänger-Geist« versteht und den man folgendermaßen charakterisieren könnte: dualistisch, absichtsvoll, wissend, fokussierend, reaktiv, vergleichend, bewertend – alles Charakteristika des gewöhnlichen Alltagsbewusstseins und des Denkens. Demgegenüber wäre der »Anfänger-Geist« als nondual, absichtslos, nicht wissend, öffnend, nicht reaktiv, nicht wertend zu beschreiben. Impliziert in der Beschreibung von »Experten-« und »Anfänger-Geist« ist eine oszillierende Balance zwischen beiden, die durch elementare mentale Prozesse des Zulassens und Loslassens eine Art Öffnung in Richtung »Anfänger-Geist« gewinnt, während eine Gegenbewegung durch die elementaren mentalen Prozesse des Fokussierens und Deutens (im Sinne von Vergleichen, Bewerten, Beurteilen etc.) in Richtung »Experten-Geist« hervorgerufen wird. Je nach Kontext würde man beim »Anfänger-Geist« von einer reinen Bewusstheit oder reinem Gewahrsein (Kontext des Bewusstseins), von einem vergessenen Selbst oder Nicht-Selbst (Kontext des Ich-Selbst) und von den mentalen Funktionen des Zulassens und Loslassens sprechen (Kontext des Geistes) – mit der entsprechenden Polarität beim »Experten-Geist« (intentionales Bewusstsein, Selbstbewusstsein sowie Fokussieren und Interpretieren).

Die Begriffe des »Kleinen Selbst« und des »Großen Selbst« schlagen wir als Arbeitsmodell für den praktizierenden Analytiker vor, als Übungsmittel, sich in der komplexen analytischen Situation immer wieder neu zu orientieren. Die Ähnlichkeit und Vergleichbarkeit mit dem »Anfänger- und Experten-Geist« ist deutlich, aber die Begriffe insofern doch unterschieden, weil es sich in der analytischen Situation um eine Beziehung handelt, die zwar nach unserer Vorstellung meditative Elemente enthält, aber eben doch grundlegend anders strukturiert ist als die Übung des Zazen in der Zen-Meditation. Die Vergleichbarkeit liegt darin, dass es sich hier auch um eine Polarität handelt, die als eine oszillierende Balance zu beschreiben ist. Das »Kleine Selbst« ist charakterisiert durch intentionales

Bewusstsein, Absichten, Reaktivität, Nachdenken, Auswählen, Interpretieren, Selbstbehauptung; das »Große Selbst« durch Bewusstheit und Gewahrsein, reine Beobachtung, Leibbewusstsein, Offenheit für die Gesamtsituation, Vergessen des Selbst, Absichtslosigkeit, Nicht-Reaktivität, Unbewusstheit. Die oszillierende Balance zwischen den beiden »Selbstzuständen« des Analytikers wird ebenfalls reguliert von den mentalen Prozessen des Zulassens und Loslassens – dann in Richtung »Großes Selbst« – und Prozessen des Fokussierens, Auswählens und Interpretierens – dann in Richtung »Kleines Selbst«. Man könnte also sagen, dass diese basalen mentalen Prozesse und Funktionen des Zulassens, Loslassens, Fokussierens und Interpretierens als eine Art Knotenpunkt anzusehen sind, der die beiden Arbeitsmodelle miteinander verbindet, obwohl sie jeweils in der anderen Situation entwickelt wurden. Auch wenn diese Beschreibungen etwas abstrakt erscheinen, erkennt man wohl doch die große Nähe zwischen diesen beiden Modellen:

- Es handelt sich um Arbeitsmodelle, die eine Einübung in eine bestimmte Haltung ermöglichen sollen.
- Es lassen sich vergleichbare elementare mentale Funktionen beschreiben (des Zulassens und Loslassen bzw. des Fokussierens und Deutens).
- Aus einem Kontext des »Bewusstseins« kann man sie als Übungen in der Erweiterung des Bewusstseins betrachten.
- Aus einem Kontext des »Selbst« handelt es sich um eine Bewegung der »Selbstzurücknahme«.

Wir werden im Kapitel 7 über die analytische Beziehung diese Überlegungen wieder aufgreifen und konkretisieren, um dies etwas anschaulicher zu machen. Hier möchten wir noch auf einen Gesichtspunkt aufmerksam machen, der eine Erfahrung sowohl der Meditation als auch der Selbsterfahrung des Analytikers in der psychoanalytischen Situation spiegelt – und im Übrigen eine Erfahrung, die man auch im Alltag machen kann, wenn man ihr eine gewisse Aufmerksamkeit schenkt. Nach diesen Erfahrungen »arbeitet« die »unbewusste Denkfabrik« (Bollas, 2006) unaufhörlich. Die Reizarmut in der meditativen Situation – und auch die aus der Sicht des Alltags ungewöhnliche Gesprächssituation in dem klassischen analytischen Setting – macht dies deutlich, zeigt aber auch, dass bei einer anderen Zentrierung der Aufmerksamkeit die Abkömmlinge dieser »Denkfabrik« weniger wahrgenommen und vor allem nicht weiter im Bewusstsein ausgearbeitet werden (etwa bei der meditativen Fokussierung auf den Atem). Manchmal könnte der Eindruck entstehen, dass es sich lediglich um eine Verschiebung der Fokussierung der Wahrnehmung handelt, dass die Denkfabrik, einmal durch Konstitution und Geschichte generiert, ihren eigenen Gang geht.

Auch dies würde ja die freudsche Bemerkung, dass das Ich nicht Herr im eigenen Hause sei, eindrücklich bestätigen. Die Sehnsucht nach Ruhe und Stille drückt ja auch den Wunsch aus, diese »unbewusste Denkfabrik« zu beruhigen, weil von ihr die wesentlichen Quellen des Leidens ausgehen (die Wünsche, die Sorgen, die Schuldgefühle, das Anhaften etc.), allerdings auch viele Befriedigungen im Leben. Mitten im Leben stehend, wird die Denkfabrik unweigerlich mobilisiert, aber durch die meditative Übung des »Anfänger-Geistes« in der Meditation oder durch die Übung des »Großen Selbst« des Analytikers transformiert – dies ist jedenfalls eine zentrale Annahme. Die Aufmerksamkeit wird beim Zazen von der »unbewussten Denkfabrik« auf den Atem verschoben, beim Analytiker von den Denkinhalten des Patienten und seinen eigenen auf die Körperwahrnehmung, die gesamte Situation mit seinem Patienten etc.

Ja, es ist »nur« eine Verschiebung der Fokussierung der Wahrnehmung, aber mit enormen Konsequenzen: Die Aufmerksamkeit wird vom Denken auf eine Körperfunktion, den Körper, die gesamte gegenwärtige Situation gelenkt. Damit wird den geistigen Aktivitäten Energie entzogen, was sich direkt auf das Denken auswirkt. Generell wird so eine Kontinuität weg vom Geist und hin zum Körper eingeleitet. Das Ich-Selbst des Meditierenden wird nicht im Denken, sondern im Körper verankert; und das Ich-Selbst des Analytikers wird nicht im Denken fokussiert, sondern in der gesamten präsenten analytischen Situation und Beziehung, einschließlich seiner eigenen körperlichen Präsenz. Damit ist das Postulat verbunden, dass auch die »unbewusste Denkfabrik« einer grundlegenden transformierenden Veränderung unterliegen kann.

Man mag die Möglichkeit dieser Veränderung der »unbewussten Denkfabrik« wohl als eine Behauptung ansehen, die schwerlich direkt bewiesen werden kann, die man aber durch eine kontinuierliche Praxis selbst überprüfen kann. Dabei spielt ein Aspekt eine wichtige Rolle, den wir hier noch kurz ansprechen wollen. Es geht nämlich um die zentrale Bedeutung der »Reaktion«, die vor allem in der Beschreibung des »Anfänger-Geistes« so wesentlich ist. Ohne die philosophische Dimension hier detailliert ausführen zu können, kann aber doch gesagt werden, dass die Reaktionsfähigkeit des Menschen auf seine Existenzbedingungen ein Grundmerkmal des Lebens darstellt.

So schreibt Michael Hampe (2014, S. 305): »Die menschliche Existenz steht unter biologischen, historischen, kulturellen und situativen Bedingungen. Sie kann sich diesen Bedingungen nur in Einzelfällen, meist aber gar nicht entziehen. Die Unverfügbarkeit der meisten Existenzbedingungen kann als deren Realitätskriterium interpretiert werden. Jede Existenz zieht ihre Handlungsmöglichkeiten (und biologisch auch ihre Energie) aus diesen Bedingungen. Deshalb wäre es abwegig zu glauben, man könnte diese Bedingungen vollständig ignorieren. Denkt man mit Whitehead die Entstehung eines Einzelwesens als einen Prozess des Zusammenwachsens (concrescence) der das Einzelwesen bedingenden Faktoren, dann ist es schwer, zwischen Bedingung und Reaktion zu trennen. Denn in der Art und Weise, wie Bedingungen in einem Einzelwesen zusammenwachsen, manifestiert sich bereits der Beginn einer Reaktion des sich entwickelnden Einzelwesens auf seine Bedingungen.«

In den Fünf Skandhas wird eine Abfolge beschrieben, deren wesentliches Element in der »Reaktivität« besteht: Auf einen Kontakt mit der Welt entsteht eine emotionale Reaktion, die wiederum Erinnerungen und Assoziationen auslöst, die dann zu Impulsen und Wünschen führen, die schließlich bewusst werden und das ausmachen, was man auch als das momentane Selbsterleben beschreiben könnte. Bei Besprechung der Skandhas in der meditativen Praxis haben wir behauptet, dass es möglich sei, diese »Reaktivität« zu suspendieren, bis hin zur Überlegung, sie ganz zu eliminieren, also ganz im reinen Kontakt, im ersten Skandha, zu verweilen. Die Erfahrungen der Meditierenden mögen ganz unterschiedlich sein, aber jeder wird wohl die Erfahrung machen, dass die Unterbindung dieser dem Leben inhärenten »Reaktivität« äußerst schwierig, aber punktuell immer wieder möglich ist. Aus psychoanalytischer Perspektive würde man vielleicht eher von der Fähigkeit zur Distanzierung von den habituell auflaufenden reaktiven Mustern sprechen. Für den Analytiker ist seine Reaktionsfähigkeit ein unverzichtbares Mittel, eine für den Patienten förderliche analytische Situation zuzulassen, weil sie ja auch die Einfühlung in die Not des Patienten beinhaltet.

Ebenso bedeutsam ist aber die Fähigkeit, diese »Reaktivität« zu suspendieren, sich davon zu distanzieren, also im Sinne der Fünf Skandhas immer wieder zum unmittelbaren Kontakt zurückzukommen. Daher kann man für die Arbeitsweise des Analytikers sehr viel stärker diesen oszillierenden Prozess zwischen Reaktivität auf der einen Seite (als Ausdruck des »Kleinen Selbst«) und der Distanzierung davon (als Weg zum »Großen Selbst«) auf der anderen Seite betonen, als dies für die reine meditative Praxis gilt. Bei dem Erstkontakt mit einem Patienten, der dem Analytiker unmittelbar unsympathisch ist, wird er die Reaktion registrieren und ernst nehmen, sich aber doch davon zu distanzieren und sie in den Kontext des nun folgenden Gesprächs einzuordnen und zu verstehen versuchen. Diese Distanzierung, dieser Versuch, die Reaktivität zu suspendieren, erfordert schließlich einen anderen Aspekt, den wir auch bei der Schilderung der Fünf Skandhas erwähnt haben. Da die mentalen Prozesse in hoher Geschwindigkeit ablaufen, ist eine distanzierende Suspension in Richtung Nicht-Reaktivität immer mit einer Verlangsamung verbunden. Wenn die mentalen Prozesse üblicherweise einen drängenden Charakter haben und sich bald ein Handlungsdruck aufbaut (auch als Ausdruck der auftauchenden Willensimpulse), wird mit der Verlangsamung ein Moment der Pause, der Unterbrechung eingeführt. Man könnte die alltägliche meditative Praxis (man setzt sich täglich eine Stunde zur Meditation auf ein Kissen) als eine Pause, als eine Verlangsamung des drängenden alltäglichen Lebens auffassen. Ganz vergleichbar damit entwickelt der Analytiker in der Sitzung eine verlangsamende Haltung dem assoziativen Strom der Erzählungen des Patienten und seinen eigenen Reaktionen gegenüber, in der er etwa in der Sitzung innehält, sich an das bislang Erlebte erinnert und dabei gleichsam einen »zweiten Blick« (Baranger, Baranger u. Moms, 1983) auf die bisherigen Ereignisse der Stunde wirft.

Was kann der Buddhismus von der Psychoanalyse lernen?

Natürlich wäre es denkbar, noch andere Aspekte zu erwähnen, die für den Psychoanalytiker neue Einsichten aus der buddhistischen Perspektive ermöglichen. Es wäre beispielsweise zu fragen, inwieweit das buddhistische Arbeitsmodell der »Vier« (vor allem in der Neuformulierung von Stephen Batchelor, siehe Kapitel 3) einen anderen Aspekt auf den »neurotischen Faktor« werfen könnte: Etwa die große Bedeutung, die dem Unbehagen oder besser dem Zulassen des Unbehagens (im Sinne negativer Affekte) als erstem Schritt der Aufhebung des Leidens zugesprochen wird. Hier ist die Unterscheidung zwischen »Loslassen« und »Loswerden« von großer Bedeutung, auf die wir ja im Kapitel 3 schon hingewiesen haben: Sammeln und Loslassen als eine zentrale buddhistische Praxis. Die meisten Menschen kommen zur Psychoanalyse – oder zur Psychotherapie –, um ihr seelisches Leiden »loszuwerden«. Es ist ein langer Weg, bis sie verstehen, dass ihr Leiden transformiert werden kann, wenn sie es erst einmal zulassen können, um dann eine andere Form des »Loslassens« zu lernen. Wahrscheinlich ist hier die Situation der Zen-Praktizierenden nicht so verschieden; die persönlichen Erfahrungen mit den ersten Schritten der Meditation und die Notwendigkeit eines »Ent-Täuschungsprozesses« wurden ja in Kapitel 4 beschrieben.

In diesem Abschnitt soll es aber gezielter um die Frage gehen, welche Einsichten der praktizierende Buddhist vom psychoanalytischen Denken und dem psychoanalytischen Arbeitsmodell gewinnen könnte. Diese Frage ist wohl besonders heikel: In der Regel interessieren sich Meditierende nicht sonderlich für die Psychoanalyse, wenn sie nicht sogar eine eher abfällige und abwertende Meinung über sie haben. Auch manche buddhistischen Meister äußern sich nicht selten auf eine Weise, die eine eher negative Einstellung erkennen lässt.

Allerdings geben sie auch manchmal damit zu erkennen, dass sie nicht sehr viel mehr als bestimmte Vorurteile über die Psychoanalyse hegen. Dennoch gibt es natürlich immer wieder Praktizierende – einschließlich mancher buddhistischer Lehrer und Meister –, die sich entschließen, eine Psychotherapie oder sogar eine Psychoanalyse zu machen, vor allem wenn sie mit ihrer buddhistischen Praxis nicht weiterkommen. Sie realisieren, dass ihre persönlichen Probleme durch eine spirituelle Praxis nicht zu lösen sind. Wir berichten weiter unten über ein aktuelles Beispiel (siehe S. 184 ff.). Auch manch ein buddhistischer Lehrer wird den einen oder anderen Schüler nicht annehmen oder ihm eine Psychotherapie empfehlen aus Sorge um die seelische Stabilität des Schülers. Gelegentlich hat man allerdings den Eindruck, dass die »Vokabulare« der Arbeitsmodelle des buddhistischen und psychoanalytischen Denkens so unterschiedlich sind, dass ein auf Gegenseitigkeit beruhender Dialog im Sinne einer Verständigung oder eines Austausches fast ausweglos erscheint.

Kann also auch der Buddhist von der Psychoanalyse lernen? In den bisherigen Ausführungen haben wir immer wieder Hinweise gegeben, die in diese Richtung weisen. Hier wollen wir einen zentralen Punkt präzisieren: Was passiert aus psychoanalytischer Perspektive bei der Meditation? Kann der Meditierende mit diesen Gesichtspunkten und den psychoanalytischen Überlegungen etwas anfangen und können sie damit eine Hilfe für seine buddhistische Praxis sein?

Zur Psychodynamik der Meditation

Was könnte ein psychoanalytischer Blick auf eine Meditationspraxis wie Zazen im Zen für neue Einsichten erbringen? Wie wäre eine Psychoanalyse oder Psychodynamik der Meditation zu konzeptualisieren? Wie schon in der Einleitung angedeutet, gibt es seit einigen Jahren immer mehr Psychoanalytiker, die auch sehr intensive Erfahrungen mit der Meditation haben und daher in der Lage sind, aus eigener und sozusagen doppelter Erfahrung den Dialog zwischen Psychoanalyse und Buddhismus zu führen und zu fördern und damit auch Einsichten in die Psychodynamik der Meditation zu geben. Ein Problem dabei ist, dass es kaum noch angemessen ist, von »der« Psychoanalyse zu sprechen – wie ja schon innerhalb der Psychoanalyse immer mehr um eine gemeinsame Sprache gerungen wird, was jede Fallkonferenz immer wieder aufs Neue belegt. Dies gilt aber auch für die verschiedenen buddhistischen Schulen; daher erscheint es uns ja gerechtfertigt, auch von buddhistischen Arbeitsmodellen zu sprechen. Und daher ist es bei einer interdisziplinären Betrachtung immer wieder hilfreich, sich an die Grundannahmen der Psychoanalyse, aber auch an die buddhistischen

Grundannahmen zu erinnern und gleichzeitig für die zunehmende Pluralität offen zu bleiben. Diese Offenheit für Neues bei gleichzeitigem Festhalten an einem »common ground« zeigt sich auch in den aktuellen Arbeiten von Psychoanalytikern, die sich mit buddhistischer Meditationspraxis auseinandersetzen. Wir können hier nur einige Anmerkungen machen, um dann mit eigenen Überlegungen anzuschließen.

So vergleicht z. B. Mark Epstein die buddhistische Meditation mit den Arbeiten von Winnicott und vor allem dessen Beschreibung eines Zustandes von »Unintegration«, den er der Integration entgegensetzt: Es handele sich um das Sich-Verlieren in einem Selbstzustand, eine Form von »Sein-Lassen«: »Sowohl in Winnicotts Psychologie als auch in der des Buddha finden wir die Entdeckung, dass je weniger sicher wir uns über unser ›Selbst‹ sind, desto größer ist unsere psychische Gesundheit. Sowohl Meditation als auch die Winnicott'sche Psychoanalyse eröffnen einen Zugang zur Ungewissheit, allerdings nicht, um Angst zu provozieren, sondern um Toleranz, Demut und Mitgefühl hervorzubringen« (Epstein, 2006, S. 228; eigene Übers.).

Hier wird also der meditative Zustand aus einer spezifischen psychodynamischen Situation beschrieben, nämlich eines Zustandes von Unintegration, der aber nicht als pathologisch, sondern im Gegenteil als die Leistung eines reifen Ichs angesehen wird. In klassischer Terminologie hat man von der »Regression im Dienste des Ichs« gesprochen (Kris, 1934). Für den Praktizierenden könnte die Einsicht hilfreich sein, dass man den meditativen Zustand als einen solchen regressiven Zustand verstehen kann, der aber keine Bedrohung – auch im Sinne eines psychopathologischen Zustandes – darzustellen braucht, sondern sogar eine Bereicherung oder sogar ein wichtiger Entwicklungsschritt sein kann. Allerdings ist die Frage, ob für den Buddhisten der Ausdruck »Regression« treffend ist.

Es erinnert dies an eine Beschreibung von Shmuel Erlich (2003), in der er vom Modus des Tuns und vom Modus des Seins spricht, vergleichbar der Formulierung des Bewusstseinspsychologen Wilfried Belschner (2007) von der Lebenspraxis des Tuns im Alltagsbewusstsein und der Lebenspraxis des Lassens in einem erweiterten Bewusstsein sowie der Notwendigkeit einer ausgleichenden Balance zwischen beiden. Hier finden sich auch Anklänge an Überlegungen zur ästhetischen Erfahrung, die Momente der Intensität, der Präsenz und des Loslassens beinhaltet (Gumbrecht, 2004).

Fredrik Falkenström (2003) setzt sich in einer anderen wichtigen Arbeit mit dem Widerspruch zwischen Buddhismus und Psychoanalyse bezüglich der psychoanalytischen Stärkung eines »Selbst« und der im Buddhismus postulierten »Selbstlosigkeit« auseinander und diskutiert das Konzept des Narzissmus im Vergleich zu den buddhistischen Grundannahmen und Praktiken. Er unterscheidet dabei wie beschrieben zwischen dem Selbst als Erfahrung, dem Selbst als Repräsentanz und dem Selbst als System im Sinne der Identität. Eine seiner Überlegungen ist, dass im Gegensatz zum pathologischen Narzissmus echte Selbstliebe und Selbstakzeptanz davon ausgeht, das »Selbst als Erfahrung«, wie es von Moment zu Moment in Erscheinung tritt, mit Akzeptanz und Sanftheit zu erleben. Es geht nach Falkenström dabei weniger um die Inhalte – also etwa Größenphantasien, Selbstzweifel, Omnipotenzphantasien – als um eine Art nicht reaktiven, offenen Gewahrseins, da Wahrheit im buddhistischen Sinne in den rohen Sinnesdaten des gegenwärtigen Momentes liegt und alle Konzepte – und eben auch das Selbstkonzept – als illusionär angesehen werden, sofern sie nicht als Konzepte erkannt werden: »Wahrheit wird gefunden, wenn der inneren und äußeren Welt ohne Widerstand und Ausarbeitung begegnet wird« (Falkenström, 2003, S. 1560; eigene Übers.).

Auch hier taucht die Thematik der »Reaktivität« wieder auf, die aber nicht als natürliche Funktion betrachtet wird, sondern als Widerstand gegenüber einer Hingabe an die »lebendige Wirklichkeit«. Wie aber eben beschrieben, sehen wir eher die Polarität von Reaktion und Distanzierung und die Entwicklung eines suspendierenden In-der-Schwebe-Haltens als wesentlich an. Eine solche Überlegung kann dem Meditierenden helfen, sich in der Tat ohne allzu große Ängste auf das momentan auftauchende »Selbst als Erfahrung« zu konzentrieren. Diese Überlegung kann aber auch einen kritischen Abstand zu ideologisch überhöhten Anforderungen der totalen Selbstaufgabe oder Hingabe ermöglichen und vor allem den Unterschied zwischen meditativen Erfahrungen, den Beziehungen im Alltag oder dem Leben in einer Gemeinschaft realisieren.

Einen ähnlichen Punkt betont auch Barry Magid (2002), ein selbstpsychologisch orientierter Psychoanalytiker aus New York, der gleichzeitig Zen-Lehrer ist. Er beschreibt in seiner Arbeit auch die Rolle des Widerstandes in der Meditationspraxis, also hier im Zazen, deren Kennzeichen insbesondere die Vermeidung von Angst und Wut seien. Es geht dabei vor allem um die Widerstände gegen das »Gegenwärtig-im-Moment-Sein«. In der Auseinandersetzung mit dem viel diskutierten »Einheitsgefühl«, das eng mit dem »Ozeanischen« verbunden sei, schreibt Magid, dass die Praxis des Zen darauf ziele, ein »non-separate functioning in everyday life« (ein nicht trennendes Wirken im Alltagsleben) zu realisieren, das nicht als eine regressive Fusion aufzufassen sei. Das Kennzeichen dieses »nicht trennenden Wirkens« sei eine Form des Nicht-Widerstandes, nämlich die Bereitschaft, im Leben einfach das zu tun, was als Nächstes ansteht.

Magid stellt hier eine Verbindung zum Begriff der »Leerheit« her, die man nach seiner Auffassung auch als einen Nicht-Widerstand gegenüber dem Fließen und der Vergänglichkeit unseres Lebens angesehen kann. Gleichzeitig erinnert dies an die Theorie von Matte-Blanco (1988, S. 3 ff.) über das Unbewusste und seine Unterscheidung zwischen einem »trennenden Modus« (das Bewusstsein) und einem »nicht trennenden Modus« (das Unbewusste). Des Weiteren geht Magid davon aus, dass durch die Zen-Praxis wie in der Praxis der Psychoanalyse ein größerer »Container« für die Gefühle entwickelt werde, also die Affektregulierung stimuliert werde, was als der strukturbildende Aspekt der Meditation angesehen werden könne: »Wie die Psychoanalyse ist die Zen-Praxis ein strukturierter, relationaler Kontext für das Hervorbringen, Tolerieren und Durcharbeiten der affektiven Muster, einschließlich der Affekte, die zuvor unterdrückt oder dissoziiert wurden« (Magid, 2002, S. 109; eigene Übers.).

Hier wird der Begriff des Widerstandes auf die meditative Praxis bezogen, was vielleicht nicht ganz unproblematisch ist. Man kann aber sicherlich sagen, dass ein wesentlicher Aspekt der Meditation (insbesondere der intensiveren Meditation) der Umgang mit dem Unbehagen und der Unlust ist. Wir haben mehrfach darauf verwiesen, dass es zentrales Anliegen des meditativen Zugangs ist, eine beobachtende Haltung auch dem Emotionalen gegenüber zu entwickeln, wobei die negativen Affekte besonders wichtig sind, weil sie in der Regel eine starke Abwehr bzw. Vermeidung auslösen. Wie Suzuki in seinem Teisho so eindrücklich feststellt: Das Anerkennen der Vergänglichkeit läuft über das Leiden (siehe Kapitel 8, S. 242). Man kann aber auch sagen, dass die Entwicklung einer beobachtenden Haltung den negativen Affekten gegenüber eine gewisse Frustrationstoleranz voraussetzt, die in psychoanalytischer Terminologie als Ausdruck einer Ich-Funktion verstanden werden kann. Eine kontinuierliche Meditationspraxis kann auf diese Weise aber auch diese Ich-Funktion stärken, also den Umgang mit Versagungen verbessern.

Diesen Aspekt betont auch Esther Pelled (2007) in ihrem Vergleich von buddhistischer Meditation mit Bion'scher Psychoanalyse. Danach geht es in beiden Ansätzen um seelisches Wachstum, auch wenn es sich um unterschiedliche Wege handelt und die Gefahr von Missverständnissen ständig gegeben ist. Gerade bei Bion gibt es für Pelled eine größere Nähe zwischen dem analytischen und dem meditativen Weg, die sich vor allem auf die Haltung bei der Beobachtung bezieht: In beiden Ansätzen geht es um ein Beobachten, das die emotionale Beteiligung (positive und negative Bewertungen) überwindet, um zu einer täuschungsfreieren Wahrnehmung der inneren und äußeren Wirklichkeit zu kommen. Es wird also bei beiden Wegen die »Kraft der Beobachtung« betont, die vor allem für die heilsame Entwicklung der Selbsterkenntnis und Selbstreflexion zentral ist. In diesem Sinne ist nach Pelled die Entwicklung von Präsenz als eine wesentliche Grundlage für die Entwicklung von Einsicht anzusehen.

Alles dies sind Beispiele für eine psychoanalytische Perspektive auf die meditative Praxis: die Entwicklung einer größeren Affekttoleranz, insbesondere für negative Emotionen; die Entwicklung einer Frustrationstoleranz gegenüber Langeweile, Gefühlen der Leere, Verzweiflung, unerfüllten Wünschen, negativen Lebensbilanzen und die Entwicklung einer Angstfreiheit gegenüber den regressiven Tendenzen (etwa in Richtung einer Unintegriertheit). Diese Beschreibung berührt allerdings wieder die ständig auftauchende Frage des »Therapeutischen«: Die psychoanalytische Situation ist ja durchaus als eine therapeutische aufzufassen, aber gilt dies auch für die Praxis der Meditation?

Das »Therapeutische« in der Fragestellung dieses Kapitels ergibt sich daraus, dass das Ziel der meditativen Praxis sich dann entzieht, wenn bestimmte psychologische Voraussetzungen der Persönlichkeit oder der aktuellen bzw. dauerhaften Lebensbedingungen nicht gegeben sind, beispielsweise bestimmte Ich-Einschränkungen oder bestimmte Konfliktmuster eine kontinuierliche und verändernde Praxis verhindern. Aber ist damit die Frage des »Therapeutischen« bereits ausreichend geklärt? Könnte man in Variation unserer Arbeitsbegriffe des »Kleinen« und »Großen Selbst« sowohl in der buddhistischen Praxis als auch in der Psychoanalyse von einer »kleinen Therapie« und einer »großen Therapie« sprechen?[23]

Die »kleine Therapie« zielte dann in beiden Richtungen auf die Minderung von Leiden, die sich aus den Anforderungen des konkreten, realen Lebens ergeben: Wenn die schlimmsten Symptome und Beschwerden verschwunden sind, beenden die Patienten beispielsweise ihre psychoanalytische Behandlung. Oder die Meditation wird als eine Technik der Lebensverbesserung eingesetzt, als gezielte Optimierung des Lebens. Auch die zunehmende Beliebtheit der Achtsamkeitsmeditation in ihrer Anwendung in der Medizin und in der Psychotherapie ist so zu verstehen. Im gleichen Sinne kann man die vielen Anwendungen der Psychoanalyse im Bereich der Psychotherapie verstehen (etwa die Formen von analytisch orientierter Psychotherapie und tiefenpsychologisch fundierter Psychotherapie).

Dagegen wäre die »große Therapie« der Versuch, das eigene Lebenspotenzial und das der Mitmenschen fundamental zu entwickeln und zu fördern, ein »wahrer Mensch« zu werden (nach einer Formulierung von Dogen), das seelische Wachstum in Richtung innerer Freiheit zu ermöglichen oder ein emanzipiertes, im Sinne eines selbstbestimmten, bewussten Lebens und in »semantischer Auto-

23 Wir sprechen natürlich von »Therapie« hier nur in einem sehr weiten, übertragenen Sinne; das gilt insbesondere für den Buddhismus.

nomie«, wie es Hampe formuliert hat, zu führen. Oder noch weitergehend: einen Beitrag für eine bessere Welt zu leisten!

Wie man sieht, gibt es ein vielfältiges Vokabular für diesen umfassenden Versuch, die Person und die gegenwärtige Welt grundlegend umzuwandeln. Und hier kann man an den Achtfachen Pfad erinnern. Er setzt die Praxis der Meditation doch in einen ganz praktischen Rahmen von Alltäglichem: rechte Sprache, rechter Lebenserwerb usw. Dabei geht es um die Umsetzung der Meditationserfahrung in den Alltag, was man doch im weitesten Sinne als therapeutisches Anliegen auffassen könnte. Der Achtfache Pfad, aber auch die Gelöbnisse und die Sechs Paramitas (siehe S. 71) bilden eine »Form«, in die die neuen Erfahrungen »gegossen« werden können. Mit anderen Worten: Auch die Verwirklichung des »wahren Menschen« benötigt eine Entwicklungsrichtung im Sinne von »gesund« und »leidensfrei«. Kann man dies als »therapeutisches Arbeitsmodell« bezeichnen oder ist es eher so etwas wie ein »allgemeines Arbeitsmodell« für die »Menschwerdung« im Sinne von Dogens »wahrem Menschen«?

Eine wichtige Frage entsteht also, wenn der Praktizierende realisiert, dass sich die »große Therapie« der buddhistischen Praxis nicht verwirklichen lässt, dass doch immer wieder wesentliche Hindernisse auftreten, die das Ziel zur inneren Freiheit verstellen. Um eine solche Situation etwas besser zu verstehen, wollen wir einige weitere Anmerkungen zur Psychodynamik der Meditation machen, bei denen wir auch unsere eigenen Erfahrungen berücksichtigen. Als Orientierung beziehen wir uns auf eine Arbeit des Psychoanalytikers und Neurowissenschaftlers Mark Solms (2006), in der er einige zentrale freudschen Grundannahmen aus neurowissenschaftlicher Sicht diskutiert. Es handelt sich dabei um einen Versuch, Freuds Schlussfolgerungen über die funktionelle Organisation der Psyche neurowissenschaftlich zu überprüfen – ein wichtiger Ansatz, der die Psychoanalyse vor Abschottung schützt und Interdisziplinarität ermöglicht. Im Wesentlichen kann man sagen, dass Solms in dieser Arbeit die in Kapitel 4 beschriebenen psychoanalytischen Grundannahmen aufnimmt und weitergehend diskutiert. Er erwähnt unter den psychoanalytischen Grundannahmen Freuds vor allem solche, die von den Neurowissenschaften weitgehend bestätigt worden sind[24]:

24 Die anderen freudschen Grundannahmen, die nach Solms nicht so eindeutig aus neurowissenschaftlicher Sicht belegt sind: die allgemeine Triebtheorie (etwa die umstrittene Todestriebhypothese), die Ätiologie der Neurosen (die nicht so ausschließlich mit der Sexualität verknüpfbar ist), die therapeutische Wirkung der Psychoanalyse (die sich aus neurowissenschaftlicher Sicht vor allem als eine Stärkung des Ichs erweist) sowie die Bedeutung der infantilen Sexualität und des Ödipuskomplexes.

- die Bedeutung des Unbewussten (und die Rolle des Bewusstseins, das nach Freud vor allem dazu dient, Gefühle zu erzeugen, Lust und Unlust dem Selbst zu repräsentieren);
- die Verdrängung, die in der Hirnforschung als »motiviertes Vergessen« bezeichnet wird;
- die Ersatz- und Symptombildungen, deren Bedeutung darin besteht, dass unbewusste psychische Inhalte ihren Einfluss auf bewusste Kognition und bewusstes Verhalten durch »Ersatzbildungen« in Form von Symptomen und Fehlhandlungen geltend machen;
- die Unterscheidung von Primär- und Sekundärvorgängen, wobei der Primärvorgang dem Unbewussten und der Sekundärvorgang dem Bewusstsein zugeschrieben wird;
- die Rolle des Ichs als Ausdruck einer hemmenden Kontrollfunktion gegenüber den wunschbestimmten, triebhaften Anteilen der Persönlichkeit;
- das Lustprinzip, das besagt, dass menschliches Annäherungs- und Vermeidungsverhalten von Gefühlen der Lust und Unlust motiviert ist;
- die Libidotheorie, die gleichsam die Antriebskraft für das Lustprinzip darstellt und in der Form eines allgemeinen Wunschsystems auftritt;
- die Rolle der Träume, die eine einzigartige Gelegenheit darstellen, direkt zu erleben, wie das Gehirn unter den Bedingungen des Primärvorganges funktioniert (Solms, 2006, S. 838).

Wir erwähnen hier gerade die Arbeit von Solms, um die skeptischen Praktizierenden zu ermutigen, einen zweiten und weniger vorurteilsbeladenen Blick auf die Psychoanalyse zu werfen – auch wenn sie Solms Schlussfolgerungen nicht unbedingt dort teilen müssen, wo er die Bestätigung der Libido- und Traumtheorie durch moderne neurowissenschaftliche Ergebnisse als »Triumph der Psychoanalyse« feiert (Solms, 2006, S. 849).

Aus diesen Perspektiven möchten wir einige herausgreifen und damit einen kurzen Blick auf die Praxis der Meditation werfen. Dabei sprechen wir jetzt aus den Erfahrungen der Zazen-Praxis und sind uns dabei bewusst, dass der Zen-Weg (vergleichbar mit anderen sogenannten »spirituellen Wegen«) eine lebenslange, im Grunde religiöse Praxis im Sinne der beschriebenen »großen Therapie« darstellt, die sehr viel mehr ist als eine Technik zur Verbesserung des eigenen Wohlbefindens – übrigens ein häufiges Missverständnis in der westlichen Welt: Dies hatten wir ja eben als den Unterschied zwischen der »kleinen« und »großen Therapie« beschrieben. Der wissenschaftliche Nachweis der Wirksamkeit von Meditation (wie neuere neurobiologische Befunde und auch Studien zur therapeutischen Wirksamkeit von Achtsamkeitsmeditation belegen) kann dieses Missverständnis manchmal eher fördern: Es gilt also immer wieder zwischen einer therapeutischen Wirksamkeit im Sinne einer psychologischen oder medizinischen »Behandlung« auf der einen Seite (die »kleine Therapie«) und einer grundlegenden Veränderung der menschlichen Persönlichkeit, etwa in Richtung Weisheit und Mitgefühl, auf der anderen Seite zu unterscheiden (die »große Therapie«). Hier passen die weiter oben beschriebenen »Richtungen« wie der Achtfache Pfad und die Sechs Paramitas, die die buddhistische Praxis vorgeben, wunderbar hinein. Es ist natürlich sehr reizvoll, diese als »große Therapie« zu bezeichnen. Als Problem bleibt aus buddhistischer Sicht die Zielrichtung, wobei es diese Diskussion in der Psychoanalyse auch gibt. Der Buddhismus gibt eine Richtung an, hier Weisheit und Mitgefühl, aber es ist ein völlig »offenes System«, es ist völlig offen, wie sich das in der einzelnen Person verwirklicht, die »Ausformung« ist individuell unterschiedlich. Mit anderen Worten: Es gibt *die* Weisheit und *das* Mitgefühl nicht. Es sei hier aber schon betont, dass auch der Psychoanalytiker immer wieder diese seine Grundannahmen überprüfen und untersuchen wird, inwieweit sie seine Entwicklung auf dem Weg zur persönlichen und professionellen Entwicklung fördern oder hemmen.

Auch wenn in der Meditation das bewusste Erleben betont wird – siehe aber die erwähnten Überlegungen von Suzuki zum Unbewussten im Buddhismus (Kapitel 8, S. 253 ff.) –, entdeckt jeder Übende die große Wirkung der *unbewussten mentalen Vorgänge,* die sich in den auftauchenden, kaum kontrollierbaren assoziativen Gedankenketten und ihren Lücken manifestieren – die schon erwähnte »unbewusste Denkfabrik«. Die berühmte Aussage, dass das Ich nicht Herr im eigenen Haus sei (Freud, 1917a), kann praktisch in jeder Sitzung bestätigt werden, auch nach Jahren intensiver Praxis. Man kann dann zu der Einsicht gelangen, dass die gegenseitige, balancierende Durchdringung von bewussten und unbewussten Prozessen für das vitale subjektive Erleben, für einen Kontakt mit der lebendigen Wirklichkeit, unabdingbar ist, konstitutiv für das subjektive Erleben. Die meditative Praxis wird dann auch als eine stärkende Hinwendung zu einem Modus des Seins oder Lassens beschrieben, als ein Ausgleich gegenüber dem oft dominierenden Modus des absichtsvollen Tuns des Alltagsbewusstseins. Meditation würde dann aus dieser Perspektive aber auch heißen, sich auf diese unbewusste Dimension des Lebens einzulassen, wie dies ja auch Suzuki bestätigt. Es ist eine Hingabe an das gegenwärtige Sein in seiner unbewussten-bewussten Ganzheit. Oder noch anders formuliert, könnte man auch von einer Balance zwischen bewussten und unbewussten Prozessen sprechen, die in der Meditation, aber ebenso in der psychoanalytischen Praxis eingeübt werden. Laplanche hat vom »Kontakt zum Unbekannten« gesprochen (zit. nach Heenen-Wolff, 2012).[25] Insbesondere die Zen-Praktizierenden werden dies wohl kaum als besonders neu oder eindrücklich erleben, betont doch die Entwicklung des »Anfänger-Geistes« eben auch das Nicht-Wissen, wie es in dem Koan mit Fayan auch ausgedrückt ist: Nicht-Wissen ist am Nächsten (Weischede u. Zwiebel, 2009). In einer noch anderen Beschreibung sei an die Dynamik der basalen mentalen Prozesse von Zulassen und Loslassen erinnert: Das Zulassen bezieht sich auf die »unbewusste Denkfabrik«, das Loslassen auf das Nicht-Festhalten der ständig aufkommenden Inhalten, also dem assoziativen Strom der Gedanken, Erinnerungen und Gefühle nicht fixierend und diskursiv zu folgen, sondern sich immer wieder den nächsten auftauchenden Elementen gegenüber zu öffnen.

Nimmt man die Erfahrung der Psychoanalytiker mit dieser Dynamik vom Bewusstsein und Unbewussten ernst, dann ergeben sich auch hilfreiche Einsichten für den Meditierenden. Wir möchten hier nur einen Aspekt herausgreifen: Die »unbewusste Denkfabrik« läuft weitgehend außerhalb der Kontrolle des Ichs ab und eine Beruhigung dieser ständigen mentalen Aktivität bedarf langer und kontinuierlicher Übung. Es sei daran erinnert, dass die meditativen »Retreats« oft wochenlang, manchmal sogar jahrelang dauern (ein Zen-Sesshin in der Regel eine Woche, im tibetischen Buddhismus gibt es Retreats bis zu mehr als drei Jahren). Dies hängt damit zusammen, dass die »unbewusste Denkfabrik« sowohl von innen (aus den körperlichen Bedürfnissen und Wünschen) als auch von der äußeren Umwelt des Alltagslebens ständig »Nahrung« erhält. Man kann sie in gewisser Weise als Manifestation der mentalen Verarbeitung der Erfahrungen der Lebensereignisse verstehen. Mit der Ruhigstellung des Körpers und dem weitgehenden Ausschalten der Umwelt wird also der Versuch gemacht, die »unbewusste Denkfabrik« auf kleiner Flamme zu halten, ihr die »Nahrung« zu entziehen. Aus psychoanalytischer Perspektive drückt jedoch dieser ständige assoziative Strom die Innenwelt des Menschen aus, die seine ganze Lebenserfahrung, seine Entwicklung, seine Geschichte und gewordene Persönlichkeit ausmacht, einschließlich der erlittenen Traumatisierungen und der Beziehungs- und Konfliktmuster. Man spricht heute auch von den »impliziten Beziehungsmustern«, die sich weniger im autobiografischen Gedächtnis als in der realen Beziehungsgestaltung manifestieren. Die »unbewusste Denkfabrik« spiegelt auch diese impliziten Beziehungsmuster auf einer imaginierten Ebene – also wenn in der Meditation Erinnerungen an vergangene Beziehungsereignisse

25 Laplanche schreibt über das Ergebnis einer gelungenen Psychoanalyse: »Wir hoffen lediglich, dass der Analysand etwas von der Beziehung zum Unbekannten beibehält und dies außerhalb der Analyse nutzen kann, dies ist das schönste Ergebnis von Analyse« (zit. nach Heenen-Wolff, 2012; eigene Übers.).

oder Erwartungen an zukünftige Begegnungen auftauchen. In der Psychoanalyse wird durch die analytische Situation und Beziehung ein relationaler Raum entwickelt, in dem sich diese »unbewusste Denkfabrik« als Ausdruck der unbewussten Persönlichkeit manifestieren kann. Man spricht heute auch gern von einem »containment«. Es ist dies eine zwischenmenschliche Situation, in der ein anderer seinen mentalen Raum zur Verfügung stellt, um die »unbewusste Denkfabrik« nicht nur zu beruhigen, sondern auch zu modifizieren.

In der meditativen Praxis ist der Praktizierende manchmal allein, manchmal in der Gruppe und hat manchmal Kontakt mit dem Lehrer oder Meister. Es ist dies ein anderer Raum, ein anderes »containment«, das bisweilen nicht ausreicht, um die auftauchenden Affekte zu halten und zu verarbeiten. Man bedenke dabei auch, dass das meditative Setting eine erhebliche Versagenssituation bedeutet: das Alleinsein, das Nicht-Sprechen, das Nicht-Handelnkönnen. Wir werden später, wenn wir zur Frage des Traumas kommen, auf diesen Punkt noch einmal zu sprechen kommen (siehe Kapitel 6, S. 188 ff.). Man könnte also vermuten, dass die meditative Erfahrung, insbesondere in ihrer intensiven Form, das Potenzial einer Re-Traumatisierung birgt oder aber aus Angst vor einer Re-Traumatisierung die Hingabe an die meditative Praxis immer wieder abgewehrt wird, also keine wirklichen Fortschritte auf dem Übungsweg gemacht werden können. Es sei hier nur erwähnt, dass auch für die analytische Situation eine optimale Versagung postuliert werden kann; hier geht man von dem entwicklungspsychologischen Gedanken aus, dass Entwicklung in einem Spannungsfeld von Befriedigung und Versagung stattfindet.

Es wird also darum gehen, ob die Meditierenden die Gefahr einer Re-Traumatisierung auf dem Kissen überhaupt sehen oder konzeptualisieren können. Eine Re-Traumatisierung ist das Wiederbeleben einer katastrophischen Angst, die mit Vernichtungsgefühlen und starkem Erleben von Hilflosigkeit verbunden ist. Man spricht heute auch vermehrt von Panikattacken, die Ausdruck dieser katastrophischen Ängste sind und wahrscheinlich mit früheren, realen traumatischen Situationen verbunden sind. Es ist nun wahrscheinlich, dass der Meditierende (immer wieder) in die Nähe der alten Traumata gelangt, dort stoppt aus Angst oder der Unfähigkeit, damit umzugehen, und sich somit an dieser Stelle »festfährt«. Möglicherweise kommt eine Meditation hier auch zu ihrem Ende. Wird die Meditation fortgeführt, kann das stille Sitzen frustrierend und im weitesten Sinne auch »sinnlos« werden. Man kann dieses »Festfahren« aber auch als Anhalten betrachten, ein Anhalten, sich mit dem alten Leiden wieder zu beschäftigen. Aus dieser Perspektive kann man dies als »Schutz« ansehen: Es findet keine Re-Traumatisierung statt, der Meditierende schreckt sozusagen davor zurück. Dann wird die Meditation, wie oben schon angedeutet, unterbrochen oder zum Teil auch ganz abgebrochen oder aber, und das ist sicher häufig der Fall, es wird frustriert weitergesessen in der Hoffnung, dass »etwas passiert«. Hier wäre ein Lehrer wichtig, der dies erkennt und auf die Möglichkeit therapeutischer Hilfe hinweist.

In diesem Zusammenhang spielen körperliche Schmerzen auf dem Sitzkissen sicher auch eine wichtige Rolle. Man könnte sie als mögliche »Schutzmechanismen« ansehen: Da aus der Sicht des Zen geistige/psychische Aktivitäten auch immer eine körperliche Entsprechung und umgekehrt jede körperliche Aktivität auch eine geistige/psychische Komponente haben, sind entsprechend körperliche Reaktionen ein wichtiger Teil dieses Gesamtprozesses. Allerdings wollen wir hier auch darauf hinweisen, dass es sicher sinnvoll ist, durch die einen oder anderen Schmerzen »hindurchzusitzen«. Nicht immer sind Schmerzen ein Schutz, oft sind sie eben auch ein Widerstand, den es aufzulösen gilt.

Entschließt sich der Meditierende nun, trotz all dieser »Hindernisse«, weiter zu meditieren, wird er das Trauma weiterhin »umkreisen« und sich ihm immer wieder nähern, zunehmend mit weniger Angst. So schafft er andere »Rahmenbedingungen«, die die Möglichkeit bergen, anders mit dem Trauma umzugehen, vielleicht sogar in einer Weise, die das Trauma »abmildert«, verändert und »lebbarer« macht. Das Schaffen von anderen »Rahmenbedingungen« wäre eine Möglichkeit, mit Traumata oder generell mit Konflikten »anders« umzugehen.

Versteht man die Verdrängung als einen zentralen Abwehrmechanismus der Psyche und fragt allgemeiner nach der Abwehr in der Meditation (dazu wären dann noch andere Abwehrmechanismen zu zählen wie Verleugnung, Spaltung, Reaktionsbildung), dann kann man eine zentrale Abwehr immer wieder selbst erfahren: die Abwehr gegenüber dem Erleben des unmittelbaren Momentes und der Hingabe an die reine Beobachtung des Atems, des Körpers oder auch des Zählens der Atemzüge. Es ist, als ob sich die »unbewusste Denkfabrik« als Manifestation des Ich-Selbst immer wieder in die meditative Haltung drängt, ja, sich förmlich aufdrängt und um Aufmerksamkeit heischt. Einerseits kann dies wieder so verstanden werden, dass das Ich nicht Herr im eigenen Hause ist – ein absichtsloses Sitzen ist danach ein unaufhebbarer Widerspruch –, aber auch so, dass dieses Sitzen in Stille eine fundamentale Angst anrührt, die die tiefsten Ängste des Menschen berührt, nämlich die Angst, nicht wirklich zu existieren oder mit der eigenen Vergänglichkeit konfrontiert zu sein. Denn nicht selten entsteht der Eindruck, dass mit dem Beginn der Meditation und dem Eintreten von Ruhe und Stille die »unbewusste Denkfabrik« förmlich aktiviert wird, um auf die Existenz des Ich-Selbst aufmerksam zu machen. Die Aktivität der »unbewussten Denkfabrik« zeigt ja die Bedeutung von Vergangenheit und

Zukunft durch die auftauchenden assoziativen Erinnerungen und Planungen. Abgewehrt wird die fundamentale Angst, dass es nur diesen Moment gibt, dass das Selbst ein Selbstmodell darstellt, das keine dauerhafte Identität hat.

Die Beobachtung des »Selbst als Erfahrung«, wie dies Falkenström beschrieben hat, löst also starke affektive Widerstände aus, weil sie vermutlich vor allem als eine Bedrohung der Selbstrepräsentanzen und der Identität erlebt wird. Jedermann möchte ein »Jemand« sein und wehrt damit auch den Horror davor ab, ein »Niemand« zu werden – die grundlegende Angst vor dem Horror Vacui. Betrachtet man den Charakter der Persönlichkeit als eine habitualisierte Form der Bewältigung unbewusster Konflikte, dann werden auch in der Meditation je nach Persönlichkeit typische Abwehrmuster mobilisiert und auch manifest. In unserer Kultur findet sich beispielsweise, dass anstelle der Geistesgegenwart von Moment zu Moment der Übende in Szenarien des »Machens« flüchtet, in denen er seine Projekte und Arbeiten plant und durchspielt – etwa den nächsten Vortrag oder den nächsten Urlaub – oder aber seine vergangenen Taten, Leistungen und Misserfolge mehr oder weniger kritisch, selbstbestätigend oder schuldhaft reflektiert. Das Festhalten an einer omnipotenten Kontrolle ist hier besonders eindrücklich: Wir erinnern einen Mitübenden, der seine Uhr vor sich legte und diese beim Sitzen ständig kontrollierte. Hier wird die Meditation als Stützung des Charakters »instrumentalisiert«, ein weitgehendes Missverständnis der meditativen Praxis spiegelnd.

Aber dieses Problem taucht auch generell in der meditativen Praxis auf: Eindringlich wird von erfahrenen Lehrern davor gewarnt, die Meditation als Rückzugsort vor den unvermeidlichen Lebens- und Beziehungskonflikten zu benutzen, als eine Art »spiritual bypassing« (Welwood, 1998), der Versuch eines Überspringens der Neurose in die Erleuchtung, um dies einmal etwas salopp zu formulieren. Daher spielt die schon erwähnte Betonung der Alltagspraxis besonders im Zen eine solche zentrale Rolle, um gerade dieser Gefahr zu begegnen.

Neben dieser Verstärkung der Verdrängung oder Abwehr durch die Meditation kann man aber auch eine Lockerung beobachten. Dies zeigt sich darin, dass oft schmerzhafte Erinnerungen beim langen Sitzen mobilisiert werden und gerade durch die versagungsvolle Reizarmut stark verdrängte oder abgewehrte Affekte ins Bewusstsein drängen: ein plötzlicher Impuls zu weinen, sexuelle Erregungen, scham- und schuldvolle Erinnerungen an begangene oder erlittene Verletzungen. Die Ahnung, dass das Aufsuchen eines stillen Ortes mit dem Versuch einer konzentrierten Selbstbeobachtung und Selbstbesinnung eine Gefahr für das seelische Gleichgewicht in dem genannten Sinne darstellen kann, hindert sicherlich viele Menschen daran, sich der Meditation anzunähern oder sie wirklich dauerhaft zu praktizieren. Es gibt nicht wenige Menschen, die mit ihr beginnen, ohne sie aber zu einer wirklichen Lebenspraxis zu machen. Einer der Gründe dafür könnte also eine Abwehr sein, der Abwehr gegenüber einer »Selbsterfahrung«, die das bisherige Selbst- und Weltverständnis radikal infrage stellt.

In dem Zusammenhang der Verdrängung und Abwehr taucht die Frage auf, ob die meditative Praxis selbst eine »Ersatzbildung«, ein Symptom als Ausdruck unbewusster, nicht gelöster innerer Konflikte sein kann. Das bereits erwähnte »spiritual bypassing« wäre als eine solche Ersatzbildung in einem weiten Sinne zu verstehen. Auch hier lässt sich wieder ein Widerspruch entdecken, der nicht auflösbar ist: ein Dilemma sozusagen, dem man ausweichen kann, aber das man auch zu seinem Weg machen kann. Wenn man davon ausgeht, dass das Leben grundsätzlich konflikthaft ist und damit auch mit Schmerzen und Leiden verbunden ist (Angst, Schuld- und Schamgefühl), dann lässt sich bei vielen Menschen eine Art Kompromiss finden, der sich in einem sehr basalen psychoanalytischen Modell eines Konfliktdreiecks beschreiben lässt (Malan, 1979): Der Kompromiss besteht aus einer Balance zwischen den Wünschen und Affekten, den durch sie ausgelösten Ängsten und den dadurch mobilisierten Abwehr- und Bewältigungsstrategien. Beispielsweise wird ein erotischer Wunsch als so ängstigend und schuldhaft erlebt, dass er aus dem Bewusstsein gedrängt wird. Ein pathologischer Kompromiss wäre dann einer, in dem der verdrängte Wunsch in einer Art Ersatzbildung wieder zum Vorschein kommt – etwa in einer Körperlähmung als Ausdruck einer Wiederkehr des Verdrängten. Die Sehnsucht nach Ruhe und Stille, die die Meditation verspricht, könnte also auch ein Wunsch sein, die konflikthafte Lebenswirklichkeit zu meiden – dann wäre die meditative Praxis gleichsam ein pathologischer Kompromiss. Allerdings gibt es, wie wir schon gesehen haben, auch eine gegensätzliche Reaktion: Die Ruhe und Stille selbst wird dann als Gefahr angesehen, weil sie mit der Angst vor der Auflösung des Ich-Selbst assoziiert wird. Aus psychoanalytischer Sicht kann man dann auch sagen, dass der »meditative Weg« selbst konflikthafter Natur ist, weil er unterschiedliche Wünsche und Strebungen ausdrückt, die ganz unterschiedliche Ängste hervorrufen können: Rückzug als Negation des Lebens oder die Sehnsucht nach Ruhe und Stille als Wunsch nach »Auflösung« des eigenen Ich-Selbst. Für unsere hier zu besprechende Frage, ob der Buddhist von der Psychoanalyse lernen kann, ist dies wohl wirklich eine zentrale Frage. Allerdings kann man annehmen, dass beim Überwiegen der symptomatischen Ersatzbildung die Praxis eher abgebrochen wird, da sie doch zu viele Versagungen mit sich bringt. Aber falls der Praktizierende merkt, dass er keine wirklichen Fortschritte in seiner meditativen Praxis macht, dann wäre womöglich die Frage nach seiner Motivation hilfreich: Sucht er einen Rückzugsort für ein ungelebtes, weil konflikthaft erlebtes Leben, dann ist damit eine weitere grundlegende Veränderung kaum möglich.

Eine interessante Frage ergibt sich auch im Zusammenhang mit dem Begriff des Ichs. Wir sprechen ja durchgehend vom Ich-Selbst in diesem Buch, der Philosoph Gernot Böhme schreibt in seinem wichtigen Buch »Bewusstseinsformen« (2014, S. 191 f.) dazu: »Ich habe die Bestände, die mich in betroffener Selbstgegebenheit ausmachen, das Ich-Selbst genannt. Mit diesem Zwitterterminus sollen einerseits, nämlich durch den Terminus Selbst, jene Inhalte bezeichnet werden, die […] mir in *betroffener Selbstgegebenheit* zugehören. Durch den Terminus Ich soll andererseits jene Instanz in mir bezeichnet werden, durch die diese Inhalte bewusst und verantwortlich übernommen werden. Ich-Selbst bin also ich als bewusste Person, nun aber mit Inhalten versehen, die nicht der gesellschaftlichen Zuschreibung entstammen, sondern dem tieferen Selbst, soweit es mir in betroffener Selbstbegebenheit bewusst geworden ist. Das Ich-Selbst bleibt also prinzipiell gegen das tiefere Selbst geöffnet, und seine Inhalte sind stets unabgeschlossen, insofern es im Laufe der biographischen Selbsterfahrung schrittweise erweitert […] werden kann.«

Zum Selbst in diesem Sinne zählt Böhme auch das Verdrängte, das Leibbewusstsein und die Sprache, in die der Mensch hineingeboren wird. Mithilfe dieser begrifflichen Formulierung eines Ich-Selbst kann man die grundlegende meditative Erfahrung, die wir immer wieder beschreiben, besser erfassen: Die »unbewusste Denkfabrik« steht dann für den Pol des Selbst im Ich-Selbst, der ich in »betroffener Selbstbegebenheit« ausgesetzt bin, sie also praktisch selbst nicht steuern oder kontrollieren kann. In gewisser Weise erleide ich diese und mir ist darüber keine Verfügbarkeit gegeben. Dagegen steht aber immer wieder der bewusste Impuls des Ichs, diese auftauchenden Inhalte loszulassen, mich auf den Atem zu konzentrieren und damit immer mehr eine Form der »reinen Beobachtung« zu realisieren.

Diese Überlegung schafft in unseren Augen eine begriffliche Klarheit, die oft bei der Beschreibung meditativer Erfahrungen verloren geht: Erst in fortgeschrittenen meditativen Übungen wird auch das bewusste, kontrollierende Ich weitgehend überflüssig.

Wir wollen im Folgenden das Problem des Ich-Selbst noch einmal genauer aus der Perspektive eines Meditierenden betrachten: Für das alltägliche Leben ist das Ich-Selbst sicher eine notwendige Instanz. Hier erhebt sich die Frage, ob dies auch auf dem Sitzkissen eine Notwendigkeit ist. Darüber hinaus könnte man fragen, ob das Sitzkissen nicht eine gute Gelegenheit, ein guter Ort ist, dieses Ich-Selbst zu »untersuchen«. Der Meditierende würde z. B. entdecken, dass das Ich-Selbst immer wieder hergestellt ist oder wird. Oder dass dieser

Ort des Sitzkissens generell dieses Immer-wieder-Herstellen des Ich-Selbst »anders« vornimmt. Es sind sozusagen andere Rahmenbedingungen für diese Art von Aktivität. Und unter solchen Bedingungen kann man schon davon sprechen, dass sich das Ich-Selbst oder das sogenannte Selbstbild zum einen anders darstellt, zum anderen aber eben auch in seinen gesamten Aktivitäten ein »anderes« wird. Entscheidend dabei ist dieser stille Ort, der mit einer einzigen, aber entscheidenden Aufforderung aufwartet: Bewege dich nicht! Alles wird unter einem solchen Postulat »anders«.

Wir wollen dies kurz unter vier Gesichtspunkten zusammenfassen und dabei einmal deutlich machen, wie ein Meditierender beispielhaft an ein solches Problem herangehen könnte.

1. Ziel ist zunächst eine intellektuelle Herangehensweise an das Selbst, die mit folgenden Fragen beginnen könnte: Was ist das Ich-Selbst? Wie wird das Ich-Selbst erlebt? Was sind die Funktionen des Ich-Selbst? Ist das Ich-Selbst wirklich so fest, wie es erscheint?
2. Auf dem Sitzkissen beginnt der Meditierende das Ich-Selbst aus der oben beschriebenen »reinen Beobachtung« heraus zu studieren. Seine Festigkeit beginnt sich aufzulösen, es wird im Rahmen der Meditation sehr durchlässig.
3. Im fortgeschrittenen Stadium der Meditation führt diese zunehmende Durchlässigkeit dazu, dass das Ich-Selbst als feste Struktur beginnt, sich aufzulösen, es setzt eine Art Dekonstruktion, vielleicht sogar eine Art Zerfall ein. Dies erscheint auf den ersten Blick als nicht schlüssig. Warum sollte sich das Ich-Selbst auflösen? An dieser Stelle verlässt der Meditierende die Haltung der (reinen) Beobachtung und wird zum Erlebenden, besser zum direkt Erfahrenden. Er erfährt und erlebt, dass seine bisherigen Annahmen und Ideen über das Ich-Selbst nichts als geistige Konstrukte waren, die sich in der direkten Erfahrung als nicht mehr haltbar erweisen. Das Ich-Selbst wird erlebt als Prozess, als Aktivität, in denen nichts Festes oder Unveränderliches vorgefunden wird.
4. Am Ende jeder Meditationseinheit gilt es dann ein Bewusstsein herzustellen oder besser: zuzulassen, das »alltagstauglich« und absolut unerlässlich ist. Hier findet eine Art »Neu-Konstruktion« des Ich-Selbst statt, die sich an alten, bekannten und vertrauen Mustern orientiert, aber auch die neuen Erfahrungen von Durchlässigkeit und »Auflösung« mit integriert. Somit entsteht ein sich langsam oder auch schneller veränderndes Ich-Selbst, durchdrungen von Stille, Achtsamkeit, Offenheit und Mitgefühl.

All dies setzt natürlich Vertrauen und (zunehmende) Erfahrung in diese Prozesse voraus. Als Prozesse gehen sie dabei in der Regel schrittweise vonstatten, hin und wieder aber auch »plötzlich«, zuerst hin zu einer Durchlässigkeit der Grenzen bis hin zur »Auflösung« aller Grenzen. Dies kann eine leicht ängstigende bis hin zu einer subjektiv bedrohlichen Erfahrung sein. Oliver Petersen (2014; siehe S. 184 f.) beschreibt dies sehr treffend als das subjektive Erleben von Tod und Sterben. Etwas Grundlegendes, das der Meditierende sehr lieb gewonnen hat, das ihm viel Sicherheit gibt, »stirbt«: das Ich-Selbst. Besser noch, es zerfällt und es darf, es muss oder sollte sogar zerfallen. Die damit einhergehenden Ängste werden natürlich erst einmal zu vermeiden gesucht. Letztendlich aber tauchen die Ängste in Begleitung dieser »Auflösungstendenzen« immer wieder auf, und der Meditierende wird sich ihnen zunehmend stellen müssen, wenn er den Meditationsweg nicht abbrechen will. Im Laufe der Zeit wächst aber das Vertrauen in diese Prozesse, und der Meditierende fühlt sich nicht mehr getragen und gehalten durch die Selbststruktur, sondern getragen durch seine direkte Umgebung (und die Welt). In der Regel wird die »Auflösung« dann als angenehm bis hin zu befreiend erlebt. In diesem Stadium der Meditation wird das Sitzen dann zu einem einfachen »Da-Sein«, zu einem »Einfach-nur-Sitzen« ohne den üblichen, begleitenden mentalen Strom der Denkfabrik, ohne Bewertung, eben ganz ohne irgendeine mentale Reaktion, es wird zur reinen Präsenz oder auch zu einem wirklichen Schweigen.

Dazu ein Zitat aus dem Buch der Heiteren Gelassenheit (Book of Serenity, 1988, Koan 48; eigene Übers.):

> »Vimalakirti fragte Manjushri: ›Welche Methode wendet ein Bodhisattva an, um in die Nicht-Zweiheit einzutreten?‹ Manjushri sagte: ›Meinem Wissen nach ist in allen Dingen keine Sprache, keine Erklärung, keine Anleitung und keine Ausführung. Alle Fragen und Antworten zurücklassend – dies ist die Methode, um in die Nicht-Zweiheit einzutreten.‹
>
> Dann fragte Manjushri Vimalakirti: ›Wir haben beide gerade gesprochen. Nun, guter Mann, solltest du sagen: Was ist die Methode eines Bodhisattvas, in die Nicht-Zweiheit einzutreten?‹ Vimalakirti schwieg.«

Es sei hier noch einmal betont, wie wichtig und oft auch entscheidend in diesen Prozessen zum einen das Sitzkissen als sichererer Ort ist, zum anderen die umgebende Gruppe oder Sangha als haltendes oder tragendes Element.

Eine weitere Beschreibung dieser Prozesse kommt hier an ihr Ende, denn jetzt bedarf es der Erfahrung, des sich direkten Einlassens in diese Prozesse, hier kommt die Sprache an ihre Grenzen.

Hier sei auch noch einmal an unsere Unterscheidung eines »Kleinen Selbst« und eines »Großen Selbst« erinnert: Danach entspräche das »Kleine Selbst«

eher dem Ich, das »Große Selbst« dem Selbst in Gernot Böhmes polarem Ich-Selbst. Für den Praktizierenden bedeutet dies, dass es auf dem meditativen Weg nicht um eine Ich-Auflösung geht, da das Ich im Sinne von Ich-Selbst lange Zeit für die meditative Praxis (auch als Motivation und Intention) benötigt wird, bis Erfahrungen gemacht werden, in denen der Mensch ganz aus seinem tiefen Selbst (das aber im Sinne von Masao Abe ein Nicht-Selbst ist) befreiende Erfahrungen machen kann, die aber ebenfalls nicht zu einer Auflösung seines Ichs oder Selbst führen. Das Ich wird im Rahmen der Meditation dagegen sehr durchlässig.

Und schließlich noch ein Wort zur Libidotheorie, die gleichsam als Antriebskraft für das Lustprinzip gesehen werden kann. In diesem Zusammenhang taucht die Frage auf, was denn den Menschen zur Zazen-Praxis oder zur Zen-Übung bzw. zur buddhistischen Praxis überhaupt bringt. Was ist der innere Antrieb? Handelt es sich dabei nicht auch um ein körperliches Bedürfnis und um einen Wunsch nach Ruhe und Stille als ein Mittel gegen die unvermeidlich konflikthaften und enttäuschenden Lebensereignisse? Und was führt dazu, dass jemand diese Praxis kontinuierlich weiterführt und nicht irgendwann abbricht? Hier geht es um die Frage von Befriedigung und Versagung, die nicht einfach zu beantworten ist. Es ist offensichtlich, dass die Kontinuität eher bei einem Überwiegen der Befriedigung entsteht, auch wenn die ständig aktive »mentale Wunschfabrik« von einer wechselnden Dynamik von Befriedigungen und Versagungen begleitet ist. Aber müssten auf diesem Wege nicht die Befriedigungen und die Versagungen genauer beschrieben werden? Eine Antwort darauf könnte sein, dass eine beobachtende Haltung dieser ständigen Aktivität gegenüber, die ja auch mit der Unruhe und Getriebenheit des Geistes verbunden ist, offenbar zu einer Ruhe und Stille führen kann, die als ein Wert an sich erlebt wird. Es gibt Momente, in denen der Meditierende wirklich einen inneren Ort entdeckt, der in gewisser Weise leidfrei und wunschfrei ist, eine Erfahrung, die in manchen Momenten als eine innere Befreiung oder Freiheit erlebt werden kann, die dann auch immer wieder gesucht wird. Erfahrungsgemäß kann man dies allerdings nur zulassen, nicht aktiv herstellen – wie wir bei der Thematik der Absichtslosigkeit schon erwähnt haben. Im Grunde kann diese Erfahrung nur bei einer Form der Hingabe an die Praxis gemacht werden. Nicht wenige Praktizierende sprechen von einem »Nach-Hause-Kommen«, das vielleicht psychoanalytisch einem primärnarzisstischen Zustand entspricht, allerdings nicht als regressive Fusion missverstanden werden sollte.

Wir wollen hier die Beschreibungen abbrechen, um die eben gemachten Ausführungen an einem konkreten, aktuellen Beispiel zu belegen. Unter dem Titel: »Fallstricke auf dem Weg zur Erleuchtung – vom Nutzen der Psychotherapie für

Buddhisten« beschreibt Oliver Petersen (2014) seine persönlichen Erfahrungen als praktizierender Buddhist. Er hat sich schon früh dem tibetischen Buddhismus verschrieben und »Psychotherapie zunächst für herzlich überflüssig« gehalten. Petersen schildert dann sehr offen, dass nach mehr als zehn Jahren buddhistischer Praxis Probleme auftauchten, die er mit der traditionellen Ausübung der buddhistischen Praxis nicht lösen konnte: Es zeigte sich, dass er trotz großer theoretischer Kenntnisse in Krisensituation nicht stabil war und dass vor allem sein Körper in Form von Verspannungen, irrationalen Ängsten, Verdauungs-, Herz- und Schlafproblemen zu rebellieren begann: »Diese Vorgänge machten mir mit der Zeit bewusst, dass meine tieferen Probleme durch diese lange Beschäftigung mit den Idealen des Buddhismus offenbar nur überdeckt worden waren […] Der Buddhismus setzt […], so wie ich ihn kennen gelernt habe, auf sehr hohen Ebenen an, für die ich damals wahrscheinlich noch gar nicht reif war« (Petersen, 2014, S. 6).

Petersen geht davon aus, dass diese seine persönlichen Erfahrungen für eine ganze Generation westlicher Buddhisten zutreffen. Der Autor beschreibt im Folgenden einige der Gründe für diese Feststellung: die primär rationale Zuwendung zum Buddhismus mit einer Schwierigkeit, sich der Praxis mit all ihren Anforderungen wirklich hinzugeben; die Schwierigkeit vieler buddhistischer Lehrer, ein Verständnis für die persönlichen Probleme der Schüler zu entwickeln und auf sie einzugehen; ein Missverständnis des buddhistischen Weges als Möglichkeit, das eigene »narzisstische Selbst« zu vervollkommnen im Sinne einer falsch verstandenen »Selbstverwirklichung«: »Wahre Selbstverwirklichung bedeutet in jeder Religion den Abbau der Selbstbezogenheit, nicht deren Verherrlichung« (S. 7).

Als weitere Hindernisse beschreibt der Autor das in der westlichen Welt betonte Leistungsideal, das sich auch auf die buddhistische Praxis ausweiten lässt, etwa in dem Einsatz für die buddhistische Gruppe, das Zentrum, die aufopfernde Arbeit für den Meister etc. Petersen geht in seinen weiteren Ausführungen davon aus, dass es neurotische Strukturen in jeder Gesellschaft gibt, dass diese sich mit der buddhistischen Praxis überlagern und dass diese Neurosen im Westen sehr viel häufiger sind als im Osten. Psychosomatische Störungen beispielsweise erschweren den Zugang zu tieferen Stadien der Meditation. Petersen erwähnt auch die Erfahrung, dass Menschen, die sich Buddhisten nennen, gelegentlich überraschend unsoziales Verhalten zeigen. Dies bringt er mit schizoiden Persönlichkeitszügen in Verbindung: »Ein Mensch mit dieser aus frühen Verletzungen resultierenden Persönlichkeitsstruktur möchte ohnehin nicht so nah mit denen – und den eigenen Gefühlen – in Kontakt kommen, da ihm die Gefahr erneuter Kränkung zu groß erscheint. Er wird es dann dankbar annehmen, wenn er die ganze Zeit auf dem Kissen sitzen kann und nicht mehr mit anderen sprechen oder in Beziehung treten muss. Eine recht kalte und gefühllose Haltung wird dabei als Achtsamkeit erlebt. Wieder andere Menschen, z. B. die sehr freudlos leben, halten das für Entsagung« (S. 8).

Dies sind sehr treffende Beschreibungen, die wir später im Zusammenhang mit dem Begriff des Traumas noch einmal detailliert aufgreifen werden – in jedem Fall wird hier die narzisstische Problematik besonders herausgestellt. Aber auch eine andere Charakterisierung von Petersen erscheint uns zutreffend, die wir schon angesprochen hatten: die Neigung zur Perfektion, die vielleicht besonders für deutsche Übende typisch ist und die auch auf die buddhistische Praxis einwirken kann. Dazu gehört auch das Sich-Anklammern an Rituale und Regeln. Alles dies sind natürlich für den Psychoanalytiker vertraute Beschreibungen eines zwanghaften Charakters. Am Ende greift Petersen das Thema von »Neurose und Erleuchtung« nochmals in seinen Worten auf und zeigt die möglicherweise konflikthafte Beziehung auf:

»Der tiefere Grund für ein solches Verhalten [das zwanghaft-narzisstische Verhalten, R. Z./G. W.] dürfte sein, dass, sobald die Dharmapraxis wirklich greift, Ängste auftreten, vernichtet zu werden. Wir sind seit langer Zeit daran gewöhnt, unsere Selbstsucht und das Greifen nach einem unabhängig existierenden Selbst quasi als unsere Beschützer aufzufassen. Die Essenz einer jeden Religion ist es jedoch, sie abzubauen, das kann zu Widerstandsreaktionen führen. Da der spirituelle Prozess tatsächlich eine Art Tod darstellt, sind die aufkommende Angst vor dem Ungewohnten und die entsprechenden Reaktionen darauf durchaus verständlich« (S. 9).

Allerdings sieht Petersen dieses Auftreten egozentrischer Missverständnisse religiöser Lehren als ganz natürlich an und empfiehlt, sie mit Humor und Selbstakzeptanz zu behandeln. Was er aber, wie wir in unserem Buch auch, besonders betont, ist die Wichtigkeit, sich dieser Vorgänge bewusst zu werden – also eine Einsicht in diese Zusammenhänge zu gewinnen. Achtsames Betrachten wirke dann als ein mittlerer Weg zwischen Verdrängen und Ausagieren. Ebenso wie wir in unseren Überlegungen betont Petersen die Wichtigkeit, sich auch mit den individuellen, lebensgeschichtlich relevanten Problemen auseinanderzusetzen, da sonst die Gefahr der Selbsttäuschung besonders groß wird. Und der Autor bestätigt schließlich unseren Eindruck, dass es in der buddhistischen Szene starke Widerstände gibt, sich therapeutischen Rat zu holen, wohl vor allem, weil dies ein schmerzlicher Prozess der Selbstkonfrontation ist, der die Muster aufdeckt, die mit der eigenen konkreten Lebensgeschichte verknüpft sind.

Vertiefendes

6. Traum und Trauma

Am Beispiel der Phänomene des Traums und des Traumas wollen wir im Folgenden einige Aspekte des freudschen Modells konkretisieren. Beide Phänomene spielen im Buddhismus keine wesentliche Rolle. Zwar wird das Traumbewusstsein nicht selten erwähnt, aber im Vergleich zu der Bedeutung des Träumens und des Traums in der Psychoanalyse – Freud sprach vom Traum als dem Königsweg (»via regia«) zum Unbewussten – spielt das Traumphänomen im buddhistischen Denken eher eine randständige Rolle. Dies zeigt sich noch deutlicher am Beispiel des Traumabegriffs, der in der Psychoanalyse und auch in der modernen Psychotherapie zentral ist, aber im buddhistischen Denken praktisch nicht vorkommt oder nicht wesentlich diskutiert wird. Vor allem möchten wir mit diesem und dem folgenden Kapitel das psychoanalytische Denken, das wir in der Darstellung des freudschen Modells eher allgemein dargestellt haben, konkretisieren.

Zum Begriff des Traums und des Traumas

Der Traum gilt als der Königsweg der Psychoanalyse. Auch wir sind von der Wichtigkeit der Traumarbeit überzeugt und werden uns in den folgenden Abschnitten sehr ausführlich mit ihm beschäftigen. Leser, für die dies ein zu beschwerlicher Weg ist, mögen direkt mit dem letzten Abschnitt des Kapitels »Traum und Träume im Kontext unsrer Arbeit« fortfahren.

Es scheint uns sinnvoll, mit einer einfachen, aber wichtigen Unterscheidung zu beginnen: Mit Moser und von Zeppelin (1996a) unterscheiden wir den geträumten Traum, den erinnerten Traum und den erzählten Traum. Der geträumte Traum ist nie voll zu erschließen, aber man kann davon ausgehen, dass er überwiegend bildhaft, präsentisch und konkret ist. Der erinnerte Traum ist ein mehr oder weniger verzerrtes Abbild dieses geträumten Traums. Wir wissen heute darüber hinaus, dass wir nur einen Bruchteil der geträumten

Träume am Morgen nach dem Aufwachen erinnern. Der erzählte Traum enthält nun noch weitere Veränderungen, die auch durch die kommunikative Situation bedingt sind. Man kann dann von einer Aufbereitung der Traumerzählung sprechen, die nach Moser und von Zeppelin das Ziel hat, die Struktur des geträumten Traums so weit als möglich darzustellen.

Eine gewisse strukturelle Ähnlichkeit finden wir nun auch bei dem Phänomen des Traumas. Auch hier kann man die unmittelbar erlebte traumatische Situation (im Sinne einer Lebensbedrohung), die Erinnerung daran und die Erzählung dieses Ereignisses unterscheiden. Allerdings handelt es sich bei dem geträumten Traum zuerst einmal um ein rein subjektives, inneres Geschehen, das erst durch die Erinnerung und Erzählung gleichsam in einen Traumtext verobjektiviert und in eine kommunikative Situation eingebunden werden kann, während die traumatische Situation sehr viel komplexer aufgebaut ist: Es handelt sich dabei um ein äußeres, meist lebensbedrohliches Ereignis, das zu einer bestimmten Erlebnisweise des Subjektes mit Gefühlen starker Hilflosigkeit führt, das die seelische Verarbeitungsfähigkeit des Betreffenden überfordert, dauerhafte Veränderungen der Persönlichkeit zur Folge haben kann und bei dem oft unterstützende Personen nicht ausreichend zur Verfügung stehen. Die erlebte traumatische Situation kann man also von vornherein sowohl aus der Innenperspektive des Erlebenden als auch aus der Außenperspektive des Beobachters beschreiben, falls es sich um Ereignisse handelt, in die auch andere Personen einbezogen sind: Beim Trauma gibt es also potenziell Zeugen, beim geträumten Traum niemals; dieser bleibt eine absolut private Erfahrung.

Allerdings gibt es auch bei den Träumen einen objektivierenden Zugang, denn das Träumen kann man auch als ein körperliches Ereignis auffassen (das träumende Gehirn) und dies mit verschiedenen Methoden der Naturwissenschaft, wie etwa dem EEG oder moderner neurobiologischer Verfahren, untersuchen. Interessant ist dabei, dass man auch die meditative Erfahrung als eine ausschließlich private Erfahrung beschreiben kann, die aber heute ebenfalls aus einer Außenperspektive untersucht werden kann, etwa wenn der Meditierende in einen Scanner geschoben oder an ein EEG-Gerät angeschlossen wird. Wir sehen hier also eine zweite Verbindung zwischen Traum und Trauma (und der Meditation), nämlich die Möglichkeit, diese Phänomene sowohl aus der Innen- als auch aus der Außenperspektive zu beobachten und zu beschreiben. Man spricht heute gern auch von der Erste-Person-Perspektive und der Dritte-Person-Perspektive; der erste Bereich ist durch empathische Identifizierung und Introspektion, der zweite Bereich durch Außenbeobachtung zugänglich. Ein Kennzeichen des psychoanalytischen Ansatzes ist, dieses Spannungsfeld zwischen den Zugängen zu beiden Wirklichkeiten aufrechtzuerhalten und

Begriffe und Modelle zu entwickeln, die dieser Dualität von innerer und äußerer Realität, Körper und Geist, Selbst und Objekt angemessen sind.

Bereits in Freuds wohl berühmtestem Buch »Die Traumdeutung« (1900) kommt dieses zentrale Charakteristikum des psychoanalytischen Denkens zum Ausdruck. So analysiert Freud seinen eigenen Traum von »Irmas Injektion« (der nach unserem Verständnis als erzählter Traum vorliegt) mit großer Genauigkeit, indem er seinen vielen einzelnen Einfällen zu diesem Traum nachgeht, um den Traum schließlich einer zusammenfassenden Deutung zu unterziehen – gemeint ist hier: Was ist der Sinn des Trauminhaltes? Schließlich entwirft er im letzten Kapitel des Buches eine gleichsam allgemeine Theorie der Träume und des Träumens, die nicht nur die Technik der Traumdeutung, sondern auch eine Erklärung für das Traumgeschehen darstellt: Wie schon beschrieben, liegen nach Freud der Traumproduktion – oder mit einem modernen Wort: der Traumgenerierung – als Motor und Quelle kindliche, unerfüllte Wünsche zugrunde, die durch die besonderen Umstände des Schlafes als einem narzisstisch-regressiven Zustand mit verminderter Zensur und der Blockade der motorischen Abfuhr halluzinatorisch durch die retrograde Aktivierung des Wahrnehmungssystems befriedigt und erfüllt werden können. Allerdings werden die Träume in ihrer Funktion als Hüter des Schlafes durch die Traumarbeit der Verschiebung, Verdichtung und Symbolisierung doch so weit entstellt, dass die eigentlichen, unbewussten oder auch latenten konflikthaften Traumgedanken verstellt oder verdeckt bleiben. Diese latenten Traumgedanken können aber durch die Assoziationen des Träumers einschließlich der »Tagesreste« durch die entsprechende Traumanalyse aus dem manifesten Trauminhalt erschlossen und interpretiert werden. Vor allem Freuds zentrale These der Wunscherfüllung als Quelle des Traums wurde in der Folgezeit immer wieder ernsthaft angezweifelt. Nicht selten wurden die sogenannten Angstträume oder auch Albträume als Gegenbeweis angeführt – womit sich noch ein dritter Bezug von Traum und Trauma zeigt. Viele Jahre später ging Freud auf diese Einwände ein und zeigte, dass diese Albträume nicht unbedingt die Wunscherfüllungshypothese widerlegen (als Beispiel nannte er die Bestrafungsträume), räumte aber schließlich ein, dass es Träume gebe, die man nur mit Mühe als Wunscherfüllungen bezeichnen könnte. So modifizierte er schließlich seine Hypothese und sprach bei einigen Träumen von dem Versuch der Wunscherfüllung (Freud, 1933).

Dieser historische Bezug zeigt somit, dass die Beziehung von Traum und Trauma sehr früh in der psychoanalytischen Traumtheorie eine wichtige Rolle spielte. Betrachtet man die Entwicklung der psychoanalytischen Traumtheorie nach Freud, so zeigt sich, dass diese Beziehung auch heute noch von theoretischer und klinischer Bedeutung ist. Von daher wollen wir die Beziehung von Traum und Trauma etwas genauer untersuchen und dies vor allem am Beispiel eines Traums zu verdeutlichen versuchen.

Ein erzählter Traum

Wir beginnen mit einem klinischen Beispiel, dem Traum eines Patienten, und versuchen dabei die verschiedenen Verbindungen zwischen Traum und Trauma aufzuzeigen. Auf Einzelheiten der Behandlung werden wir nicht eingehen (die Behandlung liegt viele Jahre zurück und der Patient hatte den Traum vor der Analyse geträumt, aber während der Behandlung mehrfach erzählt). Der Patient träumt den folgenden Traum:

»Ich bin in einem Saal mit anderen Leuten. Ich stehe mit einem Morgenmantel bedeckt und mache so etwas wie sportliche Übungen, eine Frau kniet vor mir und macht mit meinen Beinen etwas. Ich spüre eine leichte Erektion, die ich aber vor ihr zu verbergen versuche, indem ich meinen Morgenmantel über den Unterleib ziehe. Plötzlich hat die Frau eine Akupunkturnadel in der Hand und sticht damit in meinen linken Oberschenkel. Sie sticht aber ganz tief in den Muskel, woraufhin das Blut pulsierend in hohem Bogen aus dem Bein schießt. Ich sage noch zu ihr, dass das doch zu viel sei, aber sie versucht mich zu beruhigen und sieht dabei ganz gleichgültig aus. Ich selbst bin jetzt ganz beunruhigt und habe schreckliche Angst, dass ich verbluten könnte, und kümmere mich nun selbst um die Blutstillung, indem ich auf die Stelle am Oberschenkel mit einem Tuch drücke. Langsam kommt die Blutung zum Stillstand, aber es bleibt am Bein eine große Schwellung zurück und ich wache mit Herzklopfen auf […]«

Freud hat den erinnerten und/oder erzählten Traum als den manifesten Traum bezeichnet und diesem den latenten Trauminhalt gegenübergestellt, der die unbewussten Traumgedanken als Ausdruck der infantilen, unerfüllten Triebwünsche enthält und den »eigentlichen Sinn«, die verborgene Bedeutung des Traums enthüllt. Dazu müsse man in ein Gespräch mit dem Träumer kommen, denn nur dadurch könne man den Traum in Zusammenhang mit dem aktuellen und früheren Lebenszusammenhang des Träumers verstehen (Freud, 1900, 1933). Freud erwähnte aber bereits in der »Traumdeutung«, dass es sogenannte »typische Träume« gebe, bei denen es mit der Traumdeutungstechnik des freien Einfalls zu den einzelnen Elementen des Traums Schwierigkeiten gebe, weil dem Träumer oft nichts einfalle. Zu diesen Träumen zählte er neben den repetitiven Träumen auch die traumatischen Träume. Charakteristisch für diese »typischen Träume«, also auch für traumatische Träume, sei nach Freud, dass sie nicht selten von ihrem manifesten Trauminhalt her auch ohne die Assoziationen des Träumers in einem gewissen Umfang verstehbar werden.

Lassen wir uns für einen Moment, ohne Kenntnis der Person des Träumers, seiner aktuellen Lebenssituation und der Lebensgeschichte, auf die Traumerzählung ein. Es handelt sich um einen recht verständlichen, kohärenten Traum, den wir in seiner affektiven Dramatik unmittelbar nachvollziehen können: Die Elemente der Nacktheit und möglichen Lust in der Beziehung zu einer Frau wandeln sich in eine lebensbedrohliche Situation, die der Traum auf sehr drastische Weise darstellt. Der Träumer erlebt unmittelbar eine heftige Todesangst, die anfänglich begehrte Frau, die sich ihm scheinbar freundlich und fürsorglich zuwendet, wandelt sich in eine aggressive, ihn massiv bedrohende Figur, die sich schließlich auch seiner Todesangst gegenüber gleichgültig verhält. So versucht er, sich selbst zu helfen, die Blutstillung selbst vorzunehmen, die aber nur unvollkommen gelingt: unvollkommen nicht nur, weil eine große Schwellung zurückbleibt, sondern auch, weil der Träumer erwacht und die Angst ihn bis in sein Wachleben begleitet. Wenn wir uns in die Situation des Träumers einfühlen, können wir seine Angst unmittelbar nachvollziehen, meinen aber auch zu spüren, dass es in dem manifesten Traum sowohl um möglicherweise konflikthafte, sexuelle und aggressive Gefühle und Wünsche im Zusammenhang mit seiner Beziehung zu Frauen als auch um die Darstellung einer traumatischen Situation geht. Ein äußeres Ereignis (nämlich die Behandlung durch die Frau) wandelt sich in eine lebensbedrohliche Situation (der zu tiefe Stich in den Oberschenkel führt zu einer massiven, lebensbedrohlichen Blutung), der die Frau gleichgültig und verharmlosend gegenübersteht, ihn also mit seiner Todesangst allein lässt, sodass er sich schließlich selbst behandelt (mit dem Tuch die Blutstillung vorzunehmen versucht), was ihm aber nur unvollkommen gelingt (im Traum bleibt eine Schwellung zurück und er erwacht mit Herzklopfen aus seinem Traum).

So gesehen können wir diesen Traum, auch wenn wir nur den manifesten Inhalt betrachten, als einen traumatischen Traum bezeichnen, so wie ihn Ursula Grunert (1977) in Anlehnung an Freud definiert hat. Danach treten traumatische Träume im Anschluss an ein psychisches Trauma auf und führen immer wieder in die traumatische Situation zurück; ihre Kennzeichen sind die folgenden:

- Im Traum tauchen heftige Affekte der Angst, Verzweiflung und Scham auf.
- Die Affekte werden vom träumenden Ich nicht verarbeitet und führen zum Aufwachen.
- Auch mit dem Aufwachen gelingt die Bewältigung der Angst oder Scham nicht, das somatische Symptom bleibt im Wachen bestehen.
- Beim Erwachen bestehen Schwierigkeiten, zwischen Traum und Wirklichkeit zu unterscheiden.

- Sowohl Urängste als auch unmodifizierte Größenphantasien können im manifesten Traum in Erscheinung treten.

Alle wesentlichen Charakteristika, die Grunert als Definition des traumatischen Traums erwähnt, sind also in unserem Traumbeispiel mehr oder weniger gegeben. Außerdem sind die strukturellen Komponenten einer traumatischen Situation in dem Traumerleben vorhanden: ein plötzliches, unvermutetes äußeres Ereignis, das zu einer vital bedrohlichen Situation führt und beim Träumer eine heftige, von Hilflosigkeit und Todesangst begleitete affektive Reaktion auslöst, die er zwar zu verarbeiten versucht, was aber partiell scheitert. Schließlich fehlt ein empathisch unterstützendes Objekt, der Träumer ist in seiner Notsituation ganz allein.

Aber wie schon angedeutet, erkennen wir in dem manifesten Trauminhalt sehr deutlich auch andere Elemente, die stärker mit der freudschen Theorie der Wunscherfüllung in Übereinstimmung zu stehen scheinen: Im Traum wird ein sexueller Wunsch durch die angedeutete Erektion, aber auch ein Wunsch, sich zu entblößen, erkennbar, die beide mehr oder weniger verhüllt werden müssen durch den verdeckenden Bademantel – ein Hinweis darauf, dass es sich um konflikthafte Wünsche handeln könnte. Gehen wir von Freuds ursprünglicher These aus, dass der Traum eine innere Konfliktsituation ausdrücke und in gewissem Sinn eine Kompromissbildung, sein Motor dabei ein unerfüllter, kindlicher, meist konflikthafter Wunsch sei, der im Traum eine halluzinierte Wunscherfüllung finde, vor allem auch, um den Schlaf des Träumers zu bewahren, so ergäben sich aus diesem manifesten Traum auch dafür einige begründete Hinweise. Man könnte beispielsweise ebenfalls auf eine starke Kastrationsangst schließen, die sehr plastisch, nur geringfügig verschoben, in dem Traumbild dargestellt wird.

So entdecken wir in diesem Traum sowohl traumatische Elemente als auch Elemente der Wunscherfüllung oder Elemente der versuchten Wunscherfüllung, auch wenn der Träumer mit Angst aus dem Schlaf erwacht. Wir haben damit den schon erwähnten gegensätzlichen Bezug zwischen Traum als Wunscherfüllung und den traumatischen Träumen am Beispiel dieses Traums wiederentdeckt und ahnen vielleicht, dass die Zusammenhänge zwischen Trauma, Traum, konflikthaften Wünschen und ihrer Wunscherfüllung sehr viel komplexer und verwobener sind, als es die bislang formulierten Theorien nahe legen. Um diese aufgeworfenen Fragen etwas weiter zu klären, wollen wir hören, was wir über die Person des Träumers, seine Einfälle, seine aktuelle Lebenssituation und seine Lebensgeschichte in Erfahrung bringen können.

Der Tagesrest

Zuerst zur damals aktuellen Lebenssituation des Träumers: Ihm fallen in dem nachträglichen Gespräch über den Traum folgende Erinnerungen ein. Am Abend vor dem Traum habe er einen Streit mit seiner Frau gehabt, den er als sehr heftig erlebte. Sie war in einem Moment ganz wütend und sagte, dass sie sich von ihm alleingelassen fühlte. Etwas später aber klagte sie ihn an, er würde sie zu sehr unter Druck setzen, einengen, sie brauche einfach mehr Spielraum, sie habe zu lange ihre eigenen Bedürfnisse übersehen und zu wenig berücksichtigt. Der Patient sei in und nach dem Gespräch ganz schockiert gewesen und sein Gefühl war, dass nunmehr eine Trennung fast unvermeidlich sei, obwohl sich das Paar grundsätzlich gut versteht und eine überwiegend harmonische Beziehung hat. Schockiert und geängstigt sei er auch deswegen gewesen, weil er sich doch solche Mühe gebe, die Beziehung gut und harmonisch zu gestalten, ja, manchmal sogar versucht habe, seiner Frau alles recht zu machen. Der Träumer spürte schon im Gespräch mit seiner Frau ein starkes Gefühl des Verletztseins, aber auch der Ohnmacht und Hilflosigkeit. Danach habe er fast die ganze Nacht nicht schlafen können. Erst gegen Morgen konnte er einschlafen, erwachte dann aber aus dem Traum, immer noch voll mit diesem schmerzlichen Gefühl. Die Frau aus dem Traum erinnert ihn an eine Kundin, die am Vortag in seinem Geschäft gewesen war. Sie hatte schon öfter bei ihm eingekauft, aber diesmal dachte er über ihr Sexualleben nach und fragte sich, ob sie wohl sexuelle Kontakte mit verschiedenen Männern habe. Und dann fällt ihm noch ein, dass seine Frau in der letzten Woche eine starke Menstruationsblutung hatte. Sie hatte ihm das Blut in der Kloschüssel gezeigt, es war Blut, das sich zu Klumpen verdickt hatte. Die Frauenärztin hatte zu ihr gesagt, sie müsse aufpassen, da könne man auch verbluten. Er erinnert sich jetzt, dass seine Frau ihm in dem Streitgespräch indirekt vorgeworfen hatte, er sei schuld an dieser starken Blutung.

Auch wenn dies nur einige wenige Angaben sind, die uns der Träumer hier über seine damals aktuelle Lebenssituation und den sogenannten Tagesrest – also die Ereignisse des Vortages – gibt, so vertieft sich doch sofort unser Verständnis der Bedeutung dieses Traums: Wir meinen zu verstehen, dass der Patient den Streit mit seiner Frau als eine große Bedrohung und Verletzung erlebt, die ihn so erschüttert, dass er sofort an Trennung denken muss und an seine mögliche Mitschuld an der körperlichen Verfassung seiner Frau. Diese durch den Streit ausgelösten Gefühle belasten ihn so sehr, dass er fast die ganze Nacht nicht schlafen kann und dann von diesem Traum erwacht. Können wir also postulieren, dass der Patient den Streit mit seiner Frau als ein psychisches Trauma erlebt hat? Ein Trauma insofern, als es Gefühle der starken Bedrohung und der Trennungsangst mobilisierte, gleichzeitig mit einem Gefühl der Hilflosigkeit verbunden, weil er sich so viel Mühe gegeben hatte, jegliche Streitsituation mit seiner Frau zu verhindern. Insofern auch, dass er seine Frau als abweisend und verständnislos erlebt – sie zieht sich nach dem Streit in ihr eigenes Zimmer zurück – und ihn mit seinen unverarbeiteten Gefühlen zurücklässt und er fast die ganze Nacht schlaflos bleibt, weil er die ausgelösten, heftigen Affekte nicht verarbeiten kann. So gesehen lässt sich also sagen, der Traum symbolisiere die Streitsituation mit seiner Frau, die für den Träumer selbst eine quasi-traumatische Situation darstellt: Hier ist der Streit das äußere Ereignis, das in dem Patient so heftige Gefühle der Bedrohung, vor allem also Trennungs- und Verlassenheitsängste, auslöst, dass er nicht mehr schlafen kann und vergeblich versucht, die aufgewühlten Affekte zu verarbeiten. Die Traumbilder drücken auf drastische Weise aus, wie der Patient diese für ihn traumatische Streitsituation mit seiner Frau bewusst und unbewusst erlebt. Kurz gesagt, verstehen wir den Traum dann als einen Versuch, die durch die als traumatisch erlebte Streitsituation hervorgerufenen Affekte darzustellen und zu verarbeiten.

Erinnern wir uns aber an die zu Beginn eingeführte Unterscheidung der Innen- und Außenperspektive: In Bezug auf die Streitsituation können wir von einer traumatischen Situation nur für unseren Träumer sprechen. Seine Frau hat diesen Streit ganz anders erlebt und war in keiner Weise so massiv beunruhigt, wie es sich in ihrem ruhigen Nachtschlaf auch dokumentiert. Wir gehen ja auch üblicherweise davon aus, dass Streitereien nicht als lebensbedrohliche Situationen erlebt werden. Von daher müssen wir fragen, wie es kommt, dass unser Träumer diesen Streit als so bedrohlich erlebt hat. Dazu müssen wir die Beziehung zwischen Wunscherfüllung und Trauma etwas genauer besprechen. Der geschilderte Streit zwischen dem Ehepaar ist zwar auch ein äußeres Ereignis, unterscheidet sich aber doch von anderen äußeren Ereignissen, die man üblicherweise als traumatisch beschreibt: ein schwerer Autounfall, eine Explosion, eine Vergewaltigung, eine schwere Krankheit, ein KZ-Aufenthalt, eine Verschüttung, eventuell auch ein schwerer Verlust durch Tod oder Trennung etc. Es handelt sich hier um traumatische, äußere Ereignisse, die überwiegend außerhalb des Einflussbereiches des Betroffenen stehen. In diesem Sinn spricht man ja auch von externen, realen Traumatisierungen und von den Betroffenen als Opfer, selbst wenn es auch bei diesen äußeren Situationen einen gewissen Spielraum der Mitverantwortung geben mag. Das Kennzeichen der realen, externen Traumatisierung – auch mit ihrer Plötzlichkeit, ihrem Unbegreiflichen und ihrem »Zuviel« (Bohleber, 1997) – bleibt aber, dass man selbst praktisch keinen Einfluss auf das Geschehen gehabt hat.

In dem Fall des Streites ist die Situation aber anders. Hier könnte man von einem »Beziehungstrauma« sprechen, ist doch der Streit keineswegs über den

Patienten so hereingebrochen wie ein völlig zufälliges, externes Ereignis (unter Berücksichtigung der Außenperspektive), sondern aus einem Beziehungsprozess heraus entstanden, an dem der Träumer in gewisser Weise mitbeteiligt ist, selbst wenn er es in seinem Erleben und auch in seinem Traum anders ausdrückt (unter Berücksichtigung der Innenperspektive): Sowohl im Erleben des Streits als auch in dem Traum erlebt er sich ja fast überwiegend als Opfer. Stellen wir diese aus der Innenperspektive entwickelte Sichtweise des passiven Opfers aber infrage und halten am Thema nach der Wunscherfüllung fest, dann ergeben sich in der Tat auch andere Gesichtspunkte für unser Traumverständnis: Dann drängt sich nämlich die Frage auf, ob der Träumer die sexuellen Wünsche seiner Frau gegenüber – denn damit beginnt ja das Traumbild – als so verletzend erlebt, weil diese ja in die Assoziation mit der Blutung seiner Frau in Verbindung zu setzen sind. Deshalb erlebt er womöglich die Vorwürfe seiner Frau und den Streit mit ihr so, als hätte sie ihm gesagt: Weil du solche sexuellen Wünsche mir gegenüber hast und mich damit ständig bedrängst, fühle ich mich so bedroht und verletzt und möchte mich von daher am liebsten von dir trennen. Dann wäre er aber selbst schuld an der ganzen Streitsituation und keineswegs nur das Opfer seiner ihn verletzenden und gleichgültig behandelnden Frau. Und wir sehen auch, dass die Verbindung zwischen der Blutung der Frau und seiner Blutung im Traum einen anderen, psychodynamischen Aspekt beleuchtet, den man als die unbewusste Identifizierung mit seiner Frau bezeichnen könnte: Er macht sich seiner Frau ähnlich, indem er wie seine Frau auch selbst blutet. Wir können sagen, dass im Traum der Versuch der globalen Identifizierung sichtbar wird, wahrscheinlich vor allem aus Schutz vor Trennungsängsten und Schuldgefühlen.

Im Kern könnte man den Patienten seinen Traum so deuten lassen: Weil meine sexuellen Wünsche so böse sind und meine Frau zum Bluten bringen, will sie sich von mir trennen und mich verlassen, was meine Angst und Schuldgefühle unerträglich werden lässt, sodass ich der Katastrophe nur noch durch mein eigenes Leiden, meine Identifizierung mit ihrem Leiden zu entkommen versuchen kann. Betrachtet man schließlich noch einen anderen Einfall des Träumers – nämlich die Erinnerung an die Kundin in seinem Laden –, so fällt hier ein Licht darauf, wie er die Sexualität seiner Frau unbewusst erleben könnte: Ist sie eine Frau, die auch Sexualität mit anderen Männern erleben kann, die also viel selbstständiger und unabhängiger ist, als er sie sich wünscht (etwa in dem Traumbild, indem sie vor ihm kniet)? Diese Wahrnehmung könnte mit erheblichen aggressiven Regungen verbunden sein, die er aber im Streit und im Traum nicht bei sich selbst, sondern bei seiner Frau erlebt: Sie ist ihm gegenüber aggressiv, gleichgültig, selbstbezogen, kurz, sie ist die Täterin und er das Opfer.

Die interkontextuelle Betrachtung

Halten wir einen Moment inne und betrachten anhand der bislang vorgebrachten Hinweise und Überlegungen nun noch einmal die Beziehung zwischen Trauma und Wunscherfüllung dieses Traums, dann sehen wir eine komplexe und recht verwickelte Situation: Ist der ganze Traum im Wesentlichen als eine Wunscherfüllung oder eine versuchte Wunscherfüllung zu verstehen? Dann würden wir annehmen, dass durch die Streitsituation mit seiner Frau kindliche, aber konflikthafte sexuelle, aggressive und narzisstisch-exhibitionistische Wünsche bei dem Träumer mobilisiert wurden, die so drängend und quälend wurden, dass er fast die ganze Nacht nicht schlafen konnte und schließlich in dem Traum diese unerfüllten Wünsche zu befriedigen versucht, was ihm aber nicht gelingt. Man könnte dann von dem Versuch einer Wunscherfüllung sprechen (vielleicht auch im Sinne einer seelischen Verarbeitung). Gleichzeitig ließe sich aber vermuten, dass bestimmte Wünsche doch befriedigt werden: Die dargestellten Kastrationsängste könnte man als Ausdruck einer unbewussten masochistische Identifizierung betrachten, die auch als die Befriedigung eines unbewussten Strafbedürfnisses zu deuten wäre (die eigene Grausamkeit wendet sich gegen das Selbst). Da er gleichzeitig im Traum seine Verantwortung an dem Streit mit seiner Frau abwehrt, indem er die ganze Situation in eine aus seiner Sicht passive Opfersituation umzuwandeln versucht, erfüllt er sich mit dieser masochistischen Identifizierung und der damit verbundenen Bestrafung auch noch den Wunsch, keine Verantwortung für den Streit zu tragen.

Oder ist der Traum im Wesentlichen als eine Reaktion auf den als traumatisch erlebten Streit und die dadurch ausgelösten Trennungs- und Verlassenheitsängste zu verstehen, wie er sie früher erlebt haben mag? Affekte also, die so bedrohlich und massiv sind, dass er sie nicht bewältigen kann, was sich in der Schlafstörung und dem anschließenden Traum manifestiert. Die sexuellen, aggressiven und narzisstischen Wünsche des Traums müsste man dann als sekundär betrachten, z. B. auch als Ausdruck des Versuchs, Gründe oder eine Erklärung für die Trennung und das Verlassenwerden zu finden, etwa nach dem Motto: Weil ich so böse und schlecht bin, d. h. sexuell begehrend und aggressiv wegen deiner Autonomie, werde ich immer wieder von dir verlassen und verletzt, was ich als absolut tödliche Bedrohung erlebe. Motor der Traumbildung sind hier also nicht unerfüllte, konflikthafte Wünsche, sondern der Versuch, die durch die traumatische Situation entstandenen Affekte zu verarbeiten bzw. in einen sinnvollen Kontext für den Träumer einzuweben. Die Wunscherfüllung wäre dann sekundär, selbst wenn man in einem weiteren Sinne noch eine Wunscherfüllung gelten lassen könnte: zum einen den Wunsch, die traumatische Situation zu bewältigen, z. B. mithilfe der angedeuteten sexuellen und aggressiven Triebimpulse, und zum anderen den Wunsch, nicht passives Opfer der traumatischen Situation, sondern selbst aktiv und mitverantwortlich für das Geschehen zu sein. Bei Letzterem würde aber der Begriff des Wunsches so weit ausgedehnt, dass die Wunscherfüllungshypothese ihre eigentliche Bedeutung verlieren würde. Darauf hat Martin Bartels (1979) schon vor Jahren aufmerksam gemacht.

Beide Erklärungsmodelle scheinen sich in mehrfacher Hinsicht polar gegenüberzustehen und sich im Wesentlichen zu widersprechen: z. B. auch in Bezug auf die Frage der Eigenverantwortung. Im ersten Fall ist sozusagen der Träumer selbst »schuld« an der Streitsituation und an dem Traumerleben, versucht aber im Traum diese seine Verantwortung zu verleugnen, indem er sich als Opfer darstellt. Im zweiten Fall ist der Träumer das Opfer eines psychischen Traumas, das überwältigende Affekte in ihm auslöst, für die er aber schließlich doch noch eine Verantwortung, eine Mitbeteiligung zu finden sucht, weil das Erleben absoluter Ohnmacht unerträglicher ist, als mögliche Schuldgefühle es sind. Wir haben hier eine Situation, die sich nicht selten bei der diagnostischen Betrachtung der Beziehung von konflikthaften und traumatischen Störungen zeigt, nämlich die Polarisierung in Täter und Opfer: Im ersten Fall ist man an allem selbst schuld, im zweiten Fall ist man das Opfer von traumatischen Lebensumständen.

Hier ist es wichtig, noch einmal auf die Unterscheidung zwischen der Innenperspektive und der Außenperspektive zu sprechen zu kommen. Bleiben wir bei der reinen Innenperspektive, so kann es durchaus solche kontroversen Deutungsmuster oder auch Wünsche geben: etwa die Verantwortung bewahren und sie am liebsten auch gleichzeitig loswerden zu wollen. Oder sich lieber schuldig als völlig hilflos und ohnmächtig zu fühlen, dann aber die Folgen der Schuld doch nicht ertragen zu können. Die Verwirrung kommt unserer Meinung nach dadurch zustande, dass wir ja zusätzlich zur Innenperspektive auch noch eine Außenperspektive heranziehen: Im Grunde kreisen unsere Fragen nach der Beziehung zwischen Wunscherfüllung und Trauma um zwei unterschiedliche Perspektiven, die zum einen die Deutung, die Interpretation, das subjektive Verständnis des Traums, zum anderen die Perspektive der Traumentstehung und Traumauslösung betreffen. Aus einer reinen Innenperspektive, in der es um das innere, subjektive Erleben geht, um Wünsche, Gedanken, Gründe und Motive, und in der es aus psychoanalytischer Sicht mit der Annahme einer unbewussten Welt mit ihrer unterschiedlichen, primärprozesshaften Funktionsweise auch Widersprüchliches, Unlogisches und Akausales gibt, können wir also durchaus die beiden scheinbar gegensätzlichen Überlegungen als möglich und gegeben annehmen: Dann geht es aus einer – wir könnten auch sagen hermeneutischen – Verstehensperspektive in dem Traum um konflikthafte Triebwünsche, die auf komplexe und kompromisshafte Art und Weise ausgedrückt und abgewehrt werden, was aber partiell scheitert und den Träumer dadurch in eine gleichsam innere traumatische Situation bringt, die er nun wiederum mit verschiedenen Mitteln zu bewältigen versucht. Gleichzeitig versucht er sich für seine Triebwünsche sowohl seiner Verantwortung zu entledigen als auch eine Mitverantwortung für die als traumatisch erlebte Streitsituation zu retten. Aus einer hermeneutischen Deutungsperspektive stehen also Traumaverarbeitung und Wunscherfüllung nicht in einem unauflösbaren Widerspruch. Betrachten wir jedoch die beiden Erklärungsmodelle des Traums stärker aus der Außenperspektive – hier lautet die Frage: Was generiert den Traum, was ist seine Quelle, sein Motor? –, dann können wir diesen Widerspruch nicht mehr so einfach auflösen: Wunscherfüllung und Traumaverarbeitung scheinen sich dann mehr oder weniger auszuschließen.

Diesen hier recht ausführlich dargestellten Sachverhalt haben Moser und von Zeppelin (1996a, S. 12 f.) knapp und präzise in folgender Formulierung zusammengefasst: Sie unterscheiden zum einen das Interpretationsmodell des Traums, das inhaltszentriert ist, eine Ansammlung von Informationen gibt, die individualspezifisch interpretiert werden können; und zum anderen das Generierungsmodell, das eine Verlaufsstruktur enthält, die erklären muss, wie und welche Inhalte in welcher Situation produziert werden.

Wenn wir diesen Zusammenhang zwischen dem Interpretationsmodell und dem Generierungsmodell dieses traumatischen Traums etwas weiter vertiefen wollen, sehen wir uns gezwungen, den bisherigen, recht engen Rahmen der Beschreibung und Diskussion erheblich zu erweitern. Es ist erforderlich, etwas über die Biografie des Träumers zu erfahren, sich die Erkenntnisse über die Beziehung von Trauma und kindlicher Entwicklung zu vergegenwärtigen und schließlich einige der modernen psychoanalytischen Traumtheorien mitzuberücksichtigen. Denn dieser Traum mag zwar typisch sein, aber nur für diesen besonderen Träumer. Damit ist eine erhebliche Vertiefung der bisherigen Komplexität des Themas verbunden, die naturgemäß den begrenzten Rahmen der Darstellung weit überschreitet. Auch wenn wir den Versuch machen wollen, einige dieser Punkte zu erörtern, ist auf die erhebliche Gefahr des Reduktionismus, der Simplifizierung, der fehlenden Überprüfbarkeit und der subjektiven Einfärbung von vornherein hinzuweisen.

Einige Hinweise zum biografischen Hintergrund

Die Frage nach der Biografie unseres Träumers ergibt sich daraus, dass er den Streit mit seiner Frau offenbar als eine traumatische Situation – oder sagen wir vorsichtiger: eine quasi-traumatische Situation – erlebt hat, wie es der traumatische Traum auch zu symbolisieren scheint. Wenn wir die Außenperspektive stärker berücksichtigen, müssen wir fragen, warum der Träumer diesen Streit so und nicht wie seine Frau erlebt, für die dieser Streit eben eher alltäglich, normal ist. Aus psychoanalytischer Perspektive fragen wir also nach der Prädisposition, nach den Vorbedingungen, die bei dem Träumer vorherrschten, dass er diesen Streit so und nicht anders erleben konnte. Wir fragen uns, ob es sich bei dem Träumer um eine traumatisierte Person handelt, also ob er in seinem Leben wesentliche traumatische Erfahrungen gemacht hat. Wir können hier natürlich nicht die ganze Lebensgeschichte erörtern, wollen nur folgende Ereignisse aus seiner Kindheit und seinem späteren Leben erwähnen, die ein Licht auf die Prädisposition des Träumers zu werfen vermögen. Bedenkt man die Einengung, die mit dem Herausstellen von drei bedeutsamen Lebensereignissen verbunden ist, versteht man klarer, was mit der Gefahr des Reduktionismus gemeint ist.

Im Alter von etwa zwei Jahren erlitt der Patient eine schwere Verbrennung, als er sich von seiner Mutter losriss und in einen Keller lief, in dem gerade eine Bombe explodierte. Er befand sich mit seiner Mutter auf der Flucht vor den Bombenangriffen im Zweiten Weltkrieg, der Vater war als Soldat im Krieg. Eine angemessene klinische Behandlung der Verbrennungen war kaum möglich, sodass er über viele Monate von seiner Mutter in teilweise sehr schmerzhaften Behandlungen gepflegt, aber schließlich auch geheilt wurde. Es gibt aber immer noch einige Narben am Körper, die auf diese Verbrennung verweisen.

Im Alter von zehn Jahren erlebte der Patient als Fahrradfahrer einen schweren Verkehrsunfall, bei dem er unmittelbarer Zeuge wurde, wie ein junges Mädchen, das ihn gerade mit ihrem Fahrrad überholt hatte, von einem beide überholenden Lastwagen überrollt wurde und auf der Stelle tot war. Er erinnert sich an den zerquetschten Kopf und das auf dem Pflaster verspritzte Gehirn des Mädchens, das er aus der Schule flüchtig kannte und mit dem er erste erotische Phantasien verknüpft hatte. Sein Fahrradausflug war darüber hinaus eine verbotene Aktivität gewesen, weil er damit eine gegenüber seiner Mutter heimliche Handlung beging. Unmittelbar nach dem Unfall schickten Passanten ihn zur Wohnung der Eltern des Mädchens, um diese über den Unfall zu unterrichten. Er ist sich sicher, dass er danach mit seinen eigenen Eltern über den Unfall gesprochen hat, kann sich aber ansonsten an kaum etwas erinnern, z. B. an seine gefühlsmäßigen Reaktionen.

Vor sechs Jahren trennte er sich von seiner ersten Frau, weil er sich in seine jetzige Frau verliebt hatte. Seine erste Frau erlitt etwa ein Jahr nach der Trennung eine schwere Krebserkrankung, an deren Folgen sie bis heute stark leidet. Seit der Trennung litt er immer wieder unter heftigen Schuldgefühlen und Selbstvorwürfen, die sich nach der Erkrankung seiner ersten Frau noch intensivierten. Oft grübelte er immer wieder mit dem Gefühl, dass er ihr diese Trennung nicht hätte zumuten dürfen, dass er für ihre Krankheit verantwortlich sei etc. So litt er auch immer wieder unter verschiedenen körperlichen und seelischen Symptomen, die man am ehesten als Ausdruck einer depressiven Symptomatik verstehen konnte. Die schon erwähnten Schlafstörungen waren ein Teil dieser Symptome. Diese Beschwerden motivierten ihn schließlich, eine analytische Behandlung aufzusuchen.

Wenn wir uns zuerst dem möglicherweise traumatischen Erlebnis des Träumers im Alter von zwei Jahren zuwenden, dann müssen wir wohl folgende Elemente der kindlichen traumatischen Situation unterscheiden: a) Zum einen handelt es sich um ein reales, äußeres Ereignis (die Verbrennung), das eine bestimmte Dauer, eine bestimmte Intensität und Qualität gehabt haben wird; b) zum anderen ist die intrapsychische Situation des Jungen zu berücksichtigen, also sein Alter, seine aktuelle, innere Verfassung, sein Entwicklungsstand; c) seine damals realen interpersonellen Objektbeziehungen, d. h. die An- und Abwesenheit der Eltern und anderer wichtiger Personen, ihr Charakter, ihre Persönlichkeit, ihre emotionalen Fähigkeiten wie beispielsweise ihre Empathie oder »Feinfühligkeit«. Alle diese Elemente müssen bei der Analyse der kindlichen traumatischen Situation berücksichtigt werden. Da sich der Träumer nur ganz dunkel an diese Situation erinnern kann und auch seine Mutter nur ungern über dieses Ereignis sprach, kann man, was das Ereignis selbst angeht, nur sagen, es habe wirklich stattgefunden. Die intrapsychischen Folgen für den Jungen können wir aufgrund unserer theoretischen Kenntnisse der psychoanalytischen Entwicklungspsychologie, der Kenntnisse über die Beziehung von Trauma und Entwicklung und der Kenntnisse der Entwicklung der Persönlichkeit des Träumers vorerst nur postulieren.

Ein entwicklungspsychologischer Kontext

Auch wenn wir hier wiederum mit einer ungeheuer vertieften, theoretischen Komplexität konfrontiert sind – die moderne Psychoanalyse hat eine weite, pluralistische Entwicklung durchgemacht und es ist manchmal schwierig, ihren »common ground« noch zu erkennen –, so können wir uns hier bei der Überlegung, welche intrapsychischen Folgen das kindliche Trauma auf den Träumer gehabt haben mag, auf folgende drei Bereiche beschränken:

Zur Konfliktdynamik: Man wird vermuten dürfen, dass der Junge auf dem Höhepunkt des analen Konfliktes gewesen ist, in dem es zentral um das Festhalten und Loslassen geht, um Individuierung und Loslösung von der Mutter, um Abhängigkeit und Autonomie, um das Erleben von Getrenntheit und Eigenständigkeit und um die Verarbeitung von massiven Affekten, die sich langsam strukturieren und mit Selbst- und Objektbildern verschmelzen. Das Erlebnis der Bombenexplosion und die nachfolgende Verbrennung, im Zusammenhang mit der Beziehung zur Mutter, von der er sich ja – aus welchen Gründen, wissen wir nicht – losgerissen hatte, dürfte zu einer Akzentuierung und Verschärfung dieses zentralen, analen Abhängigkeits-Autonomie-Konfliktes geführt haben: Es könnte der Kern eines basalen, schweren Trennungskonfliktes geworden sein, in dem Trennungswünsche und Trennungsängste mit lebensbedrohlichem Erleben und dessen Folgen miteinander verbunden worden sind. Sein inneres Motto könnte lauten: Wenn ich etwas Eigenes, meinen Kopf durchsetzen will, mich von einer mir wichtigen Person entfernen will, dann passiert ein schreckliches Unglück, eine lebensgefährliche und kaum zu ertragende Katastrophe. Da in der traumatischen Situation auch massive, überwältigende Affekte mobilisiert werden, die in dem Alter noch nicht integrierbar sind, wird auch mit einer Affektabspaltung und einer großen Angst vor der eigenen Affektivität zu rechnen sein. (Wir wollen weiter unten zu überprüfen versuchen, ob es Hinweise für diese These in der Biografie des Patienten gibt.)

Zur Ich-Selbst-Struktur: Hier fragen wir nach der Entwicklung der Ich-Funktionen wie Realitätsprüfung, Frustrationstoleranz, nach der Entwicklung der verschiedenen Ich-Strukturen wie Ich-Ideal und Über-Ich, aber auch nach der Entwicklung des Selbstgefühls und des Selbstwertgefühls. Wir möchten hier nur folgende drei Gesichtspunkte herausgreifen, die als Folge von kindlichen Traumatisierungen in diesem Alter beschreibbar sind: der traumatische Verlust einer illusionären Omnipotenz, die in diesem Alter nur dosiert enttäuscht werden darf, soll dieses auch für das spätere Leben so wichtige basale Gefühl nicht verloren gehen; das Gefühl, das Leben doch steuern zu können, auf etwas Gutes im Leben hoffen zu können und selbst einen wichtigen Einfluss auf sein Leben haben zu können etc. Dieser vorzeitige Verlust der illusionären Omnipotenz (siehe auch Winnicott, 1993; Krystal, 1978) wird nicht selten mit einer reaktiven omnipotenten Kontrolle kompensiert, die mit erheblichen Ich-Einschränkungen verbunden ist, wird doch nun der Versuch gemacht, alles Lebendige in den Griff zu bekommen, sich auf nichts mehr zu verlassen und Schutzhaltungen zu entwickeln, die einen vor unerwarteten Ereignissen zu bewahren vermögen. Dazu zählen auch Charakterentwicklungen wie etwa ein reaktiver Charakter, der auf wirklich eigenständiges, spontanes, kreatives Handeln verzichtet, sondern im Grunde immer versucht, sich den Gegebenheiten anzupassen, dies mit der unbewussten Phantasie einer omnipotenten Kontrolle verbunden. Schließlich kann man auch vermuten, dass ein solches äußeres Ereignis im Alter von zwei Jahren auf die Bildung des Über-Ichs einen zentralen Einfluss hat: Es ist fast unvermeidlich, dass dieses Erlebnis auch wie eine Strafe, wie eine Schuld erlebt wird. Es ist wahrscheinlich, dass die Gewissensbildung von nun an durch diese Dimension einer lebensbedrohlichen oder gar tödlichen Strafe oder Schuld kontaminiert bleiben wird.

Zu den verinnerlichten Objektbeziehungen: Im Alter von zwei Jahren gibt es noch keine Selbst- und Objektkonstanz, die inneren Bilder des »guten« und »bösen« Objektes sind noch nicht ausreichend integriert; das Kind kann noch nicht allein sein (Winnicott, 1993). Das Kind ist immer noch auf die »Containing«-Funktion der Eltern angewiesen, die ihm dabei behilflich sind, die teilweise massiven Affekte der frühkindlichen Erfahrungen zu verarbeiten. In Bezug auf das kindliche Trauma unseres Analysanden lässt sich also annehmen, dass der Aufbau der inneren Repräsentanzen sowohl seines eigenen Selbst als auch des vor allem so wichtigen »guten inneren Objektes« gestört sein kann: Vor allem die traumatische Erfahrung der Ent-Idealisierung des elterlichen Objektes dürfte dabei eine wichtige Rolle spielen (die Mutter konnte den Jungen nicht vor diesem lebensbedrohlichen Ereignis schützen).

Betrachten wir zusammenfassend die möglichen intrapsychischen Folgen des kindlichen Traumas im Alter von zwei Jahren, so können wir Konfliktverschärfungen, Ich-Einschränkungen und Beschädigungen der inneren Objekte vermuten, die alle zusammen aber nicht nur als Defekte und Einschränkungen der sich entwickelnden kindlichen Persönlichkeit zu betrachten sind, sondern durchaus auch eine adaptative Funktion haben, nämlich die Bewältigung von traumatischen Erlebnissen, einschließlich einer antizipierenden, schützenden Funktion zu gewährleisten. Man könnte auch von dem Versuch eines Schutzes vor Re-Traumatisierungen sprechen. Zu erwähnen sind auch die realen interpersonellen Beziehungen des Jungen: Ihre Rolle darf nicht unterschätzt werden, zumal es ja in dem Traum auch einen Hinweis auf eine Frauen-Figur gibt, die sich nicht empathisch verhält.

Gehen wir nun noch einmal zu dem träumenden Analysanden zurück und versuchen Belege für unsere Hypothese zu finden, die wir hier nur ganz knapp und zusammengefasst referieren können. Zuerst einmal ist zu erwähnen, dass das Erlebnis des tödlichen Fahrradunfalls im Alter von zehn Jahren zwar ebenso vage und diffus bleibt wie das frühkindliche Trauma. Es wirkt wie ausgestanzt in der Erinnerung und hat scheinbar nur wenige Bezüge zum übrigen Leben des Patienten. Allerdings erzählte er später, dass er bis ins erwachsene Leben immer wieder mal eine unerklärliche, unangenehme Phantasie hatte – besonders, wenn er einen unbekannten Raum betrat: Er könnte dort auf einen Toten treffen, der etwa in der Ecke liege. Auch erwähnt er eine Neigung zu katastrophischen Phantasien: Leicht nimmt er auch bei eher geringfügigen Anlässen gleich das Schlimmste an. Die Konfliktstruktur scheint aber auch in diesem Erlebnis mit dem ursprünglichen Trauma in Verbindung zu stehen: Er wendet sich von der Mutter ab und erlebt einen schweren, tödlichen Unfall mit eigenen Augen. Wir können nur ahnen, dass dies seinen Trennungskonflikt und die Strafängste erheblich bestätigt oder sogar intensiviert haben könnte. Insofern ist es nicht ausgeschlossen, dass es sich um eine Re-Traumatisierung handelt.

Als kleiner Junge soll er ausgesprochen brav und anhänglich gewesen sein, immer freundlich und zugewandt, sodass es selten zu Auseinandersetzungen mit seinen Eltern gekommen sei. In der Schule wurde er gelegentlich als »Muttersöhnchen« gehänselt. Hier finden wir also eine Bestätigung unserer Vermutung, dass das traumatische Erlebnis die beschriebenen Charaktereinschränkungen mitbewirkt und zu einer Affekthemmung mittels Affektabspaltung geführt haben mag, was vielleicht seine spätere Schwierigkeit, Aggressionen und Konflikte offen auszutragen, unterstreichen kann.

Betrachten wir unter diesem Aspekt nun noch die Trennung von seiner ersten Frau, die im erwachsenen Alter von über dreißig Jahren stattfand, so finden wir hier fast auf tragische Weise die Grundstruktur des Trennungskonfliktes wiederholt: Er trennt sich von seiner Frau und löst damit in seinem Verständnis eine körperliche Katastrophe bei ihr aus. Damit bestätigt sich sein Konfliktverständnis, dass nämlich Eigenes und Trennung unweigerlich zu Krankheit und Tod und damit zur Katastrophe führen. Die Persistenz der omnipotenten Kontrolle (man fühlt sich für alles verantwortlich) und die Schärfe und Unreife des Über-Ichs (Auge um Auge, Zahn um Zahn, auf Eigenmächtigkeit steht die Todesstrafe) führt den Patienten schließlich in eine symptomatische Situation, die man – auch wenn der Träumer der Täter ist – zumindest teilweise als eine Re-Traumatisierung auffassen kann: Die Überzeugung, dass er für die Krankheit seiner Frau verantwortlich ist, die Angst vor der verdienten Strafe, die nur der eigene Tod sein kann, bringt den Träumer schließlich in eine Situation, die man mit Léon Wurmser (1987) als »Flucht vor dem Gewissen« bezeichnen kann: Er regrediert auf einen Zustand von Abhängigkeit, von Bravheit und Gehorsam, von Affektunterdrückung und Konfliktvermeidung (ähnlich wie in der Beziehung zu seiner Mutter), den er nun in der Beziehung zu seiner neuen Frau inszeniert, in der Hoffnung, sich damit vor weiteren Re-Traumatisierungen schützen zu können. Das Paradoxe ist jedoch, dass gerade die Angst vor der Re-Traumatisierung durch eine erneute Trennung und die damit verbundenen Konflikte und Ich-Einschränkungen den Träumer genau in diese aktuelle, potenziell traumatische Situation bringen.

Dies also ist ganz knapp formuliert die Prädisposition unseres Träumers, warum er den Streit mit seiner Frau wie ein psychisches Trauma erlebt und nicht wie ein alltägliches, gewöhnliches Ereignis, das am nächsten Tag wieder weitgehend vergessen ist.

Wenn wir nach dem jetzt Ausgeführten uns noch einmal den traumatischen Traum betrachten, so können wir ihn auch wie einen »Selbst-Traum« auffassen, in dem der Träumer seine unbewusste Selbstsicht auf eindringliche Weise darstellt: Ich bin ein verletzter Mensch, den seine Konflikte und Ich-Einschränkungen, aber auch seine inneren Bilder immer wieder in diese tödlichen, bedrohlichen Beziehungssituationen bringen. Daran sehen wir aber auch, wie vorsichtig wir mit der Bezeichnung der »traumatisierten Person« sein sollten: Im klinisch-psychoanalytischen Kontext erscheint es erforderlich, die komplexen Wechselbeziehungen zwischen traumatischen Erlebnissen und ihrer jeweils spezifischen Verarbeitung (Konfliktdynamik, Ich-Einschränkungen, innere Objekte) genau zu beschreiben.

Wir sehen aber auch, dass die alternative Entstehungsgenese von Wunscherfüllung und Traumaverarbeitung nach dem bislang Gesagten nicht haltbar ist, da wir eine enge Verzahnung von Trauma, Konflikt und Wunscherfüllung feststellen. Für die Traumdeutung und das individuelle Traumverständnis erscheint diese strikte Alternative in jedem Fall sekundär zu sein, denn diese kommt mit der hermeneutischen Perspektive weitgehend aus. Aber es bleibt ein Stachel, wenn wir aus der klinischen Perspektive die Problematik des Träumers genauer einordnen und damit auch die klinische Relevanz der traumatischen Träume besser verstehen wollen: Weisen traumatische Träume auf eine schwere Störung hin? Sind sie immer ein Hinweis auf das Vorliegen einer traumatischen Störung? Bedeuten sie ein partielles, momentanes oder weitgehendes generelles Versagen der Traumarbeit? Erfordern sie einen anderen klinischen Umgang als andere, gleichsam »normale« Träume?

Der Traum als »Selbsttraum«

Es wäre möglich, dass diese Fragen uns noch einmal vertieft in die moderne Traumpsychologie führen, was aber hier nicht ausgeführt werden kann. Aufgrund der modernen psychoanalytischen Traumpsychologie und auch der modernen

Neurobiologie hat sich die Auffassung durchgesetzt, dass das Träumen generell eine viel weitere, umfassendere Funktion hat, als wir bislang angenommen haben. Wenn wir uns nur vorstellen, dass der Mensch in der Nacht mindestens zwei oder drei Stunden »geträumte Träume« produziert, von denen er nur einen winzigen Bruchteil erinnert, dann können wir daraus auf eine hohe mentale Aktivität des schlafenden bzw. träumenden Gehirns schließen. Daher vermutet man heute, dass das Träumen eine wichtige, vor allem auch informationsverarbeitende Funktion hat, die darin besteht, die täglichen bewussten und vor allem unbewussten emotionalen Erfahrungen des Menschen zu verarbeiten, mit den bisherigen Gedächtnisinhalten abzugleichen und in das Identitätserleben des Individuums zu integrieren. Dabei dürften die traumatischen und konflikthaften Erfahrungen eine besondere Rolle spielen, weil sie einerseits mit starken Affekten verbunden sind und andererseits mit dem Selbsterleben in erheblichen Widerspruch geraten und damit das emotionale Gleichgewicht des Individuums gefährden können. Der traumatische Traum wäre dann ein Hinweis auf das Vorliegen eines stark affektbesetzten, aktuellen konflikthaft-traumatischen Geschehens, das die Grenze der inneren Verarbeitungsfähigkeit des Betreffenden erreicht hat oder sogar überschreitet. Die Unterbrechung des Träumens durch das Aufwachen könnte man so gesehen als eine regulatorische Leistung begreifen, die den Träumer vor noch unerträglicheren Affekten zu schützen versucht. Diese Sichtweise schützt vielleicht auch vor der Auffassung, den traumatischen Traum überwiegend als defizitär oder nur als Ausdruck einer versagenden Funktion zu betrachten.

Dieser Gedanke lässt sich mit einigen wenigen Hinweisen auf die Arbeit von Michael Ermann (2000) über die »Traumstörung« vertiefen. Auch er geht von dem Unterschied aus, der hier eben angeklungen ist: auf die Unterscheidung des Prozesses des Träumens und dem einzelnen Traum als inhaltlichem Produkt. Daran knüpft er die Bezeichnung einer »Traumstörung« bei Menschen, die sich nie an ihre Träume erinnern können. Ermann schildert in dieser Arbeit beispielsweise eine Patientin, die sich nicht an ihre Träume erinnerte, dann aber im Laufe der Analyse erstmals einen Traum erinnerte, einen traumatischen Traum, der einen deutlichen Bezug zu ihrem kindlichen Trauma hatte. Dies bestätigt unsere Vermutung, dass auch der traumatische Traum eine kreative Leistung ist und nicht nur ein Versagen der symbolischen oder verarbeitenden Funktion darstellt. Dafür spricht auch die Beobachtung von Kinderträumen, die ja sehr weit verbreitet sind und keineswegs ausschließlich Hinweise auf massive kindliche Traumatisierungen darstellen.

Schließlich möchten wir noch kurz auf die Traumtheorie von Ernest Hartmann (1998) zu sprechen kommen. Während Freud seine Wunscherfüllungshypothese exemplarisch von den Kinderträumen ableitete, geht Hartmann von Träumen nach traumatischen Erlebnissen aus, die er in seiner allgemeinen Traumtheorie generalisiert: Nach seiner Auffassung kontextualisieren Träume das aktuell vorherrschende Gefühl, indem sie erklärende Metaphern bilden. Unter erklärenden Metaphern versteht er solche Bilder, die einen ersten Begriff bildlich prägnanter darstellen können: Die Verletzung unseres Analysanden, die er während des Gesprächs mit seiner Frau gefühlt hat, wird im Traum durch den Stich in den Oberschenkel bildlich dargestellt; dies kann man als eine erklärende Metapher auffassen. Gleichzeitig stellt dies die Darstellung des zentralen Gefühls des Träumers dar, nämlich seine affektive Verletzung, die er als absolut vernichtend erlebt. So stellt nach Hartmann der Traum metaphorisch den Gesamtzustand des Bewusstseins des Träumers dar, insbesondere seinen emotionalen Zustand. So wird auch etwas deutlicher, was mit der »Verarbeitung« von Affekten nach einem traumatischen Zustand gemeint sein kann: die Bildung von erklärenden Metaphern für den vorherrschenden Gefühlszustand und damit eine Bindung dieser gleichsam rohen Affekte. Dies entspricht dann auch der Auffassung von Hartmann über die Funktion des Träumens: Er vermutet, dass Träume eine quasi-therapeutische Funktion haben, da sie »erweiterte Verbindungen« an einem sicheren Ort herzustellen vermögen. Der Schlaf wird hier als »sicherer Ort« aufgefasst, und er vergleicht diesen Ort mit der psychotherapeutischen Situation, in der etwas Ähnliches geschehen kann. So postuliert der Autor als zentrale Funktion der Träume die Integration von traumatischen oder anderen belastenden Erfahrungen: Unter Integration versteht er das Herstellen von inneren Verbindungen zwischen dem belastenden Ereignis und anderen Erlebnissen, wodurch die Gefühle weniger mächtig und überwältigend werden und das Trauma dadurch »eingewebt« wird in andere Erfahrungen, sodass auch neuere Traumatisierungen weniger bedrohlich werden. Träumen hat also eine restaurative und eine adaptive Funktion.

Diese Überlegungen kann man gut mit dem hier diskutierten Traumbeispiel in Übereinstimmung bringen: Das psychische Trauma der Streitsituation wird im Traum metaphorisch durch die verletzende Behandlung der Frau dargestellt, wobei allerdings die Affektbindung, die Integration des Angstaffektes, nicht vollständig gelingt. Der Trauminhalt selbst scheint aber die von Hartmann angenommene quasi-therapeutische Funktion des Träumens zu repräsentieren: Es geht um einen Heilungsversuch an einem »sicheren Ort«, der mit einem Selbstheilungsversuch endet.

Vielleicht lässt sich schließlich auch noch eine Hypothese über die Schlafstörung und den anschließenden Albtraum unseres Träumers entwickeln: Die Schlafstörung ist Ausdruck der Angst des Träumers vor seinen eigenen

Affekten – vor seinem Unbewussten könnte man auch sagen – und seinem Versuch, die omnipotente Kontrolle zu behalten. In dem kurzen Schlaf nach langer, durchwachter Nacht müssen nun die gestauten Affekte in kurzer Zeit gebunden und verarbeitet werden. Das durch Moser und von Zeppelin (1996a) beschriebene Regulierungsprinzip bei der Traumgenerierung (sie unterscheiden das Sicherheits- und das Involvierungsprinzip) wird zugunsten des Involvierungsprinzips wegen der Kürze der Zeit verschoben, sodass eine zu massive Affektualisierung des Traumgeschehens stattfindet, die nur durch einen Abbruch gemeistert werden kann.

Eine kurze Zusammenfassung

Unsere Ausführungen haben vielleicht deutlich gemacht, dass es sinnvoll ist, zwischen dem Traum als Inhalt und dem Träumen als Prozess zu unterscheiden: Der Traum ist eine bildlich-emotionale Erfahrung des Traumbewusstseins im Schlaf, dessen Sinn und Bedeutung sich überwiegend hermeneutisch, also durch Interpretation, erschließt. Er stellt in seinem Inhalt eine Verarbeitung von subjektiven, aktuellen und emotionalen Erfahrungen dar, die sich wegen der Stärke der Affekte oft auf konflikthafte und/oder traumatische Situationen beziehen. Diese Affekte sind Ausdruck der psychischen, inneren und vorwiegend unbewussten Realität des Träumers. Beim Prozess des Träumens handelt es sich um einen überwiegend unbewusst ablaufenden Informationsverarbeitungsprozess, über den wir auch über die Außenperspektive Aussagen machen können. Hier kommen funktionelle Erklärungsmuster zur Anwendung, etwa die Erklärung des Träumens als quasi-therapeutische Funktion, die traumatische Erfahrungen zu integrieren hilft. So gesehen kann man die traumatischen Träume zum einen von ihrem Inhalt her als Traum betrachten: Sie sind Ausdruck der psychischen Realität des Träumers und ermöglichen ein Selbstverständnis des Träumers, das sich auf die konflikthaften und traumatischen Quellen seines Erlebens bezieht. Zum anderen kann man sie aus der Sicht des Traumprozesses, des Träumens, betrachten: Hier ergeben sich dann Hinweise auf Störungen der Verarbeitung, die zu einer Einschränkung oder zum Abbruch des Träumens, z. B. durch Unterbrechung des Schlafes, führen können bis hin zu einer Traumstörung. Dennoch bleibt der traumatische Traum eine wichtige, kreative Leistung des Träumers.

Traum und Trauma im Kontext unserer Arbeit

Es ist sicherlich deutlich geworden, dass die Phänomene Traum, Trauma, Konflikt und Entwicklung im psychoanalytischen Denken eine großartige Rolle spielen. Dies wollten wir mit dieser recht ausführlichen Diskussion und Deutung eines einzigen Traums aufzeigen: einige wenige zentrale Charakteristika des psychoanalytischen Denkens. In den folgenden abschließenden Kommentaren möchten wir noch einige Aspekte beleuchten, die sich vor allem aus einem Vergleich zum buddhistischen Denken ergeben.

Zuerst einmal sehen wir in der Beschreibung dieses einen Traums eine hohe Wertschätzung dieses Phänomens. Wie erwähnt spricht man in der Psychoanalyse manchmal vom Traum als der »via regia« zum Unbewussten. Damit geht es um die Sinnfindung eines Phänomens, das oft dem bewussten Denken unverständlich, verworren und sinnlos erscheint – wie auch die Phänomene der neurotischen Symptome oder der Fehlhandlungen. Der Traum wird als Manifestation des unbewussten Denkens (der »unbewussten Denkfabrik«) verstanden, das sich vor allem der Verdichtung und Verschiebung bedient und als eine bildliche und oft ausgesprochen kreative Darstellung des unbewussten Selbst verstanden werden kann.

Dieses Beispiel verdeutlicht auch noch einmal, warum die Psychoanalyse als eine Form von Tiefenpsychologie bezeichnet wird: Die »Tiefe« entsteht dabei nicht nur durch die Beziehung zum Latenten und Impliziten (das Unsagbare oder Noch-nicht-Gedachte oder Nicht-Gesagte), das sich als fast unendlich und unbegrenzt erweist, sondern auch durch die zeitliche Dimension: nämlich die Art und Weise, wie die Vergangenheit im Gegenwärtigen wirksam bleibt. Im Übrigen ergibt sich aber auch ein Zusammenhang zu unserem buddhistischen Arbeitsmodell: das abhängige Entstehen, was ja bedeutet, dass die Phänomene – und dies gilt eben auch für die Träume – in Abhängigkeit von allem anderen entstehen. In der Traumanalyse dieses Traums haben wir dies ja zu zeigen versucht, etwas, das wir selbst auch als interkontextuelles Denken bezeichnen. Im buddhistischen Denken wird das Traumphänomen allerdings in dieser Art und Weise wenig berücksichtigt. So schreibt Lutz Gero Leky in seiner Arbeit über die Beziehung von Psychoanalyse und Zen: »Soll man während der Zen-Schulung Träume deuten? Üblicherweise nicht (in der klassischen Zen-Literatur fand ich keinen Hinweis, dass Träume beachtet wurden), wird doch durch die Deutung das Ich-Selbst gestärkt und die Identifikation mit ihm vertieft« (Leky, 2012, S. 1151).

Etwas Ähnliches kann man wohl auch für den Begriff des Traumas sagen, obwohl man aus psychoanalytischer Sicht durchaus vermuten kann, dass intensive meditative Übungen (etwa bei stunden- und tagelangen Meditationen) bei disponierten Personen quasi-traumatische Situationen auslösen können (siehe auch Kapitel 5). Auch darüber liest man in der buddhistischen Literatur recht wenig. Manch ein Übender wird sich durch Abbruch vor einer solchen Zuspitzung zu schützen wissen.

Wir verstehen die Ausführungen zu dieser Thematik als Ausdruck unseres psychoanalytischen Arbeitsmodells über das Träumen und insbesondere über den traumatischen Traum. Dieses berührt aber vor allem das Thema unseres Buches, in dem wir ja den »Übersetzungsraum« von Buddhismus und Psychoanalyse zu erforschen suchen. Auch Meditierende (einschließlich der erfahrenen Meister) träumen und haben wahrscheinlich traumatische Erfahrungen in ihrem Leben gemacht – geht man von einer gewissen Universalität traumatischer Erfahrung aus. Die manchmal geäußerte Ansicht, dass Meditierende und erleuchtete Meister anders träumen oder andere Träume haben, ist aus unserer Sicht eine offene Frage. Die uns hier interessierende Frage ist die nach der Konzeptualisierung dieser Erfahrungen: Wie wir zu zeigen versuchten, ist das Träumen, das Phänomen des Traums und die traumatische Erfahrung einschließlich ihrer Folgen für das psychoanalytische Denken zentral.

Hier geht es um die Frage, wie im buddhistischen Denken diese Phänomene konzipiert werden oder – mit anderen Worten – welche Arbeitsmodelle hier wirksam sind. Man kann wohl wie schon erwähnt konstatieren, dass traumatische Erfahrungen kaum explizit konzipiert werden, allerdings gibt es sehr interessante Überscheidungen vor allem zum Träumen. Dafür spricht, dass nicht selten die Nähe zwischen dem Traumzustand und dem Meditieren erwähnt wird: »Die Ichzustände im Traum und in der Meditation sind sich ja nah, die Außenwelt ist zurückgetreten, der Körper bewegt sich nicht, man ist intuitiv beschäftigt und hat das unbestimmte Gefühl, näher bei sich zu sein. In der Meditation so sehr, dass man als Person auch verschwinden kann […] Die Meditation scheint mit ihrer Wachheit das Traum-Ich zu unterstützen. Jedenfalls ist die Nähe zwischen dem Traum-Ich und dem meditativen Ich-Zustand ungleich größer als die beider zum körperbezogenen Ich-Selbst« (Leky, 2012, S. 1151).

Dem entspricht ja auf den ersten Blick auch die Praxis, bei intensiven Meditationsübungen möglichst frühmorgens zu beginnen oder bis spät in die Nacht zu üben, weil hier die Nähe zum Traum-Ich erleichtert wird. Aber um welchen Zustand handelt es sich bei dem Traum-Ich und dem meditierenden Ich? In dem freudschen Verständnis des »ozeanischen Gefühls« würde man einen regressiven Ich-Zustand annehmen, vielleicht vergleichbar der Regression im Schlaf und damit einer Ich-Regression, der dem unbewussten Denken des Träumers entspricht. Aber der meditative Zustand ist kein schlafähnlicher

Zustand – oder sollte es nicht sein –, sondern eine Einübung von Wachheit, Gegenwärtigkeit, Offenheit und Nicht-Reaktivität. Wie klärt sich diese begriffliche Schwierigkeit auf?

Hier könnte wiederum die Beschreibung aus der Innen- und Außenperspektive hilfreich sein. In der Tat ähnelt das Setting der Meditation dem üblichen Schlafarrangement: ein Rückzug von der Außenwelt, das Abschalten äußerer Reize, der Rückzug auf den eigenen Körper, das Stillstellen des Körpers und die Beruhigung der Innenwelt, das Ausschalten der üblichen Wünsche bis auf den verbleibenden Wunsch, zu schlafen. In beiden Situationen geht es auch um eine Form von Absichtslosigkeit als Ausdruck einer Selbstvergessenheit – vielleicht wie in der chinesischen Geschichte, die wir mehrfach zitiert haben: das Loslassen des »Gepäcks« als Ausdruck der erworbenen Identität in Form von Gedanken, Gefühlen, Erinnerungen, Sorgen etc. Wenn diese Bewegung in Richtung Absichtslosigkeit nicht gelingt, kann es zu erheblichen Störungen des Schlafes, aber auch des Einlassens auf die Meditation kommen.

Aus der Innenperspektive kann man feststellen, dass diese Absichtslosigkeit als Ausdruck der Selbstvergessenheit immer nur partiell möglich ist: Der Schlaf wird fast regelhaft unterbrochen, und die Aktivierung des Traumbewusstseins bedeutet, dass sich das unbewusste Selbst mit seinen Wünschen und Ängsten bemerkbar macht und in einen Konflikt mit dem regressiven Schlafwunsch gerät. Etwas Vergleichbares lässt sich auch für die Meditation sagen: Die zu übende Achtsamkeit (beim Zählen oder Achten auf den Atem) wird immer wieder durch auftauchende Gefühle und Gedanken unterbrochen. Es ist, als ob das Ich-Selbst (hier mit dem Pol des Ichs) sich gegen den Impuls zur Selbstvergessenheit oder Selbstzurücknahme wehrt, um eine Art Aufmerksamkeit buhlt. Diese auftauchenden Gedanken als Ausdruck des unbewussten Denkens könnte man vielleicht mit den auftauchenden Träumen im nächtlichen Schlaf vergleichen: Dies als Hinweis darauf, dass die mentale Aktivität des Menschen selten ruht und es daher so enormer Anstrengungen und Übungen bedarf, um einen Zustand zu erreichen, der eine wirklich Ruhe und Stille des Geistes realisiert. Wegen der reizarmen Bedingungen in der Meditation ist es natürlich auch leicht möglich, dass der Meditierende in einen Schlafzustand und damit auch einen träumerischen Zustand gerät, auch wenn dies nicht der Intention entspricht. Insofern kann man zwar von einer Nähe zwischen Träumen und Meditation sprechen, aber nicht davon, dass träumendes Ich und meditierendes Ich identisch sind.

Möglicherweise ergibt sich aber noch eine andere Nähe zwischen Träumen und Meditation, die so zu beschreiben wäre: Im Zustand des träumenden Bewusstseins – der geträumte Traum nach Moser und von Zeppelin (1996a) –

ist der Träumer nicht in ein beobachtendes und ein beobachtetes Selbst aufgespalten. Er ist in dem Moment des Träumens ganz präsentisch, ohne ein Bewusstsein dafür, dass es sich ja nur um einen Traum handelt (die Klarsichtträume oder die Träume, in denen dieses Bewusstsein auftaucht, lassen wir hier beiseite). Der Träumer ist ganz in die Traumsituation eingelassen, die im Übrigen auch überwiegend bildlich und nicht sprachlich vermittelt ist. Auftauchende Sprache oder Denkakte im Traum werden eher mit einer erhöhten Zensur oder Abwehr in Verbindung gebracht. Hier gelten dann aus psychoanalytischer Sicht die Charakteristika des unbewussten Denkens, das zeitlos ist, die Subjekt-Objekt-Trennung nicht kennt und durch die Verschiebung und Verdichtung eine hohe kreative und vereinheitlichende Darstellungskraft hat: »Ein Bild sagt mehr als tausend Worte.«

Einige dieser Charakteristika gelten auch für die Erfahrung von »oneness«, die wir am Beispiel der Arbeit von Falkenström auch für die meditative Erfahrung beschrieben haben (Falkenström, 2003 S. 1551 ff.). Mit dem partiellen oder totalen Aufwachen geht diese »Einheit« von beobachtendem und beobachtetem Ich-Selbst verloren, der erinnerte Traum und der erzählte Traum unterliegen ja den Elementen des Bewusstseins, das die Subjekt-Objekt-Dualität, das Zeitphänomen und die sprachliche Ausformulierung impliziert. Daher könnte man auch sagen, dass der Träumer in seinen nächtlichen Träumen eine Einheitserfahrung macht, die eine gewisse Vergleichbarkeit mit meditativen Erfahrungen oder sogenannten Erleuchtungserfahrungen hat. Diese Einheitserfahrung kann im Traum geschehen, aus Zen-Sicht ist sie aber eher im traumlosen Tiefschlaf erfahrbar, wie wir weiter unten ausführen. Daher ist die Unterscheidung zwischen dem Traumprozess als solchem und der Traumdeutung so bedeutsam: Für das psychoanalytische Denken spielt die Traumdeutung eine wichtige Rolle, weil sie in der Lage sein kann, das Ich-Selbst des Träumers verstehbar zu machen – die Analyse des vorgestellten Traum könnte man als eine Art Rekonstruktion des Ich-Selbst des Träumers verstehen. Die Selbsterkenntnis des Träumers aus unserem klinischen Beispiel könnte beispielsweise darin bestehen, dass er die Verletzlichkeit seines Ich-Selbst erkennt und darüber hinaus die verschiedenen Komponenten besser verstehen kann: seine abgewehrten Wünsche, die damit zusammenhängenden Ängste und Schuldgefühle, die Angst vor einer Re-Traumatisierung etc. Er kann sich, wenn er zu dem Traum assoziiert, d. h. seine Erinnerungen und Einfälle dazu äußert, einem recht stimmigen Bild seines unbewussten Selbst annähern. Daher haben wir ja auch von einem Selbst-Traum gesprochen. Die Traumdeutung fördert auf diese Weise die Selbsterkenntnis, die Selbstbeobachtung, das Selbstverständnis und die Selbstreflexion.

Aus buddhistischer Sicht dagegen wird dieser Deutungsprozess eher negiert, weil es mehr um diese präsentische Traumerfahrung geht, die der Meditationserfahrung recht nahekommen kann. Auch in anderen psychotherapeutischen Techniken wird eher der Versuch gemacht, dass der Träumer sich in seine Traumerfahrung zurückversetzt, und es wird nicht eine detaillierte Traumanalyse oder Traumdeutung angestrebt. Es geht ja eben darum, dieses Ich-Selbst zu dekonstruieren: »Die Zen-Meister legen immer wieder nahe, das Ich-Selbst aufzugeben, es nur noch wie ein Werkzeug zu benutzen. Das ist ein extrem schwieriger Prozess. Je nachdem, wie die frühkindliche Situation war, werden durch das lange einsame Sitzen alte, nie wirklich gelöste Konflikte regressiv wiederbelebt. Dann kann es helfen, die aus der persönlichen Biographie stammenden Bezüge zu berücksichtigen« (Leky, 2012, S. 1152).

Hier ist ein Aspekt angesprochen, den wir schon im letzten Kapitel angedeutet haben. Um bei unserem konkreten Traumbeispiel zu bleiben: Sollte der Analysand mit dem Meditieren beginnen, könnte man vermuten, dass er in der Meditation erhebliche Probleme bekommt, die mit der Struktur seines »verletzten Selbst« zusammenhängen, da er ja sehr viele Schutzmechanismen zur Stabilisierung seines Ich-Selbst aufgebaut hat. Dies berührt die frühkindliche Situation, von der Leky spricht. Man könnte durchaus vermuten, dass ein tieferes Verständnis dieses Traums (und damit seines unbewussten Selbst) ihm ein Einlassen auf den meditativen Prozess erleichtern würde. Die vorgelegten Überlegungen könnten aber auch verständlich machen, warum Menschen eine Sehnsucht nach dem Schlaf und nach ihren Träumen haben, weil sie in einen Zustand kommen können, der die oftmals quälende Selbst-Objekt-Spaltung des Bewusstseins – Abes schon erwähnte fundamentale Angst des Menschen, immer von seinem »wahren Selbst« getrennt zu sein – jedenfalls partiell und momentan zu überwinden vermag. Dies würde auch erklären, warum es die Meditierenden immer wieder auf das Sitzkissen zurückzieht, wenn sie sich einmal auf den meditativen Weg eingelassen haben: der Wunsch und eben auch die Erfahrung, dass Spaltungen und ein tiefes Gefühl von Getrennt-Sein in der Meditation aufgehoben werden (können). Daher kann auch die Sehnsucht des Menschen neben den Leidenserfahrungen eine Quelle für den Wunsch nach Veränderung sein und möglicherweise auch ein Grund, sich mit der Meditation zu beschäftigen. Die Sehnsucht des Meditierenden bezieht sich auf ein allgemeines Ungetrennt-Sein, ein Aufheben von Spaltungen. Aber mehr noch scheint es der Wunsch des Meditierenden zu sein, eine Verbindung zum traumlosen Tiefschlaf herzustellen. Hier ist jede Unterscheidung und Trennung aufgehoben, es ist komplettes Sein, ganz »nah an Nah« außerhalb jeglichen Bewusstseins und auch außerhalb jeglichen Unbewussten; keine Sprache, kein Erinnern, kein Zeuge.

Der Mensch erlebt also im Schlaf mehrmals in der Nacht einen Geisteszustand, der ja ganz explizit auf dem Sitzkissen angestrebt wird, der jegliche Trennung aufhebt. Im Traum versucht der Träumer noch auf einer quasi bewussten Ebene, Konflikte zu bearbeiten, um dann mehrmals in der Nacht »alles«, jegliche Bezugspunkte aufzugeben. Gerade diese Schlafphasen sind besonders erholsam und vielleicht auch »heilsam«. Und genau dies möchte der Meditierende »auf das Sitzkissen holen«. Dies käme im Rahmen der Fünf Skandhas dem ersten Skandha sehr nahe. Hier kommen wir an die Grenze dessen, was sprachlich noch zu beschreiben ist. Dieses »nah an Nah« wird auch in der Frage eines Mönches an seinen Lehrer aufgegriffen:

> »Ein Mönch fragte Dongshan: ›Von den drei Buddha-Körpern[26], welcher fällt nicht in irgendeine Kategorie?‹ Dongshan sagte: ›Ich bin dem immer nah‹« (Book of Serenity, 1988, Koan 98; eigene Übers.).

In einer mehr theoretischen Formulierung können wir hier noch einmal auf die Theorie von Matte-Blanco (1988) zu sprechen kommen, die wir schon früher (Weischede und Zwiebel, 2009, S. 116 ff.) u. in Kapitel 5 diskutiert haben. Matte-Blanco beschreibt das Ineinandergreifen von bewussten und unbewussten Prozessen, wobei er dem Bewusstsein einen »trennenden Modus« und dem Unbewussten einen »nicht trennenden Modus« zuschreibt. Der übliche geträumte Traum funktioniert danach im »nicht trennenden Modus« (hier gilt eine symmetrische Logik der Zeitlosigkeit und Akausalität sowie das Prinzip der Symmetrie – Teil und Ganzes werden miteinander identifiziert), während der erinnerte und erzählte Traum durch den »trennenden Modus« des Bewusstseins (Sprache, Zeitlichkeit, Realitätsprüfung, asymmetrische Logik, Kausalität) umgestaltet wird. Für die meditative Erfahrung könnte man dann postulieren, dass die Balance zwischen »trennendem« und »nicht trennendem Modus« zugunsten des »nicht trennenden« verschoben wird. In diesem Sinne ist eine Bemerkung von Shunryu Suzuki (1990, S. 140) zu verstehen: »Für gewöhnlich entwickelt sich Religion im Bereich des Bewusstseins, mit dem Verlangen, ihre Organisation zu verbessern, schöne Gebäude zu bauen, Musik zu machen, eine Philosophie zu entwickeln etc. Das sind religiöse Aktivitäten in der bewussten Welt. Der Buddhismus aber legt Wert auf die Welt des Unbewussten […] Dieser Weg [des Meditierens] ist viel besser, als Bücher zu lesen oder die Philosophie des Buddhismus zu studieren«.

---

26 1. Nirmanakaya: der »normale« Alltagskörper. Er ist aber auch der Körper der (magischen) Veränderung. 2. Sambogakaya: der Körper der Entzückung. 3. Dharmakaya: der Raum-Körper, der alles einschließende Körper.

Diese zentrale Bemerkung – »Der Buddhismus aber legt Wert auf die Welt des Unbewussten« – ist nach den Ausführungen über die Träume und die Beziehung zwischen Bewusstsein und dem unbewusstem Denken im Sinne des »trennenden« und »nicht trennenden Modus« hier gut nachvollziehbar.

Im geträumten Traum ist der Träumer in der Lage, sich mit der Veränderung des Erlebens zu »verbinden«, also einig mit der Veränderung zu sein. Bei der Darstellung der »Vier« hatten wir ja gesagt, dass die Unbeständigkeit des Daseins der Ausgangspunkt für das Anhaften, das Begehren und damit für das Leiden ist. Wir hatten auch gesagt, dass der Buddhismus für diese Grundsituation keine entwicklungspsychologische Dimension berücksichtigt. Diese kommt durch die Psychoanalyse hinzu und kann damit eine wichtige Verbindung herstellen, die auch mit dem Begriff des Traumas verbunden ist. Das kleine Kind macht von Beginn an in seinem Leben die Erfahrung der Unbeständigkeit, der Veränderungen, des Wandels: Die inneren Zustände wechseln von Entspannung zur Erregung, die mütterliche Brust ist anwesend oder abwesend etc. Leben ist Veränderung und Bewegung und kann von Beginn an als lustvoll, aber auch als unlustvoll und schmerzlich erlebt werden. Die Eltern spielen in der Bewältigung dieser frühen Erfahrungen der »lebendigen Wirklichkeit«, die ein ständiges Pulsieren von Lust und Unlust darstellt, eine wesentliche Rolle, da sie in diesem Wechsel und Wandel eine Konstanz herstellen können. Dies kann das Kind dann langsam verinnerlichen und damit eine innere Repräsentanz bilden, die über die ständige Veränderlichkeit konstant bleibt – vor allem als sich bildendes Bild des Selbst und Bild des Anderen. Man kann vermuten, dass ein Gelingen dieses Prozesses es dem Menschen ermöglicht, die Versagungen des ständigen Wandels und der Unbeständigkeit des Daseins zu tolerieren.

Eine traumatische Situation könnte eine frühe Erfahrung sein, in der das Kind vorzeitig mit Trennungen, Verlusten, körperlichen Eingriffen konfrontiert wird, die diesen Gegenpol der konstanten inneren Struktur in ihrem Aufbau verhindern: Es bildet sich damit kein stabiles Selbst- und Objektbild. Zu frühe Erfahrungen der Unbeständigkeit (vor allem der Objekte) können auf diese Weise das Leid bringende Begehren und Anhaften überstark forcieren, sodass man neben einer gleichsam anthropologischen Neigung des Menschen, sich gegen die Unbeständigkeit des Daseins durch Anhaften und Begehren zu wehren, eine erworbene postulieren kann, die mit frühkindlichen Erfahrungen in Verbindung steht. Hier wäre also der Traumabegriff der Psychoanalyse eine wichtige Ergänzung, ja sogar der Vertiefung des buddhistischen Denkens.

Aus der Sicht des Buddhismus – und hier insbesondere aus der Sicht des Zen – könnte man also zusammenfassend zur Beziehung von Traum und Meditation sagen: Es gibt Tagesbewusstsein und Schlafbewusstsein, wobei das letztere aufgeteilt werden kann in Traumbewusstsein und Tiefschlaf, der traumlos ist. Worauf nun zielt die buddhistische Praxis ab? Frühes Aufstehen führt auf dem Sitzkissen zum Wachwerden, ein fließender Übergang vom Schlafen zum Wachen. Das ist so intendiert, der Schlaf darf sich noch eine Zeit lang in das beginnende Wachbewusstsein »hineinweben«. Das wird vom Meditierenden wahrgenommen, aber nicht weiter beachtet. Die Meditation kommt wohl dem Schlafen sehr nahe, aber welchem Schlafen? Wie wir vermutet haben, dem träumenden Schlaf, was aber nicht das Ziel der Meditation ist. Auf der körperlichen Ebene ist es wichtig, dem schlafenden Zustand nahezukommen, weil er eine sehr tiefe körperliche Entspannung – in der Aufrichtung! – ermöglicht. Aufgerichtet sein und gleichzeitig ein Gefühl von kompletter Entspannung in absoluter Bewegungslosigkeit, das ist Zazen. In dieser Haltung nun richtet sich die Achtsamkeit nicht auf das Träumen, sondern auf den Geisteszustand des traumlosen Tiefschlafes: die »hinter« aller Aktivität liegende Stille, die wirkliche Stille des Geistes. Ein Geist, der im Schlaf nicht mehr aktiv ist, das ist der »Ort«, an dem sich der Geist erholt. Ein wirklich stiller Geist. Die zentrale Frage lautet nun, ob es möglich ist, diesen nicht träumenden Tiefschlaf-Geist, wie weiter oben schon versuchsweise angedeutet, der nicht reaktiv und einfach nur »da« ist, auf das Sitzkissen zu holen. Und aus der Sicht erfahrener Meditierender lautet die Antwort: »Ja!«

Erstaunlicherweise überlässt sich der Mensch diesem Geisteszustand mehrfach in jeder Nacht, auch wenn er sich in der Regel dessen natürlich nicht bewusst ist. Dieser traumlose Schlaf wird als sehr erholsam erlebt, und jeder Mensch »weiß« ihn aus Erfahrung. Diesen Geisteszustand in das »Wachbewusstsein der Meditation« zu heben, bedeutet, einen Geist zu erleben, der nicht reagiert, und einen Geist, der sehr klar ist, eben nicht getrübt durch irgendwelche Reaktionen. Er wird als »Zen-Geist« bezeichnet oder auch als »Anfänger-Geist«.

Die psychoanalytischen Modelle des Träumens und der Traumdeutung sind also wichtig und sie werden vom Zen auch nicht negiert. Aber: Es sind immer noch Aktivitäten des Geistes. Zen interessiert sich für den Geist, der nicht aktiv ist. Er interessiert sich sozusagen für die Basis aller Aktivitäten: die Nicht-Aktivität, die wirkliche Stille, das wirkliche Schweigen des Geistes. Es ist ein Geisteszustand, der entwickelt werden kann, es ist sozusagen ein Gewahrsein, das vor dem Bewusstsein und somit vor der Sprache liegt. Wichtig wäre zu betonen, dass sowohl das Traumbewusstsein als auch der nicht träumende Geist im Tagesbewusstsein »wirksam« sind. Beide liegen sozusagen »unter« dem Tagesbewusstsein und beeinflussen es. Sie werden mit andern Worten als nicht getrennt vom Tagesbewusstsein betrachtet, wobei die Betonung aus der Sicht des Zen auf dem »Zen-Geist«, dem nicht träumenden Tiefschlaf-Bewusstsein liegt. Diesen »Zen-

Geist« zu entwickeln und seine Auswirkungen auf das Alltagsbewusstsein zu studieren, hat sich die buddhistische Praxis zur Aufgabe gemacht.

> »Vimalakirti fragte Manjushri: ›Welche Methode wendet ein Bodhisattva an, um in die Nicht-Zweiheit einzutreten?‹ Manjushri sagte: ›Meinem Wissen nach ist in allen Dingen keine Sprache, keine Erklärung, keine Anleitung und keine Ausführung. Alle Fragen und Antworten zurücklassend – dies ist die Methode, um in die Nicht-Zweiheit einzutreten.‹
>
> Dann fragte Manjushri Vimalakirti: ›Wir haben beide gerade gesprochen. Nun, guter Mann, solltest du sagen, was ist die Methode eines Bodhisattvas, in die Nicht-Zweiheit einzutreten?‹ Vimalakirti schwieg« (Book of Serenity, 1988, Koan 48; eigene Übers.).

Der schweigende Geist ist die gelungene Aufhebung sämtlicher Dualitäten, allen Getrenntseins, aller Spaltungen. Jede Erklärung, Ausführung und jedes Sprechen wird aufgehoben in der direkten, ungetrennten Erfahrung des jeweiligen Augenblicks.

Unser knappes Fazit: Es ist dies auch eine Beschreibung der Präsenz, die wir in einer Polarität zur Einsicht sehen. Am konkreten Beispiel des Träumens können wir diese beiden Pole noch einmal verdeutlichen. Der Umgang mit den Träumen im Zen ist sozusagen eine Einübung in Präsenz, der psychoanalytische Umgang eine reflektierende Übung, die zur Einsicht in das Ich-Selbst und seiner Geschichte führt.

7. Zur analytischen Beziehung – aus der Sicht des Analytikers

Kurze Einleitung

Als weitere Konkretisierung stellen wir einige Überlegungen zur analytischen Beziehung vor. Darüber haben wir in unserer früheren Arbeit (Weischede u. Zwiebel, 2009) teilweise sehr ausführlich berichtet in einem Vergleich zwischen der Praxis des Zen und der psychoanalytische Praxis. Hier geht es darum, das in Kapitel 5 formulierte freudsche Modell in seiner Praxis als unser eigenes, angeeignetes Arbeitsmodell noch einmal darzustellen. Als Vorbemerkung seien nur zwei Gesichtspunkte hervorgehoben:

Wir sprachen eben von der Psychoanalyse als einer »Tiefenpsychologie«. Dies zeigt sich auch darin, dass ein einzelner klinischer Psychoanalytiker in seinem ganzen Berufsleben vielleicht 100 bis 200 Patientinnen und Patienten behandelt. Vergleicht man dies mit einem normalen praktizierenden Arzt, wird der Unterschied sofort deutlich: Dieser behandelt vielleicht vierzig oder fünfzig Patienten an einem einzigen Tag. Die psychoanalytischen Patienten kommen im sogenannten Standardverfahren (im klassischen, liegenden Setting drei- bis fünfmal pro Woche über einen Zeitraum von durchschnittlich vier bis sechs Jahre) auf eine Gesamtstundenzahl von etwa 600 Stunden. Auch dies bedeutet in gewisser Weise eine »Tiefe«, da es kaum eine Behandlungsmethode gibt, die von dieser Intensität, Dauer, Intimität und Konstanz ist. Nicht zu Unrecht spricht man von der psychoanalytischen Situation als einer Begegnung, die sich von vielen anderen »Behandlungen« im medizinischen und psychologischen Bereich deutlich unterscheidet. Vielleicht gibt es in der buddhistischen Lehrer-Schüler-Beziehung eine vergleichbare Intensität der Begegnung – auch darüber haben wir unserer früheren Arbeit gesprochen.

Als zweite Vorbemerkung sei erwähnt, dass das heutige psychoanalytische Standardverfahren – jedenfalls in Deutschland – eher bedeutend kürzer ist, in der Regel zwei- oder dreistündig in der Woche und auch nicht immer im üblichen Couch-Sessel-Arrangement. Zwar melden sich nach wie vor viele

Patienten zur Psychoanalyse, lehnen aber oft das vorgeschlagene, gleichsam klassische Standardsetting ab. Dies hat sicherlich viele Gründe, aber offenbar geht nach wie vor eine phantasierte Gefahr von der psychoanalytischen Situation aus, die auch manchmal nicht vor dem Psychoanalytiker Halt macht. Wir werden später auf diesen Punkt genauer eingehen. Auch hier gibt es natürlich ein vergleichbares Phänomen im Buddhismus: Auch wenn man hierbei nicht von einer Behandlung sprechen kann, sondern eher von einem Übungsweg, so spielt das »Sich-Einlassen«, das sich als Ausdruck einer Motivation und auch eines Leidensdruckes zeigt, eine vergleichbar wichtige Rolle. Wir glauben, dass viele Menschen die Neigung kennen, einen Weg nicht konsequent bis zum möglichen Ende (was immer auch darunter zu verstehen ist, sodass diese Formulierung auch gleich zu hinterfragen ist) zu gehen, sondern eher auf einem kompromisshaften »halben Wege« stehen zu bleiben. Wir erinnern hier an unsere Überlegung zur »kleinen« und »großen Therapie« (siehe S. 172). Dies sollte man allerdings keinesfalls mit dem buddhistischen »Mittleren Weg« verwechseln, der ja ein Vermeiden von extremen Positionen darstellt.

Beginnen wollen wir hier mit einem kurzen klinischen Beispiel, das wir der Filmserie »In Treatment« entnehmen, die in detaillierter Weise die Arbeit eines analytisch orientierten Therapeuten zeigt.[27]

Ein fiktives klinisches Beispiel

Der analytisch orientiert arbeitende Therapeut Paul Weston ist gegenwärtig mit einer Reihe schwieriger beruflicher und persönlicher Probleme konfrontiert: Er hat gerade eine Scheidung hinter sich, er ist aus diesen Gründen umgezogen, sucht einen neuen beruflichen Anfang und ist gleichzeitig von einem Strafverfahren bedroht, weil einer seiner ehemaligen Patienten sich angeblich suizidiert hat. Kurz vor einer Sitzung telefoniert er mit seiner Tochter, in der Hoffnung, sie möge ihn in der kommenden Woche besuchen. In dieser Situation empfängt er einen älteren Patienten, Walter Barnett, zu einem Erstgespräch. Sie begegnen sich zum ersten Mal in der Tür der Praxis, stellen sich vor, und Walter sagt noch in der Tür: »Offenbar habe ich den Fahrstuhl verpasst!« Paul daraufhin: »Leider nicht!« Im Vorraum sucht Walter nach einem Platz für seinen Mantel, und Paul bietet an, den Mantel im Wartezimmer aufzuhängen. Aber der Patient ent-

27 Aus verschiedenen Gründen (u. a. der Diskretion) ziehen wir es hier vor, ein fiktives Beispiel zu nehmen, auch wenn die Konzeptualisierung dieses Film-Therapeuten einer bestimmten psychodynamisch orientierten Richtung zu entsprechen scheint.

scheidet sich, den Mantel mit ins Zimmer zu nehmen: Das gute Stück, Cashmere, sei von seiner Frau. Das sei das Problem mit wertvollen Dingen, man mache sich Sorgen um sie. Er nimmt Platz in einem Sessel, legt sein Handy auf den Tisch, spricht nochmals über seinen Mantel, den er sich nicht selbst gekauft hätte, aber seine Frau habe darauf bestanden, immerhin sei er ja Vorstandsvorsitzender, was er gleich noch einmal betont. Nun sitzen sich der Therapeut Paul und der Patient Walter gegenüber. Walter schaut auf seine Uhr, dann sagt er: »Wir sollten beginnen, wie geht es los?«

PAUL: »Warum sagen Sie mir nicht, was der Anlass Ihres Kommens ist?«

WALTER: »Warum sagen Sie mir nicht, was Sie schon alles wissen?«

PAUL: »Was ich schon weiß?«

WALTER: »Sie brauchen nicht so diskret zu sein, ich bin nicht so dünnhäutig, es wird meine Gefühle nicht verletzten!«

PAUL: »Ich wollte nicht diskret sein.«

WALTER: »Sie wissen wirklich nicht, wer ich bin?«

PAUL: »Ich weiß nur, dass Sie ein Vorstandsvorsitzender mit einem Cashmeremantel und einer Ehefrau sind.«

WALTER: »Und zwei Jungs und einer Tochter. Lesen Sie denn nie den Wirtschaftsteil der Zeitungen? [unbestimmte Reaktion von Paul] Ich habe meine jüngere Tochter im College besucht, die Studenten und Professoren lesen den Kultur- und den Sportteil der Zeitung, aber nicht den Wirtschaftsteil. Sie glauben, dass sie es nicht nötig haben.«

PAUL: »Und glauben Sie, dass ich das auch denke?«

WALTER: »Nein, das dachte ich nicht. Sie arbeiten auf einem anderen Gebiet. [Es entsteht eine Pause, Walter ist ungeduldig, schaut auf die Uhr.] So, also wirklich Tabula rasa!«

PAUL: »Gibt es denn etwas, das Sie mir gerne sagen würden, was ich wissen sollte?«

Walter berichtet über einen Konflikt mit der Presse, in den er kürzlich involviert war, dessen Bedeutung er aber herunterspielt.

Paul spricht die Schweigepflicht an, falls Walter auch über berufliche Dinge sprechen wolle.

WALTER: »Geben Sie mir das auch schriftlich?«

PAUL: »Selbstverständlich!« [Er will sich erheben, um etwas zu schreiben, aber Walter unterbricht ihn und sagt, es sei schon so in Ordnung.]

WALTER: »Ich vertraue Ihnen. Sie sollten sich geehrt fühlen, in der Firma müssen manche Leuten Jahre warten, bis sie mein Vertrauen gewonnen haben.«

PAUL: »Bei Ihrer Position müssen Sie wohl auch sehr wachsam sein.«

WALTER: »Das wissen Sie von all den Artikeln, die Sie nicht lesen.«

PAUL: »Ich habe bislang nur verstanden, dass Sie eine große Firma leiten und dass es viele Leute geben wird, die ständig etwas von Ihnen wollen und erwarten.«

WALTER: »Das können Sie glauben, 15 Stunden am Tag, ständige Sitzungen. Ich bin der Einzige, der all die Antworten weiß.«

PAUL: »Daher war es sicherlich schwierig für Sie, hier zu dieser Sitzung zu kommen. Was wollen Sie mit mir besprechen?«

WALTER: »Zuerst einmal war es nicht meine Idee, zu kommen, es war die Idee meiner Frau. Mein Problem ist, dass ich in der letzten Zeit nicht gut schlafen kann, meine Frau ist es wohl leid, das Herumwälzen. Ich sage, wir können doch auch getrennt schlafen, aber meine Frau mag das Kuscheln.«

PAUL: »Es klingt, als hätten Sie eine ziemlich starke Beziehung zu Ihrer Frau.«

WALTER [MISSTRAUISCH BLICKEND]: »Ja?«

PAUL: »Ja, Sie haben sie schon zweimal erwähnt.«

WALTER [IRONISCH]: »Sagen Sie ihr das nicht! Was haben Sie schon alles über mich herausgefunden?«

PAUL: »Nun, Sie sagen, dass Sie nicht schlafen können, ich würde gern darüber ein wenig mehr hören.«

WALTER: »Bislang habe ich vor allem Medikamente versucht, auch gegen Angst etc.«

PAUL: »Wer ist Ihr Psychopharmakologist?«

WALTER: »Machen Sie Scherze? Ich sehe schon die Schlagzeilen: Vorstandsvorsitzender in psychiatrischer Obhut. Nein, mein Internist hat mir Pillen im Namen meiner Frau verordnet. [Er nennt einige Namen von Psychopharmaka, die ihn aber schläfrig gemacht haben, und er betont, dass er jederzeit wach und bereit sein müsse, er habe 20.000 Mitarbeiter auf sechs Kontinenten etc.] Daher hat mein Arzt mir empfohlen, mit jemandem zu sprechen, wegen einer tiefer liegenden Angst.«

PAUL: »Sagten Sie nicht, Ihr Herkommen sei die Idee Ihrer Frau gewesen?«

WALTER: »Hören Sie, Paul: Ich bin an Stress und Krisen gewöhnt. Ich bin zwanzig Jahre in dem Job, vorher war ich in Vietnam. Ich war immer in der Lage, zu schlafen, egal, was passierte. Konnte ich nur eine Stunde schlafen, war es auch gut, ich war dann fit für die nächsten 24 Stunden.«

PAUL: »Nur eine Stunde?«

WALTER: »Ich konnte immer arbeiten. Meine Frau nannte mich Superman. Nun liege ich nur im Bett, kann nicht schlafen, nicht arbeiten.«

PAUL: »Wann begann Ihre Schlaflosigkeit?«

WALTER: »Was könnte diese Frage für einen Sinn haben?«

PAUL: »Vielleicht ein Hinweis auf ein zugrunde liegendes Problem.«

WALTER [NACH EINER PAUSE]: »Kennen Sie das Buch von Gladwell: ›Blink‹?« [Er macht deutlich, was ein wirklicher Experte ist, einer, der in einem kurzen Moment »Blink!« sagen kann, also ob der Krieg gewonnen oder verloren ist.]

PAUL: »Die Art der Therapie hier ist etwas anders. Sie ist ein Prozess, und vor allem braucht es Zeit.«

WALTER: »Ich habe aber keine Zeit. Selbst hier zu sitzen, kann ich mir eigentlich nicht leisten. Es kostet meiner Gesellschaft, meinen Mitarbeitern Geld. Was ich Ihnen sagen will: Sie brauchen mich nicht zu schonen. Sagen Sie mir, was mein Problem ist. *Sie* sind der Experte. Wenn ich für intensivere Sitzungen mehr bezahlen müsste, ist das auch in Ordnung.«

PAUL: »Jede Behandlung ist unterschiedlich …«

WALTER: »Ja, ja … wir sind alle einzigartige Schneeflocken, aber Sie verstehen doch, was ich sage!«

PAUL: »Ja, ich denke, das ist eine ernste Situation für Sie. Bevor Sie sich weiter einlassen, wollen Sie sicher sein, dass ich Ihnen helfen kann.«

WALTER: »So, ›Blink-Test‹, sagen Sie, was los ist!«

Wie entwickelt der Analytiker seine Position in der analytischen Beziehung?

Bereits diese ersten knapp zehn Minuten eines analytisch orientierten Erstgespräches (das wir etwas gekürzt wiedergegeben haben) zeigen die erwähnte enorme und fast grenzenlose Komplexität dieser Begegnung, die in dem filmischen Beispiel noch viel deutlicher wird durch die vielen nicht sprachlichen Elemente, die wir hier nicht detaillierter aufführen können (Blicke, Pausen, Tonfall etc.). Als Film betrachten wir dieses Gespräch aus der Sicht eines Dritten, also einer Außenperspektive. Will man sich aber der Frage der psychoanalytischen Beziehung aus der Sicht des Analytikers annähern, dann ist die Innenperspektive allerdings vielleicht noch wichtiger, die wir in diesem Beispiel jedoch nur erschließen können. Diese Innenperspektive erfasst die innere, seelische Arbeitsweise des Analytikers, sozusagen sein Zuhören, Wahrnehmen, Fühlen, Denken und Sprechen in der Beziehung mit seinem neuen Patienten – man könnte auch sagen: sein gesamtes Funktionieren und Selbsterleben als Analytiker. Diese seelischen Funktionen, einschließlich seines Selbsterlebens, bringen gleichsam die psychoanalytische Haltung oder Position hervor, die wir als Zuschauer oder Leser von außen wahrnehmen und auf die wir indirekt schließen können. Fassen wir einige der Komponenten zusammen (indem wir uns auf die innere Situation des Therapeuten Paul Weston konzentrieren):

Zu Beginn sehen wir Paul als Privatperson, wie er mit seiner Tochter telefoniert; er wirkt bedrückt, vereinsamt. Aus dem Kontext der Serie wissen wir, dass es ihm selbst nicht gut geht, ihn große private (Scheidung) und berufliche Probleme (Kunstfehlerprozess) plagen. Wird dies in der kommenden Begegnung in den Hintergrund rücken können oder wird es sich auswirken? Daran, wie er seinen neuen Patienten begrüßt, können wir noch keinen eindeutigen Unterschied zu einer eher symmetrischen Alltagsbeziehung erkennen. Als erste Aufgabe kann man den Übergang von dieser symmetrischen Alltagsbeziehung zu einer eher asymmetrischen Arbeitsbeziehung ansehen (d. h., es geht primär um das Leiden des Patienten, selbst wenn der Therapeut auch leidet). Wie ermöglicht der Analytiker diesen Übergang? Er macht ein offenes, kulturabhängiges Beziehungsangebot (Hallo, ich bin Paul!), lässt sich aber weiterhin auf das Beziehungsangebot des Patienten ein (am Beispiel mit dem Fahrstuhl und dem Mantel), das bereits sehr viele sogenannte szenische Elemente im Sinne einer initialen emotionalen Beziehungsregulierung enthält: die Thematik der Dominanz, der Entwertung, des Misstrauens, kurz die Frage: Wer ist hier der Boss? Andererseits bietet der Analytiker einen Rahmen und ein Setting an, das sich in der Sitzanordnung, der Zeitdimension, aber auch in der abwartenden Haltung des Therapeuten dokumentiert und schließlich in dem initialen Schweigen nach Austausch der Präliminarien kulminiert: Man könnte von einem analytisch-therapeutischen Raum im realen und im symbolischen Sinne sprechen. Wir sprechen gern in diesem Zusammenhang von einer Gastgeber-Gast-Beziehung: der Analytiker als Gastgeber, indem er seinen realen und mentalen Raum in Form seiner Subjektivität für seinen Gast-Patienten (was immer dieser mitbringen wird) zur Verfügung stellt. Dieses initiale Schweigen ist die entscheidende Zäsur, die den Übergang von einem Alltagsgespräch in ein analytisch-therapeutisches Gespräch markiert, obwohl der Patient deutlich seine Abneigung dagegen dokumentiert (er komme auf Anraten seiner Frau und seines Arztes, sei ein bedeutender Vorstandsvorsitzender, der kaum Zeit habe und niemandem vertrauen könne etc.).

Den Übergang von einer symmetrischen Alltagsbeziehung zu einer eher asymmetrischen therapeutischen Arbeitsbeziehung herzustellen, zu fördern oder zuzulassen ist also zu Beginn die zentrale Aufgabe und Arbeit des Analytikers, was, wie wir in diesem Fall sehen, keineswegs eine leichte Aufgabe ist. Woran liegt dies? Man kann diese Schwierigkeit aus verschiedenen Perspektiven betrachten. Im Vokabular von Freud würde man sagen, dass sich sofort zu Beginn dieser Begegnung die Übertragungen und Widerstände des Patienten zeigen: die eher impliziten, unbewussten Beziehungsmuster, die das Leben dieses Patienten bestimmen, aktualisieren sich sofort in der Begegnung mit dem Analytiker (der Versuch, eine kontrollierende, konkurrierende und dominierende Position in der Beziehung zu sichern) und auch die Widerstände zeigen sich in dem misstrauischen Widerwillen, sich als wenig perfekte, schwache, bedürftige und leidende Person – also als Patient zu zeigen. Walter widersteht erst einmal der Einladung des »Gastgebers« und weiß noch nicht, ob er wirklich »Gast« in diesem analytischen Sinn sein will. Sofort befinden sich die beiden also auf einem konflikthaften Feld, und es findet ein erster, grundlegender Test statt, ob so etwas wie eine analytisch-therapeutische Beziehung überhaupt entstehen kann. Mit Freud könnte man auch sagen: Die konflikthafte Natur menschlicher Beziehungen manifestiert und offenbart sich hier innerhalb kürzester Zeit. Aus einer etwas anderen Perspektive könnte man dies auch so formulieren: Unvermeidlich kommt es zu Beginn zu einem konflikthaften Aufeinandertreffen der unterschiedlichen Modelle über Psychotherapie bzw. Psychoanalyse des analytisch-therapeutischen Paares. Mehrfach betont der Analytiker sein Arbeitsmodell, auf das er immer wieder verweist: »Erzählen Sie mir ein wenig von sich, ich weiß noch gar nichts über Sie, wir brauchen Zeit, um das Problem zu verstehen, ich garantiere Ihnen die Vertraulichkeit unserer Situation!« – zusammengefasst also öffnende Fragen und Anregungen zur Herstellung einer Arbeitsbeziehung. Dagegen steht das Alltagsmodell des Patienten, das er sich von der Therapie gemacht hat: Er sucht einen Experten auf, dem er sein Problem präsentiert und der ihm eine schnelle Lösung dieses Problems offeriert (»Blink-Test«), ohne dass er – wie er wohl fürchtet – seine Autonomie und Kontrolle aufgeben muss. Der Analytiker demonstriert also sein methodisches Verständnis der Gesprächssituation, der Patient seine unrealistischen Erwartungen an die Psychotherapie, die aber auch Ausdruck seiner inneren Welt und vermutlich seiner psychischen Probleme sind. Dies erinnert sehr an eine Bemerkung von Freud, in der er von der Psychoanalyse als einem Verfahren spricht, »wie man nervös Kranke ärztlich behandelt«, dann aber sofort die Unterschiede zur medizinischen Behandlung betont: Als Arzt mache man dem Kranken Hoffnung, als Therapeut weise man auf die Schwierigkeiten der Methode hin, auf notwendige Anstrengung, das Bringen von Opfern und darauf, dass man dem Patienten keine sicheren Versprechungen auf Erfolge machen könne. Diese Erfolge hingen nämlich »von seinem Benehmen ab, von seinem Verständnis, seiner Gefügigkeit, seiner Ausdauer« (Freud, 1916/1917, S. 7 f.). Ohne entscheidende Mitarbeit des Patienten kann also eine analytisch-therapeutische Arbeit nicht gelingen.

Als einen dritten Aspekt kann man festhalten: Auf diese sofort anspringende konflikthafte Dynamik der initialen therapeutischen Beziehung reagiert der Analytiker auf eine eher zurückhaltende Art und Weise. Selbst wenn er sich ärgern sollte, sich unter Druck gesetzt fühlt oder sich über den Ausgang dieses Gesprächs ängstigt (z. B. ob er diesem anspruchsvollen, offenbar berühmten Patienten gewachsen sein wird), zeigt er dies nicht offen, sondern versucht, eine bestimmte Haltung zu entwickeln, die sich auch in seinen Bemerkungen zu seinem Arbeitsmodell niederschlagen. Die Übertragungen und Widerstände des Patienten – oder auch die konflikthafte Differenz in den Alltags- und Arbeitsmodellen der beiden – wird er wohl wahrnehmen, sie aber erst einmal zulassen und tolerieren, ohne auf einer emotionalen Ebene direkt zu reagieren. In einem sehr weiten Sinne kann man dies mit zwei zentralen Begriffen zusammenfassen, die einen wesentlichen Aspekt der analytischen Haltung beschreiben: der eine Begriff ist die *Abstinenz,* die vor allem ausdrückt, dass der Analytiker keine eigenen, persönlichen Wünsche in der Beziehung zu seinem Patienten befriedigt (in diesem Fall beispielsweise in eine Kampfsituation mit dem Patienten einzutreten); der andere Begriff ist die *Gegenübertragung,* die in einem weiten Verständnis die gesamte emotionale Reaktion des Analytikers auf die analytische Situation beschreibt. Ein wesentlicher Aspekt der analytischen Haltung wird darin beschrieben, dass der Analytiker zwar seine emotionale Reaktion auf den Patienten zulässt, wahrnimmt und beobachtet und daraus seine Schlüsse zieht, aber nicht in einem alltäglichen Sinne spontan danach handelt, selbst wenn dies in manchen Situationen äußerst schwierig sein kann und manchmal auch nicht immer gelingen mag – in anderen Episoden aus der Filmserie gibt es einige Beispiele dafür.

Gerade diese beiden Aspekte der Abstinenz und der Gegenübertragung führen zum Kern der analytischen Haltung, die aus einer Bemerkung von Warren Poland (2012, S. 9) vielleicht noch deutlicher hervorgeht: »Ich schlage vor, dass es die *disziplinierte Verwendung des eigenen Selbst des Analytikers ist,* die im Grunde als Medium für die emotionale Selbsterkundung des Patienten dient, wodurch sich klinische Psychoanalyse von anderen Therapieformen unterscheidet.«

Obwohl es also unserem Analytiker Paul nicht gut geht und er sich durch seinen neuen Patienten Walter massiv provoziert fühlen mag, setzt er sein eigenes Selbsterleben und die Funktionen seines Selbst diszipliniert ein, um die emotionale Selbsterkundung des Patienten – die dieser bewusst noch gar nicht anstrebt – zu ermöglichen. Dies macht im Übrigen deutlich, dass der Analytiker als analytisch-therapeutisches Instrument nur über sein eigenes Selbst verfügt – etwa im Gegensatz zum Arzt, der zu Messer, Röntgen und Pillen greifen kann.

Aber das klinische (Film-)Beispiel illustriert auch noch einen weiteren Aspekt unseres Themas: die beschriebene Haltung des Analytikers oder Therapeuten, die sich aus der Außenperspektive als »abwartendes Zuhören« (Heenen-Wolff,

2008) beschreiben lässt, entspricht einer inneren Haltung, die Freud (1923, S. 215) »gleichschwebende Aufmerksamkeit« genannt hat: »Die Erfahrung zeigte bald, dass der analysierende Arzt sich dabei am zweckmäßigsten verhalte, wenn er sich selbst bei gleichschwebender Aufmerksamkeit seiner eigenen, unbewussten Geistestätigkeit überlassen, Nachdenken und Bildung bewusster Erwartungen möglichst vermeide, nichts von dem Gehörten sich besonders im Gedächtnis fixieren wolle.«

Dies entspricht, wie wir in einem anderen Zusammenhang (Zwiebel, 2013; siehe auch Kapitel 5) beschrieben haben, einer quasi-meditativen Haltung, in der die mentalen Inhalte (die Mitteilungen des Patienten, die Wahrnehmungen und das Selbsterleben des Analytikers) erst einmal wertungsfrei zugelassen und auch losgelassen werden, um nicht vorzeitig bestimmte Inhalte zu fokussieren. Man darf eben nicht vergessen, dass der Analytiker, wie unser Protagonist Paul in diesem Beispiel, ja zu Beginn überhaupt nichts über seinen Patienten weiß und man daher dieses analytische Gespräch auch als eine Art »Forschungsreise« begreifen kann, die in unbekanntes Gelände – nämlich die unbewusste Subjektivität des Patienten – führt. Das Mittel dazu ist – und auch das können wir aus der Außenperspektive erkennen – die Ermutigung für den Patienten, im Idealfall über alles zu sprechen, was ihm im Moment in den Sinn kommt. Wir sehen, dass der Patient Walter dies einerseits eher unwillkürlich tut (etwa wenn er wie beiläufig über seine Frau, seine Tochter, seine Arbeit, seine Söhne spricht und damit viel über seine innere Welt enthüllt) und andererseits dies im Sinne des erwähnten Widerstandes zu vermeiden versucht, weil er unter anderem die Kontrolle über die Gesprächssituation behalten möchte. Die gleichschwebende Aufmerksamkeit des Analytikers und die freie Assoziation des Patienten – die sogenannte Grundregel für den Patienten lautet: »Förderlich für unsere Arbeit ist es, wenn Sie über alles sprechen, was Ihnen in den Sinn kommt, auch wenn es Ihnen sinnlos oder peinlich vorkommt!« – ist damit gleichsam das zentrale Kennzeichen der analytischen Situation, das, was das »Freud'sche analytische Paar« (Bollas, 2006a) ausmacht.

Dem liegt etwas zugrunde, was für ein Verständnis der analytischen Methode absolut zentral ist, nämlich die Auffassung eines bestimmten, modifizierten Bewusstseinszustandes von Analysand und Analytiker, den Freud (1900, S. 106 f.) schon sehr früh in seiner Traumdeutung beschrieben hat: »Bei dem Zustand, den man zur Analyse der Träume und pathologischen Ideen benützt, verzichtet man absichtlich und willkürlich auf jene Aktivität (der Auswahl, Kritik und Zensur) und verwendet die ersparte psychische Energie […] zur aufmerksamen Verfolgung der jetzt auftauchenden ungewollten Gedanken, die ihren Charakter als Vorstellungen (dies der Unterschied gegen den Zustand beim Einschlafen) beibehalten.«

Das lineare, diskursive Denken wird also zugunsten des assoziativen Denkens, das seine wesentlichen Quellen im unbewussten Denken hat, suspendiert – wir sprechen auch von der »unbewussten Denkfabrik«. Hier wird eine weitere Parallelität von Psychoanalyse und Zen deutlich: Auch im Zen geht es um das assoziative Denken, besser noch das Denken oder Sein in Bildern, das ja besonders in der Arbeit mit Koans gefordert und unterstützt wird. Darüber hinaus wird aus der Sicht des Zen großen Wert darauf gelegt, den Körper in den Mittelpunkt der Wahrnehmung zustellen – eine weitere Möglichkeit, dem linearen, diskursiven Denken entgegenzuwirken.

Das berühmt-berüchtigte Couch-Sessel-Arrangement, das zu so vielen Witzen geführt hat, gewinnt aus dieser zentralen Überlegung seine wesentliche Begründung: dem analytischen Paar und vor allem dem Analysanden über dieses äußere, in der Tat dem Alltag sehr widersprechende Setting den Zugang zu einem anderen Bewusstseinszustand – man könnte auch sagen: einem regressiv-träumerisch-imaginativen Zustand – zu erleichtern.

Das eigene Arbeitsmodell

Aber es gilt auch: Die »disziplinierte Verwendung des Selbst« oder das »Zulassen eines regressiv-träumerisch-imaginativen Bewusstseinszustandes« klingt vielleicht nachvollziehbar, erscheint jedoch keineswegs so leicht zu verwirklichen oder auch anschaulich zu machen. Wir sagten eingangs ja schon, dass dies offenbar auch bei potenziellen Analysanden und auch Analytikern gewisse nachvollziehbare Ängste und Widerstände auslöst. Bevor wir auf die sich fast natürlich ergebende Frage eingehen, wozu dieser »regressive Zustand« des analytischen Paares dienen soll, schließen wir noch einige Überlegungen an, die als Formulierung des individualisierten Arbeitsmodells betrachtet werden können. Es geht dabei um eine etwas präzisere Beschreibung der »disziplinierten Verwendung des eigenen Selbst« des Analytikers: Ich (R. Z.) konzeptualisiere diese »disziplinierte Verwendung des eigenen Selbst« des Analytikers in der analytischen Situation auf folgende Weise: Ich verstehe den Kern meiner analytischen Haltung oder Position in der Begegnung mit meinen Patienten als von verschiedenen widersprüchlichen Bipolaritäten geprägt, die ich als oszillierende Spannung zwischen einem Persönlichen Pol (PP) und einem Technischen Pol (TP) aufgespannt sehe. Danach reagiere ich auf meine Patienten, seine oder ihre Person, auf ihre Erzählungen, Einfälle und Handlungen unmittelbar als Person, mit meinem Selbst, etwa wenn die Erzählung einer sexuellen Erfahrung eigene Erinnerungen, Phantasien und Gefühle auslöst; gleichzeitig oder eher alternierend denke ich über das Gehörte, Erlebte und Miterlebte auf dem Hintergrund bestimmter Annahmen und Überlegungen nach, die als Basis einen theoretischen Hintergrund haben. Den »Persönlichen Pol« könnte man auch als Miterleben, empathische Identifizierung oder auch als Gegenübertragung bezeichnen (wenn der Patient von seiner Schlafstörung erzählt, kann ich mich in das Quälende dieser Situation aufgrund eigener Erfahrungen unmittelbar einfühlen) und dies könnte man eben auch als »Verwendung des Selbst« bezeichnen. Den »Technischen Pol« könnte man als Abstand nehmendes Nachdenken oder Konzeptualisieren über das Gehörte und Erlebte ansehen (wenn man beispielsweise darüber nachdenkt, ob der Patient das Regressive oder den Kontrollverlust des Schlafes fürchtet oder darin seine Angst vor traumatischen oder konflikthaften Träumen zum Ausdruck kommt), und dies wäre gleichsam das »Disziplinierte« in der Verwendung des Selbst.

Entscheidend für die analytisch-therapeutische Position ist, dass dieses widersprüchliche Spannungsfeld von PP (empathischer Identifizierung) und TP (Abstand nehmender Konzeptualisierung) nicht aufgelöst wird, sondern gleichsam in einem Schwebezustand bleibt. Und was ist die Logik für diese Behauptung? Wenn ich ganz im PP aufgehe, dann fühle ich zwar mit wie die Mitmenschen im Alltag, gebe damit aber meine potenziell exzentrische Position auf, die einen anderen, fremden Blick auf das dargestellte Problem erlaubt. Wenn ich ganz im TP aufgehe, dann wende ich mein theoretisches Wissen auf eine generalisierende, abstrahierende Weise bei dem Patienten an und verfehle damit die Einzigartigkeit seines Erlebens und Leidens – man könnte auch sagen: die innere Welt oder psychische Realität dieses einzigartigen Menschen. Dies koinzidiert mit einem anderen zentralen freudschen Begriff, nämlich der Überdeterminierung der seelischen Phänomene, dass also Symptome, Träume und seelisches Erleben überhaupt von verschiedenen Bedingungen und Kontexten abhängen, die alle individuell und hochspezifisch sind: Walters Schlafstörung ist in einen ganzen Kontext seiner Lebensgeschichte, Persönlichkeit und aktuellen Situation eingebunden, der mit meiner eigenen möglichen Schlafstörung oder den in den Lehrbüchern aufgeführten Schlafstörungen nur begrenzt bzw. auf abstrakte Weise verbunden sein muss. Viele Patienten und Analysanden bemerken übrigens oft sehr feinfühlig, wenn ihr Analytiker oder Therapeut diese so wichtige, aber auch schwierige Balance von PP und TP nicht meistert: Sie fühlen sich unbehaglich, wenn der Analytiker sich zu sehr persönlich involviert, aber auch, wenn er seine Abstinenz, Anonymität und Neutralität allzu rigide handhabt.

Das »getäuschte Bewusstsein« als Ausdruck seelischer Problematik

Aber selbst diese eben formulierten Aussagen haben selbstverständlich einen theoretischen Hintergrund, sind also Ausdruck des Technischen Pols. Und sie ermöglichen eine Annäherung an die Frage, wieso diese »disziplinierte Verwendung des eigenen Selbst« eine förderliche oder therapeutische Wirkung auf den Patienten haben kann. Zu diesem Technischen Pol gehören im Wesentlichen zwei Grundannahmen: Es ist zum einen das Modell der Entstehung seelischer Problematik (seien es beispielsweise Neurosen wie die Angstneurose oder psychosomatische Störungen wie Essstörungen) und ein Modell der Veränderung bzw. Überwindung dieser Problematik, also der therapeutischen Veränderungen. Wir wollen kurz diese beiden Modelle erläutern, die man auch als ein Grundmodell psychoanalytischer Therapie zusammenfassen könnte.

Der Ausgangspunkt ist die seelische Problematik des Patienten (wie in dem Film seine Schlafstörung). Diese könnte man als Manifestation eines »getäuschten Bewusstseins« verstehen (über das Selbst, über andere und die Welt), die Irrtümer und fehlerhafte Handlungen einschließt (mit leidvollen Folgen für sich selbst und andere).[28] Die Täuschung besteht darin, dass man das eigene bewusste Selbsterleben als einheitlich und transparent empfindet, während es in Wirklichkeit in Bezug auf die eigenen Wahrnehmungen, Wünsche, Gefühle und Gedanken nicht nur ausgesprochen lückenhaft, sondern oft auch irrtümlich oder fehlerhaft verknüpft ist bzw. aus Rationalisierungen im Sinne von »fehlerhaften« Begründungen besteht. Das getäuschte Bewusstsein bezieht sich sowohl auf die Außenperspektive (also die Wahrnehmung von Situationen, Dingen und Personen – etwa die Bedrohung in einem Fahrstuhl bei einem Phobiker) als auch auf die Innenperspektive (also die Wahrnehmungen von eigenen Wünschen, Ansichten, Absichten etc. – etwa die Verleugnung eigener Feindseligkeit bei einem betont altruistisch auftretenden Menschen). Entsprechend schreibt Freud (1917a, S. 11): »Aber die beiden Aufklärungen, dass

---

28 Diese Aussage gilt nicht nur für seelische Störungen, sondern hat generelle Gültigkeit: Das Bewusstsein ist äußerst täuschungsanfällig, kann aber vor allem durch das Gespräch eine Korrektur erfahren: »Ohne Gespräch mit anderen Menschen könnten wir uns nicht einmal sicher sein, wovon wir Bewusstsein haben. Selbst unsere einfachsten Wahrnehmungen stehen unter dem Vorbehalt, dass wir uns über uns selbst täuschen« (Gabriel, 2013, S. 202). Man kann aber ohne grobe Vereinfachung sagen: Je schwerer eine seelische Problematik, umso größer die Anfälligkeit des Bewusstseins für Täuschungen. Die Implikationen für die Wahl eines »getäuschten Bewusstseins« als Ausgangspunkt sind vielfältig, nicht zuletzt Freuds berühmte Bemerkung, dass die Bewusstheit das einzige Licht bleibt, das uns im Dunkel des Seelenlebens leuchtet und leitet (Freud, 1940, S. 147).

das Triebleben der Sexualität in uns nicht voll zu bändigen ist, und dass die seelischen Vorgänge an sich unbewusst sind und nur durch eine unvollständige und unzuverlässige Wahrnehmung dem Ich zugänglich und ihm unterworfen werden, kommen der Behauptung gleich, dass *das Ich nicht Herr sei im eigenen Haus.*«

Als klassisches Beispiel nennt Freud die posthypnotische Suggestion, in der der Hypnotisierte das Motiv seines Handelns vergessen hat und eine andere, willkürliche Begründung dafür anführt. Die zentrale Täuschung besteht also darin, dass man seine Wahrnehmungen und Handlungen für transparent hält, während diese doch in vielen Fällen ausgesprochen intransparent sind. Man kann wohl mit einigem Recht annehmen, dass seelische Problematik sehr stark mit einem stärkeren »getäuschten Bewusstsein« assoziiert ist, während seelische Gesundheit mit einem korrekteren, weniger getäuschten Bewusstsein verbunden ist. Man geht davon aus, dass die Entwicklung dieses »getäuschten Bewusstseins« bis in die Kindheit zurückreicht, sich aber im aktuellen Leben wesentlich wiederholt und auswirkt und dies sich auch in der analytischen Beziehung zeigt. Sehr vereinfacht könnte man auch sagen: Das kindliche Erleben ist vom Lustprinzip dominiert, wird also stark vom Wunschdenken bestimmt. Die idealisierten Eltern sind beispielsweise die Götter der Kindheit, bis sie mit der Ablösung des Lustprinzips durch das Realitätsprinzip langsam in dieser Rolle angezweifelt und schließlich von ihrem Thron gestoßen werden. Wiederum sehr vereinfacht könnte man auch sagen: Je mehr das erwachsene Erleben von diesem kindlichen Muster des Wunschdenkens bestimmt ist, umso eher kommt es zu dem »getäuschten Bewusstsein«, in dem die Außenwelt und die innere Welt mehr von den Ängsten und Wünschen als von der Realität bestimmt ist. Allerdings trifft dies nicht nur auf den Neurotiker zu, sondern in gewisser Weise auf uns alle, wie wir alltäglich immer wieder feststellen können: Wie Wolfgang Mertens (1999, S. 13) gesagt hat, sind die Kinderwünsche nach Größe, Ruhm, Ewigkeit, totalem Glück, ewiger Lust etc. unsterblich und prägen dann auch das Leben und Erleben des Erwachsenen.

Insofern »täuschen« wir uns ja auch alle immer wieder im alltäglichen Leben – man denke an die Erfahrungen der Verliebtheit, der Freundschaften, der Einstellung zu Krankheit und Tod etc. Nur gibt es eben erhebliche Unterschiede in dem Grad dieses »getäuschten Bewusstseins«: Bei den Patienten, die in Therapie oder Analyse gehen, handelt es sich um die leidvollen Folgen dieser Täuschungen, die in dem aktuellen Leben eine Aktualisierung erfahren haben, aber auf besondere Entwicklungen in der Kindheit zurückgehen: Entwicklungsprobleme, massive Konflikte oder traumatische Erfahrungen. Die Schlafstörung des Patienten im Film kann man insofern auf ein »getäuschtes Bewusstsein«

zurückführen, als das bewusste Selbsterleben Walters – ich habe alles im Griff, ich bin unendlich leistungsfähig, mir gelingt alles im Leben, ich bin autonom und angstfrei – gerade durch dieses Symptom infrage gestellt wird. Insofern kann man auch sagen, dass Ent-Täuschungen in diesem Sinne oft als Auslöser und Manifestationen für seelische Probleme anzusehen sind und die Suche nach Hilfe auslösen. Das Symptom enthüllt gleichsam das bislang »getäuschte Bewusstsein« und stellt insofern auch eine Chance für den Patienten dar, die bisherige Sicht auf sein Selbst und die Welt zu revidieren. (Dies ist im Übrigen auch ein wichtiges Charakteristikum psychoanalytischen Denkens, nämlich Symptome sowohl in ihrer negativen als auch positiven Dimension zu sehen.) Das Ziel einer psychoanalytischen Therapie ist damit als eine Korrektur des »getäuschten Bewusstseins« anzusehen. Diese ist daher eine Form von »Einsichtstherapie«, die man auch als einen geschützten Ent-Täuschungsprozess mit der entsprechenden emotionalen Belastung bezeichnen kann: Die bisherige Transparenz meines Selbsterlebens stellt sich als eine Täuschung heraus und ich muss erkennen, wie sehr meine Wahrnehmungen und Vorstellungen bislang beispielsweise von meinem Wunschdenken bestimmt waren (eine durchaus glückliche Kindheit, eine konfliktfreie, harmonische Ehe, ein zufriedenstellender Beruf etc.). Die Folge im günstigen Fall ist eine veränderte, korrektere Sicht der eigenen Lebensgeschichte, der Beziehungen, des aktuellen Lebens, aber auch der analytischen Erfahrung.

Über die analytische Methode

Die Methode dieser analytischen Therapie basiert, wie wir schon sagten, auf dem Grundsatz der freien Assoziation und ihrer Modifikationen. Der Grundgedanke besteht in einer Selbsterforschung des eigenen Bewusstseins (»Sprechen Sie über alles, was Ihnen einfällt!«), die in einer geschützten Beziehung die verschiedenen Täuschungen erkennen lässt: also eine Erweiterung und Klärung des eigenen Bewusstseins. Jetzt wird vielleicht verständlich, welche wichtige Rolle der regressiv-träumerisch-imaginative Zustand des analytischen Paares spielt: Es wird dadurch der Einfluss des kindlichen Selbst – die »unsterblichen Kinderwünsche« – auf das Erleben des Patienten deutlich und erkennbar. Eine wesentliche, oft implizite Annahme dabei ist, dass das unter dem Einfluss des kindlichen Denkens stehende »getäuschte Bewusstsein« gleichsam durch das Wahrnehmen und Erkennen im Sinne der Selbsterkenntnis und Selbstreflexion modifiziert wird – poetisch gesprochen: im Lichte der Erkenntnis »schmilzt«, auch wenn dies oft ein langwieriger, schmerzlicher und von Widerständen geprägter Prozess ist. Es geht aber nicht darum, dass der Analytiker dem Patienten seine korrektere Wahrnehmung entgegenstellt – »Sie brauchen doch keine Angst vor dem Fahrstuhl zu haben, es wird Ihnen nichts passieren!« –, sondern sich in die verborgenen, kindlichen Ängste und Wünsche, die mit dem »getäuschten Bewusstsein« verbunden sind, einzufühlen und auch dadurch dem Patienten in seiner Selbsterkenntnis zu helfen. Der Analytiker aus dem Film sagt an einer Stelle, dass »self awareness« schwer zu entwickeln sei und dass dies wohl eine Aufgabe für ein ganzes Leben sei. Damit formuliert er einen zentralen Grundgedanken der analytisch orientierten Therapie. Ein wesentlicher Aspekt dabei ist auch das Erkennen der Selbstverantwortung bzw. eine Differenzierung zwischen Selbst- und Fremdverantwortung, da ja der Schwerpunkt der analytisch-therapeutischen Arbeit auf den eigenen Bewusstseinsprozessen liegt. Die zur Anwendung kommenden Techniken bzw. Interventionen dienen der methodischen Realisierung dieser Selbsterforschung im Sinne der Entwicklung eines weniger »getäuschten Bewusstseins«.

Dieser Behandlungsprozess ist wie angedeutet durch zwei wesentliche Momente charakterisiert, die als Übertragung und Widerstand beschrieben sind: Aus der hier formulierten Perspektive kann man die Übertragung als Wiederholung des »getäuschten Bewusstseins« in der Beziehung (die in der Kindheit entwickelten unbewussten Beziehungsmuster werden auf reale, aktuelle Personen übertragen – in der analytischen Therapie auf den Analytiker) und den Widerstand als ein Festhalten an diesem »getäuschten Bewusstsein« bezeichnen (als Ausdruck verschiedenster Fixierungen). Allgemein gesprochen handelt es sich um einen Widerstand gegen Veränderungen im Sinne einer Korrektur des Bewusstseins, ein Festhalten am »getäuschten Bewusstsein«, weil es Sicherheit und Vertrautheit verspricht. In dem dargestellten Filmbeispiel können wir natürlich nur begrenzt die Übertragung von Walter auf den Analytiker analysieren: In jedem Fall überträgt er seine inneren Beziehungsmuster auf ihn und »täuscht« sich damit über die Natur der therapeutischen Beziehung, in der es eben nicht primär um Dominanz, Superexpertentum etc. geht. Von daher wird also an der Übertragung des Patienten sein »getäuschtes Bewusstsein« erkennbar. Der Widerstand besteht in diesem Fall darin, an diesem inneren Muster als gültig festzuhalten und sich nicht auf eine verändernde Sichtweise einzulassen, da Veränderungen immer mit Ängsten und Unsicherheiten verbunden sind. Daher ist nach psychoanalytischer Auffassung der therapeutische Prozess immer auch ein schmerzhafter Ent-Täuschungsprozess.

Was bedeutet dies für die Haltung oder Position des Analytikers? Als Hüter der analytischen Situation und analytischen Beziehung ist er gleichzeitig der Repräsentant eines korrekteren Bewusstseins, allerdings nicht in dem Sinne, dass er die letzte Wahrheit kennt, sondern dass er eine grundsätzliche Haltung dem Patienten gegenüber einnimmt, die vor allem Gewissheiten infrage stellt. Diese Haltung könnte etwa in einer fragenden Einstellung zum Ausdruck kommen: Könnte es nicht auch alles anders sein? Dies entspricht einer »forschenden Grundhaltung«, wie es Leuzinger-Bohleber (2007) so treffend für die analytische Haltung beschrieben hat. Es erweist sich allerdings als recht schwierig, diese Haltung dauerhaft zu entwickeln, da sie grundsätzlich der Dynamik von Gelingen und Scheitern unterworfen ist. Die analytische Haltung ist nämlich nicht statisch, sondern muss von Moment zu Moment, von Beziehung zu Beziehung immer wieder aufgebaut und entwickelt werden, was manchmal besser, manchmal schlechter gelingt. Die »disziplinierte Verwendung des eigenen Selbst« bedeutet ja auch, sich selbst dem regressiven Zustand des eigenen und fremden Erlebens auszusetzen, weil nur dadurch der Einfluss des kindlichen Wunschdenkens auf das »getäuschte Bewusstsein« in der analytischen Situation erlebbar und erkennbar wird. Dies bedeutet aber auch, dass sich auch der Analytiker immer wieder »täuscht«, bis ihm in einem reflektierenden und Abstand nehmenden Denkprozess diese Täuschung bewusst wird und er sie auf entsprechende Weise thematisieren kann.

Damit werden für den Analytiker immer wieder die Grenzen seines Wissens und Erkennens, aber auch die eigenen Täuschungen in seinem Bewusstsein (auch über seine Patienten) deutlich. Man kann sagen, dass ein wesentlicher Aspekt der analytischen Haltung die Toleranz für Ungewissheit und Nicht-Wissen ist. Zum anderen drängen die Patienten ihren Analytiker – vor allem auch durch ihre Übertragungen – in die Rolle des Wissenden, weil sie sich die Schmerzen der Ent-Täuschungen ersparen wollen. Eine zentrale Haltung des Analytikers besteht also darin, die Beziehung zum Nicht-Wissen, zum Zweifel über die Gewissheiten aufrechtzuerhalten. Von daher die Bemerkung des einflussreichen französischen Psychoanalytikers Laplanche (zit. nach Heenen-Wolff, 2012): »Wir hoffen lediglich, dass der Analysand etwas von der Beziehung zum Unbekannten beibehält und dies außerhalb der Analyse nutzen kann, dies ist das schönste Ergebnis von Analyse.«

Wenn man beispielsweise an die Rolle von Vorurteilen denkt, die man ja auch in unserem Zusammenhang als ein »getäuschtes Bewusstsein« verstehen kann, Vorurteile, die so viel Leid hervorbringen können, und diesen gegenüber eine Haltung entwickelt, die diese hinterfragt im Sinne von: Es könnte auch ganz anders sein, dann kann man diese bescheiden wirkende Äußerung von Laplanche gar nicht hoch genug einschätzen: Etwas von der Beziehung zum Unbekannten aufrechterhalten!

Vieles, was hier über die analytische Haltung gesagt wurde, ist nach unserer Überzeugung auch in anderen therapeutischen Verfahren wesentlich, wenn auch nicht immer so explizit ausformuliert. Es wird sicherlich in der Zukunft möglich sein, Grundelemente allgemeiner professioneller Psychotherapie zu formulieren, die wesentlich auf der Basis psychoanalytischen Denkens aufbauen (siehe auch Zwiebel, 2013).

Die Verbindung zum buddhistischen Denken

Wir verstehen die eben dargestellten Überlegungen als Konkretisierung unseres psychoanalytischen Arbeitsmodells. Im fünften Kapitel haben wir bereits detaillierter beschrieben, wie man sich die Entwicklung einer analytisch-therapeutischen Position aus einer buddhistischen Perspektive vorstellen kann: Hierbei spielt die Selbstzurücknahme eine wichtige Rolle. Dies ist ein Aspekt der »disziplinierten Verwendung des eigenen Selbst«, wie es Poland (2012) als charakteristisch für die psychoanalytische Behandlung beschreibt. In unserem konkreten (Film-)Beispiel einer analytisch-therapeutischen Begegnung wird aber auch noch einmal der Unterschied zwischen dem »meditativen Weg« und dem »analytischen Weg« verdeutlicht. Es klingt auch die von uns getroffene Unterscheidung zwischen einer »Kleinen Therapie« und einer »Großen Therapie« an: Der Patient Walter möchte eine gezielte Korrektur eines umschriebenen Problems (seine Schlafstörung), aber ist nicht interessiert an einer umfassenden Selbsterkenntnis oder sogar Selbstveränderung. Es könnte allerdings sein, dass er sein bislang umschriebenes Leiden als Ausdruck einer umfassenden Lebensproblematik begreift und sich dann einer »Großen Therapie« in irgendeiner Form annähern wird.

Wir haben also in unseren Überlegungen zur analytischen Beziehung die Rolle des »Selbst« des Analytikers besonders betont. Wenn wir auf die Bewusstseinszustände des »träumenden Ichs«, des »meditierenden Ichs« und der »disziplinierten Verwendung des eigenen Selbst« zurückkommen, dann kann man auch hier eine besondere Beziehung zwischen einem »nicht trennenden Modus« und einem »trennenden Modus« als Ausdruck des Ineinander-Greifens von bewussten und unbewussten Vorgängen beschreiben. Als wesentlich wird immer wieder die oszillierende Balance zwischen diesen beiden Modi genannt, die in dem Modell des »Persönlichen Pols« und »Technischen Pols« auch zum Ausdruck kommt: Wir haben dies als Ausdruck eines Spannungsfeldes zwischen einem »Großen Selbst« und einem »Kleinen Selbst« und u. a. als ein Spannungsfeld von Einengung und Erweiterung des Bewusstseins beschrieben. An dem fiktiven klinischen Beispiel ist sehr deutlich zu zeigen, wie sehr der Patient selbst eingeengt ist – verständlicherweise auf sein aktuelles Problem – und wie der Therapeut den Versuch macht, eine Erweiterung des Bewusstseinsfeldes zu ermöglichen. Aus unserer bisherigen Beschreibung könnte man auch formulieren, dass der Patient dem Therapeuten den wissenden Experten-Geist aufzuzwingen versucht, während dieser den Versuch macht, den nicht wissenden Anfänger-Geist zu entwickeln.

Die wichtigste Verbindung zum buddhistischen Denken besteht daher vielleicht darin, dass auch der Psychoanalytiker eine seelische Arbeit an seinem eigenen Bewusstseinszustand leistet, die seinen Patienten in die Lage versetzt, sein eigenes Bewusstsein zu beobachten, dieses zu erforschen und seine Inhalte infrage zu stellen. Diese Form der seelischen Arbeit zu beschreiben, ist nicht leicht: Hier lässt sich so viel sagen, dass es prinzipiell um eine »Bewusstseinserweiterung« in einer Beziehung geht – dies wohl als zentrale Differenz zur Meditation, die ja – selbst wenn sie in der Gruppe stattfindet – allein, für sich praktiziert wird. Dies erinnert an die Bemerkung von Bieri (2013), dass man für bestimmte Selbsterkenntnisse notwendigerweise den anderen braucht, wie ja auch das Ich-Selbst aus der Beziehung mit einem anderen hervorgeht. Das dargestellte fiktive Erstgespräch zeigt aber auch die Grenzen des Sagbaren, wie wir in unserer Einleitung ausgeführt haben: Das hier vorgelegte schriftliche Protokoll ist unvermeidlich unvollständig, schon im Vergleich mit der filmischen Realität. Aber selbst die filmische Realität gibt nur manche Aspekte der »lebendigen Wirklichkeit« des tatsächlichen Gesprächs wieder: Es bleibt immer ein mehr oder weniger großer Rest an Unsagbarem, Ungesagtem, Unbekannten, Unverstandenem etc. Und hier ergibt sich die Nähe im Sinne des von uns postulierten »Übersetzungsraumes« von buddhistischem und psychoanalytischem Denken: die Beziehung zum Unbekannten aufrechtzuerhalten, wie es Laplanche formuliert hat.

Generell wird dem Unbekannten auch in der Zen-Praxis eine wichtige Rolle zugewiesen. Verweisen wollen wir in diesem Rahmen noch einmal auf die Skandhas, hier speziell auf das zweite Skandha, »Gefühle«. Gefühle können angenehm oder unangenehm sein. Im Rahmen der Meditationspraxis stellen sich aber gerade Gefühle als oft nicht klar definierbar oder »nicht greifbar« dar. Der Meditierende wird hier aufgefordert, diesen »unbekannten Raum« erst einmal nicht verändern zu wollen, sich dem Unbekannten auszusetzen. Dies könnten wir im weitesten Sinne (ebenfalls) als »Anfänger-Geist« beschreiben: ein weites Offensein für viele Möglichkeiten. »Des Anfängers Geist hat viele Möglichkeiten, der des Experten hat nur wenige« (Suzuki, 1990, S. 22). Dies scheint uns eine treffende Überleitung zum nächsten Kapitel, in dem wir S. Suzukis Zen ein wenig detaillierter diskutieren werden.

8. Shunryu Suzukis Zen

In diesem Kapitel geben wir drei ausgewählte »Teishos« des berühmten Zen-Meisters Shunryu Suzuki wieder und kommentieren sie, wobei wir vor allem den »Zwischenbereich« von buddhistischem und psychoanalytischem Denken berücksichtigen.

Teisho über den »Anfänger-Geist«

> »Man sagt, es sei schwierig, Zen auszuüben, doch es besteht ein Missverständnis über das Warum. Nicht deshalb ist es schwierig, weil es mühsam ist, in der Haltung mit gekreuzten Beinen zu sitzen oder Erleuchtung zu erlangen, es ist schwierig, weil es uns schwerfällt, unseren Geist und unsere Praxis in ihrem ursprünglichen Sinne rein zu halten. Als Zen in China eingeführt wurde, entwickelte es sich in sehr verschiedenen Richtungen, wurde aber zur gleichen Zeit immer mehr verfälscht und unrein. Doch möchte ich nicht über chinesisches Zen sprechen und auch nicht über die Geschichte des Zen. Es geht mir darum, Euch zu helfen, daß Eure Praxis frei bleibt von Verfälschungen.
>
> In Japan haben wir den Ausdruck shoshin, was des Anfängers Geisteshaltung bedeutet. Ziel der Praxis ist immer, uns den Anfänger-Geist zu erhalten. Nehmt an, Ihr würdet die Prajna-Paramita-Sutra nur einmal aufsagen. Vielleicht wäre sie sehr gut deklamiert. Doch was würde Euch geschehen, wenn Ihr sie zwei-, drei-, viermal oder noch öfter sprechen würdet? Leicht könntet Ihr Eure ursprüngliche Einstellung dazu verlieren. Das Gleiche geschieht aber in Euren anderen Zen-Übungen. Für eine Weile werdet Ihr Eure Anfänger-Einstellung bewahren. Doch wenn Ihr fortfahrt zu üben, ein, zwei, drei oder mehr Jahre hindurch, so werdet Ihr, auch wenn Ihr gewisse Fortschritte macht, dem Verlust der grenzenlosen Bedeutung des ursprünglichen Geistes ausgesetzt sein.
>
> Für Schüler des Zen ist es die wichtigste Aufgabe, daß sie nicht dualistisch sind. Unser ›ursprünglicher Geist‹ enthält alles in sich. Er ist immer reich und

sich selbst genügend. Ihr solltet diesen Euren selbstgenügsamen Geisteszustand nicht verlieren. Darunter soll nicht ein eingeengtes, verschlossenes, sondern vielmehr ein leeres und aufnahmebereites Herz verstanden sein. Ist Euer Herz leer, so ist es für alles bereit, ist allem offen. Des Anfängers Geist hat viele Möglichkeiten, der des Experten hat nur wenige.

Trefft Ihr zu viele Unterscheidungen, so begrenzt Ihr Euch selbst. Verlangt Ihr zu viel oder seid Ihr zu gierig, so seid Ihr nicht reich und Euch selbst genügend. Wenn wir unsere ursprüngliche selbstgenügende Geisteshaltung verlieren, verlieren wir alle unsere Grundsätze und Verhaltensregeln. Wird Euer Bewußtsein begierig, werdet Ihr erfüllt von Verlangen, so endet Ihr damit, daß Ihr Eure eigenen Grundsätze, nicht zu lügen, nicht zu stehlen, nicht zu töten, nicht unmoralisch zu sein usw., verletzt. Bewahrt Ihr Euer ursprüngliches Herz, so werden die Grundsätze sich selbst erhalten.

Im Bewußtsein des Anfängers gibt es keinen Gedanken: ›Ich habe etwas erreicht.‹ Alle egozentrischen Gedanken begrenzen unser umfassendes Bewußtsein. Haben wir keinen Gedanken an Erfolg und Ansehen, denken wir nicht an uns selbst, so sind wir richtige Anfänger. Dann können wir tatsächlich etwas lernen. Die Geisteshaltung des Anfängers ist die des Mitgefühls. Wenn unser Geist mitfühlend ist, dann ist er grenzenlos. Dogen-zenji, der Begründer unserer Richtung, betonte immer, wie wichtig es ist, unseren grenzenlosen, ursprünglichen Geist wiederzugewinnen. Dann sind wir immer uns selbst treu, im Einvernehmen mit allen Wesen, und können tatsächlich praktizieren.

So ist also das Schwierigste für Euch, immer den Anfänger-Geist zu wahren. Es ist nicht nötig, ein tiefes Verständnis von Zen zu haben. Selbst wenn Ihr viel Zen-Literatur lest, müßt Ihr jeden Satz mit ursprünglichem Geist lesen. Ihr sollt nicht sagen: ›Ich weiß, was Zen ist‹ oder ›Ich habe die Erleuchtung gewonnen‹. Dies ist auch das eigentliche Geheimnis der Künste: immer ein Anfänger zu sein. Beachtet diesen Punkt gut. Wenn Ihr beginnt, Zazen zu praktizieren, dann lernt Ihr, Euren Anfänger-Geist zu schätzen. Es ist das Geheimnis der Zen-Praxis« (Suzuki, 1990, S. 21 f.).

Suzuki kam Ende der 1950er Jahre aus Japan nach San Francisco und wurde in wenigen Jahren – es waren noch 13 Jahre bis zu seinem Tode 1967 – einer der einflussreichsten Zen-Lehrer in Amerika. Er gründete u. a. das Zen-Zentrum in San Francisco und das Zentrum Tassajara südlich davon in den kalifornischen Bergen. In den 60er Jahren kamen sehr viele, vor allem junge Amerikaner zu ihm, um mit ihm Zazen zu praktizieren. Die vorliegenden Texte basieren auf Vorträgen, in der Regel vor Leuten in kleinen Gruppen gehalten, die an Zen-Meditation interessiert waren, etwa Studenten und Hausfrauen. Aus diesen

Aktivitäten haben sich dann kleine regelmäßige Gruppen gebildet, die Suzuki für eine Zeit lang regelmäßig besuchte. Wie bei dem historischen Buddha handelt es sich also im Wesentlichen um verschriftlichte Unterweisungen, die Suzuki in großer Fülle gehalten hat. Der Unterschied zum Buddha besteht darin, dass diese Reden teilweise mit moderner Technik aufgenommen wurden (einige wurden auch von einer seiner Schülerinnen nachträglich memoriert und aufgezeichnet), sodass man einigermaßen sicher sein kann, was Suzuki »wirklich« gesagt hat.[29] Die Auswahl der Reden nahm Trudy Dixon und sein Hauptschüler Richard Baker-Roshi vor, die eine Systematik suggeriert, die in den wirklichen Reden nicht bestand. Man hat aus heutiger Sicht den Eindruck, dass Suzuki in jeder Rede eigentlich immer vom »Ganzen« sprach.

Welchen Eindruck vermitteln diese Texte einem Leser, der mit Buddhismus und meditativer Praxis nicht vertraut ist? Es dürfte bald klar sein, dass es sich nicht um einen im eigentlichen Sinne wissenschaftlichen Text handelt, der in logisch-diskursiver Weise eine Thematik abhandelt. Das zeigt sich auch darin, dass es kaum möglich ist, diese Texte sukzessiv wie eine wissenschaftliche Abhandlung zu lesen. Manche einzelnen Sätze oder Absätze muten wie ein Koan an, über das man lange nachdenken kann, bis sich ein weiteres Verständnis erschließt. Dies erinnert an die Bemerkung des anderen Suzuki, Daisetz Teitaro Suzuki, dass Zen nämlich ante- oder sogar anti-wissenschaftlich sei (Fromm, Suzuki u. de Martino, 1971, S. 20). Es sind Worte, die sich an seine Schüler wenden, die eine buddhistische Praxis ausüben, nämlich vor allem die Sitzmeditation, das Zazen. Schon im ersten Absatz wird die Lehrer-Schüler-Beziehung angesprochen und vor allem die Schwierigkeit der Praxis thematisiert: Es gäbe nämlich eine »reine« und eine »verfälschte« Praxis. Dies wird mit der Entwicklung des chinesischen Zen beschrieben, auf die Suzuki aber nicht weiter eingeht. In unserem Zusammenhang könnte man aber sagen: Auch im Buddhismus gibt es offensichtlich unterschiedliche Arbeitsmodelle, die Grundannahmen über die zentrale Praxis enthalten und die mehr oder weniger funktional sein können. »Verfälschung« oder »Täuschung« – und darauf kommt Suzuki immer wieder zu sprechen – sind also universell.

Danach gibt es also eine »reine« und eine »verfälschte« Praxis, eine Aussage, die auch in der Psychoanalyse bekannt ist: Wann findet wirkliche, »richtige« Psychoanalyse statt? Dies ist ein schwieriger, vielleicht sogar paradoxer Punkt, da Suzuki dann darüber spricht, dass die Schüler nicht dualistisch sein sollen.

29 Weitere Veröffentlichungen über Suzukis Vorträge finden sich in: 1. Wind Bell (Teachings from the San Francisco Zen Center 1968–2001) 2. Branching Streams flowing in the Darkness (Zen Talks on the Sandokai) 3. Not Always so (Practicing the true Spirit of Zen) 4. To Shine One Corner of the World (Moments with Shunryu Suzuki).

Es gibt also »reine« und »verfälschte« Praxis, aber so sollen die Schüler des Zen nicht denken. Der Schlüssel für den Umgang mit diesem Paradox ist wohl der Begriff des »Anfänger-Geistes«. Wir haben uns mehrfach auf diesen Begriff bezogen, und es ist immer wieder erstaunlich, welch große Wirkung er bei Zuhörern auslöst: als verstünden viele Menschen intuitiv seine große Bedeutung. Gerade Therapeuten und auch Psychoanalytiker lassen sich unmittelbar von diesem Begriff berühren, auch wenn es nicht leicht ist, zu einem korrekten Verständnis zu kommen. In dem hier zitierten Teisho geht es aber nicht um eine profunde Definition dieses Begriffes, sondern um die Darstellung einer Schwierigkeit der Praxis, die leicht zu einer »verfälschten« Praxis führen kann: nämlich durch die Wiederholungen (des Sitzens, des Rezitierens etc.) in einen Geisteszustand zu geraten, der eben nicht mehr diesen unmittelbaren, ursprünglichen Geist verkörpert. Krishnamurti hat einmal in einem Interview gesagt, dass in der Meditation das Gedächtnis und das Zeitgefühl einen immer wieder aus dem gegenwärtigen Moment bringen. Wiederholungen beinhalten beide Momente, wobei man aber auch hier ein Paradox entdecken kann. Oder einfacher ausgedrückt: Es gibt Wiederholungen, die im Dienste des Experten-Geistes, und Wiederholungen, die im Dienste des Anfänger-Geistes stehen; Wiederholungen, die einengen, und Wiederholungen, die öffnen.

»Vielleicht sollte ich nicht so viel sprechen«, sagte Suzuki in einem Interview. Auch der historische Buddha hat sich diese Frage gestellt. Wir haben eingangs überlegt, wie wir schreiben können – das notwendigerweise dualistisch wie das Denken und Sprechen ist – und doch mit dem Unaussprechlichen, Unbekannten in Kontakt bleiben. Das Paradox, das wir hier andeuten, bekommt ein anderes Gewicht, wenn wir uns daran erinnern, dass Suzuki hier nicht in einem üblichen wissenschaftlichen Sinn spricht, sondern sein Sprechen eine Art Übertragung von Herz zu Herz darstellt, indem er seinen eigenen Bewusstseinszustand – der vom »Anfänger-Geist« durchdrungen ist – seinen Schülern nahezubringen versucht. Es ist, als ob er ihnen sagen würde: »Wenn ich spreche, mache ich auch Unterscheidungen und mein Sprechen ist dualistisch. Aber dies ist nur ein Notbehelf. Ich spreche aus meiner eigenen Erfahrung und kenne selbst die vielen Hindernisse, die den ursprünglichen Geist, den Anfänger-Geist verdunkeln: das viele Unterscheiden, die Gier, der Experten-Geist, das Verlangen, das Ringen um die ethischen Grundprinzipien. Immer neu zu beginnen, heißt also auch, diese Dinge anzuerkennen und dennoch immer wieder zum gegenwärtigen Augenblick zurückzukehren.« Man könnte dies auch ein oszillierendes Spannungsfeld von Anfänger- und Experten-Geist nennen oder, wie Suzuki an anderer Stelle sagt: »Nicht eins, nicht zwei.« Wir werden noch darauf zu sprechen kommen, dass wir uns dies wie eine Vordergrund-

Hintergrund-Beziehung vorstellen, die sich auch in der grundlegenden Polarität von Präsenz und Einsicht zeigt.

Und dann kommt Suzuki auch auf das vielleicht entscheidende Hindernis zu sprechen, die egozentrischen Gedanken und Wünsche. Sie stärken das Selbstgefühl, das eben auch aus dem Erinnern und Planen – dem Gedächtnis und Zeitgefühl – resultiert. In seiner Wortwahl – vor allem, wie er »wir« und »ihr« verwendet – wird noch einmal deutlich, dass er sich zwar als Lehrer sieht, aber gleichzeitig sich mit den Schülern verbunden oder ungetrennt fühlt: denn auch er kennt die egozentrischen Gedanken, die seinen Anfänger-Geist verdunkeln. Auch er braucht sein »Kleines Selbst«, um im Alltag zu überleben. Er versteht sich also sowohl als Lehrer als auch als Schüler. In diesem Zusammenhang taucht das Mitgefühl auf, das wohl auch diese Form von »Nondualität« (Loy, 1998) zur Voraussetzung hat: getrennt und doch verbunden. Es ist dies eine andere Weise, die von uns zitierte chinesische Zen-Geschichte (siehe S. 142) auszudrücken: die Last abzuwerfen oder loszulassen, aber dann doch wieder aufzunehmen, wenn auch in einer anderen Haltung dazu.

Beschreibt Suzuki hier ein tiefes Paradox des Lebens, das auch den Psychoanalytiker sowohl persönlich als auch in seiner Arbeit unmittelbar berührt? Ist für den Leser nachvollziehbar, warum dieser Text auch den Psychoanalytiker so unmittelbar berühren kann? Versuchen wir für einen Moment, ihn aus einer psychoanalytischen Perspektive zu lesen: Die Praxis der Psychoanalyse ist schwierig, nicht, weil es schwierig ist, stundenlang, von morgens bis abends im Sessel zu sitzen und den Analysanden zu lauschen, sondern sich einen Geist zu bewahren, der frei von »Täuschungen« und von »Verfälschungen« ist. Wie kann die Praxis frei von diesen »Täuschungen« bleiben? Zwar wurde die Psychoanalyse in Wien von Freud entwickelt, aber in der Folgezeit entwickelten sich viele »unreine Formen« der Psychoanalyse bis zum heutigen Tag. Ziel der Praxis ist, immer wieder eine Form von »gleichschwebender Aufmerksamkeit« zu entwickeln, etwas, das der britische Psychoanalytiker Bion auch mit der Formel »no memory, no desire, no understanding« umschrieben hat: Erwartungen, Annahmen und den Verstehenswunsch zu suspendieren und stattdessen einfach da und präsent im Sinne einer uneingeschränkten Offenheit, emotionalen Resonanz und Rezeptivität zu sein. Vielleicht gelingt dies am Anfang noch einigermaßen, aber bald schleicht sich Routine ein, man übernimmt eine Rolle und handelt nach ihr und wandelt sich langsam zum Experten, der schon alles zu wissen glaubt. Auch der Psychoanalytiker kennt die beiden Formen von Wiederholungen: Wiederholungen, die Neues ermöglichen, und Wiederholungen, die das Vertraute absichern. Als besonders störend erweisen sich dabei die selbstbezogenen Wünsche, die gierigen Erwartungen nach Erfolg, nach Anerkennung durch den Patienten, nach schneller Heilung und Besserung und danach, alles zu verstehen und zu deuten. Ja, diese begierigen Wünsche können sogar gefährlich werden, da sie bestimmte ethische Prinzipien, die für die analytische Arbeit wesentlich sind, gefährden können. Erst wenn man wirklich den therapeutischen Ehrgeiz überwindet, kann man das so wichtige Mitgefühl entwickeln und auch wirklich etwas Neues lernen. Man muss nicht alle möglichen Texte und Bücher über Psychoanalyse kennen, man sollte vor allem nicht glauben, man wisse endlich, was Psychoanalyse sei, oder man sei ein »erleuchteter« Psychoanalytiker. Als Psychoanalytiker ist man eben auch wie ein Künstler, der auch immer ein »Anfänger« ist. Das Geheimnis der psychoanalytischen Praxis ist es, den »Anfänger-Geist« schätzen zu lernen. Und schließlich: Man muss immer damit rechnen, dass der Analysand die Neurose des Analytikers aufdeckt und analysiert und auf diese Weise die Widerstände des Analytikers gegen das psychoanalytische Arbeiten anspricht.

Teisho über die Vergänglichkeit

»Die grundlegende Lehre des Buddhismus ist die Lehre von der Vergänglichkeit oder vom Wechsel. Dass alles sich ändert, ist die Grundwahrheit jeder Existenz. Niemand kann diese Wahrheit ableugnen, und alle Lehre des Buddhismus ist hierin zusammengefasst. Das ist die Lehre für uns alle. Wohin wir auch gehen, bleibt diese Lehre wahr. Diese Lehre wird auch verstanden als die Lehre von der Selbstlosigkeit. Da jede Existenz in ständiger Wandlung begriffen ist, gibt es kein bleibendes Selbst. In der Tat ist die Selbst-Natur jeder Existenz nichts anderes als Veränderung als solche, die Selbst-Natur aller Existenz. Es gibt keine besondere, getrennte Selbst-Natur für eine einzelne Existenz. Dies wird auch die Lehre vom Nirwana genannt. Wenn wir die immer gültige Wahrheit erkennen, daß ›alles sich ändert‹, und wir unsere Ruhe und unseren Frieden darin finden, dann finden wir uns selbst im Nirwana.

Ohne die Tatsache anzunehmen, daß alles sich ändert, können wir keine vollständige Ruhe finden. Doch unglücklicherweise ist das, obwohl es wahr ist, für uns schwierig anzunehmen. Weil wir die Wahrheit der Vergänglichkeit nicht annehmen können, leiden wir. So ist die Ursache unseres Leidens unser Nichtannehmen dieser Wahrheit. Die Lehre von der Ursache des Leidens und die Lehre, daß alles sich ändert, sind so zwei Seiten einer Münze. Doch subjektiv gesehen ist die Vergänglichkeit die Ursache unseres Leidens. Objektiv ist diese Lehre einfach die Grundwahrheit, daß sich alles ändert. Dogen-zenji hat gesagt: ›Eine Lehre, die sich nicht so anhört, als ob sie Euch etwas aufzwingen wollte, ist keine wahre Lehre.‹ Die Lehre selbst ist wahr und von sich selbst zwingt sie uns gar nichts auf, aber wegen unserer menschlichen Neigung fassen wir die Lehre so auf, als ob sie uns etwas aufzwingen würde. Aber ob wir uns deswegen gut oder schlecht fühlen, diese Wahrheit existiert. Wenn nichts existiert, existiert diese Wahrheit nicht. Buddhismus existiert wegen jeder einzelnen Existenz.

Wir sollten vollkommene Existenz finden durch unvollkommene Existenz. Wir sollten Vervollkommnung finden in Unvollkommenheit. Für uns ist vollständige Vollkommenheit nicht verschieden von Unvollkommenheit. Das Ewige besteht wegen nicht ewiger Existenz. Im Buddhismus ist es eine ketzerische Vorstellung, etwas außerhalb dieser Welt zu erwarten. Wir suchen nicht nach etwas, das abgetrennt ist von unserem Selbst. Wir sollten die Wahrheit finden in dieser Welt, durch unsere Schwierigkeiten, durch unser Leiden. Das ist die Grundlehre des Buddhismus. Freude ist nicht verschieden von Schwierigkeit. Gut ist nicht verschieden von schlecht. Schlecht ist gut, gut ist schlecht. Es sind zwei Seiten einer Münze. So sollte Erleuchtung in der Praxis sein. Das ist das rechte Verständnis der Praxis und das rechte Verständnis unseres Lebens. Gefallen zu finden am Leiden, ist der einzige Weg, die Wahrheit von der Vergänglichkeit anzunehmen. Ohne zu erkennen, wie diese Wahrheit anzunehmen ist, könnt Ihr in dieser Welt nicht leben. Auch wenn Ihr versucht, Ihr zu entrinnen, es wird vergebliche Mühe sein. Wenn Ihr denkt, daß es einen anderen Weg gibt, die ewige Wahrheit, daß alles sich ändert, anzunehmen, dann ist das Eure Täuschung. Das ist die grundlegende Lehre, wie in dieser Welt zu leben ist. Was immer Ihr auch dazu empfindet, Ihr müßt sie annehmen. Ihr müßt diese Anstrengung machen.

Bis wir stark genug sind, um Schwierigkeiten als Freuden anzunehmen, müssen wir deshalb diese Anstrengung fortsetzen. Eigentlich, wenn Ihr rechtschaffen oder aufrichtig genug werdet, ist es nicht so schwer, diese Wahrheit anzunehmen. Ihr könntet Eure Art, zu denken, ein wenig ändern. Es ist schwierig, doch wird diese Schwierigkeit nicht immer gleich sein. Manchmal wird es schwierig sein und manchmal wird es nicht so schwierig sein. Wenn Ihr leidet, werdet Ihr etwas Zufriedenheit schöpfen aus der Lehre, daß alles sich ändert. Wenn Ihr in Schwierigkeiten seid, ist es ganz einfach, die Lehre anzunehmen. Warum sollte man sie dann zu anderen Zeiten nicht auch annehmen? Es ist die gleiche Sache. Manchmal lacht Ihr wohl über Euch selbst, wenn Ihr entdeckt, wie selbstsüchtig Ihr seid. Aber ganz gleich, wie Ihr über diese Lehre denkt, es ist sehr wichtig, daß Ihr Eure Denkungsart ändert und die Wahrheit von der Vergänglichkeit annehmt« (Suzuki, 1990, S. 109 ff.).

Nochmals sei betont, dass es sich hier nicht um einen diskursiven wissenschaftlichen Text handelt, sondern um die Ansprache (das Teisho) des Meisters für seine praktizierenden Schüler, in der Regel vor oder nach intensiven meditativen Übungen. Es ist der Versuch, auf sprachlichem Wege die Entwicklung eines Geisteszustandes zu unterstützen, den Suzuki selbst als »Anfänger-Geist« bezeichnet, einen Geisteszustand des offenen, nicht reaktiven Gewahrseins im gegenwärtigen Moment. Daher wird beim Lesen des Textes auch deutlich, dass es kontraproduktiv ist, diesen Text sukzessiv und kritisch wie eine wissenschaftliche Abhandlung zu studieren. Manche einzelne Sätze oder Absätze muten selbst wie ein zenbuddhistisches Koan an, das sich nicht über noch so langes Nachdenken erschließt.

Dieses Teisho verdeutlicht gleichzeitig die besondere Fähigkeit von Shunryu Suzuki, die grundlegenden Annahmen des Buddhismus in äußerst verdichteter Form anzusprechen: Vergänglichkeit impliziert die Vergänglichkeit des Selbst (Leerheit des Selbst). Da aber der Mensch große Schwierigkeiten hat, diese grundlegende Wahrheit anzunehmen, entsteht Leiden. Leiden und Vergänglichkeit sind die zwei Seiten einer Münze, wie dies auch in den sogenannten »Vier Edlen Wahrheiten« dargestellt ist. Offenbar wehrt sich im Menschen etwas ganz grundsätzlich gegen die Anerkennung dieser Tatsache – wohl weil sich der Mensch nicht nur nach Dauer, Struktur und Konstanz sehnt, sondern diese auch für die Bewältigung des Lebens dringend braucht. Aber nicht selten wird sogar die Sinnfrage an diese Polarität von Dauer und Vergänglichkeit geknüpft, als hätte nur ein potenziell ewiges Leben einen Sinn. Suzuki sagt nun weiter, dass diese Wahrheit der Vergänglichkeit etwas mit der Natur der Existenz zu tun hat – alles, was existiert, vergeht, sodass dies eine Wahrheit ist, die der Existenz innewohnt. Diese Tatsache wird offenbar vom Menschen als Unvollkommenheit (oder Mangel) erlebt, daher müsse diese Wahrheit durch die Unvollkommenheit realisiert werden, wie Suzuki sagt. Ewig ist nur der ständige Wandel, der aber nur aus der subjektiven Sicht eine Unvollkommenheit darstellt, da die Unbeständigkeit jeglicher Existenz als objektive Tatsache negiert wird. Dass etwas außerhalb der Welt dauerhaft besteht – etwa ein lenkender Gott –, ist nach Suzuki eine ketzerische Vorstellung für den Buddhisten. Diesseits und nicht jenseits findet sich das Leben, das aber trotz der Vergänglichkeit nicht freudlos und leidvoll sein muss. Die Anerkennung der Vergänglichkeit realisiert sich aber gerade über das Leiden: Leiden sei der einzige Weg, die Wahrheit von der Vergänglichkeit anzunehmen. Wenn man dieser Tatsache auszuweichen versuche, dann falle man einer grundlegenden Täuschung anheim.

Eine zentrale Frage der Negation der Vergänglichkeit bleibt hier unbeantwortet, die aber eine Verbindung zum psychoanalytischen Denken eröffnet: In Wirklichkeit gehen viele moderne Menschen mit ihrem bewussten Selbst davon aus, dass ihr Leben endlich und vergänglich ist – falls sie sich von der christlichen Lehre der unsterblichen Seele verabschiedet haben. Klingt diese Rede von der Vergänglichkeit daher nicht wie eine Binsenwahrheit, die hier und in den buddhistischen Schriften überhaupt fast »gebetsmühlenartig« wiederholt wird? Bei genauerer Analyse entdeckt man jedoch eine Art von »gespaltenem« oder »getäuschtem« Bewusstsein, in dem sowohl die Tatsache der Vergänglichkeit anerkannt als auch negiert zu werden scheint. Und dadurch bleibt der Zusammenhang mit dem Leiden oft im Dunkeln. In der von Suzuki angesprochenen Grundannahme wird eine Sicht auf das menschliche Leiden geworfen, das mit diesem »getäuschten Bewusstsein« in Verbindung steht: Weil der Mensch sich mit einem Teil seines Selbst über die grundlegende Tatsache der Existenz täuscht (nämlich den ewigen Wandel einschließlich des eigenen Selbst), kommt es immer wieder zu leidhaften Situationen, die im Kern als Ent-Täuschung aufzufassen sind. Die Annahme der Dauerhaftigkeit und Konstanz (Gesundheit, Liebe, Beziehungen, Glück, Wohlstand, Frieden etc.) erweist sich im erlebten und unvermeidlichen Verlust als Täuschung, verbunden mit den Gefühlen der Angst, Enttäuschung, Trauer, Wut, Hilflosigkeit und Ohnmacht. Daraus folgt, dass der Mensch aufgrund seiner illusionären Annahmen und Wünsche zu einem wesentlichen Teil sein eigenes Leiden selbst hervorbringt, eine wesentliche Grundannahme im buddhistischen Denken: »Doch unglücklicherweise ist das [die Tatsache der Vergänglichkeit], obwohl es wahr ist, für uns schwierig anzunehmen.« Wie lässt sich diese Negation, die man auch als Widerstand bezeichnen könnte, verstehen?

Bei Stephen Batchelor (2012) findet sich am Beispiel der sogenannten »Vier Edlen Wahrheiten« eine genauere Analyse dieser besonderen Schwierigkeit der Anerkennung der Vergänglichkeit aus buddhistischer Sicht. Im dritten Kapitel hatten wir seine Interpretation der »Vier Edlen Wahrheiten« genauer besprochen. Zunächst weist Batchelor darauf hin, dass aus traditioneller buddhistischer Sicht menschliches Leiden durch Verlangen entsteht. Verlangen (craving) hat Leiden zur Folge (gives rise to dukkha). Verlangen taucht durch Gefühle auf, die wiederum durch Kontakt auftauchen. Kontakt entsteht über die fünf Sinne und die jeweiligen Sinnesfelder sowie das Bewusstsein. Jeder einzelne dieser Schritte, aber auch alle zusammen, führen zu Verlangen. Dies nun ist in der Analyse von Batchelor der entscheidende Punkt: Verlangen ist die Folge von Leiden, denn »Verlangen« beschreibt »all unsere gewohnheitsmäßigen und instinktiven Reaktionen auf die flüchtigen, tragischen, unzuverlässigen und unpersönlichen Bedingungen des Lebens, mit denen wir konfrontiert sind. Wenn etwas angenehm ist, verlangen wir danach, es zu besitzen; wenn etwas unangenehm ist, verlangen wir danach, es loszuwerden. Die Praxis der Achtsamkeit trainiert uns, wahrzunehmen, wie diese reaktiven Muster durch die gefühlte Begegnung mit der Welt auftauchen; sie tut dies in einer Art und Weise, dass wir aufhören, die Leibeigenen dieser Imperative zu sein, und so die Freiheit erlangen, anders zu denken und zu handeln« (Batchelor, 2012, S. 95 f.; eigene Übers.).

Verlangen ist also die gewohnheitsmäßige Reaktion auf das Leben in seinem stetigen Wandel und zeigt sich in zweierlei Form: als Verlangen, dass etwas Angenehmes sich als dauerhaft erweist, oder als Verlangen, dass etwas Unangenehmes verschwindet. Batchelor hat in seinen Ausführungen dieser konflikthaften Konstellation einen besonderen Stellenwert eingeräumt und auf eine Lösung hingewiesen, die im Buddhismus als der »Mittlere Weg« bekannt ist. In Kapitel 3 haben wir dies schon angesprochen und wollen es hier noch einmal verdeutlichen: »Das Entstehen und das Vergehen der Welt sind zwei Seiten ein und derselben Medaille. Dem ›Verlangen‹ liegt als Wurzel genau diese Dualität zugrunde: Etwas ›ist‹ angenehm oder etwas ›ist‹ unangenehm. Genau hier liegt die Basis für die Illusion, dass wir uns entscheiden müssten für das eine oder das andere, anstatt die flüssige und prozessuale Natur des Lebens zu verwirklichen. Kategorien von ›Sein‹ und ›Nicht-Sein‹ sind nicht in der Lage, eine Welt adäquat dazustellen, die ›endlos erscheint und vergeht, für immer unserem konzeptuellen Greifreflex/Zugriff entzogen‹« (Batchelor, 2012, S. 98). Wir wiederholen hier noch einmal die »Vier Aufgaben«, die schon auf S. 83 erwähnt wurden:

A. Erkenne das Leiden und nimm es an, verstehe es vollständig.
B. Lass das Verlangen los, das in Reaktion auf das Leiden entstanden ist. Das vollständige Verstehen selber führt zum Loslassen des Verlangens.
C. Erfahre das Abklingen und Vergehen des Verlangens.
D. Dies ermöglicht und erlaubt dann, den Achtfachen Pfad zu kultivieren.

In der Deutung Batchelors der »Vier Edlen Wahrheiten« als »Vier Aufgaben« sind wir ganz nah an der Psychoanalyse: Es ist die Betonung des Konfliktes, eines grundlegenden, dem Leben immanenten Konfliktgeschehens, das hier auf einer existenziellen Ebene beschrieben wird. Es ist die Betonung der Zentralität des Lust-Unlust-Prinzips, welches das ganze Leben von Anfang an durchzieht; seine Modifizierung durch das Realitätsprinzip, nämlich zu erkennen, wie das Leben und die Welt »wirklich« sind (z. B. eben unbeständig) und das Prinzip der Einsicht, nämlich in einem wirklich emotionalen Sinne Einsicht in diese Zusammenhänge zu bekommen, also zu verstehen, wie das Leben in seinen Möglichkeiten, aber auch Begrenzungen ist. Allerdings ist zu betonen, dass der psychoanalytische Kontext – insbesondere aus der Sicht der psychoanalytischen Praxis – einen anderen Schwerpunkt setzt: Er bezieht sich ganz betont auf den Einzelnen, sein Leben als Einzelschicksal und fokussiert alle diese Fragen (also die Konflikte, das Lust-Unlust-Realitätsprinzip, die emotionale Einsicht) auf seine einzigartige und konkrete Entwicklung als Individuum und Person. Dabei spielt die basale Grundannahme der Psychoanalyse von der unbewussten Natur des Seelischen, in der die Vergänglichkeit nicht existent ist, eine wesentliche Rolle und begründet das eben formulierte »getäuschte Bewußtsein« (Freud, 1915, 1940). In der unbewussten Wirklichkeit existieren – so die gängige Auffassung – der Tod, die Vergänglichkeit, die Begrenztheit, die Zeit nicht. Dieser unbewusste Bereich steht dem Körperlichen sehr viel näher als dem Bewusstsein: Es handelt sich um etwas, das in der Psychoanalyse als Trieb oder Lebenstrieb bezeichnet wird, ein Trieb, der ewige, unvergängliche, dauerhafte Lust und Befriedigung sucht und erhofft und trotz mancher bewusster Einsicht in die Natur der Existenz und der Selbst-Natur nicht von seinem Streben nach Dauer ablässt. Dies macht die erstaunliche Beobachtung verständlich, dass jeder Mensch jeden Tag, ja, man könnte auch sagen, jeden Moment die Erfahrung der Vergänglichkeit macht – das Verstreichen der Zeit, der Wechsel der Gedanken und Gefühle, das Kommen und Gehen der Gegenstände und Personen in der Welt etc. – und doch im Unbewussten an der Ewigkeit und Dauer festhält. Hierin spiegelt sich wohl die oft beschriebene Feststellung, dass der Mensch sich seinen eigenen Tod nicht wirklich vorstellen kann.

Im psychoanalytischen Denken geht man von der grundlegenden Notwendigkeit der Entwicklung eines stabilen, relativ dauerhaften und an das Bewusstsein gebundenen Selbstmodells aus, um in der Wirklichkeit des alltäglichen, von Unbeständigkeit charakterisierten Lebens bestehen zu können. Man spricht auch von einer psychischen Struktur, die sich in der kindlichen Entwicklung mit Hilfe komplexer Prozesse wie Verinnerlichung und Externalisierung bildet und dem Menschen ermöglicht, in der von ständigem Wandel bestimmten Welt Orientierung und Halt zu finden. Mit Rudi Vermote (2013) könnte man auch vom Selbstmodell als einem »GPS-System« sprechen, das einer Landkarte vergleichbar als Abbild einer unbeständigen Wirklichkeit das relativ sichere Navigieren ermöglicht. Die unbewussten Wünsche nach Dauer und Ewigkeit bleiben allerdings bestehen: Man könnte also auch von einem bewussten, rationalen Selbst und einem unbewussten, triebbestimmten Selbst sprechen, die in einer dauerhaften konflikthaften Spannung stehen. Das bewusste Selbst mag die Tatsache der Vergänglichkeit anerkennen, das unbewusste Selbst hält aber an den ewigen Wünschen nach Dauer und Unendlichkeit fest. Bei der Darstellung der »Vier« haben wir gesagt, dass die Unbeständigkeit des Daseins der Ausgangspunkt für das Anhaften, das Begehren und damit für das Leiden ist. Es ist deutlich, dass der Buddhismus für diese Grundsituation keine entwicklungspsychologische Dimension berücksichtigt, sondern dies eher grundlegend und statisch beschreibt. Diese fehlende Dimension wird aber durch die Psychoanalyse und moderne Entwicklungspsychologie eingeführt und kann damit eine wichtige Verbindung herstellen, die auch mit dem zentralen Begriff des Traumas (der in der Psychoanalyse eine wesentliche Rolle spielt, aber im Buddhismus praktisch nicht vorkommt) verbunden ist.

Wie schon auf Seite 148 f. näher ausgeführt, erweist sich der Aufbau einer psychischen Struktur in der Entwicklung als lebensnotwendig, um in dieser sich ständig wandelnden Welt eine relative Autonomie zu erlangen. Die Eltern spielen in der Bewältigung dieser frühen Erfahrungen der »lebendigen Wirklichkeit«, die ein ständiges Pulsieren von Lust und Unlust darstellt, eine wesentliche Rolle, da ihre Funktionen (ihre An- und Abwesenheit, ihre Fürsorge, Empathie, affektive Spiegelung etc.) durch Verinnerlichung beim Kind die so wichtige psychische Struktur des Selbst aufbauen hilft. Dieses Selbst- und Objektbild ist zwar auch veränderlich, aber doch nicht so flüchtig, wie der von Moment zu Moment strömende Lebensfluss. Man kann vermuten, dass dieser gelingende Prozess der Verinnerlichung es dem Menschen ermöglicht, die Versagungen des ständigen Wandels und der Unbeständigkeit des Daseins zu tolerieren. Um auch dies hier noch einmal zu wiederholen: Traumatische Erfahrungen stellen aus dieser Perspektive frühe Erfahrungen dar, in denen das Kind vorzeitig und schutzlos mit Trennungen, Verlusten, körperlichen Eingriffen konfrontiert wird, die diesen Gegenpol der konstanten inneren Struktur in ihrem Aufbau verhindern: Es bildet sich damit kein stabiles Selbst- und Objektbild. Zu frühe Erfahrungen der Unbeständigkeit (vor allem der Objekte) können auf diese Weise das Leid bringende Begehren und Anhaften überstark forcieren, sodass man neben einer gleichsam anthropologischen Neigung des Menschen, die Unbeständigkeit des Daseins durch Anhaften und Begehren zu bewältigen, eine erworbene postulieren könnte, die mit frühkindlichen Erfahrungen in Verbindung steht. Daher haben wir postuliert, dass der Traumabegriff der Psychoanalyse eine wichtige Ergänzung, ja sogar Vertiefung des buddhistischen Denkens sein kann (siehe S. 209 ff.).

Bedeutet dies nicht aber auch, dass es keine dauerhafte Einsicht in diese Zusammenhänge gibt? Uns scheint, dass Suzuki genau dies implizit in diesem Teisho zu verstehen gibt. Die Einsicht in die Selbst-Natur ist nicht dauerhaft – auch weil das Unbewusste an der Ewigkeit festhält –, sodass der Mensch immer wieder in leidvolle Situation gerät, eine Form von ewiger Stille und Ruhe illusionär ist, und dass die Akzeptanz und die tiefe körperliche Verwirklichung des Leidens und seiner Ursachen ein »Befreiungsweg« ist, der immer wieder beschritten werden muss. Auch Befreiung ist eben nicht ewig und dauerhaft. Und dies nun ist in der Tat auch eine wesentliche Erfahrung des Psychoanalytikers und seiner Analysanden: Auch eine gelingende psychoanalytische Arbeit befreit den Patienten nicht auf Dauer von allen leidvollen Lebenssituationen. Auch die vielen Einsichten, die er im Laufe einer langen Therapie oder Analyse erreicht haben mag, können sich wieder verflüchtigen und müssen wieder erneuert werden. Es erscheint ebenfalls als eine kaum zu leugnende Tatsache, dass Einsichten durch alte Wiederholungszwänge verschüttet werden. Daher gilt sowohl für die buddhistische Praxis als auch für das psychoanalytische Denken, dass hier ein Übungsweg beschritten werden kann, der auf eine lebenslange Praxis hinausläuft – im Fall des Buddhismus die meditative und achtsame Praxis und im Fall der Psychoanalyse die Selbstreflexion.

Von besonderer Bedeutung für den Zusammenhang zwischen buddhistischen und psychoanalytischem Denken ist für uns der Satz von Suzuki: »Gefallen zu finden am Leiden, ist der einzige Weg, die Wahrheit von der Vergänglichkeit anzunehmen.« Dies klingt auf den ersten Blick eher abschreckend und lässt an eine masochistische Tendenz denken, die sich auch in manchen asketischen Übungen verstecken mag. Nicht selten wird der buddhistische Weg insgesamt solcher Tendenzen verdächtigt – also im Grunde lebensfeindlicher Einstellungen.

Aus einem psychoanalytischen Blickwinkel ist dieser Satz aber von großer Relevanz. Dabei wollen wir offenlassen, ob »Gefallen finden« (im Original: »To find pleasure in suffering«) genau dies beschreibt, was Suzuki sagen will. Bezogen auf die analytische Situation – und dies spiegelt und fokussiert im Grunde das alltägliche Beziehungsleben – kann man aber sagen, dass der Analysand (und nicht selten auch der Analytiker) große Anstrengungen macht, um das in der analytischen Beziehung und Situation unvermeidlich auftauchende Unbehagen (alle negativen Emotionen in einem umfassenden Sinne) zu verleugnen, zu vermeiden, zu rationalisieren, zu externalisieren etc. Es dauert oft ziemlich lange in vielen Behandlungen, bis das analytische Paar den Mut findet, dieses unvermeidliche Unbehagen wirklich zu fokussieren. Aber worauf bezieht sich das Unbehagen? Ist es nicht in letzter Konsequenz die Auflehnung gegen den ständigen Wandel (die Begrenzung der einzelnen Stunden, das Auftauchen schmerzlicher Fragen und Erkenntnisse, der Verzicht auf lustvolle Erfahrungen, das Ausbleiben sicherer Antworten, die Begrenzung der Behandlung insgesamt, des Verstehens und der Einsichten, die Unvollkommenheit des Analytikers etc.)? Es ist immer wieder bemerkenswert, welche Anstrengungen an Beschönigungen und Selbsttäuschungen die Patienten unternehmen, um sich vor diesem basalen Unbehagen zu schützen. Im psychoanalytischen Denken wird dies in der Regel vor allem auch als die Angst vor der eigenen Aggressivität oder Destruktivität gedeutet. Aber über die Quellen dieser Aggressivität oder Destruktivität ist man sich selten einig: Dies berührt sicherlich auch das jeweilige Menschenbild, das sich in den unterschiedlichen Arbeitsmodellen niederschlägt. Im Zusammenhang mit der Erfahrung der Vergänglichkeit könnte man zu folgendem Gedanken kommen: Gibt es in der frühen Entwicklungszeit traumatische Erfahrungen der Vergänglichkeit, entwickelt sich womöglich eine reaktive destruktive Neigung, die sich gegen das Objekt richtet, das diese Erfahrung vermittelt (die Mutter, später womöglich sogar das Leben, das ja selbst Vergänglichkeit ist). Gleichzeitig wird damit eine passive Erfahrung in eine aktive umgewandelt: Die Ohnmacht und Hilflosigkeit gegenüber der traumatischen Erfahrung werden in eine aktive Position der Macht umgewandelt, indem die Veränderung, der man unterworfen ist, selbst hervorgerufen wird (z. B. die Vernichtung des anderen oder des Lebens überhaupt). Eine solche Interpretation zeigt die möglichen Differenzen zwischen dem buddhistischen und psychoanalytischen Denken auf: In dem einen Fall ist es die Unwissenheit (über die Vergänglichkeit, die das Leiden, den Hass und die Grausamkeit hervorruft), in dem anderen Fall die unvermeidliche, triebhafte »Bösartigkeit« des Menschen (die gezähmt und zivilisiert werden muss). Es ist offenbar nicht gleichgültig für den Psychoanalytiker, welche Einstellung er zu dieser grundlegenden Frage hat: In dem ersten Fall wird er nicht bei dem Unbehagen stehen bleiben, weil er dies nicht als die tiefste Schicht ansieht. In dem anderen Fall wird er mit der Aufdeckung der destruktiven Neigung und dem Versuch der Bewältigung durch den Patienten sein Ziel erreicht haben.

Es ist interessant, dass Suzuki in diesem Kontext auch sagt: »Gut ist nicht verschieden von schlecht. Schlecht ist gut, gut ist schlecht. Es sind zwei Seiten einer Münze.« Das Leiden ist gut, wenn es zur Einsicht in die Vergänglichkeit führt, so könnte man das auch formulieren. Hass und Grausamkeit sind nicht absolut schlecht, sondern dann gut, wenn sie helfen, die Quellen aufzudecken, beispielsweise die traumatische Erfahrung der Unbeständigkeit, die Gefühle von Ohnmacht und Hilflosigkeit und den Versuch, das passiv Erlittene durch eigene Aktivität zu bewältigen.

Allerdings ist die Formulierung »traumatische Erfahrung der Vergänglichkeit« wegen ihrer Abstraktheit nicht ganz unproblematisch. In jedem Fall kann man aber sagen, dass der psychoanalytische Gesichtspunkt eine Erweiterung der buddhistischen Auffassung erlaubt, nämlich die Frage nach den Quellen der Verleugnung oder Abwehr der Einsicht in diese basale Tatsache und Wahrheit der Vergänglichkeit. Bei der Bewertung der traumatischen Situation wird man die entwicklungspsychologische Dimension zu berücksichtigen haben, nämlich den speziellen Reifezustand des kleinen Kindes (hier kann die längere Abwesenheit der Pflegeperson einen quasi-traumatischen Zustand hervorrufen, weil aus der Perspektive des Kindes eine Vitalbedrohung besteht), aber auch die konstitutionelle Ausstattung des Kindes, die man beispielsweise als unterschiedlich ausgeprägte Frustrationstoleranz beschreiben kann. Dem liegt natürlich die Auffassung oder Annahme zugrunde, dass das Kind nicht als »Tabula rasa« auf die Welt kommt.

Freuds Formulierung der »Klebrigkeit der Libido« kann als Ausdruck eines konstitutionellen oder erworbenen überstarken Anhaftens verstanden werden.

Aber muss man nicht auch für das Alltagsleben postulieren, dass die Verdrängung der Vergänglichkeit eine notwendige Überlebensstrategie ist? Wie ist es, wenn man jeden Moment an diese Wahrheit der Vergänglichkeit denkt, an den eigenen, jeder Zeit möglichen Tod oder den von Nahestehenden, an das häufige Scheitern von Projekten, Beziehungen, Lebensplanungen etc.? Gibt es hier überhaupt eine für alle verbindliche Antwort? Das Denken an die Vergänglichkeit kann einerseits zu einer Wertschätzung des gegenwärtigen Momentes, der »lebendigen Wirklichkeit«, führen, andererseits zu Gefühlen und Einstellungen der Vergeblichkeit, Sinnlosigkeit und Hoffnungslosigkeit. Diese Polarisierung, manchmal auch ein Schwanken zwischen den Polen, kann man oft bei zu Tode erkrankten Menschen beobachten. Die buddhistische und psychoanalytische Sichtweise ergeben sicherlich eine jeweils andere Perspektive: Mit Suzuki würde man sagen, dass auch diese negativen und verzweifelten Gefühle einen Weg zum »Anfänger-Geist« ermöglichen, indem auch der eigene Tod eingeschlossen ist. Dies ergibt sich daraus, dass man einen Zugang zur Vergänglichkeit nicht nur aus dem Denken, sondern auch aus der unmittelbaren Erfahrung machen kann.

Die buddhistische Grundaussage ist: Verorte dich im Körper! Somit wird jede Erfahrung auch eine körperliche Erfahrung. Natürlich ist auch der Körper vergänglich, aber jetzt nicht als Gedanke, sondern als direkte Erfahrung. Der Meditierende macht die Erfahrung, dass er mitten in der Veränderung sitzt, ja, er selbst diese Veränderung ist. Dann kann sich ein bedingungsloses Einwilligen in diese Veränderung herstellen, das jede Angst vor Veränderung aufhebt. Diese »Erfahrung« und nicht das Denken darüber führt zur Wertschätzung des gegenwärtigen Momentes, der »lebendigen Wirklichkeit«. Aus der psychoanalytischen Perspektive sieht man die Verzweiflung, die Gefühle der Sinnlosigkeit und Hoffnungslosigkeit wohl eher aus der entwicklungspsychologischen Sicht: die ungelösten Konflikte, Entwicklungsprobleme, die Bilanzierung des gelebten Lebens – alles dies Aspekte des Ich-Selbst, das immer noch auf der nie endenden Suche nach sich selbst ist.

Hieran schließt eine kleine, wenig bekannte Arbeit von Freud über die Vergänglichkeit an (Freud, 1915).[30] Auf einem Spaziergang mit einem Freund klagt dieser über die Vergänglichkeit der schönen Natur und der Kunst, unserer

30 Im Jahr 2010 fand eine Konferenz der Deutschen Psychoanalytischen Vereinigung unter dem Titel »Leben und Vergänglichkeit in Zeiten der Beschleunigung« statt. Dort wurden wichtige psychoanalytische Aspekte der Vergänglichkeit diskutiert, die wir hier nicht vertiefen können (siehe Teising, Schneider u. Walker, 2010).

Empfindungswelt und der Welt draußen, die alle ins Nichts zergehen würden. Freud beschreibt zwei typische Reaktionen auf diese Erfahrung: die des schmerzlichen Weltüberdrusses und die der Auflehnung gegen die behauptete Vergänglichkeit. Also auch hier ein Konflikt zwischen Verzweiflung und Auflehnung mit dem Glauben oder der Hoffnung an eine Dauerhaftigkeit. Sogleich deutet Freud dies als einen Konflikt zwischen Wunsch- und Realitätsdenken. Aber er bestreitet die pessimistische Sicht und plädiert sogar für die Wertsteigerung gerade durch die Tatsache der Vergänglichkeit. Aber Freud stellt auch fest, dass es offenbar Unterschiede in der Bewertung dieser basalen Tatsache gibt. Hier führt er nun einen sehr wichtigen Gedanken ein, der aus unserer Sicht auch eine psychoanalytische Vertiefung dieses grundsätzlichen Problems der Vergänglichkeit ermöglicht: Es ist das Phänomen der Trauer. Dass auch das Schöne, Vollkommene, Genusshafte vergänglich ist, führt zu einem Gefühl der Trauer, das den Genuss (man könnte auch sagen: den Genuss des gegenwärtigen Moments) stört. Freud: »Und da die Seele von allem Schmerzlichen instinktiv zurückweicht, fühlten sie ihren Genuß am Schönen durch den Gedanken an dessen Vergänglichkeit beeinträchtigt« (Freud, 1915, S. 359). Für den Laien sei die Trauer über den Verlust etwas Selbstverständliches, für den Psychologen sei sie aber ein Rätsel. Und es folgt dann ein sehr kurzer Abriss der seelischen Vorgänge bei der Trauer, mit einem ausweitenden Schwenk zu den Folgen des Ersten Weltkrieges (mit den vielen Verlusten und Zerstörungen). Sein Fazit lautet dann: Wenn die Trauerarbeit geleistet ist (»Wenn sie auf alles Verlorene verzichtet hat, hat sie sich auch selbst aufgezehrt, und dann wird unsere Libido wiederum frei, um sich, insofern wir noch jung und lebenskräftig sind, die verlorenen Objekte durch möglichst gleich kostbare oder kostbarere neue zu ersetzen«), dann wird die Wertschätzung des Lebens nicht durch seine Vergänglichkeit wirklich ernsthaft leiden. Hier kommt etwas zusammen, was den Kern unserer Arbeit berührt: das wirkliche Anerkennen der Vergänglichkeit (also die Notwendigkeit der Leidüberwindung aus buddhistischer Sicht) ist an bestimmte, psychologisch zu beschreibende Elemente der Persönlichkeit gebunden. Als ein zentraler Faktor erweist sich hier die »Fähigkeit zum Trauern«, die ein komplexer psychologischer Prozess ist, der oft genug beispielsweise durch Affektabwehr erschwert ist. Und so kommt man bei dieser Frage nach der Bewältigung und Akzeptanz der Vergänglichkeit auf die Überlegung, dass Meditation wie Psychoanalyse als Wege der Trauerarbeit aufgefasst werden können, eine Trauerarbeit, die dem Menschen als Entwicklungsschritt grundsätzlich auferlegt ist.

Hier schließt sich der Kreis zu einer Arbeit von Rolf Elberfeld (2004), der mit dem von Heidegger entlehnten Begriff der Grundstimmung eine wesentliche Differenz zwischen dem westlichen und dem östlichen (hier: dem buddhistischen)

Philosophieren aufzuzeigen versucht. Dabei unterscheidet er zwischen der Grundstimmung des Staunens, das er im griechischen Philosophieren beschrieben findet, und der Grundstimmung der leidenden Trauer, die er für das buddhistische Denken und den buddhistischen Weg zentral hält. Von Relevanz ist hier die Ausführung Elberfelds zur ersten Wahrheit der »Vier«: »Die Grunderfahrung, die sich durch sein [Buddhas] Schlüsselerlebnis realisiert, ist keine Verwunderung über das Sein der Welt im Ganzen, sondern vielmehr ein tiefes Trauern über die Nichtigkeit und Vergänglichkeit aller weltlichen Zusammenhänge, die, selbst dann, wenn sie zunächst als glücklich erscheinen, vergehen müssen. Die Grundstimmung des Leidens bzw. des leidenden Trauerns über die radikale Endlichkeit aller weltlichen Zusammenhänge führt vermutlich zu anderen Wegen des Denkens als die Verwunderung über das, was ist. Der Verwunderte will mehr wissen und zur Schau des Ganzen gelangen. Die leidende Trauer führt dagegen zur Frage nach dem Warum der Vergänglichkeit und nach möglichen Auswegen aus der grundsätzlichen Situation dieser Nichtigkeit« (Eberfeld, 2004, S. 66).

Hier wird der unterschiedliche Ursprung des philosophischen Nachdenkens beschrieben, der nicht nur zu unterschiedlichem Denken führt, sondern auch eine unterschiedliche Lebenspraxis begründet. Die psychoanalytische Perspektive erforscht dagegen eher die Voraussetzungen und Folgen beim Einzelnen, die dazu führen können, sich mit dem »Wandel zu verbinden« (Elberfeld) oder diesen zu verleugnen und angstvoll zu bekämpfen. Dabei dürfte die »Fähigkeit zum Trauern« oder auch die »Unfähigkeit zum Trauern« eine zentrale Rolle spielen, für die im psychoanalytischen Denken wesentliche Konzepte entwickelt wurden, die die strukturellen und genetischen Aspekte der Persönlichkeitsentwicklung berühren.

Teisho über das Unbewusste

> »Wir sollten unsere Praxis dort beginnen, wo es Praxis oder Erleuchtung nicht gibt. Solange wir Zazen praktizieren in dem Bereich, wo es Praxis und Erleuchtung gibt, solange haben wir keine Chance, vollkommenen Frieden für uns selbst zu gewinnen. Mit anderen Worten: Wir müssen fest an unsere wahre Natur glauben. Unsere wahre Natur ist jenseits unserer bewußten Erfahrung. Nur in unserer bewußten Erfahrung finden wir so etwas wie Praxis und Erleuchtung, gut und böse. Doch ob wir Erfahrung unserer wahren Natur haben oder nicht, was dort existiert, jenseits des Bewußtseins, das existiert tatsächlich, und dort nun müssen wir die Grundlage unserer Praxis schaffen.
>
> Sogar eine gute Sache in Eurem Kopf zu haben, ist nicht so ganz gut. Buddha

sagte manchmal: ›Ihr solltet dies sein. Ihr solltet nicht das sein.‹ Aber das, was er sagt, in Eurem Kopf zu haben, ist nicht besonders gut. Es ist eine Art Last für Euch, und Ihr werdet Euch dabei tatsächlich nicht sonderlich gut fühlen. Wirklichen Missmut in Euch zu hegen, wird vielleicht sogar besser sein, als daß Ihr eine Vorstellung davon im Kopf habt, was gut ist, oder davon, was Ihr tun solltet. Einen Streich im Kopf zu haben ist manchmal sehr angenehm. Das ist wahr. In der Tat, gut und böse ist nicht der entscheidende Punkt. Ob Ihr Euch selbst friedvoll macht oder nicht, das ist entscheidend, und ob Ihr dabei bleibt oder nicht.

Wenn Ihr etwas in Eurem Bewußtsein habt, habt Ihr nicht vollständig innere Ruhe. Der beste Weg zur vollständigen Ruhe ist, alles zu vergessen. Dann ist Euer Geist ruhig und er ist weit und klar genug, die Dinge zu sehen und zu fühlen, wie sie sind, und das ohne Anstrengung. Der beste Weg, vollkommene innere Ruhe zu erlangen, ist, keine einzige Vorstellung von Dingen, was immer sie sein mögen, zu behalten, alles über sie zu vergessen und nicht eine Spur oder einen Schatten von Denken übrig zu lassen. Wenn Ihr aber versucht, Euren Geist aufzuhalten oder jenseits Eurer bewußten Aktivität zu gelangen, so wird das nur eine weitere Last für Euch sein: ›Ich habe meinen Geist während der Praxis aufzuhalten, aber es gelingt mir nicht. Meine Praxis ist nicht sonderlich gut.‹ Eine solche Vorstellung ist auch der falsche Weg der Praxis. Versucht nicht, Euren Geist aufzuhalten, sondern laßt alles, wie es ist. Dann werden die Dinge nicht so lange in Eurem Bewußtsein bleiben. Die Dinge werden kommen, wie sie kommen und gehen, wie sie gehen. Dann schließlich wird Euer klarer, leerer Geist ziemlich lange andauern.

Eine feste Überzeugung zu haben von der ursprünglichen Leere Eures Geistes ist so die wichtigste Sache in Eurer Praxis. Im buddhistischen Schrifttum verwenden wir bei dem Versuch, den leeren Geist zu beschreiben, manchmal umfassende Vergleiche. Manchmal gebrauchen wir eine astronomisch große Zahl, die über das Zählen hinausgeht. Das bedeutet, das Zählen aufzugeben. Wenn sie so groß ist, daß Ihr sie nicht mehr zählen könnt, dann verliert Ihr Euer Interesse daran und gebt schließlich auf. Eine solche Darstellung kann auch Anlass geben für eine Art Interesse an der unzählbaren Zahl, was Euch helfen wird, das Denken Eures kleinen Geistes aufzuhalten.

Doch werdet Ihr, wenn Ihr im Zazen sitzt, die reinste, echteste Erfahrung von dem leeren Zustand des Geistes haben. Eigentlich ist Leere des Geistes nicht so sehr ein Zustand des Bewußtseins, sondern die ursprüngliche Wesensart des Geistes, die Buddha und der Sechste Patriarch erfahren haben. ›Wesensart des Geistes‹, ›ursprünglicher Geist‹, ›ursprüngliches Gesicht‹, ›Buddha-Natur‹, ›Leerheit‹: Alle diese Worte bedeuten die absolute Ruhe unseres Geistes.

Ihr wisst, wie Ihr körperlich ausruhen könnt. Geistig aber auszuruhen, versteht Ihr nicht. Obwohl Ihr im Bett liegt, ist Euer Geist immer noch tätig; selbst im Schlaf ist Euer Geist noch mit Träumen beschäftigt. Euer Geist ist immer in intensiver Tätigkeit. Das ist nicht sonderlich gut! Wir sollten wissen, wie wir unseren denkenden, unseren geschäftigen Geist loswerden können. Um jenseits unseres Denkvermögens zu gelangen, müßt Ihr von der Leere Eures Geistes eine feste Überzeugung haben. Im festen Glauben an die vollkommene Ruhe unseres Geistes sollten wir unseren reinen, ursprünglichen Zustand wiedergewinnen.

Dogen-zenji hat gesagt: ›Ihr solltet Eure Praxis mitten in Eurer Täuschung aufbauen.‹ Obwohl Ihr meint, in der Täuschung zu sein, ist doch Euer reiner Geist da. Den reinen Geist in der Täuschung wahrzunehmen, ist Praxis. Wenn Ihr reinen Geist, wesentlichen Geist in Eurer Täuschung habt, dann wird die Täuschung verschwinden. Sie kann nicht bleiben, wenn Ihr sagt: ›Dies ist Täuschung!‹ Sie wird sehr beschämt sein. Sie wird davonlaufen. Deshalb solltet Ihr Eure Praxis in Eurer Täuschung aufbauen. Täuschung haben, ist Praxis. Das ist Erleuchtung gewinnen, bevor man es merkt. Wenn Ihr sie Euch auch nicht vergegenwärtigt, Ihr habt sie. Wenn Ihr also sagt: ›Das ist Täuschung‹, dann ist das in Wirklichkeit Erleuchtung. Wenn Ihr versucht, die Täuschung auszutreiben, wird sie nur noch mehr Widerstand leisten, und Euer Bewußtsein wird bei dem Versuch, es mit Ihr aufzunehmen, geschäftiger und geschäftiger werden. Das ist nicht besonders gut. Sagt einfach: ›Ach, das ist Täuschung‹, und quält Euch nicht damit. Wenn Ihr die Täuschung einfach beobachtet, dann habt Ihr Euren echten Geist, Euren ruhigen, friedvollen Geist. Sobald Ihr beginnt, Euch mit ihr zu messen, dann werdet Ihr in Täuschung verwickelt.

Ob Ihr nun Erleuchtung gewinnt oder nicht, einfach im Zazen zu sitzen, genügt. Wenn Ihr versucht, Erleuchtung zu erlangen, habt Ihr eine große Last auf Eurem Geist. Er wird nicht klar genug sein, die Dinge zu sehen, wie sie sind. Wenn Ihr wirklich die Dinge seht, wie sie sind, dann seht Ihr, wie sie sein sollten. Einerseits sollten wir Erleuchtung erreichen – so sollte es sein –, doch andererseits fällt es uns schwer, solange wir körperliche Wesen sind, in der Tat beachtlich schwer, Erleuchtung zu gewinnen – das ist, wie die Dinge tatsächlich im Moment stehen. Doch wenn wir zu sitzen beginnen, kommen beide Seiten unseres Wesens heraus, und wir sehen die Dinge sowohl wie sie sind als auch wie sie sein sollten. Da wir jetzt nicht gut sind, möchten wir besser sein, aber wenn wir den transzendenten Geist erreichen, gelangen wir jenseits davon, wie die Dinge sind und wie sie sein sollten. In der Leerheit unseres ursprünglichen Geistes sind sie eins, und dort finden wir unsere vollständige innere Ruhe.

Für gewöhnlich entwickelt sich Religion im Bereich des Bewußtseins, mit dem Verlangen, ihre Organisation zu verbessern, schöne Gebäude zu bauen,

Musik zu machen, eine Philosophie zu entwickeln usw. Das sind religiöse Aktivitäten in der bewußten Welt. Der Buddhismus aber legt Wert auf die Welt des Unbewußten. Der beste Weg, Buddhismus zu entwickeln, ist, im Zazen zu sitzen, einfach zu sitzen mit der festen Überzeugung von unserer wahren Natur. Dieser Weg ist viel besser, als Bücher zu lesen oder die Philosophie des Buddhismus zu studieren. Natürlich ist es nötig, die Philosophie zu studieren - es wird Eure Überzeugung stärken. Die buddhistische Philosophie ist so universell und logisch, daß sie nicht nur die Philosophie des Buddhismus, sondern Philosophie des Lebens selbst ist. Es ist das Ziel der buddhistischen Lehre, auf das Leben selbst zu zeigen, das jenseits des Bewußtseins in unserem reinen, ursprünglichen Geist existiert. Alle buddhistischen Gebräuche wurden entwickelt, um diese echte Lehre zu schützen, nicht um den Buddhismus auf irgendeine wunderbare mystische Weise zu verbreiten. Wenn wir daher über Religion sprechen, sollte dies in der alltäglichsten und allgemeinsten Weise geschehen. Wir sollten nicht versuchen, unseren Weg mit wundervollen philosophischen Gedanken anzupreisen. In mancher Hinsicht ist der Buddhismus ziemlich polemisch, mit einigen streitbaren Untertönen bestückt, da der Buddhist seinen Weg vor mystischen oder magischen Interpretationen der Religion verteidigen muss. Doch wird philosophische Diskussion nicht der beste Weg sein, den Buddhismus zu verstehen. Wollt Ihr echte, ehrliche Buddhisten sein, ist der beste Weg, zu sitzen. Wir haben Glück, daß wir einen Platz zum Sitzen haben auf diesem Weg. Ich möchte, daß Ihr eine feste, weite, unerschütterliche Überzeugung habt von Eurem Zazen, das einfach in Sitzen besteht. Einfach sitzen, das genügt schon« (Suzuki, 1990, S. 137–141).[31]

Auch dieses Teisho handelt wie alle anderen wiederum vom »Ganzen«, wenn auch mit einem Schwerpunkt der Beziehung zwischen Bewusstsein und Unbewusstem – auch wenn dies von Suzuki nicht wie das psychoanalytische Unbewusste verstanden wird (das auch von Psychoanalytikern unterschiedlich konzipiert wird). Dieses Teisho ist aber auch besonders komplex und steckt voller Schwierigkeiten. Viele Sätze erscheinen selbst wie ein zenbuddhistisches Koan:

»Wir sollten unsere Praxis dort beginnen, wo es Praxis oder Erleuchtung nicht gibt.« Wie soll man diesen Satz verstehen? Wenn man sich Vorstellungen von der Praxis und der Erleuchtung macht (und damit bestimmte Absichten verbindet), dann ist es nicht möglich, einen friedvollen und stillen Geist zu entwickeln, weil es sich hier um Inhalte des Bewusstseins handelt, der stille Geist –

31 Abdrucke der drei Teishos (S. 234 f., 239 f., 250 ff.) mit freundlicher Genehmigung des Verlags Theseus in J. Kamphausen Mediengruppe GmbH, Bielefeld © 1975.

die wahre Natur – aber jenseits des Bewusstseins, also frei von Inhalten bzw. Denkinhalten ist. Die entscheidende Formulierung lautet hier also: jenseits des Bewusstseins. Die sogenannte »wahre Natur« des Menschen sei jenseits des Bewusstseins. Bewusstsein wird hier offenbar grundsätzlich mit der Täuschung gleichgesetzt – Bewusstsein ist notwendigerweise ein »getäuschtes Bewusstsein«, während die ruhige Stille des Geistes letztlich unbewusst ist, an die man aber glauben muss, um die meditative Praxis ausüben zu können.

»Es ist das Ziel der buddhistischen Lehre, auf das Leben selbst zu zeigen, das jenseits des Bewusstseins in unserem reinen, ursprünglichen Geist existiert.« Auch dies wieder einer dieser schwierigen, ja rätselhaften Sätze! Können wir dies so verstehen, dass das Bewusstsein immer einen Ausschnitt aus der Wirklichkeit repräsentiert, immer im »trennenden Modus« operiert? Will man das Leben, die Wirklichkeit, eine komplexe Situation des Lebens begrifflich oder sprachlich beschreiben oder »ergreifen«, muss man notwendigerweise scheitern, weil man immer etwas abtrennt, übersieht, verdrängt. Aber gilt dies grundsätzlich oder nur für komplexe Lebenssituationen (wie etwa eine Gesprächssituation oder Fragen nach dem Sinn des Lebens)?

Man nimmt heute an, dass die Wahrnehmung der inneren und äußeren Welt eine komplexe Schleife der mentalen Verarbeitung durchläuft (einschließlich der Abgleichung mit dem und der Gestaltung durch das Gedächtnis), bis schließlich ein Inhalt im Bewusstsein erscheint, der aber niemals der gesamten Wahrnehmungssituation entspricht, sondern immer nur ein höchst selektiver Ausschnitt der gesamten erlebten Situation (der lebendigen Wirklichkeit) darstellt. In diesem Sinne kann man von einem grundsätzlich »getäuschten Bewusstsein« sprechen, das aber verschiedene Grade von Verdunkelung (siehe S. 136) aufweisen kann. Wenn man also »Praxis« oder »Erleuchtung« denkt, so handelt sich um Inhalte des »getäuschten Bewusstseins« mit einem gewissen Grad von »Verdunkelung«, die den Zugang zum ursprünglichen Geist verhindert. Aber wir wollen betonen, dass dies hier nur unser Verständnis dieser Passage wiedergibt: Entscheidend an diesen Texten von Suzuki ist in der Tat, dass sie den Leser selbst zum Fragenden machen, zu einer »forschenden Grundhaltung« ermutigen.

Offenbar unterscheidet Suzuki zwischen Bewusstsein und Geist. Aber was ist der Geist? Und kann man diese Unterscheidung wirklich verstehen? Suzuki versteht hier den Geist als das, was jenseits des Bewusstseins ist, charakterisiert durch eine vollständige Offenheit, Ruhe und Stille, in dem die Inhalte des Bewusstseins vergessen sind: »Dann ist euer Geist ruhig, und er ist weit und klar genug, die Dinge zu sehen und zu fühlen, wie sie sind, und das ohne Anstrengung.« Es drängt sich geradezu die Vorstellung eines Spiegels auf:

Dann wäre der Geist als ein Spiegel zu denken, in dem die Inhalte des Bewusstseins in Erscheinung treten können. Aber dann ist der Spiegel selbst ein Inhalt des Bewusstseins geworden und nicht mehr der reine, unbefleckte Geist, wie dies Hui-Neng (siehe S. 37) ausgedrückt hat. Es handelt sich hierbei um das berühmte Nicht-Denken oder Nicht-Vorstellen des Zen, in dem die mentalen Aktivitäten zur Ruhe kommen und nur noch eine klare Wachheit vorhanden ist.

Nun kommt ein weiteres Paradox, das ja die ganzen Text von Suzuki durchsetzt: Ein bewusster, aktiver Versuch, das Denken anzuhalten, die Inhalte des Bewusstseins zu vergessen, schafft in Wirklichkeit nur weitere Probleme. »Lasst alles, wie es ist. Dann werden die Dinge nicht so lange in eurem Bewusstsein bleiben.« Daher wird die meditative Praxis im Zen, das Zazen, auch als »einfach sitzen« oder das »absichtslose Sitzen« bezeichnet: Vorstellungen von Praxis, Erleuchtung, Nicht-Denken, der Geist als Spiegel, eine Zielorientierung etc. werden einfach vergessen oder aufgegeben:

> »Einst saß der Große Meister Yakusan Kodo [beim Zazen], als ein Mönch auf ihn zutrat und ihn fragte: ›Was denkt Ihr, wenn Ihr so völlig unbeweglich seid?‹ Der Meister antwortete: ›Ich denke aus dem tiefen Grund des Nicht-Denkens.‹ Der Mönch fragte: ›Wie kann man aus dem tiefen Grund des Nicht-Denkens denken?‹ Der Meister sagte: ›Es ist jenseits des Denkens‹« (Dogen Zenji, 2001–2008, Bd. 2, S. 119).

In einem anderen Zusammenhang hat Suzuki gesagt: »Ladet Eure Gedanken nicht zum Tee ein.« Das Auftauchen von Gedanken, Wünschen und Gefühlen in der Meditation ist unvermeidlich, weil der normale Geist immer tätig und aktiv ist, sogar im Schlaf, wie Suzuki sagt und wie die meisten Menschen wissen. Aber es geht darum, die normale, ja unvermeidliche Neigung des Bewusstseins, die auftauchenden Inhalte festzuhalten, abzumildern, wenn nicht ganz zu unterbinden. Dies kann man aber nicht aktiv erreichen oder herstellen, sondern nur durch eine bestimmte Praxis zulassen. Man könnte fast sagen: So wie es die Tendenz des Bewusstseins ist, sich auf den Inhalt zu fixieren oder zu fokussieren (die viel besprochene Intentionalität des Bewusstseins), so ist es die natürliche Tendenz des Geistes, wach und aufnahmebereit zu sein, loszulassen oder in sich selbst zu ruhen. Das unermüdliche Üben von Zazen schafft die Bedingung, dass diese Verlagerung vom Bewusstsein zum Geist sich einstellt. Nach Suzuki solle es feste Überzeugung sein, dass es diesen Geisteszustand jenseits der Geschäftigkeit des Bewusstseins gibt, der in der ständigen Übung der Meditation ausgedrückt wird und manchmal mehr oder weniger tatsächlich erfahren wird. Vielleicht kann man sich dies am besten als eine Vordergrund-

Hintergrund-Beziehung vorstellen: Im Alltagsbewusstsein ist der geschäftige Geist, das »getäuschte Bewusstsein«, ganz im Vordergrund und der ursprüngliche Geist ganz im Hintergrund, nicht bewusst. Im Zazen kann dieses Alltagsbewusstsein in den Hintergrund treten und der reine, aufmerksame, wache, nicht reaktive Geist in den Vordergrund treten – den Suzuki auch den Anfänger-Geist nennt. Daher sagt er auch, dass man den reinen Geist in der Täuschung wahrnehmen kann oder dass man die Praxis in der Täuschung aufbauen soll, also im Alltagsbewusstsein.

Aber um das noch einmal zu betonen: Das, was hier beschrieben wird, kann man in Wirklichkeit nicht auf den Begriff bringen, weil es sich ja um etwas jenseits des Bewusstseins handelt. Deshalb betont Suzuki auch gerade hier den Aspekt des Glaubens oder der Überzeugung. Hier lässt sich auch leider nichts beweisen oder widerlegen, die Worte versuchen eine Erfahrung zu beschreiben, die man machen kann oder eben auch nicht.

Suzuki betont die enormen Schwierigkeiten dieser Bemühung, die er mit der körperlichen Verfassung des Menschen in Verbindung bringt. Dies bringt er mit den zwei Seiten des menschlichen Wesens zusammen: den Stand der Dinge, wie sie sind (Täuschung und Verdunkelung) und den gewünschten Stand der Dinge (Klarheit und Erleuchtung). Wir können dies in unserem Verständnis auch so verstehen: Solange wir körperliche Wesen sind, wird es ein »getäuschtes Bewusstsein« geben (das durch Wünsche, Erwartungen und Erinnerungen wesentlich geprägt ist). Wenn man jedoch Zazen übt und dies auf absichtslose Weise praktiziert, dann klärt sich das »getäuschte Bewusstsein« immer wieder auf, und es entsteht eine Erfahrung und Einsicht in die »wahre Natur« des Selbst, auch wenn diese nicht von Dauer ist.

In Anlehnung an eine andere Rede von Suzuki haben wir in Bezug auf den Analytiker auch vom »Großen« und »Kleinen Selbst« gesprochen. Das »Kleine Selbst« ist das Ich-Selbst (mit der Betonung des Ichs), das sich in der Kindheit bildet, die Persönlichkeit repräsentiert, eng mit dem bewussten Erleben verbunden ist (Erwartungen, Wünsche, Erinnerungen, Absichten, Vorstellungen, Gefühle etc.). Dieses »Kleine Selbst« hat auch eine Geschichte, eine Biografie, ist konflikthaft, ja oft oder immer wieder vom »neurotischen Faktor« beeinflusst und ist der Ort des menschlichen Leidens, der inneren Unruhe, der Getriebenheit, der ewigen Unzufriedenheit, der Suche nach Glück etc. Das »Kleine Selbst« funktioniert nach dem »trennenden Modus«.

Das »Große Selbst« dagegen ist ungreifbar, sprachlich nicht erfassbar, jenseits des Bewusstseins, umfassend, leidfrei und charakterisiert durch Offenheit, Resonanz, Ruhe und Stille. Man könnte auch von einer reinen Präsenz im Gegensatz zum reflexiven Modus sprechen. Auch der Begriff »Nirwana« drückt diesen Geisteszustand, der natürlich kein jenseitiger Ort wie Himmel oder Hölle ist, sondern ein immanenter existenzieller Zustand der gesamten Person. Dieses »Große Selbst« schließt aber auch das »Kleine Selbst« mit ein. Indem man die Übung des Zazen in Absichtslosigkeit unternimmt, kann sich dieses »Große Selbst« manifestieren, in den Vordergrund treten, bis es durch das »Kleine Selbst« wieder in den Hintergrund tritt. Dieses »Große Selbst« funktioniert nach dem »nicht trennenden Modus«, ist aber nicht mit dem psychoanalytischen Unbewussten gleichzusetzen, das als das Verdrängte dem »Kleinen Selbst« zuzurechnen ist.

Zusammenfassendes

Wir haben hier einen langen Weg zurückgelegt, um den »Übersetzungsraum« zu entwickeln und darzustellen, in dem die Vokabulare von Buddhismus und Psychoanalyse für den interessierten Leser auf hoffentlich verständliche Weise transparent geworden sind. Man könnte auch von einer Einführung ins buddhistische und psychoanalytische Denken sprechen, wobei wir uns bemüht haben, die Grundannahmen dieser beiden Richtungen durch ihre ansonsten verborgenen Verbindungsfäden miteinander zu verweben. Der Weg vom Allgemeinen zum Konkreten und Individuellen ist dabei intendiert, denn die buddhistische und psychoanalytische Praxis findet ja nicht primär im Denken, sondern in dem wirklichen, konkreten Leben von einzelnen Menschen – Praktizierende, Analytiker, Analysanden – statt. Die inhaltlichen Wiederholungen sind unserer Ansicht nach selbst ein unvermeidbarer Aspekt der buddhistischen und psychoanalytischen Praxis: Diese sind nämlich durch einen lebenslangen und kontinuierlichen Übungsweg gekennzeichnet, der im Wesentlichen auch durch Wiederholungen gekennzeichnet ist. Da Einsichten eben auch vergänglich sind oder sich wandeln, müssen sie immer wieder erworben oder auch neu formuliert werden. Allerdings ist zwischen der Funktionalität der Wiederholung (man denke nur an die körperlichen Funktionen des Atmens, das regelmäßige Sitzen im Zazen, die Kontinuität und Häufigkeit von analytischen Sitzungen) und der Dysfunktionalität des Wiederholungszwanges zu unterscheiden: Hier dient die Wiederholung weniger dem Wachstum und der Entwicklung der Persönlichkeit, sondern dem Versuch, einen prekären Status quo aufrechtzuerhalten.

Wichtige Rahmungen des gesamten Themas von Buddhismus und Psychoanalyse haben wir in diesem Text nicht berücksichtigen können. Hier wollen wir nur einige wenigstens andeuten, die aber eine separate Auseinandersetzung notwendig gemacht hätten: die Beziehung zwischen dem östlichen und westlichen Denken (siehe z. B. Fromm, Suzuki u. de Martino, 1972; Jullien, 2001, 2013; Elberfeld, 2004), die Beziehung von Wissenschaft und Religion (siehe z. B. Wilber, 1999; Riesebrodt, 2007; Batchelor, 2012), die historische Entwicklung des Dialogs zwischen Buddhismus und Psychoanalyse (siehe z. B. Parsons, 2008; Weischede u. Zwiebel, 2009), die Frage des »ozeanischen Gefühls« (siehe z. B. Freud, 1930; Parsons, 1999; Zwiebel, 1999) und die Beziehung unseres Themas zur Philosophie, insbesondere auch der europäischen Philosophie (siehe z. B. Hampe, 2010; Byung-Chul, 2002; Elberfeld, 2004; Jullien, 2001; Bakewell, 2013).

In ihrem bemerkenswerten Buch über Montaigne beschreibt Sarah Bakewell (2013) im siebten Kapitel eine Haltung von Montaigne, die sehr an den »Großen Zweifel« des Zen erinnert: Eine Antwort auf die Frage, wie man leben soll, lautet: »Stelle alles infrage!« Diese Antwort hat eine Quelle in dem sogenannten

Pyrrhonismus oder Skeptizismus, der auf den Griechen Pyrrhon zurückgeht. Bakewell schreibt, nachdem sie den Begriff der »epoché« als »Urteilsenthaltung« erläutert hat: »Das mag so erhebend klingen wie der stoische und epikureische Gedanke der Indifferenz. Aber es funktioniert und allein darauf kommt es an. Epoché funktioniert ähnlich wie ein Koan im Zen-Buddhismus: eine kurze rätselhafte Anekdote oder eine unbeantwortbare Frage wie zum Beispiel: ›Wie klingt das Klatschen der einen Hand?‹ Zuerst ist man verblüfft, doch dann eröffnen diese Fragen einen Weg zu allumfassender Weisheit. Diese Verwandtschaft zwischen Pyrrhonismus und Zen ist womöglich kein Zufall: Pyrrhon reiste mit Alexander dem Großen nach Persien und Indien und beschäftigte sich auch mit fernöstlicher Philosophie; nicht mit dem Zen-Buddhismus, den es damals noch gar nicht gab, aber mit seinen Vorläufern« (Bakewell, 2013, S. 141 f.).

Dies ist nur ein Beispiel von vielen, um nicht zu sagen unendlichen, gleichsam »unterirdischen« und wohl noch nicht entdeckten Verbindungsfäden zwischen östlichem und westlichem Denken über viele Jahrhunderte, die wir aber als Nicht-Philosophen nicht aufzeigen können und wollen, da unser primäres Anliegen war, die Übungswege des Zen und der Psychoanalyse in ihrer Konkretheit aus unserer eigenen Erfahrung darzustellen. Es ist allerdings verblüffend, wie sehr sich die Grundfragen der Menschen, die sich um Glück, Unglück und richtiges Leben drehen, seit vielen Jahrhunderten ähneln, wenn nicht sogar gleichen.

Der Gedanke des Alltags- und Arbeitsmodells durchzieht und strukturiert unser ganzes Buch. Im Kern geht es darum, wie der Mensch mit seinem Denken die Ereignisse oder Prozesse der »lebendigen Wirklichkeit« konzeptualisiert oder repräsentiert. Mit der Konzeptualisierung ist ein zentraler Begriff auch der modernen Psychoanalyse erfasst, indem die seelische Wirklichkeit sich erst dann bildet, wenn Repräsentanzen in Form von Vorstellungen, Erinnerungen, Bildern, Erwartungen entstehen, die sich aus den »Roh-Erfahrungen« des Lebens herausbilden. In einer wichtigen Arbeit schreibt der Psychoanalytiker Howard B. Levine:

»Mit dem Begriff Roh-Erfahrung [...] werde ich das ungefilterte, existenzielle Erleben bezeichnen, in Abgrenzung zu der gewöhnlicheren Erfahrung [...], die das umfasst, was potenziell dem Wissen, der Selbstwahrnehmung und der Selbstreflexion zugänglich ist. Zwar sind bestimmte Aspekte der Erfahrung manchmal unbewusst, doch handelt es sich dabei um organisierte psychische Elemente, die das Potenzial in sich tragen, dass sie gewusst, artikuliert und im Container der Psyche aufgenommen werden können. Dagegen kann die Roh-Erfahrung [...].in ihrer nicht-modifizierten Form niemals gewusst oder als Gedanke oder Wahrnehmung mental aufgenommen werden, und wir fassen sie am besten als präpsychisch oder protopsychisch auf« (Levine, 2014, S. 788).

In diesem zentralen Prozess der Konzeptualisierung oder Repräsentanzenbildung findet sich die funktionelle Grundlage der Entstehung von Alltags- und Arbeitsmodellen, die wir hier als Ausgangspunkt für unsere vergleichende Untersuchung des buddhistischen und des psychoanalytischen Denkens genommen haben. Dass in der geschichtlichen Entwicklung »therapeutische Systeme« wie der Buddhismus oder die Psychoanalyse entstehen konnten, hat diese seelischen Prozesse zur Voraussetzung: Sie sind ja konzeptualisierende Antworten auf die basalen Lebenserfahrungen der Menschen und, wie wir gesehen haben, vor allem als Antwort auf die existenzielle Frage nach dem menschlichen Glück und Unglück zu verstehen. Hier ist eine ganz grundlegende Frage berührt, die man auch als Ambivalenz des Denkens bezeichnen könnte: Es gibt danach ein fruchtbares, lebendiges Denken, das der Lebensbewältigung dient (Levine spricht vom »echten Denken«), und ein symptomatisches, unlebendiges Denken, das das Leben erschwert, vielleicht sogar zu seiner Vernichtung führt.

Die diskutierten Lebens-, Alltags- und Arbeitsmodelle verstehen wir also als Konzeptualisierungen (Denkformen oder Repräsentationen), die aus den genannten »Roh-Erfahrungen« entstehen und das Erleben und Verhalten der Menschen strukturieren und steuern. Daher erscheint uns die Unterscheidung zwischen einem Mangel an diesen Repräsentanzen oder Konzepten, was mit erheblichen seelischen Problemen verbunden ist (und heute ein zentrales therapeutisches Ziel psychoanalytischer Praxis ist), und einem Loslassen dieser einmal gebildeten Konzepte (was ein zentraler Aspekt der meditativen Praxis ist) sehr wichtig. Die moderne Psychoanalyse wäre danach gerade heute mehr mit diesen prä- oder protopsychischen Zuständen befasst, Zen eher mit den postpsychischen, um dies etwas salopp zu formulieren.

Einen ähnlichen Gedanken hat Ken Wilber (1988, S. 119–138) mit der »prä-trans-Verwechslung« formuliert: nämlich die Verwechslung von transpersonalen meditativen mit regressiven präpsychischen Zuständen. Zu einer ähnlichen Schlussfolgerung kommt auch Rupert von Keller (2013, S. 208) in seinem Buch über Zen und Psychoanalyse: »Ausgehend von der Erörterung der gemeinsamen Reflexion im hermeneutischen Zirkel der therapeutischen Dyade konnte die Psychoanalyse als ein Verfahren gekennzeichnet werden, das die begrifflich-kategoriale Bestimmung des Bewusstseins nutzt, um zu heilen, wohingegen die Methode der Zen-Meditation darauf abzielt, zu einer von der Dominanz sprachlicher Kategorien unabhängigen Form der Wahrnehmung vorzudringen.«

Der Ambivalenz dieser unterschiedlichen Formen des Bewusstseins und Denkens und dem Denken gegenüber sind wir immer wieder begegnet und haben dies vor allem in der Geschichte von dem alten Mönch und der Unterscheidung von Loswerden und Loslassen mehrfach beschrieben und diskutiert.

Die »Vier Edlen Wahrheiten« stellen wir als das zentrale Arbeitsmodell des Buddhismus dar. Im Vergleich mit der Psychoanalyse ergeben sich hier einige Konvergenzen und Divergenzen: Der Buddhismus hat kein spezifiziertes Krankheitsmodell wie im Westen entwickelt, sondern postuliert eine universelle, anthropologische Grundsituation der Leidhaftigkeit, die in einem sehr weiten Sinne als »krankhaft« angesehen wird. In der Psychoanalyse hat sich dagegen eine sehr differenzierte Krankheitslehre entwickelt, die wir in unserer Arbeit als »neurotischen Faktor« beschrieben haben. Ein Referenzpunkt bleibt hier eine gleichsam als normal gedachte Entwicklung und Persönlichkeitsbildung. Für das psychoanalytische Denken ist die biografische Entwicklungs- und Beziehungsdimension entscheidend, in der die Lebensgeschichte, die Entwicklung des Einzelnen und die Rolle der konkreten Beziehungserfahrungen von großer Bedeutung sind. Das seelische Leiden wird hier aus der Sicht einer Psychogenese aufgefasst. Der »neurotische Faktor«, der sich aus unserer Sicht vor allem als Mangelgefühl und ein getäuschtes Bewusstsein darstellt, kann aus der psychoanalytischen Erfahrung heute sehr differenziert erfasst werden: Qualität und Quantität dieser beiden basalen Befunde und Befindlichkeiten entscheiden neben schicksalshaften Ereignissen danach über Glück und Unglück des individuellen Menschen.

Konvergentes findet sich aber in der Beschreibung der Reaktivität: In der modernen Deutung der »Vier« ist die Reaktivität auf die grundlegende Erfahrung der Nicht-Verfügbarkeit, Wandelbarkeit, Vergänglichkeit und Unbeständigkeit des Lebens mittels eines grundlegenden Begehrens und Anhaftens der zentrale Faktor der Leidentstehung. Dies wird als ein habitueller, unvermeidlicher basaler Faktor angesehen, der aber durch einen differenzierten, lebenslangen Übungsweg überwunden werden kann. Auch die Psychoanalyse stellt das Begehren, die Wunschdynamik und den Umgang damit bzw. ihre Bewältigung in einer entwicklungspsychologischen Dimension in den Fokus ihrer Untersuchungen. Während aus philosophische Sicht die Reaktionsfähigkeit auf die Welt wesentlich für das Mensch-Sein überhaupt ist (siehe Genaueres bei Hampe, 2014, S. 301 ff.), kann man ähnlich wie beim Denken eine Form der Reaktivität beschreiben, die das Leben nicht erleichtert, sondern im Gegenteil blockiert und erschwert. Dies ist ein zentraler Punkt bei der Beschreibung der »Vier«. So wird das Suspendieren dieser problematischen Reaktivität, wie dies in der meditativen Praxis als Kultivierung einer »reinen Beobachtung« eingeübt wird, als wesentlicher Faktor der Überwindung des Leidens betrachtet. Was sich dann herauskristallisiert, ist ein Geisteszustand, der in seiner Nicht-Reaktivität im wahrsten Sinne des Wortes »schweigt« und beginnt, die Welt zunehmend unvoreingenommener zu erleben. Auch im psychoanalytischen Denken spielt die Reaktivität zumindest implizit eine wichtige Rolle, etwa wenn in der kindlichen Entwicklung die unvermeidlichen Erfahrungen von An- und Abwesenheit förderlicher Beziehungen oder günstiger Lebensumstände sowie die Rolle der subjektiven Verarbeitung dieser Erfahrungen (einschließlich konstitutioneller Faktoren wie Frustrationstoleranz) genau studiert werden. Der Begriff der Fixierung ist hier von besonderer Bedeutung.

Das psychoanalytische Arbeitsmodell haben wir vor allem am Beispiel der freudschen Psychoanalyse dargestellt und die Weiterentwicklungen zu einer modernen Psychoanalyse nicht berücksichtigen können. Im Vergleich zur buddhistischen Meditationspraxis zeigt sich dann, welche zentrale Rolle der Körper auch in der Psychoanalyse spielt (in Form des Trieblebens), und es zeigt sich auch, dass Freud sich für die Frage des Glücks und Unglücks der Menschen sehr interessiert hat, aber eine weitaus skeptischere Haltung gezeigt hat: Dies bringt er insbesondere mit der Wechselwirkung zwischen der individuellen und der kollektiven Entwicklung in Verbindung. Der Einzelne muss in der Regel auf zu viele seiner Wünsche verzichten, um seinen Verbleib in dem gesellschaftlichen Rahmen zu sichern. Dies wird als ein grundlegender Konflikt angesehen, der unvermeidlich auch mit Leid als »neurotischem Faktor« verbunden ist: Hier wird die Entstehung des neurotischen Leids als Folge der unvermeidlichen Vergesellschaftung des Menschen betrachtet. Dabei spielt das Konzept des Über-Ichs (als Ausdruck der verinnerlichten sozialen und familiären Normen) und das damit verbundene Schuldgefühl als Regulator zwischenmenschlicher Beziehungen eine überragende Rolle. Dieser Aspekt wird im Buddhismus in der Regel eher wenig betont und auch in gewisser Weise unterschätzt. In der psychoanalytischen Praxis spielt das erwähnte Konzept der Reaktivität ebenfalls eine wichtige Rolle, auch wenn in den Arbeitsmodellen nicht so direkt reflektiert: Die erwähnten Übertragungen und Widerstände, die die klinische Arbeit wesentlich prägen, sind auch Ausdruck der Reaktivität des Patienten, der daran scheitert, sein Selbst und die Welt – hier besonders in der analytischen Situation – unverstellt, »realistisch« wahrzunehmen: die in den Wiederholungen als Ausdruck von Fixierungen zum Ausdruck kommenden dysfunktionalen Reaktionen stehen lange Zeit im Zentrum der analytischen Arbeit.

Die Frage, ob der Psychoanalytiker vom Buddhismus und der Buddhist von der Psychoanalyse lernen können, nimmt in unserer Arbeit einen großen Raum ein. Sehr detailliert haben wir die Entwicklung einer psychoanalytischen Haltung beschrieben, in der ein quasi-meditatives Element (des Zu- und Loslassens) enthalten ist, das eine große Nähe zu Beschreibungen der Selbstzurücknahme im Zen hat. In seinem bemerkenswerten Buch »China und die Psychoanalyse« hat der französische Sinologe François Jullien (2013, S. 25 f.) dieses von uns als quasi-meditative bezeichnetes Element in dem Begriff der Disponibilität/Aufnahmebereitschaft beschrieben: Das Loslassen »ist ein umso breiteres Erfassen – oder besser gesagt, es kennt keine Grenzen, keine Eckpunkte – ganz einfach, weil es sich nicht vornimmt, einer Spur zu folgen, ein Ziel zu erreichen, eine Suche erfolgreich abzuschließen, sich einer Sache zu bemächtigen. Denn dieses *Erfassen durch Loslassen* ist nicht mehr zielgerichtet; *es plant nicht mehr.* Es wirft keinen Schatten, ist nicht von Absichten geleitet, hält daher zu allem gleich Distanz. Die Empfangsbereitschaft ist weit offen, da sie nichts erwartet.«

Auch Jullien befasst sich mit der »gleichschwebenden Aufmerksamkeit« Freuds und vermutet, dass Freud unter dem Einfluss des europäischen Denkens (bei dem die »autonome Figuration des Subjekts, dessen innere Strukturierung als auf Begabungen/Fähigkeiten – als dessen Eigenschaften – beruhend gedacht wird«, S. 33) diese Frage der Haltung des Analytikers nicht vertiefend erforschen konnte: nämlich die Disponibilität/Aufnahmebereitschaft als »Quellgrund des Denkens« – wie in China – zu verstehen. Mit dem persönlichen Arbeitsmodell des »Großen Selbst« und des »Kleinen Selbst« haben wir versucht, diese zentrale Disponibilität (die der chinesischen Weisheit entspricht, nämlich ohne bevorzugte Idee, ohne vorherbestimmte Notwendigkeit, ohne starre Position und ohne partikuläres Ich zu sein) mit unseren Worten zu beschreiben, wobei uns nach der Lektüre Julliens der sozusagen ontologische Beigeschmack dieser Bezeichnung deutlich wurde.[31] In diesen Bereich gehört auch die Dynamik von Präsenz und Einsicht, die in unseren Überlegungen eine wesentliche Rolle spielt. Es dürfte deutlich geworden sein, dass Präsenz und Einsicht auf einer Ebene als Gegensätze imponieren (auch ausgedrückt in dem erwähnten Satz von Valéry: »Manchmal denke ich, manchmal bin ich«), dass sie aber auf einer tieferen Ebene einen gemeinsamen Grund haben. Präsenz in der Psychoanalyse und Einsicht im Buddhismus (siehe das Rechte Verstehen als Beginn des Achtfachen Pfades) sind danach zentrale Elemente beider Übungswege. Noch komplexer erweist

31 An vielen Stellen in seinem Werk beschreibt Jullien die Unterschiede zwischen dem europäischen und chinesischen Denken. Beispielsweise: »Denn das chinesische Denken bedenkt nicht so sehr ›Seiendes‹ und seine Identifikation, als vielmehr den *Energiefluss*, die (entgegengesetzten) Pole und deren Interaktion oder eher wechselseitige Anregung […], die ›Veränderung‹ und den ›Fortgang‹ […], das kommunizierende Ereignis und die Verwandlung […]; denn es ignoriert in seiner Grammatik die morphologische Unterscheidung von Aktiv und Passiv; denn es kennt in seiner Physik statt der Kausalität die Begriffe des ›Echos aus der Distanz‹ und der wechselseitigen Resonanz […], denn es hat schließlich sehr wohl das Individuum als Person erkannt, sich aber nicht allzu sehr damit beschäftigt, eine Autonomie des Subjekts zu konstruieren; – China hat die Einwirkung ins Zentrum seiner Intelligenz gestellt« (Jullien, 2013, S. 96). Dieser Bezug zum chinesischen Denken erscheint in unserem Zusammenhang wichtig, weil der Zen-Buddhismus in China entstanden ist und wichtige Einflüsse vor allem durch das daoistische Denken erfahren hat.

sich die Frage nach der Psychodynamik der Meditation, also die Frage, wie man die seelischen Prozesse hierbei aus psychoanalytischer Sicht beschreiben kann. Zentral dabei erwiesen sich psychoanalytische Begriffe wie Konflikt, Regression, Angst, Ich-Selbst und Trauma. Dem Zulassen eines Zustandes von reinem Gewahrsein, reiner Beobachtung – dem Da-Sein von Moment zu Moment – stehen viele Hindernisse im Weg, die wir beispielsweise als Angst vor einer Re-Traumatisierung (im Sinne einer katastrophischen Angst vor mit massiver Hilflosigkeit einhergehender Vitalbedrohung des Ich-Selbst) beschrieben haben. Wir haben auch vermutet, dass die Praxis der Meditation selbst (also immer wieder die Intention und Motivation für den meditativen Weg zu entwickeln) grundlegend konflikthaft ist: einerseits als ein defensiver Wunsch, sich in einen konfliktfreien Raum zu flüchten, um einer leidvollen Lebens- und Alltagspraxis auszuweichen, und andererseits als ein Wunsch, einen Zustand von Stille und Ruhe zu realisieren, in dem die »mentale Denkfabrik« mit ihren teilweise Leid erzeugenden Resultaten aufgehoben oder zum Stillstand gekommen ist. Diesen defensiven Wunsch könnte man durchaus als regressiv bezeichnen, weil er mit einem Rückzug und einem Vermeiden lebendiger Beziehungsformen verbunden ist. Der Wunsch nach einem »stillen Geist« scheint dagegen so etwas wie ein Urbedürfnis des Menschen zu sein, das sich auf alle Lebensbereiche auswirkt.

Hilfreich erscheint uns die Unterscheidung von »Loswerden« (psychoanalytisch gesprochen als Manifestation einer Abwehr, etwa im Sinne der Verdrängung) und »Loslassen« als Ausdruck eines Annehmens und Umwandelns: Das »Lebensgepäck« wird dann nicht mehr als Last empfunden, sondern als unverzichtbarer Teil des Lebens selbst. Allerdings bleibt es immer eine schwierige Aufgabe im konkreten Leben, zwischen den konflikthaften Belastungen, die sich aus dem »neurotischen Faktor« ergeben (und die überwiegend individuell-spezifisch determiniert sind), und den gleichsam lebensinhärenten Belastungen (als Ausdruck der »facts of life«) zu unterscheiden. Es ist aber gerade ein Ergebnis unserer Untersuchung, dass durch den Vergleich von Buddhismus und Psychoanalyse diese grundlegende, wichtige Frage überhaupt in großer Deutlichkeit gestellt werden kann. Dieser Dialog von Buddhismus und Psychoanalyse erweist sich auch dann als hilfreich, wenn man genauer über das beschriebene »Loslassen« nachdenkt. Es wird dann deutlich, dass das menschliche Leiden in der Tat mit dem vom Buddhismus beschriebenen Anhaften oder Festhalten korreliert: Je massiver dieses Festhalten, umso größer auch das menschliche Unglück. Es gibt wohl kein eindringlicheres Beispiel dafür als das klinische Bild schwerer Depressionen, die durch ein Anhaften an Vergangenem und an einem als negativ bewerteten Erleben und Selbst bestimmt sind. Aber es wird auch deutlich, dass nur etwas »losgelassen« werden kann, was einmal erworben worden ist. Dies lässt sich auf die Entwicklung des Ich-Selbst und auch des Denkens beziehen: Erst wenn man sich seines Ich-Selbst und seiner Denkprozesse einigermaßen sicher ist, kann man auch Zustände zulassen, die als Selbstzurücknahme oder Nicht-Denken beschrieben werden.

In den abschließenden »Vertiefungen« wurden einige spezielle Fragen des Buddhismus (Suzukis Zen) und der Psychoanalyse (die psychoanalytische Traumpsychologie und die analytische Beziehung) detaillierter besprochen und aus der jeweils anderen Perspektive diskutiert. Hier am Ende wollen wir noch einmal auf das Thema der Vergänglichkeit hinweisen, das wohl am deutlichsten die Fruchtbarkeit eines Dialogs zwischen den beiden Disziplinen aufzeigt. Dazu sei noch einmal die Arbeit von Rupert von Keller zitiert, der eine Überlegung von uns aufgegriffen hat, in der die Grenze von Zen und Psychoanalyse als Übergangsraum von spezifischem zu universellem Leiden des Menschen verstanden wird:

»Der Stifter der buddhistischen Weltreligion Shakyamuni hatte den von ihm gelehrten Heilsweg in seiner Auseinandersetzung mit dem Unterworfensein der menschlichen Existenz unter Krankheit, Tod und Vergänglichkeit erstmals selbst beschritten. Ebenso war Dogen, der Gründer des japanischen Soto-Zen, durch die Auseinandersetzung mit Tod und Vergänglichkeit zu seiner Entscheidung für den Lebensweg des buddhistischen Mönchstums gekommen. Die Vergänglichkeit akzeptierende und verinnerlichende Grundhaltung des von beiden Gründerpersönlichkeiten geprägten Lebensweges spiegelt sich in der Praxis der Meditation der Soto-Schule wider: Das Entstehen und Vergehen der Wahrnehmungsinhalte im Bewusstsein wird aus der aufmerksamen, nicht wertenden und akzeptierenden Grundhaltung der Achtsamkeit heraus betrachtet. Zen beginnt dort, wo die Psychoanalyse endet, bei universellen Fragen des Menschseins, die im Angesicht der eigenen Vergänglichkeit entstehen« (Keller, 2013, S. 209).

Ob der Buddhismus wirklich dort beginnt, wo die Psychoanalyse endet, bleibt nach unseren Ausführungen eine offene Frage, da wir ja einen Zwischenbereich – auch im Sinne eines Übersetzungsraumes – des meditativen und des analytischen Weges postulieren. Vielleicht könnte man sagen, dass die Psychoanalyse die unterschiedlichen Faktoren der individuellen Persönlichkeitsentwicklung untersucht und fördert, die diese »akzeptierende Grundhaltung« ermöglichen. Der Buddhismus hat eine umfassende Übungspraxis entwickelt, die diese »akzeptierende Grundhaltung« mit einer weitgehend veränderten Lebenspraxis realisiert.

Literatur

Abe, M. (1985). Zen and Western Thought. Honolulu: University of Hawaii Press.

Ammer, C. (1998). Komplementarität und Wirklichkeit. In K.-W. Tröger, H. Opitz (Hrsg.), Forschung und Glaube (S. 58–66). Berlin: Wichern.

Arp, U. (1994). Zen-Worte vom Wolkenberg. Meister Yunmen. Bern u. München: O. W. Barth.

Baker, R. (2004). Leerheit – nicht Heiligkeit. Buddhismus aktuell, Teil 1: S. 36–39 (2/2004), Teil 2: S. 36–39 (4/2004).

Bakewell, S.(2013). Das Leben Montaignes – in einer Frage und zwanzig Antworten. München: C. H. Beck.

Baranger, M., Baranger, W., Moms, J. (1983). Process and non-process in analytic work. Int. J. Psychoanal, 64, 1–15.

Bartels, M. (1979). Ist der Traum eine Wunscherfüllung? Psyche – Zeitschrift für Psychoanalyse und ihre Anwendungen, 33, 97–131.

Batchelor, S. (1998). Buddhismus für Ungläubige. Frankfurt a. M.: Fischer.

Batchelor, S. (2002). Verse aus der Mitte. Berlin: Theseus.

Batchelor, S. (2012). A secular buddhism. Journal of Global Buddhism, 13, 87–107.

Batchelor, S. (2013). Buddhismus 2.0. Buddhismus aktuell 2, 20–25.

Belschner, W. (2007). Der Sprung in die Transzendenz. Münster: LIT.

Bhikkhu, T. (2008). Leere (Emptiness). Gestalttherapie, 22 (1), 102–103.

Bieri, P. (2013). Interview zum Thema Freiheit. Tibet und Buddhismus, 105, 27 ff.

Bion, W. R. (1967). Notes on memory and desire. The Psychoanalytic Forum, 2 (3), 271–280.

Black, D. M. (Ed.) (2006). Psychoanalysis and Religion in the 21st Century. Competitors or Collaborators? London u. New York: Routledge.

Böhme, G. (2012). Ich-Selbst. Über die Formation des Subjekts. München: Wilhelm Fink.

Böhme, G. (2014). Bewusstseinsformen. München: Wilhelm Fink.

Bohleber, W. (1997). Trauma, Identifizierung und historischer Kontext. Psyche – Zeitschrift für Psychoanalyse und ihre Anwendungen, 51, 958–995.

Bohleber, W. (2005). Der Gebrauch von veröffentlichten und persönlichen impliziten Theorien in der klinischen Situation. Vortrag auf der DPV-Tagung in Bad Homburg.

Bohm, D. (2001). Der Dialog. Das offene Gespräch am Ende der Diskussionen. Stuttgart: Klett-Cotta.

Bollas, C. (2006a). Übertragungsdeutung als ein Widerstand gegen freie Assoziation. Psyche – Zeitschrift für Psychoanalyse und ihre Anwendungen, 60, 932–947.

Bollas, C. (2006b). Vom Unbewussten erarbeitete Transformationen. Psychoanalyse in Europa, 60, 144–173.

Bollas, C. (2011). Die unendliche Frage. Zur Bedeutung der freien Assoziation. Frankfurt a. M.: Brandes & Apsel.

Bollas, C. (2013). China on the mind. London u. New York: Routledge.

Book of Serenity (1988). Transl.: Thomas Cleary. Hudson, NY: Lindisfarne Press.
Brenner, C. (1986). Elemente des seelischen Konflikts. Theorie und Praxis der modernen Psychoanalyse. Frankfurt a. M.: Fischer.
Brück, M. von (2010). Zur Grundsatzerklärung von spirituellen Erfahrungen. Vortrag auf dem Kongress »Meditation und Wissenschaft« in Berlin.
Byung-Chul, H. (2002). Philosophie des Zen-Buddhismus. Stuttgart: Reclam.
Cabré, L. J. (2011). Response. In Themenheft: Exploring core concepts: Sexuality, dreams and the unconconscious (Kap. Dreams). Int. J. Psychoanal, 92 (2), 272–274.
Cooper, P. C. (2010). The Zen Impulse and the Psychoanalytic Encounter. New York u. Hove/East Sussex: Routledge.
Dalai Lama (2002). Der Weg zum Glück. Freiburg: Herder.
De Masi, F. (2003). Das Unbewußte und die Psychosen. Einige Überlegungen zur psychoanalytischen Theorie der Psychosen. Psyche – Zeitschrift für Psychoanalyse und ihre Anwendungen, 57, 1–34.
Desichakar, T. K. V., Krusche, H. (2007). Das verborgene Wissen bei Freud und Patanjali. Berlin: Theseus.
Döll-Hentschker, S. (2008). Die Veränderung von Träumen in psychoanalytischen Behandlungen. Affekttheorie, Affektregulierung und Traumkodierung. Frankfurt. a. M.: Brandes & Apsel.
Dogen (1985). Writings of Zen Master Dogen. Moon in a dewdrop. San Francisco: North Point Press.
Dogen Zenji (2001–2008). Shobogenzo. Die Schatzkammer des wahren Dharma-Auges. Band 1–4. Heidelberg: Werner Kristkeitz.
Duden (2001). Das Herkunftswörterbuch. Berlin u. a.: Dudenverlag.
Ehrenberg, A. (2008). Psychische Gesundheit und das Dilemma der Autonomie. Vortrag auf der der DGPT-Tagung in Bonn, Sept. 2008.
Ehrenberg, A. (2011). Das Unbehagen in der Gesellschaft. Berlin: Suhrkamp.
Elberfeld, R. (2004). Phänomenologie der Zeit im Buddhismus. Stuttgart-Bad Cannstadt: Frommann-Holzboog.
Elberfeld, R. (2005). Wissen und Selbsttransformation im Buddhismus. In K. Gloy, R. zur Lippe (Hrsg.), Weisheit – Wissen – Information (S. 265–276). Göttingen: Vandenhoek & Ruprecht.
Elberfeld, R. (2006a). Auf Bootsfahrt mit Dogen. Zen und Philosophie. In K. Baier (Hrsg.), Handbuch Spiritualität. Zugänge, Traditionen, interreligiöse Prozesse (S. 292–303). Darmstadt: Wissenschaftliche Buchgesellschaft.
Elberfeld, R. (2006b). Kreativität und das Phänomen des »Nichts«. In G. Abel (Hrsg.), Kreativität (S. 520–533). Hamburg: Meiner.
Elberfeld, R. (2007). Zur Handlungsform der »Muße«. Ostasiatische Perspektiven jenseits von Aktivität und Passivität. Paragrana, 16, 193–203.
Elberfeld, R. (2010). Sich selbst erlernen heißt, sich selbst vergessen. Japanisch-buddhistische Perspektiven der Selbstzurücknahme. In B. Gronau, A. Lagaay (Hrsg.), Ökonomie der Zurückhaltung. Kulturelles Handeln zwischen Askese und Restriktion (S. 53–72). Bielefeld: Transcript.
Epstein, M. (2006). The structure of no structure: Winnicotts concept of unintegration and the Buddhist notion of no-self. In D. M. Black (Ed.), Psychoanalysis and religion in the 21st century. Competitors or Collaborators? (pp. 223–233). London u. New York: Routledge.
Erlich, S. (2003). Über Einsamkeit, Narzissmus und Intimität. Forum Psychoanalyse, 19, 5–17.
Ermann, M. (2000). Traumstörung. Über die Kreativität des Träumens und ihr Scheitern. Forum Psychoanalyse, 16, 358–371.
Eshold, M.(2000). Das Regelfolge-Argument für die Komplementarität naturwissenschaftlichen und hermeneutischen Wissens. Prima philosophia, 13, 43–52.
Falkenström, F. (2003). A buddhist contribution to the psychoanalytic psychology of self. Int. J. Psychoanal., 84, 1551–1568.
Felber, C. (2010). Die Gemeinwohl-Ökonomie. Wien: Deuticke.
Ferro, A. (1999). The bi-personal field. London: Routledge.

Ferro, A. (2002). Seeds of illness, seeds of recovery. London u. New York. Brunner/Routledge.
Fink, K. (1989). From symmetry to asymmetry. Int. J. Psychoanal., 70, 481–489.
Fonagy, P. (2009). Wo Es war, soll Ich werden. Die Bedeutung des Bewusstseins für die psychoanalytische Arbeit. Unveröffentlichtes Manuskript.
Freud, S. (1895). Studien über Hysterie. GW I, S. 75–312. Frankfurt a. M.: Fischer.
Freud, S. (1900). Die Traumdeutung. GW II/III. Frankfurt a. M.: Fischer.
Freud, S. (1901). Zur Psychopathologie des Alltagslebens. GW IV. Frankfurt a. M.: Fischer.
Freud, S. (1912a). Zur Dynamik der Übertragung. GW VIII, S. 364–374. Frankfurt a. M.: Fischer.
Freud, S. (1912b). Ratschläge für den Arzt bei der psychoanalytischen Behandlung. GW VIII, S. 376–387. Frankfurt a. M.: Fischer.
Freud, S. (1914). Erinnern, Wiederholen, Durcharbeiten. GW, Bd. X, S. 126–136. Frankfurt a. M.: Fischer.
Freud, S. (1913). Weitere Ratschläge zur Technik der Psychoanalyse: Zur Einleitung der Behandlung. GW VIII, S. 454–478. Frankfurt a. M.: Fischer.
Freud, S. (1915). Vergänglichkeit. GW X, S. 358–361. Frankfurt a. M.: Fischer.
Freud, S. (1916/1917). Vorlesungen zur Einführung in die Psychoanalyse. GW XI. Frankfurt a. M.: Fischer.
Freud, S. (1917a). Eine Schwierigkeit der Psychoanalyse. GW XII, S. 3–12. Frankfurt a. M.: Fischer.
Freud, S. (1917b). Trauer und Melancholie. GW X, S. 428–446. Frankfurt a. M.: Fischer.
Freud, S. (1923a). »Psychoanalyse« und »Libidotheorie«. GW XIII, S. 211–233. Frankfurt a. M.: Fischer.
Freud, S. (1923b). Das Ich und das Es. GW XIII, S. 237–289. Frankfurt a. M.: Fischer.
Freud, S. (1926a). Hemmung, Symptom und Angst. GW XIV, S. 111–205. Frankfurt a. M.: Fischer.
Freud, S. (1926b). Die Frage der Laienanalyse. GW XIV, S. 207–286. Frankfurt a. M.: Fischer.
Freud, S. (1927). Die Zukunft einer Illusion. GW XIV, S. 325–380. Frankfurt a. M.: Fischer.
Freud, S. (1930). Das Unbehagen in der Kultur. GW XIV, S. 419–506. Frankfurt a. M.: Fischer.
Freud, S. (1933). Neue Folge der Vorlesungen zur Einführung in die Psychoanalyse. GW XV. Frankfurt a. M.: Fischer.
Freud, S. (1937). Die endliche und die unendliche Analyse. GW XVI, S. 59–99. Frankfurt a. M.: Fischer.
Freud, S. (1940). Abriß der Psychoanalyse. GW XVII, S. 63–138. Frankfurt a. M.: Fischer.
Freud, S. (1940). Some elementary lessons in psycho-analysis. GW XVII, S. 139–147. Frankfurt a. M.: Fischer.
Freud, S. (1968). Briefe 1873–1939. Frankfurt a. M.: Fischer.
Fromm, E., Suzuki, D. T., Martino, R. de (1972). Zen-Buddhismus und Psychoanalyse. Frankfurt a. M.: Suhrkamp.
Fromm, E. (1973). Anatomie der menschlichen Destruktivität. Stuttgart: DVA (Band VII der Gesamtausgabe. München: dtv, 1989).
Gabbard, G. O. (2007). Bound in a nutshell: Thoughts on complexity, reductionism and infinite space. Int. J. Psychoanal., 88, 559–574
Gabriel, M. (2013). Warum es die Welt nicht gibt. Berlin: Ullstein.
Gomez, L. O. (2013). Jeder hat seinen eigenen Buddhismus. Tibet und Buddhismus, 104, 32–36.
Greenberg, J. (1995). Psychoanalytic technique and the interactive matrix. Psychoanalytic Quarterly, 64, 1–22.
Greenberg, J. (2001). The analyst's participation: a new look. JAPA, 49, 359–381.
Grinberg, L., Sor, D., Tabak de Bianchedi, E. (1975). W. R. Bion. An introduction. Stuttgart: Frommann-Holzboog.
Grunert, U. (1977). Narzisstische Restitutionsversuche im Traum. Psyche – Zeitschrift für Psychoanalyse und ihre Anwendungen, 29, 866–889.
Gumbrecht, H. U. (2004). Diesseits der Hermeneutik. Frankfurt a. M.: Suhrkamp.

Gumbrecht, H. U. (2012): Präsenz. Berlin: Suhrkamp.
Hampe, M. (2009). Das vollkommene Glück. München: Hanser.
Hampe, M. (2014). Die Lehren der Philosophie. Eine Kritik. Berlin: Suhrkamp.
Harding, D. (2013). Die Entdeckung der Kopflosigkeit. Aachen: Omega.
Hardt, J. (2006). Über die zukünftigen Chancen der Psychoanalyse – oder besser: des psychoanalytischen Projektes. In A. Springer, K. Münch, D. Munz (Hrsg.), Psychoanalyse heute? (S. 249–271). Gießen: Psychosozial-Verlag.
Hartmann, E. (1998). Dreams and nightmares. The new theory on the origin and meaning of dreams. Cambridge, MA: Perseus Books.
Hartmann, H. (1939/1970). Ich-Psychologie und Anpassungsproblem. Stuttgart: Klett-Cotta.
Heenen-Wolff, S. (2008). Geteiltes Leid ist halbes Leid. Kleine Metapsychologie des analytischen Zuhörens. Vortrag auf den Lindauer Psychotherapiewochen 2008.
Heenen-Wolff, S. (2012). The concept of »general seduction« and the corresponding psychoanalytical technique in the first interview. Vortrag auf der EPF-Tagung in Paris.
Heidenreich, T., Michalak, J. (2003). Achtsamkeit (»Mindfulness«) als Therapieprinzip in Verhaltenstherapie und Verhaltensmedizin. Verhaltenstherapie, 13, S. 264–274.
Hisamatsu, S. (1973). Satori (Selbsterwachen): Zum postmodernen Menschenbild. In: Y. Seiichi, U. Luz (Hrsg.), Gott in Japan. Anstöße zum Gespräch mit japanischen Philosophen, Theologen, Schriftstellern (S. 127–138). München: Kaiser.
Hoffman, I. Z. (1998). Ritual and spontaneity in the psychoanalytic process. A dialectical-constructionist view. Hillsdale, NJ: The Analytic Press.
Hui-Neng (1989). Das Sutra des Sechsten Patriarchen. Bern: O. W. Barth.
Israelstam, K. (2007). Creativity and dialectical phenomena. From dialectical edge to dialectical space. Int. J. Psychoanal., 88, 591–607.
Izutsu, T. (1991). Philosophie des Zen-Buddhismus. Reinbek: Rowohlt.
Jiminez, J. P. (2006). After pluralism: Toward a new, integrated psychoanalytic paradigm. Int. J. Psychoanal., 87, 1487–1507.
Jullien, F. (2001). Der Weise hängt an keiner Idee. Das Andere der Philosophie. München: Wilhelm Fink.
Jullien, F. (2013). China und die Psychoanalyse. Wien u. Berlin: Turia + Kant.
Kabat-Zinn, J. (2003). Gesund durch Meditation. München: O. W. Barth.
Kakar, S. (2002). Psychoanalyse und östliche Traditionen des Heilens. Zeitschrift für psychoanalytische Theorie und Praxis, 17 (3), 199–214.
Kakar, S., Clement, C. (1993). Die Verrückte und der Heilige. Religiöse Ekstase und psychische Grenzerfahrung. München: Biederstein.
Kancyper, L. (2011). Are there elements (excluding aggression or destructiveness) that are exclusively non-sexual or is sexuality the unifying idea in your concept of transference? To what extent do you consider transference as sexual or to what extent are there non-sexual factors (excluding aggression)? Is desire an equivalent of sexuality in your clinical conceptualizations? In Themenheft: Exploring core concepts: Sexuality, dreams and the unconscious (Kap. Sexuality). Int. J. Psychoanal. 92 (2), 265–267.
Kapleau P. (1997). Der vierte Pfeiler des Zen. Bern u. München: O. W. Barth.
Keller, R. von (2013). Zen und Psychoanalyse. Zur Reichweite buddhistischer Meditation. Gießen: Psychosozial Verlag.
Kendo, Y. (2003). Betrachtungen aus der Stille. Franfurt a. M.: Insel.
Klüwer, R. (2006). Die vollständige psychoanalytische Methode und ihre klinischen Anwendungen. Zur vernachlässigten Dimension des Fokalen. Psyche – Zeitschrift für Psychoanalyse und ihre Anwendungen, 60, 1105–1125.
Kohl, C. T. (2005). Buddhismus und Quantenphysik. Oberstdorf: Windpferd.

Kornfield, J. (2001). After the ecstasy, the laundry: How the heart grows wise on the spiritual path. New York: Bantam.
Kornfield, J., Goldstein, J. (2006). Einsicht durch Meditation. Freiamt im Schwarzwald: Arbor.
Kris, E. (1934). Zur Psychologie der Karikatur. Imago, 20, 450–466.
Krystal, H. (1978). Trauma and affects. Psychoanalytic Study of the Child, 33, 81–116.
Laplanche, J. (2004). Die rätselhaften Botschaften des Anderen und ihre Konsequenzen für den Begriff des »Unbewussten« im Rahmen der Allgemeinen Verführungstheorie. Psyche – Zeitschrift für Psychoanalyse und ihre Anwendungen, 58, 898–913.
Laplanche, J., Pontalis, J. B. (1972). Das Vokabular der Psychoanalyse. Frankfurt a. M.: Suhrkamp.
Leky, L. G. (2012). For ever silent. Dialog zwischen Psychoanalyse und Zen? Psyche – Zeitschrift für Psychoanalyse und ihre Anwendungen, 66, 1139–1160.
Levine, H. B. (2014). Die nichtfarbige Leinwand: Repräsentation, therapeutisches Handeln und die Bildung der Psyche. Psyche – Zeitschrift für Psychoanalyse und ihre Anwendungen, 68, 787–819.
Lexikon der östlichen Weisheitslehren (1994). München: O. W. Barth.
Leuzinger-Bohleber, M. (1995). Die Einzelfallstudie als psychoanalytisches Forschungsinstrument. Psyche – Zeitschrift für Psychoanalyse und ihre Anwendungen, 49, 434–480.
Leuzinger-Bohleber, M. (2007). Forschende Grundhaltung als abgewehrter »common ground« von psychoanalytischen Praktikern und Forschern? Psyche – Zeitschrift für Psychoanalyse und ihre Anwendungen, 61, 966–994.
Liebsch, B. (2004). Das Selbst im Zeichen des Abschieds vom Anderen. Psyche – Zeitschrift für Psychoanalyse und ihre Anwendungen, 58, 953–979.
Loy, D. (1998). Nondualität – über die Natur der Wirklichkeit. Frankfurt a. M.: Krüger.
Loy, D. (2000). Lack and transcendence. Hastings/New Zealand: Humanity Books.
Magid, B. (2002). Ordinary mind: Exploring the common ground of Zen and psychotherapy. Somerville, MA: Wisdom Publications.
Malan, D. H. (1979). Individual psychotherapy and the science of psychodynamics. London u. Boston: Butterworths.
Matt, P. von (1979). Die Opus-Phantasie. Psyche – Zeitschrift für Psychoanalyse und ihre Anwendungen, 33, 193–212.
Matte Blanco, I. (1988). Thinking, feeling and being. London u. New York: Routledge.
Mertens, W. (1999). Traum und Traumdeutung. 2. Aufl. München: C. H. Beck.
Mertens, W. (2010–2012). Psychoanalytische Schulen im Gespräch. Band 1–3. Bern: Huber.
Merzel, G. (2008). Big Mind. Großer Geist – Großes Herz. Bielefeld: Aurum.
Metzinger, T. (2009). Der Ego-Tunnel. Eine neue Philosophie des Selbst: von der Hirnforschung zur Bewusstseinsethik. Berlin: Berlin-Verlag.
Molino, A. (Ed.) (1998). The Couch and the Tree: Dialogues and Buddhism. New York: North Point Press.
Möller, H. G. (2001). In der Mitte des Kreises: daoistisches Denken. Frankfurt a. M. u. Leipzig: Insel.
Money-Kyrle, R. (1971). The aim of psychoanalysis. Int. J. Psychoanal., 52, 103–106.
Moser, U. (2001). What is a Bangaloo, Daddy? Übertragung, Gegenübertragung, therapeutische Situation. Allgemein und am Beispiel »früher Störungen«. Psyche – Zeitschrift für Psychoanalyse und ihre Anwendungen, 55, 97–135.
Moser, U. (2005). Psychische Mikrowelten. Neuere Aufsätze. M. Leuzinger-Bohleber, I. von Zeppelin (Hrsg.), Göttingen: Vandenhoek & Ruprecht.
Moser, U., Zeppelin, I. von (1996a). Der geträumte Traum. Wie Träume entstehen und sich verändern. Stuttgart u. a.: Kohlhammer.
Moser, U., Zeppelin. I. von (1996b). Die Entwicklung des Affektsystems. Psyche – Zeitschrift für Psychoanalyse und ihre Anwendungen, 50, S. 32–84.
Müller-Pozzi, H. (1991). Psychoanalytisches Denken. Eine Einführung. Bern: Huber.

Müller-Pozzi, H. (2008). Eine Triebtheorie für unsere Zeit. Bern: Huber.
Nagel, T. (2008). Was bedeutet das alles? Eine ganz kurze Einführung in die Philosophie. Stuttgart: Reclam.
Nishijima, G. W. (2001). Zeit und Erwachen in Dogen Zenji's Shobogenzo. Lotusblätter, 3, 18–23.
Nyanatiloka (1989). Vissuddhi-Magga oder der Weg zur Reinheit. Konstanz: Christiani.
Nyanatiloka (1999). Buddhistisches Wörterbuch. Stammbach: Beyerlein & Steinschulte.
Ogden, T. (2003). On not being able to dream. Int. J. Psychoanal., 84, 17–30.
Ogden, T. (2004). This art of psychoanalysis. Int. J. Psychoanal., 85, 857–877.
Ogden, T. (2005). Reading Bion. In T. Ogden, This art of psychoanalysis. London u. New York: Routledge.
Parsons, M. (2006). The analyst's countertransference to the psychoanalytic process. Int. J. Psychoanal., 87, 1183–1198.
Parsons W. B. (1999). The enigma of the oceanic Feeling. Oxford u. a.: Oxford University Press.
Parsons, W. B. (2008). Psychoanalysis meets Buddhism: The Development of a Dialogue. Unveröffentlichtes Manuskript.
Pelled, E. (2007). Learning from experience. Bion's concept of reverie and Buddhist meditation. Int. J. Psychoanal., 88, 1507–1526.
Petersen, O. (2014). Fallstricke auf dem Weg zur Erleuchtung – vom Nutzen der Psychotherapie für Buddhisten. Tibet und Buddhismus, 109, 6–10.
Poland, W. (2012). Die analytische Haltung: Neugier im Dienste des Anderen. Vortrag auf der Herbsttagung der DPV in Bad Homburg.
Pontalis, J. B. (1989). Ins Beginnen verliebt. Tübingen: Edition diskord.
Quinodoz, D., Aubry, C., Bonard, O., Déjussel, G., Reith, B. (2006). Being a psychoanalyst: An everyday audacity. Int. J. Psychoanal., 87 (2), 329–347.
Rabten, G. (2003). Der Geist und seine Funktionen. Le Mont-Pèlerin: Edition Rabten.
Racker, H. (2002). Übertragung und Gegenübertragung. München u. Basel: Ernst Reinhardt.
Reichle, F. (2006). Monte Grande – Was ist Leben? Dokumentarfilm über das Leben und Wirken von Francisco J. Varela. Film auf DVD.
Renik, O. (2004). Intersubjectivity in psychoanalysis. Int. J. Psychoanal., 85, 1053–1064.
Rey, H. (1994). Universals of psychoanalysis in the treatment of psychotic and borderline states. London: Free Associations Books.
Riesebrodt, M. (2007). Cultus und Heilsversprechen. Eine Theorie der Religionen. München: C. H. Beck.
Rocha Barros, E. M. da (2011). How do you conceive of the function of dreams? Do you distinguish dreams as a result of trauma from other types of dreams? In Themenheft: Exploring core concepts: Sexuality, dreams and the unconscious (Kap. Dreams). Int. J. Psychoanal, 92 (2), 270–272.
Rorty, R. (2012). Kontingenz, Ironie und Solidarität. Berlin: Suhrkamp.
Rubin, J. (1996). Psychotherapy and Buddhism: Toward an integration. New York: Plenum.
Safranski, R. (2010). Schopenhauer und die wilden Jahre der Philosophie. 6. Aufl. Frankfurt a. M.: Fischer TB.
Sandler, J. (1983). Die Beziehungen zwischen psychoanalytischen Konzepten und psychoanalytischer Praxis. Psyche – Zeitschrift für Psychoanalyse und ihre Anwendungen, 37, 577–595.
Scharff, J. M. (2010). Die leibliche Dimension in der Psychoanalyse. Frankfurt a. M.: Brandes & Apsel.
Schneider, G. (2003). Fokalität und Afokalität in der (psychoanalytischen) tiefenpsychologisch fundierten Psychotherapie und Psychoanalyse. In: A. Gerlach, A.-M. Schlösser, A. Springer (Hrsg.), Psychoanalyse mit und ohne Couch. Haltung und Methode (S. 108–125). Gießen: Psychosozial.
Schneider, G. (2006). Ein »›unmöglicher‹ Beruf« (Freud) – zur aporetischen Grundlegung der

psychoanalytischen Behandlungstechnik und ihrer Entwicklung. Psyche – Zeitschrift für Psychoanalyse und ihre Anwendungen, 60, 900–931.
Seel, M. (2014). Aktive Passivität. Über den Spielraum des Denkens, Handelns und anderer Künste. Frankfurt a. M.: Fischer.
Seligmann, M. E. P. (2005). Der Glücksfaktor. Warum Optimisten länger leben. Bergisch Gladbach: Bastei Lübbe.
Sheng-Yen (2001). There is no suffering. A commentary on the Heart Sutra. New York: Dharma Publications.
Solms, M. (1996). Was sind Affekte? Psyche – Zeitschrift für Psychoanalyse und ihre Anwendungen, 50, 485–522.
Solms, M. (1997). What is consciousness? J. Am. Psychoanal. Assoc., 45, 681–703.
Stern, D. N., Sander, L. W., Nahum, J. P., Harrison, A. M., Lyons-Ruth, K., Morgan, A. C., Bruschweiler-Stern, N., Tronick, E. Z. (2002). Nicht-deutende Mechanismen in der psychoanalytischen Therapie. Das »Etwas-Mehr« als Deutung. Psyche – Zeitschrift für Psychoanalyse und ihre Anwendungen, 56, 974–1006.
Sugarman, A. (2006). Mentalization, insightfulness, and therapeutic action. The importance of mental organization. Int. J. Psychoanal., 87 (4), 965–987.
Suler, J. (1999). Paradox. In A. Molino (Ed.): The Couch and the tree. Dialogues in psychoanalysis and buddhism. New York: North Point Press.
Suzuki, S. (1975). Zen mind, Beginners mind. Informal Talks on Zen Meditation and Practice. New York: Weatherhill.
Suzuki, S. (1990). Zen-Geist – Anfänger-Geist. 7. Aufl. Berlin: Theseus.
Teising, M., Schneider, G., Walker, C. (Hrsg.) (2010). Leben und Vergänglichkeit in Zeiten der Beschleunigung. Arbeitstagung der Deutschen Psychoanalytischen Vereinigung in Bad Homburg. Frankfurt a. M.: Congress-Organisation Geber und Reusch.
Thich Nhat Hanh (1993). Das Diamant Sutra. Kommentare zum Prajnaparamita. Zürich u. München: Theseus.
Thich Nhat Hanh (2001). Aus Angst wird Mut. Berlin: Theseus.
Thich Nhat Hanh (2004). Wie Siddharta zum Buddha wurde. München: dtv.
Thom, J., Ochs, M. (2013). Der Typus des postmodernen Professionellen – ein Porträt Psychologischer Psychotherapeuten? Psychotherapeutenjournal, 4, 381–387.
Thomä, H., Kächele, H. (Hrsg.) (1985). Lehrbuch der psychoanalytischen Therapie. Bd. 1: Grundlagen. Berlin u. a.: Springer.
Treurniet, N. (1996). Über eine Ethik der psychoanalytischen Technik. Psyche – Zeitschrift für Psychoanalyse und ihre Anwendungen, 50, 1–31.
Tuckett, D. (2005). Does anything go? Towards a framework for the more transparent assessment of psychoanalytic competence. Int. J. Psychoanal., 86, 31–49.
Tuckett, D. (2007). Wie können Fälle in der Psychoanalyse verglichen und diskutiert werden? Implikationen für künftige Standards der klinischen Arbeit. Psyche – Zeitschrift für Psychoanalyse und ihre Anwendungen, 61, 1042–1071.
Tuckett, D., Basile, R., Birstedt-Breen, D., Böhm, T., Denis, P., Ferro, A., Hinz, H., Jemstedt, A., Mariotti, P., Schubert, J. (2008). Psychoanalysis comparable and incomparable. The evolution of a method to describe and compare psychoanalytic approaches. Hove, East Sussex: Routlegde.
Valéry, P. (2001). Ich grase meine Gehirnwiese ab. Frankfurt a. M.: Eichborn.
Vermote, R. (2013). Der undifferenzierte Bereich psychischen Geschehens: Ein integratives Modell und seine klinischen Implikationen. Psychoanalyse in Europa, 67, 18–38.
Wallerstein, R. S. (2006). Entwicklungslinien der Psychoanalyse seit Freud: Divergenzen und Konvergenzen einer Wissenschaft im steten Wandel. Psyche – Zeitschrift für Psychoanalyse und ihre Anwendungen, 60, 798–828.
Watts, A. W.(1961): Zen-Buddhismus. Tradition und lebendige Gegenwart. Hamburg, Rowohlt.

Watts, A. W. (2002). Weisheit des ungesicherten Lebens. München: O. W. Barth.
Weber-Brosamer, B., Back, D. M. (Hrsg.) (2005). Die Philosophie der Leere: Nagarjunas Mulamadhyamaka-Karikas. Übersetzung des buddhistischen Basistextes mit kommentierenden Einführungen. Wiesbaden: Harrassowitz.
Weischede, G. (2006). In welcher Welt leben wir eigentlich? Lesebuch eines Zen-Adepten. Schalksmühle: Pomaska-Brand.
Weischede, G., Zwiebel, R. (2009). Neurose und Erleuchtung. Anfängergeist in Zen und Psychoanalyse – ein Dialog. Stuttgart: Klett-Cotta.
Welwood, J. (1998). Unconditional love. In M. Waldman (Ed.), The art of staying together. New York: Putnam.
Wilber, K. (1988). Die drei Augen der Erkenntnis. München: Kösel.
Wilber, K. (1999). Das Wahre, Schöne, Gute – Geist und Kultur im 3. Jahrtausend. Frankfurt a. M.: Krüger.
Winnicott, D. W. (1993). Reifungsprozesse und fördernde Umwelt. Studien zur Theorie der emotionalen Entwicklung. Frankfurt a. M.: Fischer TB.
Wit, Han F. de (2001). Buddhistischer und westlicher Geist. Petersberg: Via Nova.
Wurmser, L. (1987). Die Flucht vor dem Gewissen. Analyse von Über-Ich und Abwehr bei schweren Neurosen. Berlin u. a.: Springer.
Wurmser, L. (1989). Die zerbrochene Wirklichkeit. Psychoanalyse als das Studium von Konflikt und Komplementarität. Berlin u. a.: Springer.
Zwiebel, R. (2004). Der Analytiker als Anderer: Überlegungen zum Einfluß der Person des Analytikers in der analytischen Praxis. Psyche – Zeitschrift für Psychoanalyse und ihre Anwendungen, 58, 836–868.
Zwiebel, R. (2007). Von der Angst, Analytiker zu sein. Das Durcharbeiten der phobischen Position. Stuttgart: Klett-Cotta.
Zwiebel, R. (2009). Das Studium des Selbst. Psychoanalyse und Buddhismus im Dialog. Psyche – Zeitschrift für Psychoanalyse und ihre Anwendungen, 63, 999–1028.
Zwiebel, R. (2013). Was macht einen guten Psychoanalytiker aus? Stuttgart: Klett-Cotta.